CUBA SIGLO XX Y LA GENERACION DE 1930
(UN DOCUMENTO HISTORICO)
Primera Edición

COLECCION CUBA Y SUS JUECES

EDICIONES UNIVERSAL. Miami, Florida, 1986

Inés Segura Bustamante, Ph.D.

Miembro del Directorio Estudiantil Universitario de 1930
Profesora de Psicología de la Universidad
de La Habana de 1939 a 1960
Psicóloga Licenciada del Estado de la Florida

CUBA SIGLO XX

y la generación de 1930

(Un documento histórico)

P. O. Box 450353, Shenandoah Station
Miami, Florida 33145. U.S.A.

I.S.B.N.: 0-89729-419-X

LIBRARY OF CONGRESS CATALOG CARD NO.: 86-82400

Inpreso en República Dominicana
Printed in Dominican Republic

Impreso por:
Editora Corripio, C. por A.
Calle A Esquina Central
Zona Industrial de Herrera
Santo Domingo, República Dominicana

NARRATIVA:
Inés Segura Bustamante

TRANSCRIPCION Y REVISION:
Alberto Segrera, Teresa Callava, Marta Balencia, Ada González, Yolanda
Cura, Lilian Pollo, Heriberto Cerdá y Alberto Rodríguez Pérez.

REVISORES ADICIONALES:
Angel Segura Bustamante, José Raúl L. Goldaras, Pilar Bermúdez,
Evangelina Vidaña.

LECTORES ADICIONALES:
Mercedes Vega de Rodríguez, Ethel Deutch, Félix García, Modesto V.
Morales Díaz.

RECONOCIMIENTO:
Agradecemos la cooperación de las bibliotecarias Alicia Godoy, Zoila
Segura y Peggy Lorenzo, de Miami Dade Public Library; de Ondina Arron-
do y Erlinda Castellón de la Biblioteca Hispánica; de Rosa Abello, Gladys
Ramos, Esperanza Varona y los demás empleados del Departamento de Archivos y Documentos Especiales de la Biblioteca Richter de la Universidad
de Miami.

NOTA BIOGRAFICA

Inés Segura Bustamante, Ph.D., partió de su ciudad natal, La Habana, Cuba, en Diciembre de 1960 para dirigirse a la ciudad de Miami en los Estados Unidos, donde reside desde entonces. Obtuvo el Diploma del Board de Psicología del Estado de la Florida en Mayo de 1971. Es graduada de Bachillerato del Instituto de La Habana y Doctora en Filosofía y Letras de la Universidad de La Habana, Cuba, Alumna Eminente de su curso.

En su adolescencia, como estudiante universitaria, participó en el movimiento en contra de la tiranía machadista y fue miembro firmante del primer ''Directorio Estudiantil Universitario de 1930'', lo que le costó, junto con varias prisiones, una de ellas de ocho meses de duración en Isla de Pinos, el perder a su querida madre, quien a pesar de estar enferma fue perseguida y mantenida en prisión por largos meses, como consecuencia de las actividades revolucionarias de la joven estudiante y de su hermano, Angel.

Al final de la lucha estudiantil y en medio de una violenta combatividad en los inicios del Partido Auténtico y del organismo clandestino ''Organización Auténtica'' (O.A.), se casó, un mes después de la sangrienta huelga de Marzo de 1935, con su compañero del Directorio Manuel Antonio de Varona, entonces estudiante de Derecho, quien más tarde fue Primer Ministro, Senador, y Presidente del Congreso, durante los gobiernos democráticos de la Cuba republicana, y con quien tuvo su único hijo Carlos Manuel de Varona.

Al graduarse en la Universidad de La Habana pasó a la Universidad de Columbia en Nueva York donde cursó estudios de Psicología durante dos años, los que interrumpió para ir a oposiciones de la cátedra auxiliar de Psicología, Sociología y Filosofía Moral en la Universidad de La Habana.

Ganó las oposiciones en febrero de 1939, y ascendió, años después, a Profesora Titular de Psicología, cargo que desempeñó hasta diciembre de 1960. Durante estos años atendía además de su cátedra universitaria, su consulta privada en el ejercicio de la Psicología Clínica Infantil. En la ciudad de Miami trabajó primero en el "Programa de Ayuda a los Refugiados Cubanos". Más tarde ocupó el cargo de Profesora de Psicología en el "Miami Dade Community College (South Campus)", y por último prestó sus servicios como Psicóloga Clínica en la "Clínica Henderson" en Fort Lauderdale, Florida. Ha ejercido la práctica privada de Psicología Infantil durante muchos años en su consulta en la sección del Southwest de la ciudad de Miami.

En 1949, participó en la "Asamblea General de la UNESCO" [1] en París, como delegada de Cuba y tuvo a su cargo el discurso de la delegación ante el pleno de la Asamblea, en el que exponía algunos de sus puntos de vista sobre educación y "como ésta puede prevenir la guerra", lo que era el tema elegido por la Asamblea para la reunión de ese año.

Pertenece a la American Psychological Association, a la Florida Psychological Association, al Dade County Psychological Association y a la Sociedad Cubana de Filosofía (en el exilio). Publicó en la "Revista de la Universidad de la Habana" los ensayos psicológico-filosóficos "¿Es la acción voluntaria realmente voluntaria?", en 1948, y "Necesidad de una nueva fundamentación filosófica de la fé", en 1950.

En 1973, publicó en Miami el libro titulado "Problemas de Conducta en los Niños, y su repercusión en la edad adulta", del que en 1984 se ha hecho una segunda edición revisada.

---

(1) La UNESCO era un organismo respetado en sus primeros años, después de la Segunda Guerra Mundial, cuando estaba muy lejos de convertirse en el instrumento comunista que es hoy.

La Doctora Inés Segura Bustamante, también tiene grandes intereses artísticos.

Graduada del Conservatorio de Música Orbón, con estudios de Armonia, es prolífica compositora, aunque pocas de sus canciones han sido incluidas en discos comerciales.

Graduada también de la "Escuela de Pintura y Escultura San Alejandro" de La Habana, ha cultivado el arte de los colores cuando su dedicación a la práctica clínica psicológica y a su Cátedra se lo ha   permitido.

El Editor

Nota:

Deliberadamente se expone el Indice al principio del libro y no al final como se acostumbra en los libros en idioma español.

Y las notas no siguen el uso actual de ponerlas al final de cada Capítulo sino en la parte inferior de cada página. La autora considera estas disposiciones más fáciles para la lectura del libro y ahorrativas de tiempo para el que lee.

El Editor

Foto de fecha Septiembre de 1949 cuando la autora concurrió como Delegada de Cuba a la Asamblea General de la UNESCO en París.

DEDICATORIA

Al recuerdo de mi querida madre, Antolina Bustamante de Segura, ella me trasmitió la capacidad para el esfuerzo, la preocupación por la humanidad y el interés por la vida.

HOMENAJE

En homenaje a Cuba y a mi querida Universidad de La Habana, a la que —un tiempo como estudiante y después como profesora— dediqué 30 años de mi vida, se ofrecen, en las primeras páginas de este libro, la música y letra del himno universitario junto con la fotografía de nuestra Alma Mater.

La música del himno fue reconstruída de memoria por la autora con la ayuda del Dr. José Gros. La letra del himno y la fotografía del Alma Mater las recibí del Dr. Adolfo Bock. Tanto Fifi Bock como Pepito Gros pertenecieron a la Fraternidad de los Manicatos de nuestra Universidad de La Habana durante el curso de 1921 y siguientes. Los Manicatos, nombre indígena, y las palabras indias que aparecen en los "cheers", eran un indicio de la tendencia a crear un sentimiento autóctono, desligado de las influencias extranjeras que continuaban prevalecientes en Cuba durante los primeros años de la República.

La Generación del 23, con su afirmación de lo cubano pre-colombino, se puede considerar como precursora de la del 30, tanto como la del 27, la que inició la protesta política contra Machado.

El interés nacional fue el dominante en cada una de estas agrupaciones, las que sentaron las bases incipientes de lo que después sería la profunda revolución nacionalista de la Generación de 1930.

El Alma Mater de la Universidad de La Habana.

HIMNO UNIVERSITARIO

REPRODUCCIÓN DE LETRA Y MÚSICA DE LOS
DOCTORES:
INÉS SEGURA BUSTAMANTE
y
JOSÉ GROSS.

HIMNO

Salve Madre Gloriosa y fecunda
lustre eterno de la juventud,
en tu claro regazo se inunda
nuestro pecho risueño de luz.

En tu frente fulgura la idea,
en tu seno cobijas el bien,
de la Patria, tu imagen de Diosa
es antorcha y es arca y sostén.

Y si rota cayera algún día
nuestra Patria por obra del mal
en tus manos se refugiaría
el ideario de la Libertad.

En tu claro regazo se inunda
nuestro pecho risueño de luz,
Salve Diosa triunfal y fecunda,
Salve Madre de la Juventud.

Música: Luis Casas Romero, Director Banda Estado Mayor
Ejército Nacional de Cuba - 1922-1923
Letra: Gustavo Sánchez Galarraga - Poeta cubano - 1922-1923

AL LECTOR

Este libro no es la "Historia de Cuba" de una época; es sólo un **documento histórico** sobre la **Generación de 1930,** de la que sus antecedentes se sitúan en las primeras décadas de la República y sus actividades se extienden hasta los años presentes, cerca de finales del Siglo XX.

Tampoco ha sido escrito para defender ni para atacar. Su propósito es exponer hechos que en ocasiones favorecen y en otras muestran deficiencias humanas que no podemos ocultar.

La revisión de un libro es un reto a la capacidad visual, y siento que limitaciones personales me hayan impedido realizar las revisiones necesarias.

El libro tiene defectos tipográficos que no han podido ser rectificados por razones de tiempo y de economía.

Y la necesidad de presentar 60 años de acontecimientos en 500 páginas ha hecho que con frecuencia la exposición sea demasiado sintética.

INTRODUCCION

Pocos meses antes de escribirse las primeras páginas de este libro, en septiembre de 1975, recibí una triste noticia, la del deceso del Dr. Fernando López Fernández, "Cuco", para nosotros sus compañeros del Directorio Estudiantil Universitario de 1930.

El y yo habíamos comentado muchas veces acerca de la necesidad que teníamos de escribir sobre los acontecimientos de la Historia de la República de Cuba que habíamos vivido, "porque cuando nosotros nos hayamos ido, cada uno la escribirá como le parezca", decíamos.

Yo tenía interés extraordinario en escribir, de acuerdo con él, algunos de los más importantes sucesos de la lucha antimachadista, que más que antimachadista, era la de una generación que quería que su patria alcanzara personalidad nacional.

Aquella, la de 1930, fue una verdadera revolución nacionalista, que tendía a eliminar los lastres que todavía nos quedaban de la dominación española y de otras influencias externas de principios de nuestra joven República de sólo 28 años. Se trataba de obtener un "status" como nación independiente, que aspiraba a darse sus propias leyes, y reformas de avance social al estilo cubano, sin seguir los modelos de otras naciones, por poderosas o amigas que fueran.

La desaparición de Cuco López la he sentido por dos razones: una, la pérdida del amigo y del cubano que llegó a ser gloria de mi patria, y la otra, más personal, porque Cuco y yo coincidíamos en el recuerdo de momentos y decisiones en la historia del Directorio del 30, y de su influencia en los destinos del país.

Hoy tengo la cooperación de otros compañeros con los que también había contado.

El primero de ellos es mi hermano Angel, siempre dispuesto a colaborar conmigo en este libro. José Antonio Viego me entregó documentos que conservaba. Alberto Segrera, que no era del Directorio, porque no era estudiante —ya estaba graduado, pero si había vivido y sufrido con nosotros los mismos riesgos y persecuciones— me dio copias de documentos que había coleccionado y me ayudó, con su paciencia que tengo que agradecer, en la recopilación de datos sin los que las dos primeras partes de este trabajo no hubieran podido ser completadas. Alberto Saumell me ofreció datos inapreciables sobre el momento inicial del Directorio Estudiantil Universitario.

Además de a éstos, a algunos otros compañeros de lucha con los que ocasionalmente he hablado, quiero reconocerles su cooperación al comparar datos y recuerdos, entre estos, Juan Antonio Rubio Padilla, Leonor Ferreria, Silvia Martel, Manuel Secade, Pedro Saavedra, Bebo Herrera, Vicente Lago Pereda , Fernando González, Julio César Fernández.

Con el bagaje que estos compañeros han agregado a mis documentos y a lo que aún está vivo en mi memoria, paso a relatar la historia del movimiento revolucionario que hizo, de hecho, soberana a nuestra Isla, y del que todos nosotros, alrededor de los 20 años de edad, fuimos actores, inspiradores y propulsores.

Nota: Los tres primeros capítulos fueron escritos entre 1976 y 1982. El resto del libro fue realizado entre 1982 y 1986.

INDICE DE ILUSTRACIONES

INDICE

PARTE PRIMERA

Los primeros tres años en lucha por cambiar los destinos de Cuba (1930-1933)

Capítulo I

Aderda al Capítulo I

Capítulo II

Capítulo III

PARTE SEGUNDA
Los manifiestos del Directorio Estudiantil Universitario de 1930 a 1933.

PARTE TERCERA
Las ideas progresistas de la Generación del 30 llegan al poder. (septiembre de 1933).

PARTE OCTAVA

Un cambio de Presidente en los Estados Unidos condena a Cuba en Bahía de Cochinos (abril 1961).

Capítulo XXXI

Capítulo XXXII

Capítulo XXXIII

PARTE NOVENA

Actividades de la Junta Patriótica Cubana. El Presidio Político. La elección de Ronald Reagan en 1980.

Capítulo XXXIV

ANTECEDENTES

Breve exposición de hechos

Antes de empezar nuestra historia sobre la generación cubana de 1930 parece conveniente ofrecer una breve exposición de hechos ocurridos durante los años que precedieron al movimiento estudiantil del 30.

Al llegar el 30 de septiembre de 1930, en la República de Cuba existía un estado de tensión popular, como consecuencia de los primeros cuatro años del Gobierno del General Machado y Morales. Los poderes del Estado se centralizaban cada vez más en manos de un Presidente que se iba convirtiendo en dictador y que reprimía a aquel que se le oponía, ya fuera obrero, estudiante, periodista, legislador, etc.; con lo que provocaba un resentimiento sordo en la población que empezó a manifestarse abiertamente después de los hechos del 30 de septiembre de 1930.

A este gobierno de Machado se le anotan en sus inicios algunos aciertos que nos consideramos obligados a dar a conocer antes de las otras facetas. Al juzgarse en su conjunto no pueden menos que ofrecer un balance negativo ante el juicio de la Historia. A Machado le corresponde el triste honor de haber inaugurado la serie de gobiernos despóticos en Cuba.

Gerardo Machado y Morales, electo Presidente de la República en noviembre de 1924, tomó posesión el 20 de mayo de 1925.

Un acto inicial de su gobierno fué el empréstito de 25 millones solicitado de Estados Unidos para promover las obras públicas, de las que fueron sus realizaciones más importantes: la Carretera Central, (que favorecería el que los productos de la agricultura llegaran a grandes ciudades y mercados de la Isla), y el Capitolio Nacional.

La objeción de muchos cubanos de la época, acerca del irregular manejo de los fondos quedó fundamentada al convertirse el propio Machado y su Secretario de Obras Públicas Carlos Miguel de Céspedes en millonarios.

En agosto de 1927, Machado anunció su plan de reconstrucción de la industria azucarera, y en octubre crea la Comisión Nacional para la Defensa del Azúcar y la Corporación Exportadora de Azúcar de Cuba. Y en la misma ley se le otorgan al Presidente amplios poderes para la regulación de la industria azucarera. Estos "amplios poderes" eran sólo una en la larga lista de funciones que, en contra de la opinión popular, el Congreso delegaba en el Presidente.

El 16 de diciembre, a sólo siete meses de la toma de posesión, la Cámara de Representantes aprueba una ley electoral que impide la reorganización de los partidos políticos y la creación de nuevos partidos. El propulsor de esta ley, que tan pronto empezaba a amenazar la libertad en Cuba, era Clemente Vázquez Bello, del Senado y servidor incondicional del Presidente Gerardo Machado.

Por facultades extraordinarias que el Congreso había delegado en el Presidente en repetidas ocasiones Machado reestructuró, a mediados de 1925, todas las fuerzas del Ejército y de la Marina de Guerra, retiró a numerosos oficiales y modificó las condiciones del retiro al proclamar un nuevo reglamento por el que deberá regirse el Tribunal Superior de las Fuerzas de Mar y Tierra.

El representante Carlos Manuel de la Cruz, en diciembre de 1925, acusó a sus colegas de la Cámara de estar violando la Constitución al otorgarle poderes excesivos al Presidente.

Por Decreto Presidencial se le adjudicaba a la Warren Brothers y a la Compañía Cubana de Contratistas, una improvisada compañía propiedad de Machado, la construcción de la Carretera Central, y al Chase National Bank el financiamiento de las obras, que ascendía a $70 millones. Esta, que es una de las obras beneficiosas que se le atribuyen al gobierno machadista, suscitó algunas interrogantes acerca de los medios de los que se valió Machado, con el Congreso, para que le dieran esos poderes extraordinarios que le permitían, con un Decreto Presidencial, señalar a los que iban a realizar la gran obra. ¿Su interés estaba en dotar al pueblo de la indispensable Carretera Central o en las ventajas personales que la obra le produciría?

Pretendían acaparar el poder en su evidente intento de convertirse en dictador; lo que al fin consiguió y con lo que provocó su caída, e interrumpió el ritmo constitucional de la República, cuyo avance y progreso pudiera haberse logrado sin una revolución, a través de la evolución natural de la República que, al acercarse a los 30 años de vida, maduraba.

El 3 de enero de 1927 el gobierno ordenó la recogida de la edición de "El Heraldo de Cuba", lo que constituía un ataque a la libertad de prensa, a los 19 meses de haber sido electo por el pueblo que no lo había elegido para que ocurrieran -y desde tan temprano- estos hechos. Defraudó la confianza pública más que muchos gobiernos de facto que no llegan generalmente al poder con esa confianza.

El 6 de febrero de 1927 se inició la campaña para la reelección y prórroga de poderes y el 2 de marzo comenzaron las obras de la Carretera Central; es decir, antes de un mes de anunciada la campaña, empieza uno de los proyectos más importantes realizados por Machado, lo que hizo que historiadores y sectores del pueblo y de la oposición vieran en la Carretera Central una obra política. Aunque las mismas eran de gran necesidad para el pueblo, la sincronización de los dos sucesos no pasó desapercibida para una parte de la población.

A fines de marzo de 1927, al mismo tiempo que aparecía un manifiesto de la nueva organización "Unión Nacionalista" en el que se protestaba por los intentos de prórroga y reelección del gobierno y se reclamaba la reorganización de los partidos políticos, la Cámara de Representantes, después de intenso y prolongado debate, aprobó un proyecto de ley por el que se reformaba la Constitución de modo que los cargos electivos pudieran ser prorrogados. Esto provocó una asamblea de protesta de los estudiantes en el Patio de los Laureles, los que al salir en manifestación tuvieron varios choques con la policía. Numerosos estudiantes, como resultado de las repetidas protestas, fueron expulsados de la Universidad durante los años 1927 y 1928. Entre estos últimos estaba la autora de estas páginas.

En abril de 1927, por un Decreto Presidencial, se trató de combatir las reuniones estudiantiles a través del desalojo de las asociaciones de estudiantes de los pisos bajos de los edificios universitarios, y por otro Decreto de ese mismo mes, se suspendían las clases en la Universidad de La Habana y se declaraba que podrían reanudarse sólo por una orden del mismo Presidente, lo que intensificaba el malestar del estudiantado. Entre los muchos poderes que el Congreso había delegado en el Presidente, estaba también el de la fijación del día en que debía empezar y terminar la zafra.

En la Gaceta Oficial de junio 21 de 1927 se publicó el proyecto de reforma constitucional aprobado por el Congreso junto con la convocatoria a una Asamblea Constituyente.

Por otro Decreto Presidencial se ordenaba la apertura de las clases universitarias, por un período que iba desde fines de junio al 15 de julio del mismo año. En octubre un Decreto Presidencial restringía el uso de lugares públicos para celebrar reuniones; de hecho se limitaba el derecho de libre reunión.

El 11 de junio de 1928, en Gaceta Oficial Extraordinaria, ordenó Machado que se publicara, con lo que quedaba promulgada, la Reforma Constitucional. Esto era una burla a los poderes constituídos y al pueblo al que éstos representaban.

En junio de ese mismo año la Junta Central Electoral prohibió a la Asociación Unión Nacionalista presentar candidatos a la Presidencia de la República. Así eran las leyes electorales "aprobadas" durante el gobierno de Machado.

El primero de noviembre se celebraron elecciones con Machado como candidato único, en unas elecciones en las que sólo se votaba por el Presidente, porque todos los demás cargos electivos habían sido prorrogados por dos años.

A fines de abril de 1929 el Congreso proclamó a Machado como Presidente para un nuevo período de seis años que se extendería desde mayo 20 de 1929 hasta mayo 20 de 1935.

Al llegar el año de 1930, la depresión internacional unida a una administración que había endeudado a Cuba con empréstito del extranjero, obligó a Machado a rebajar el sueldo de los empleados públicos, un 10 y un 15 por ciento.

En febrero recurrió una vez más al sistema de pedir un nuevo crédito para obras públicas por 20 millones de pesos que iban a endeudar más el empobrecido pueblo cubano.

En marzo de 1930 fracasó un intento de huelga organizado por Rubén Martínez Villena, el que tuvo que expatriarse. Este joven abogado fue el que en una entrevista con Machado, un año antes, lo llamó "asno con garras". (1)

El gobierno de Machado, varios años antes de llegar al 30 de septiembre de 1930 (que es cuando empieza la lucha de los estudiantes que se relata en esta crónica) había iniciado un larga cadena de asesinatos, lo que se ha visto con frecuencia en gobiernos de facto. Pero requiere un gusto especial por el derramamiento de sangre y una gran falta de respeto por la vida, para que un gobernante electo por la

---

(1) Rubén Martínez Villena, uno de los grandes poetas cubanos, autor de "La pupila insomne", su conocido libro de versos, junto con Julio Antonio Mella, perteneció a la juventud revolucionaria de 1923, combatió junto con Mella los gobiernos de los Presidentes Alfredo Zayas y Gerardo Machado y, como una parte del estudiantado de aquella época, sintió entusiasmo por la promesa del nuevo experimento comunista, el que su sensibilidad -mostrada en sus poesías- le hubiera hecho rechazar al conocerse la verdadera esencia de la anti-humana doctrina.

mayoría de un pueblo, use este método último de represión desde los primeros meses de su mandato. Un gran desprecio por la vida de los demás hombres es lo único que puede explicar que un gobernante legalmente electo empiece tan temprano a disponer de la vida de sus conciudadanos.

El 20 de agosto de 1925 (1), a los tres meses de haber tomado posesión de su cargo Machado, es acribillado a balazos, por orden expresa del Presidente de la República, el Director del periódico "El Día", Comandante Armando André. Al llegar a su casa, cuando introducía el llavín en la cerradura, policías del régimen, que estaban apostados, esperándolo, dispararon contra él sus armas. En el periódico "El Día" se había hecho una alusión a la moralidad de la familia. Entre muchas otras represalias o sanciones de que el gobierno podía disponer, se escogió, sin mayores escrúpulos, la muerte. Después del hecho algunos partidarios y amigos de Machado se retrajeron de su círculo.

El 27 de septiembre de ese año, fue atacado en Morón, provincia de Camagüey, el dirigente obrero Enrique Varona, cuando se dirigía con su esposa a un cinematógrafo de la localidad. Fue asesinado a balazos por dos soldados de la Guardia Rural porque había organizado a los obreros del Ferrocarril del Norte de Cuba y actuaba con diligencia para organizar a los obreros de los ingenios de la región.

El primero de octubre siguiente, aparece muerto en la Fortaleza de la Cabaña, donde estaba detenido, el Sr. José Cuxart Falgón porque era de ideas anarquistas.

Estos asesinatos fueron seguidos por el de Secundino Rosales, acusado de haber secuestrado a un colono de la provincia de Camagüey; por los de unos veinte campesinos más, la mayoría de ellos ajenos al secuestro; por el de Felipe Luaces, en Santa Clara; por el del obrero Thomas Grant, en Ciego de Avila, y por el de Alfredo López Arencibia, obrero tipógrafo que había sido detenido el 20 de julio por miembros de la Sección de Expertos de la Policía Nacional, sin que se supiera más de él hasta el 24 de agosto de 1933, fecha en la que sus restos fueron encontrados en el Castillo de Atarés. Todos estos hechos fueron realizados en el año 1926.

Sin haberse podido precisar las fechas hasta hoy, fueron también

(1) La Enciclopedia de Cuba, Tomo 13. Playor S.A. Madrid, p. 347.

desaparecidos: Baldomero Duménigo en Cienfuegos, Esteban Brooks en Puerto Tarafa, Modesto H. Wilson, Carlos Padrón, Cecilio Sánchez González y Aurelio Ferrer. En 1927 es asesinado en el mes de mayo, en La Habana, el miembro del Ejército Libertador José Aguiar, periodista, director del Semanario "La Campana", que combatía al régimen de Machado. Fue atacado al salir a la puerta del local en que se editaba su periódico en la calle Jesús María No. 82, en La Habana.

El 20 de enero de 1928 fueron detenidos los obreros Claudio Bruzón y Noske Yalobo, quienes fueron conducidos al local de la Sección de Expertos de la Policía Nacional, entonces al mando del Teniente Miguel Calvo Herrera. Allí fueron golpeados y luego trasladados a la Fortaleza de la Cabaña. Días después aparecieron en las aguas de la Bahía de La Habana, el cadáver de Noske Yalobo, amarrado a un lingote de hierro, y en el vientre de un tiburón el brazo de un hombre, que fue identificado por la señora de Bruzón como uno de los brazos de su esposo. En abril de 1928 muere asesinado Juan Manuel Lezcano, en San Juan y Martínez, provincia de Pinar del Río.

Rafael Iturralde, Secretario de Guerra y Marina, renunció a su cargo poco después, y unas semanas más tarde decidió irse al extranjero, al ver como el dirigente de la Unión Nacionalista Blas Masó, muy amigo suyo, había muerto cuando tomaba el fresco en la azotea de su domicilio, el que recibió varios disparos de rifle desde una azotea cercana. Blas Masó era Capitán del Ejército Libertador y fue uno de los primeros cubanos que se opusieron a la Prórroga de Poderes y a la Reforma Constitucional. Días antes de esta muerte, Iturralde había recibido amenazas de parte de Machado informándole que lo mataría si no se iba de Cuba.

En agosto, el legislador del Partido Liberal y periodista, Bartolomé Sagaró y Benítez, después de haber publicado unas declaraciones en el periódico "El País", donde combatía la forma en que el gobierno realizaba el proceso electoral, recibió un fuerte golpe en el cráneo, atacado por la espalda, cuando un domingo por la noche transitaba por la calle San Lázaro, esquina a Campanario, en la ciudad de La Habana. Un mes después murió a consecuencia del golpe.

También fueron asesinados en agosto, en el Presidio Modelo de Isla de Pinos, el ex tesorero de la Sociedad de Torcedores de la Habana, José Bravo Suárez, Carlos Estrada y el anarquista español Alberto Huerta Romero.

En septiembre aparecieron muertos cinco recluso más, en el Presidio Modelo de Isla de Pinos. Se calcula que perecieron en presidio unos doscientos prisioneros entre 1925 y 1929.

En noviembre de 1928 es asesinado en Pinar del Río, Ramón Vera y Martínez. Los mencionados en estos párrafos, eran opositores al gobierno.

En marzo de 1929 es detenido por la policía, y apareció muerto más tarde, el periodista venezolano Francisco de Paula Laguado Jaime, lo que fue ordenado por Machado para servir a su colega, el tirano dictador de Venezuela Juan Vicente Gómez, cuyos asesinatos eran bien conocidos en toda la América.

Con esta larga historia de asesinatos, llega el gobierno de Machado al 30 de septiembre de 1930, día en el que como se relata en otra parte de este trabajo, ocurre el encuentro de los estudiantes con la policía, en el parque Eloy Alfaro, donde es herido el estudiante de Derecho Rafael Trejo, quien muere al día siguiente en el Hospital de Emergencia, a consecuencia de las heridas recibidas.

Este fue el hecho que conmovió por entero al pueblo de Cuba. El gobierno, ante la indignación popular, se vio obligado a suspender las garantías el 3 de octubre, dos días después de la muerte de Trejo.

La etapa final de un gobierno que había estado cuatro años sin atender el clamor del pueblo frente a los ataques a su libertad, había empezado. En capítulos siguientes nos referiremos a estos años últimos del 30 al 33, en los que tantos estudiantes sufrieron los zarpazos del bien llamado "Asno con garras". Desde el punto de vista clínico psicológico, Machado era un psicópata que pudo ocultar sus antecedentes al empezar a tener importancia política cuando "fortuitamente" se quemaron los archivos de su pueblo, incluyendo los de la Audiencia de Santa Clara.

¿Que misterio ocultaba la mutilación de su mano que nunca se supo cómo había ocurrido? Fue un psicópata que pudo convencer al pueblo que lo hizo su Presidente en unas elecciones legales.

Increiblemente, al pasar de los años, nos hemos encontrado con quienes pretenden negar el desprecio de Machado por la voluntad popular, y convertirlo de dictador en patriota ingenuo, ignorante de lo que sus cuerpos policíacos hacían.

El hombre que logró acumular en sus manos los grandes poderes de la República, no iba a delegar en subalternos funciones de tan graves

8

consecuencias. Su soberbia no se lo hubiera permitido y la voracidad de sus ansias dictatoriales, tampoco.

Demuestran poco interés en los acontecimientos de la República y en la búsqueda de la verdad, los que presentan a Machado como ciego frente al cúmulo de cadáveres y como ajeno a los desmanes y crímenes que sus hordas policiales cometían

No es un placer hurgar en tanta deshumanización, pero ahí está la historia, imborrable e ineludible.

Presidente de Cuba, consumado su proyecto de Prórroga de Poderes y de Reelección —fuertemente combatido por los estudiantes de 1927— llega Machado al verano de 1930.

NOTA: Estos datos han sido tomados del libro de José J. Tremols (ver referencia) y de "La Enciclopedia de Cuba". También de relatos directos de familiares de las víctimas, conservados por muchos de los que participamos en la lucha antimachadista.

PARTE PRIMERA

**Los primeros tres años en la lucha por cambiar
los destinos de Cuba.**

CAPITULO I

Integración del Directorio Estudiantil Universitario
de 1930. Miembros firmantes y no firmantes.
La ideología de esta generación.

Al acercarse el 30 de septiembre de 1930, un grupo de estudiantes universitarios venía reuniéndose unas veces en una finca del reparto Diezmero, término municipal de Guanabacoa y otras en el local de la Asociación de Estudiantes de Derecho, o en la casa de Isidro Hernández, un amigo del grupo que tenía un "Colegio Universitario" donde daba clases de Anatomía a los estudiantes de Medicina que tenían dificultades con la asignatura.

En estas reuniones se discutían los problemas de la Universidad y de la República.

En una de las primeras reuniones, la del 28 de septiembre, se constituyó el Directorio Estudiantil Universitario de 1930, con los siguientes miembros:

Carlos Prío Socarrás, Manuel Antonio de Varona y Loredo, Rafael Trejo González, Augusto Valdés Miranda, Justo Carrillo Hernández, Alberto Espinosa Bravo, José Sergio Velázquez, Guillermo McKinley Cancio y Sánchez, "Maco", Francisco Suárez Lopetegui, Raúl Roa García, Virgilio Ferrer Gutiérrez, José Ramón Blanco, Jaime Urquí, Raúl López Luis.

Todos éstos eran estudiantes de la Facultad de Derecho, a los que se unieron los de otras facultades. Participaron por Medicina, Rubén León García, José Leyva Gordil, Carlos Guerrero Costales, Fernando López Fernández y, por la facultad de Letras y Ciencias, Ramón Miyar y Millán, Carlos M. Fuentes Blandino, Félix Ernesto Alpízar, Rafael Sardiñas, Antonio Viego Delgado.

Algunos de los que integraron este grupo desaparecieron pocos días después, presionados por sus familiares. Entre estos estaban, Virgilio Ferrer, José R. Blanco, Jaime Urquí, Raúl López Luis y Rafael Sardiñas, Alberto Espinosa, Francisco Suárez Lopetegui y Raúl Roa (el que después volvió a formar parte del Directorio como uno de los cinco representantes del Ala Izquierda Estudiantil). Los otros cuatro del Ala Izquierda, la que no duró mucho tiempo dentro del Directorio, eran: Aureliano Sánchez Arango, Porfirio Pendás, Manuel Guillot Benítez y Reinaldo Jordán.

Al decidirse durante aquel día 28 de septiembre la conducta que seguirían, se acordó realizar la manifestación del día 30, que saldría de la Universidad para dirigirse a la casa del Dr. Enrique José Varona, mentor de los estudiantes, al que le expondrían sus demandas, las que estaban recogidas en el Manifiesto firmado sólo "Patio de los Laureles", manifiesto que transcribimos en el Capítulo IV.

Es parte ya de la historia de Cuba lo ocurrido durante esta manifestación, poco después de salir de la Universidad.

En el pequeño Parque Eloy Alfaro, en las cercanías de la loma universitaria, hubo un enfrentamiento de los estudiantes con la policía que trató de detener la manifestación. En este enfrentamiento, Rafael Trejo, uno de los manifestantes, estudiante de Derecho y miembro del Directorio Estudiantil Universitario, se enredó a golpes con un policía, Cerca de él estaban Antonio Díaz Baldoquín y Alberto Saumel, quienes acudieron en su ayuda, cuando el agente policíaco que esgrimía su revólver, hizo un disparo contra Trejo.

Los estudiantes se dispersaron mientras un grupo recogía a Trejo mal herido, para llevarlo a la carrera hasta el Hospital de Emergencias, donde como ocurría en nuestra República con cualquier herido, era llevado sin la menor dilación, sin conocer su identidad y sin saber siquiera si podría pagar los gastos, hasta la sala de cirugía del hospital, para ser atendido inmediatamente.

La herida de Trejo era mortal, tenía perforados varios órganos importantes y a pesar de la operación y la atención inmediata murió al día siguiente.

La mayoría de los que habían constituido el Directorio, firmaron la esquela mortuoria de Rafael Trejo, publicada en los periódicos locales. Esta fue la primera vez en la que los nombres de los componentes del Directorio Estudiantil Universitario de 1930 aparecen en un documento.

Días después de la muerte de Trejo entraron a formar parte del Directorio otros miembros que también más tarde firmarán como integrantes del "Primer Directorio Estudiantil Universitario de 1930". Entre éstos estaban: Roberto Lago Pereda, Ramiro Valdés Daussá, José Morel Romero, Rafael Escalona Almeida y Juan Antonio Rubio

Padilla, quien venía a sustituir a su hermano Rafael Rubio Padilla, el que intervino en las reuniones preliminares que llevaron a la constitución del Directorio, pero que había tenido que ausentarse poco antes del 30 de septiembre, debido a una seria enfermedad. También llegaron a ser miembros de ese "Primer Directorio Estudiantil Universitario", el grupo de muchachas que se integraron a él como se relatará en el Capítulo II.

La muerte de Trejo exacerbó los ánimos.

Los estudiantes del resto de la isla se sumaban al movimiento y se extendía la lucha por toda la República.

Todas las clases representativas del país habían ido publicando en días posteriores y en los periódicos de la ciudad de La Habana, su adhesión a las manifestaciones del Directorio acerca de la situación política.

El Directorio seguía reuniéndose en el edificio de la Facultad de Derecho, en el local de su Asociación de Estudiantes.

Unos días después de los sucesos en los que había perdido la vida Trejo, el Directorio publicó en hojas sueltas que se repartían a mano, como siempre eran propagados sus manifiestos, otro pronunciamiento en el que se declaraba que el Directorio como representación de los estudiantes universitarios, no seguía a grupo político de clase alguna, y determinaba no asistir a las clases universitarias, mientras no se restablecieran las libertades públicas.

La copia que he podido reproducir no tiene la fecha, pero sí las firmas de los miembros del Directorio. Este manifiesto puede leerse en la Parte II de esta crónica.

Una nueva reunión de estudiantes ocurrió el 24 de octubre de ese año 30, día de San Rafael, conmemorado por la Iglesia Católica, en el que Adelaida, la madre de Trejo, con su esposo, también Rafael de nombre, Mario, el hermano, y otros familiares, se unieron para orar en la tumba del mártir en el Cementerio de Colón, de la ciudad de La Habana.

En el Capítulo II se relata cómo en ese día se iniciaron las conversaciones que llevaron a la organización de un grupo de muchachas que se convirtieron en miembros firmantes del "Primer Directorio Estudiantil Universitario de 1930".

Durante el mes de noviembre de 1930, el senador Barreras trató de iniciar contacto con el Directorio para entrevistarse con nosotros y llegar a un acuerdo entre los estudiantes y el gobierno.

La manifestación del 30 de Septiembre de 1930 al pasar por la Avenida de Infanta a media cuadra del parque "Eloy Alfaro" donde cayó herido de muerte nuestro compañero Rafael Trejo.

La reunión se llevó a cabo en casa del Dr. Ramón Grau San Martín, uno de los profesores universitarios que más apoyaba nuestras ideas.

Al efectuarse la reunión del senador Barreras con el Directorio en pleno, los estudiantes le ofrecimos darle una respuesta, sin haber hecho compromiso político alguno. Días después le contestamos con el manifiesto del 18 de noviembre, el que aparece en la Parte II.

Antes de la publicación de este manifiesto se había acordado por el Directorio que todos sus miembros, los que firmarían el documento, debían tratar de no permanecer en sus hogares donde podrían ser encontrados por la policía, ya que, dada la índole de la respuesta, se esperaba la posible orden de arresto.

En el manifiesto se pedía "cambio total y definitivo de régimen", proclama que iniciaba lo que después sería la revolución nacionalista de grandes avances sociales, llevada a cabo por la generación del 30, que más tarde recogió la Constitución Cubana de 1940.

En la semana siguiente, el Directorio preparó otra salida de los estudiantes en manifestación por las calles, hacia el Palacio Presidencial, la que se efectuó el 3 de diciembre.

Esa mañana salimos de la Escalinata Universitaria, el Directorio al frente, en manifestación de protesta, con una multitud de estudiantes que nos seguían.

En el Capítulo II relato lo que sucedió al llegar a las calles de San Miguel y San Francisco, esquina en la que nos tropezamos con la policía, la que detuvo a gran número de estudiantes.

Unos días después de los acontecimientos de diciembre 3, la mayoría de los estudiantes fueron puestos en libertad. De esa detención hay una fotografía, repetidamente publicada, en la que aparecen los estudiantes detrás de las rejas y, en primer plano, cuatro de las muchachas pertenecientes al Directorio: Angela Rodríguez Llano, Virginia Pego, Silvia Shelton y la que escribe. Además, Flor Loynaz del Castillo, que aunque no integrara el Directorio nos acompañaba en ocasiones, durante las primeras etapas de la lucha. En otro lugar de estas páginas me refiero a esta fotografía de aquellos tiempos, la que aparece al final del Capítulo II.

La primera prisión que duró meses (desde enero a abril de 1931) fue la que hizo que se pensara en que cada miembro del Directorio debía tener un sustituto, para que el organismo pudiera seguir funcionando en caso de que la mayoría de los miembros del Primer Directorio, que eran los firmantes, estuvieran en prisión.

Al principio de la lucha era indispensable que los estudiantes que actuaban como dirigentes firmaran, porque pensamos que no tendría suficiente confiabilidad un organismo que no ofreciera los nombres de los que lo integraban. Pero ya era bien conocido el Directorio como la representación máxima del estudiantado. Esto nos permitía decidir que no firmaran los miembros sustitutos que entraran después a formar parte del Directorio, para protegerse de la posible persecución del gobierno. A los miembros sustitutos se les llamó en conjunto "Segundo Directorio". Aquellos a los que sustituían, que estuvieron expuestos desde el principio a la persecucioœn y el arresto, muchos de los cuales estaban en las cárceles cubanas, se les llamó, en conjunto, con los otros que estaban en libertad y seguían firmando, "Primer Directorio Estudiantil Universitario de 1930".

Al estar en prisión no podrían firmar, ya que tampoco podían tomar parte en las deliberaciones. Por mayoría de votos, se acordaba el contenido —y se nombraba la comisión redactora— de cada manifiesto, el que sería repartido en los distintos actos de calle a los que el público les puso el nombre de "tánganas estudiantiles".

Ni el Primer Directorio ni el Segundo tuvieron Presidente, ni Secretario, ni cargos especiales. Cada miembro era en jerarquía igual que otro, y presidía las reuniones un miembro cualquiera, elegido en el momento. Alguno se encargaba de escribir el acta, con las deliberaciones y los acuerdos de la sesión. Durante un tiempo realizaba esta función Silvia Martel, después la continuó Juan Febles Secretal.

A principios de enero de 1931 ocurrió la única detención de la casi totalidad de los miembros del Directorio, reunidos en junta. A ésta siguieron muchas otras detenciones por separado de distintos integrantes del Directorio.

Los sustitutos tomaban parte en las juntas o reuniones y se exponían tanto como los del Primer Directorio, excepto en que sus firmas no aparecían en nuestras publicaciones.

Entre estos miembros no firmantes estaba Pío Alvarez, quien se arriesgó al peligro en forma tan valiente, que fue detenido y brutalmente torturado sin que delatara al movimiento.

Al Segundo Directorio pertenecían todos los que junto con los del Primero firman los manifiestos publicados después de la caìda de Carlos Manuel de Céspedes, quien sucedió a Machado. Los manifiestos del 5 de septiembre y del 6 de noviembre de 1933, son los

Miembros del Directorio en prisión durante el año 1931 rodeando a los doctores Guillermo Portela, Carlos de la Torre y Angel Vieta. Los estudiantes son, de izquierda a derecha, arriba, Aureliano Sánchez Arango, Carlos Guerrero, "Cuco" López, Manuel Guillot, Rubén León, Carlos Fuertes, Roberto Lago, Ramiro Valdés Daussá, Raúl Roa, Carlos Prío, "Mongo" Miyar, Rafael Escalona. En primer término, "Tony" Varona, Pablo de la Torriente, Raúl Ruiz y Porfirio Pendás.

dos en los que aparecen las firmas de los miembros del Primer y Segundo Directorio.

Desde la proclama del 18 de noviembre de 1930, en la que se pedía "un cambio total y definitivo de régimen", ya empezaba el Directorio Estudiantil Universitario a sentar las bases para lo que fue la gran revolución nacionalista de la generación de 1930.

La Constitución de 1940 fue la concreción, en una Ley Fundamental, de todas las medidas que el Directorio había expresado en sus proclamas y, principalmente, en la que propone un programa para el gobierno provisional, de fecha 22 de agosto de 1933. Estas medidas se convirtieron en leyes que se promulgaron con la firma del Dr. Ramón Grau San Martín, durante el Gobierno Revolucionario del 10 de septiembre de 1933 al 16 de enero de 1934, llamado "el Gobierno de los 100 días". Durante este gobierno, distintos grupos de miembros del Directorio le llevaban al Dr. Grau proposiciones de leyes que después de un tiempo, a veces bastante largo, firmaba, en algunas ocasiones con reformas que el mismo Presidente Grau hacía. En la Ley de Nacionalización del Trabajo, que exigía en los empleados de las empresas un 50% de nativos, fue Grau el que propuso la palabra "nativo" con lo que hizo más radical la referida ley, la cual fue propuesta al Presidente con un porcentaje mayor, del 80%, pero con la palabra "cubano", que protegía a extranjeros naturalizados. Esta ley fue propuesta por un grupo de miembros del Directorio, entre los que estaban Carlos Prío y Rubén León.

La ley contra la usura, por ejemplo, fue presentada por Pablo Torrado, Subsecretario de Justicia, por mi hermano Angel Segura Bustamenate y por René Díaz de Villegas, del Directorio Estudiantil del Instituto de La Habana, los que después de repetidas entrevistas con el Dr. Grau, en las que a veces estuve presente, consiguieron que la firmara; para lo que el Presidente después requirió la firma de Angel Alberto Giraudy, Secretario del Trabajo. Y así sucedía con las demás leyes. Está lejos de la verdad el que pretenda atribuirle a Antonio Guiteras las leyes del Gobierno Provisional de septiembre de 1933.

Guiteras había tenido durante la lucha que precedió a la caída de Machado, una actuación heroica en la provincia de Oriente, con el ataque (que había sido organizado por Chano Penabar y por López Rodón) al cuartel del pueblo de San Luis, acción que había sido financiada por la familia del entonces muy joven luchador Hector Mont.

Diario de la Marina
Octubre de 1930

...EZ DE LA QUINTA ...LA CAUSA SEGUID... CONTRA LOS REDACTORES DEL «ALMA MATER», EN LA QUE SERAN INCLUIDOS 30 ACUSADOS POR EL TTE. CALVO

El defensor de los periodistas espirituanos encausados en dicho proceso pide la reforma del auto de procesamiento

El Juez de Instrucción de la Sección Quinta doctor Raúl Pichardo actuando en la causa que se ... por haberse ocupado varios ...lares de la revista estudian...lma Mater», donde se publi... artículos señalados como subversivos. Hasta ahora el procedimiento solo se había dirigido contra los directores y redactores de la misma y tres periodistas espirituanos. En lo sucesivo se dirigirá también contra otras personas que han hecho públicas manifestaciones desfavorables al Gobierno y estimadas delictuosas por la Policía.

La lista de los acusados por el Jefe de los Expertos es muy extensa. Pasan de doscientos los inclui... ...lla. Será reducida a treinta... ...pués que se practiquen... ...nes para dilucidar res...

sabilidades, porque no ha de bastar la denuncia de un agente policía... sino que han de necesitar si ... pruebas concluyentes, por lo menos diáfanos indicios de culpabilidad.

LOS ACTUALMENTE ACUSADOS

Por la denuncia hecha contra la revista «Alma Mater' se procesó a Julio César Fernández, Carlos Prío Socarrás, Rafael García Bárcena, Pablo de la Torriente Bru, Edgardo Buttari Puig, Marcos García Villareal, Alberto Valdés Brito, doctor Vicente Castro Valdés, Carmen Castro, Inés Segura Bustamante, Pura Rodríguez, Virgilio Rodríguez Albeniz, Eliseo Gómez Gómez y José Daniel Soler Ascot, exigiéndoseles a unos cinco mil pesos de fianza y a otros dos mil, según los cargos.

De un momento a otro ... ...a en la ULTIMA, c...

Recorte del "Diario de la Marina" de Octubre de 1930 que informa el procedimiento judicial a los redactores del Periódico "Alma Mater", órgano oficial del Directorio Estudiantil Universitario.

...ESADOS 84 CATEDRATICOS Y EL DIRECTORIO ESTUDIANTIL

Los primeros quedan en libertad sin prestar fianza y los segundos habrán de prestarla de $5,000 para quedar libres

El señor juez de instrucción de la Sección Quinta, doctor Raoul Pichardo, que con el secretario Perrote y oficial Unanue, conoce de la causa número 1456 instruída a virtud de un delito de conspiración para la rebelión seguida contra catedráticos y estudiantes, pertenecientes al Directorio Estudiantil Universitario, ha dictado en la tarde de ayer auto de procesamiento contra ochenta y cuatro señores catedráticos.

Dice en su primer Resultando el doctor Pichardo, que el día 13 de Diciembre último fueron declarados procesados los estudiantes Virgilio Rodríguez Albeniz, José Daniel Soler Ascot, Eliseo Gómez Gómez, Inés Segura Bustamante, Carlos Prío Socarrás, Pablo de la Triente Brau, Julio César Fernández, Rafael García Bárcena, Edgardo Buttari Puig, Carmen Castro, Marcos García Villarreal, Alberto Valdés Brito, Pura Rodríguez Castell y Vicente Castro Valdés, decretándose la prisión provisional de los mismos en la Cárcel hasta que prestaran fianza por la suma de cinco mil pesos, cada de los últimos, y de dos mil cada de los tres primeros, cosa que tuó Inés Segura, no así Prío Socarrás y de la Torriente Brau, que se en presos en la Cárcel y declaraen rebeldía los otros restantes.

...dos estos procesados hicieron circun periódico titulado «Alma Macomo órgano oficial del Directo- Estudiantil, donde con artículos amente subversivos inducían al Ejército a los obreros y...

Universidad, bajo la presidencia del doctor Carlos de la Torre Huerta, Decano de la Facultad de Letras y Ciencias, siendo dichos catedráticos los siguientes:

José Antonio Presno Bastioni; Alfredo A. Aguayo Sánchez; Angel Arturo Aballí Arellano; Salvador Salazar Roy; Juan Manuel Lagomasino Seiglie; Luciano de Goicoechea Plaza; Julio San Martín; Ramón Gran San Martín; Adolfo A. Betancourt y Martínez; Miguel Villa Rivera; Luis Alberto Núñez Verdes; Enrique Vadell Portuondo; René San Martín Sáenz; Manuel Francisco Gran Cilledo; Ricardo la Torre Madrazo; José Manuel Cadénas Aguilera; Víctor Rodríguez Torralbas; Carlos Guillermo Aguayo Castro; Gustavo Cuervo Rubio; Manuel Costales Latatu; Joaquín Weiss; Antonio Fernández de Castro Patroni; Juan Antonio Coscuyuela Barreras; Pedro Martínez Inclán; Francisco González Rodríguez; Manuel Tapia Ruano; Alberto Prieto Suárez; Francisco de la Carreras Puente; José Miguel Santos Burgos; José Comallonga Menas; José Marzel Valenzuela; Ernesto R. de Aragón y del Pozo; Rosa Trina Lagomasino Seiglie; Tomás Durán Quevedo; Ignacio Pérez Díaz; Virgilio Quiñones Gómez; Francisco Gastón Rosell; Gabriel Casuso y Díaz Albertini; Oscar Sánchez Govín; Enrique Luis Varela; Miguel Fernández de Castro y Abeille; Salvador Masip; Roberto Agramonte Pichardo; Reinaldo Márquez Camacho; Claudio Bastarre-

Recorte del "Diario de la Marina", del mismo mes de Octubre de 1930 en el que se informa del procesamiento a los profesores de la Universidad de La Habana, por su respaldo al Directorio Estudiantil Universitario.

Madan Diago; José Menéndez dez; José Ramírez Olivella; H to Alvira Devesa; Carlos J. Ta Angel Vieta Baraona; Juan Jos Maza y Artola; Alejandro Lu dalzo; César Sotelo Morales; Rodríguez Lendián; José Angel González Rubiera; Sergio García Marruz y García Marruz; Francisco Henares Briega; Carlos Coro y de la Cruz; Rosendo Forns; Francisco Vargas; Francisco Gómez Silverio; Rafael Biada Dini; Ricardo Gómez Murillo; Juan Hernández Pérez; Oscar Jaime Elías; Juan Blanco; Héctor Seiglie Martínez; Angel Pérez Andrés; Federico Grande-Rossi; Nicolás Puente Duani; Buenaventura Rueda Pérez; Rafael Menocal y Cueto; Jesús Mariano Penichet y de los Reyes ,así como también e doctor Ricardo Dolz, Senador de la República.

Todos estos señores fueron procesados por el Juzgado, sin fianza, con la obligación de presentarse ante el mismo todos los días 1 y 15 de cada mes, no así el doctor Dolz, por ser miembro del Senado, al que se le ha remitido un suplicatorio.

También han sido declarados procesados en esta causa, los componentes del Directorio Estudiantil Universitario, con cinco mil pesos de fianza cada uno de ellos.

Son éstos Manuel Antonio de Varona Loredo, Raúl Ruiz Hernández, Roberto Lago Pereda, Ramón Miyar Millán, Carlos Manuel Fuertes Blandino, Ramiro Valdés Daussá, Rubén León García, Carlos Guerrero Costales, Fernando López Fernández, Rafael Escalona Almeyda, Augusto V. Miranda García, Justo Carrillo Hernández, José Sergio Velázquez, José Morell Romero, Francisco Suárez Lopeztegui, José Leiva Gordill, Juan Antonio Rubio Padilla, Rafael Sardiñas y Antonio Viego.

Por el Juzgado se ha librado una orden a la policía para que la busca y captura de estos procesados que quedarán en caso de que no presten la fialada.

Continuación del recorte de la página anterior.

La intervención de la Compañía de Electricidad fue ordenada por Grau, el Presidente, después de varios decretos sobre el problema de la Compañía, los que aparecen en la Parte III de este libro. Sin negarle a Guiteras su muy relativa contribución a las decisiones de aquel gobierno, queremos dejar bien aclarada su participación, que fue la que normalmente correspondía a su cargo. No era su función crear leyes fuera de las que necesariamente debía proponer para mantener el orden en la República. Conocía los propósitos de Batista *(1)* de derrocar al gobierno y trataba de relacionarse con la Marina, en su intento de obtener el control de una fuerza que oponer a la de Batista. Perseguía el poder de las armas, que complementa al caudillo, más que el de los principios democráticos o el respeto a la persona civil, demostrado en los métodos de que se valía para obtener fondos. Ideológicamente no pertenecía a la generación del 30. Tampoco su hermana Calixta, quien formó parte del Directorio del 30 durante un tiempo y la que desde el primer año se integró al sistema totalitario que hoy domina mi patria.

La mayor parte de los miembros del Directorio y de esta generación, **perteneció, más** tarde, al Partido Auténtico o mantuvo estrecha relación con éste.

Guiteras se separó radicalmente. Fundó la "Joven Cuba" y continuó con el propósito que ya proyectaba, desde el gobierno de los 100 días.

El Partido Auténtico seguiría el programa de libertades populares y derechos sociales de la generación del 30.

La "Joven Cuba", de la que Guiteras era su caudillo, no se obligaba a seguir estas ideas básicas del Partido Revolucionario Cubano.

La muy discutida palabra "generación" se ha usado no sólo para indicar un grupo contemporáneo, sino principalmente para designar a los que están unidos por un mismo conjunto de ideas.

Se ha pretendido presentar al gobierno provisional del Directorio y del Dr. Ramón Grau San Martín, como el "Gobierno GRAU-GUITERAS". Pero Guiteras no participó de aquellas ideas generacionales que más tarde se plasmaron en los gobiernos auténticos. En las páginas que siguen relatamos su intento de eliminar físicamente a Fulgencio Batista y por qué el Gobierno Provisional se lo impidió.

El respeto del poder por la vida humana era idea fundamental de nuestros gobiernos auténticos y de nuestra generación.

---

(1) Batista era el Jefe del Ejército. A su actuación nos referimos más adelante.

El Directorio Estudiantil Universitario durante la primera etapa del Gobierno Provisional se mantenía como el organismo supremo ante el pueblo, ya que eran los nombres de los que firmaban los manifiestos, en los tres años de lucha contra Machado, los que el pueblo de Cuba conocía y seguía.

El embajador norteamericano, de acuerdo con la organización celular secreta ABC, que había contribuído a la caída del régimen machadista, auspició el gobierno de Carlos Manuel de Céspedes, gobierno que sólo constituía un cambio de nombres y no un cambio de ideas hacia el verdadero y real establecimiento de la nación cubana como pueblo soberano e independiente.

A la sustitución de este gobierno por el de la Pentarquía, propuesto por el Directorio, apoyado por la rebelión de las clases del Ejército, fue al que el pueblo bautizó con el nombre de la "revolución auténtica".

La obra revolucionaria "auténtica" del gobierno provisional, se debió principalmente a las aspiraciones del Directorio, manifestadas en sus proclamas, de acuerdo con las necesidades populares, las que tuvieron el apoyo del Dr. Grau.

El nombre del Dr. Ramón Grau San Martín fue el que las clases humildes de Cuba veneraron como a un santo. Su retrato, en algunos hogares campesinos, estaba en el lugar destinado a las imágenes de su devoción. Y hubo casos en que encendían velas delante de su fotografía, frente a la que decían sus oraciones. El Dr. Grau fue conocido y reconocido por el pueblo a medida que el gobierno de los 100 días transcurría. El pueblo apoyaba desde el inicio del gobierno al Directorio que era lo que ya conocía desde los años anteriores de la lucha. Aquel grupo de jóvenes, todos alrededor de los 20 años, tenían detrás de ellos al pueblo de Cuba. Por eso tuvieron el apoyo de la fuerza.

Guiteras, en mucho menor grado que Grau, también empezó durante ese gobierno a ser conocido, lo que le permitió después fundar la organización "Joven Cuba", con lo que se convirtió en caudillo de ese grupo y de una parte no muy extensa de la población. Se proveía de fondos a través del dinero que exigía a los familiares de los secuestrados por sus seguidores, procedimiento que no parecía aprobar el pueblo. Su caída ocurrió en "El Morrillo", puerto de la provincia de Matanzas, cuando trataba de huir de la persecución de Batista, el que se había convertido en dictador desde que le retiró el apoyo al gobierno del Dr. Grau, de acuerdo con el embajador norteamericano, Caffery, para imponer el de Carlos Mendieta, general de nuestras guerras de independencia.

Guiteras, durante el gobierno de los 100 días, había propuesto la eliminación de Fulgencio Batista, el jefe del ejército, porque desconfiaba de él. Pero el Presidente Grau no dio su consentimiento. Gran demócrata y amante de la justicia y de la libertad —que fueron ideas centrales del Directorio— era enemigo de que en su gobierno se produjeran hechos de sangre.

Las leyes de aquel gobierno de Grau como ejecutor de las ideas del Directorio sentaron las bases para la futura Constitución de 1940.

La Ley Fundamental de 1940 plasma el verdadero ideario revolucionario de la República de Cuba, y fue en su tiempo una de las más avanzadas de América. Por supuesto ya sabemos que en el estado actual a que ha llegado Cuba, sólo podría aplicarse, en el momento presente, lo que se refiere a los Derechos Individuales.

Después de 1940, muchas de sus Leyes complementarias se pusieron en práctica. Y algunas más, siguiendo sus lineamientos, hubieran podido completar lo que había sido producto del pensamiento de la generación de 1930.

Las aspiraciones de esta generación nos hubieran llevado a un alto grado de progreso de haberse podido mantener nuestro ritmo constitucional, el que habíamos logrado adquirir de nuevo, después de su interrupción a consecuencia del "Machadato".

A continuación ofrecemos una lista de los miembros del Directorio Estudiantil Universitario de 1930: Primer y Segundo Directorio. No se incluye a algunos que aparecen en esta crónica, que firmaron al principio y se separaron de nosotros algún tiempo después. Los nombres que en la lista siguiente se expresan son los de aquellos que participaron en la lucha hasta el final en 1933, y los de los caídos, asesinados por el régimen.

Primer Directorio Estudiantil Universitario de 1930, miembros firmantes del Directorio: (Rafael Trejo, miembro del Primer Directorio cayó antes de tener oportunidad de firmar).

Por la facultad de Derecho:

Carlos Prío Socarrás
Manuel Antonio de Varona Loredo
Augusto Valdés Miranda y García
Justo Carrillo Hernández

Raúl Ruiz Hernández
José Morel Romero
Sara de LLano Clavijo
Guillermo Mckinley Cancio Sanchez, (que nunca firmaba por ser nuestro tesorero y porque nos reuníamos frecuentemente en su casa durante los primeros meses de la actuación del Directorio)

Por la facultad de Medicina:

Rubén León García
José Leyva Gordil
Rafael Escalona Almeida
Juan Antonio Rubio Padilla
Roberto Lago Pereda
Carlos Guerrero Costales
Fernando López Fernández
Clara Luz Durán Guerrero

Por la facultad de Letras y Ciencias:

Ramón Miyar Milián
Ramiro Valdés Daussá
Antonio Viego Delgado
Inés Segura Bustamante
Silvia Martel Bracho
Félix Ernesto Alpizar
Carlos M. Fuertes Blandino

Miembros del Directorio Estudiantil Universitario de 1930, que integraron el Segundo Directorio, que se fueron incorporando en el transcurso de la lucha, y que nunca firmaban manifiestos por razones de conveniencia y seguridad, y que aparecen firmando el manifiesto de Septiembre 5 de 1933:

Segundo Directorio Estudiantil Universitario de 1930, miembros no firmantes:

Felipe Martínez Arango
Felipe de Pazos Roque
Orlando Alonso Velazco

Por la facultad de Medicina:

Luis Barreras López del Castillo
Guillermo Barrientos Schweyer
Juan Febles Secretal
Raúl Oms Narbona
Laudelino H. González
Fernando Gozález Pérez
Antonio Medina Reinoso

Por la facultad de Letras y Ciencias:

Agustín Guitart Campuzano
Benigno Recarey Corona
Salvador Villaseca Fornés
Rafaél García Bárcenas
Angel Pío Alvarez

Durante los tres años de 1930 al 1933, y aun hasta nuestros días, Félix Ernesto Alpízar ha sido considerado miembro del Primer Directorio Estudiantil Universitario, y asistía a nuestras reuniones como cualquier miembro hasta caer asesinado en la lucha el 21 de diciembre de 1931. Ahora al revisar los manifiestos de fechas anteriores a su muerte, vemos que su nombre no aparece al lado de las otras firmas. Algunos compañeros que integraron el Directorio desde antes del 30 de Septiembre, han dicho que aunque concurría a nuestras juntas no pertenecía al Directorio. Las muchachas ingresamos en el Directorio después de constituído por lo que no tengo explicación que ofrecer.

A aquellas reuniones, desde su inicio concurrían compañeros que no firmaban porque no integraban el Directorio como miembros del mismo, pero había una clara explicación que siempre todos supimos.

Uno era Eduardo Chibás, que asistía en representación del Directorio del año 1927, que fué cuando por primera vez un grupo estudiantil protestaba contra el proyecto de Prórroga y Reelección. Otros eran Santiago Alvarez, valiente entre los valientes y sencillo como si nada extraordinario hiciera, y Mario Labourdette. Estos dos últimos eran delegados del grupo de acción del que los dos eran dirigentes, denominado "Pro Ley y Justicia". Santiago Alvarez, el que debido a que le dedicaba su tiempo a la acción rara vez asistía a junta. Santiago Alvarez y Mario Labourdette se exponían al peligro como el que más, entre los miembros del Directorio. Mario, cuya firma aparece entre las del Segundo Directorio en el manifiesto de septiembre 5 del 33, era hermano de Mercedes, profesora de Filología y Lingüística en la Facultad de Filosofía y Letras de la Universidad de La Habana. Ella fue compañera mía en la Facultad durante los 22 años en que pertenecí a ésta, en calidad de Profesora de Psicología. Mercedes y Mario tenían un trato exquisito. Reunían la amabilidad y la cortesía de su herencia cubana y francesa, que hacía estimarlos tanto como a cualquier compañero de pura raza caucásica. Mario murió poco antes de romperse el ritmo constitucional de Cuba, por el golpe de Estado de marzo 10 de 1952. Había sido durante unos años Consul General de Cuba en Génova, Italia. Mercedes, ya con 79 años, viven en Cuba retirada desde la toma del poder por el comunismo en nuestra patria.

Ellos fueron dos cubanos ilustres, que al igual que centenares más se desenvolvieron en las altas esferas políticas, diplomáticas y culturales de una República, como la nuestra, en la que no hubo segregación racial. Una raza o mixtura de razas podía vivir al lado de cualquier otra, y en una Silla de Cátedra Universitaria se sentaban integrantes de grupos étnicos distintos sin la menor diferenciación. Embajadas y cargos importantes de toda índole fueron ocupados durante la vida de la República (que sólo nos duró 57 años) por cubanos de cualesquiera de nuestras dos razas predominantes, la blanca y la que en Cuba fué llamada "de color", y que era de más o menos intenso tono bronceado, según el mestizaje o la pureza de las razas.

Los cubanos no fueron racistas, como pretende hacer creer el actual régimen comunista que en enero de 1959 tomó el poder en Cuba a través del engaño.

Alrededor del Directorio Estudiantil Universitario de 1930 hubo muchos otros estudiantes que participaban tanto en las actividades del grupo que podía considerarse que pertenecían a éste, por la exposición de su libertad y de su vida, al lado de nosotros.

Sería muy difícil ofrecer una lista que comprendiera a todos los que contribuyeron al triunfo de nuestras ideas.

Entre estos están muchos profesores, estudiantes y graduados de la Universidad y de otros centros docentes.

La lista de miembros del Directorio Estudiantil Universitario que hemos presentado, está basada en las firmas que aparecen en los manifiestos.

En una de las últimas proclamas aparece la firma de Mario Labourdette Scull como representante de "Pro-Ley y Justicia". El era uno de los valientes luchadores de aquella época.

Los que combatieron junto a nosotros mostraron el mismo fervor que los que firmábamos o, en ocasiones, más.

Eran miembros integrantes del Directorio, aquellos cuyos nombres, con la excepción señalada, aparecen en los manifiestos de fecha posterior al 4 de septiembre de 1933, los que en esta obra se ofrecen.

Otros destacados dirigentes, dentro de la Generación del 30, fueron los integrantes de los Directorios de los Institutos de Segunda Enseñanza, de las Escuelas Normales y de Artes y Oficios, en La Habana y en las provincias.

También contribuyeron decisivamente a la propagación de la ideología de esta Generación los organismos obreros y profesionales que se sumaban a los esfuerzos por lograr una transformación de la República, iniciados por el Directorio Estudiantil Universitario en septiembre de 1930.

ADENDA AL CAPITULO I

La propaganda comunista tergiversa la historia. Frente a los logros y la popularidad de la ideología de la Generación del 30 el régimen impuesto en Cuba ha querido apropiárselos, para lo que pretende atribuírselos a los intentos socialistas de Antonio Guiteras, tan ajenos a nuestras ideas de descentralización.

La efectiva propaganda comunista ha sido capaz de influir en un número increíble de cubanos y de algunos extranjeros que estudian nuestra política, hasta el grado de crear en sus mentes la convicción de que detrás de las grandes transformaciones sociales y económicas, producto del Gobierno Revolucionario de la generación del 30, estaba Antonio Guiteras.

Las "verdades" comunistas son fabricadas a la medida en el laboratorio de la publicidad. Las democracias ni se defienden ni atacan publicitariamente, le dejan sus realizaciones a la historia, la que momentaneamente sucumbe ante el asedio de la profusión de literatura totalitaria.

Lo que aquí exponemos no extraña cuando se compara con los millones de personas que subrepticiamente han caído bajo el dominio de la gran mentira marxista-stalinista.

En una serie de libros (el primero de ellos: "Biografía de Antonio Guiteras", por Calixta Guiteras Holmes, activa colaboradora del sistema totalitario cubano desde 1959, publicado por el Municipio de La Habana, Cuba, 1960), el régimen comunista, para no reconocer el progreso social y económico de la República, debido a la generación del 30, presenta a Guiteras, al que considera afín, como inspirador de las leyes del gobierno revolucionario de 1933. La mentira repetida ha penetrado la mente de generaciones cubanas posteriores a la nuestra, y algunos con una ligera relación con Guiteras, por el natural deseo de reconocimiento, han contribuído a perpetuar la mentira. A Guiteras debemos reconocerle méritos personales, pero no el de ser inspirador de aquellas ideas puestas en prácticas del 33 al 34. Copiamos fotostáticamente la página 261 de uno de esos libros, el de José A. Tabares del Real, "Guiteras", Editorial de Ciencias Sociales, La Habana, 1973.

3.2.1. LAS LEYES REVOLUCIONARIAS

Durante sus cien días de existencia el gobierno promulgó un nutrido cuerpo de leyes, cuya vigencia entrañaba el comienzo de modificaciones en la sociedad cubana. Vistas a la luz de la realidad nacional de hoy, seguramente aparecen como logros mínimos, pero en el momento en que se emitieron, constituyeron importantes pasos de avance, que bastaron para concitarle a sus autores —o, mejor dicho, a su inspirador— el odio profundo del imperialismo y la oligarquía criolla. Un porcentaje grande de ellas fue impuesta por Guiteras frente a la oposición de Grau y de Batista. Algunas no llevaron más firma que la del secretario de Gobernación, quien se inmiscuyó revolucionariamente en todos los departamentos y esferas de la administración.

La absurda pretensión de que "algunos decreto-leyes fueron firmados sólo por "Guiteras" ilustra hasta donde llega el intento de negar la gran obra de una generación en completa oposición al comunismo. Y "que se impusieron en contra de Grau", ¿cómo quieren que se crea en esa imposición si una ley no podía quedar promulgada sin la firma del Presidente Grau? Se puede admitir que en los libros comunistas se escriba tan irracionalmente, pero nos sorprende que lo presenten como cierto y repartan folletos con esas afirmaciones cubanos del exilio.

Un folleto de un exiliado cubano en Puerto Rico, de abril 8 de 1985, es un muestrario de falsedades, todas copiadas de varios libros del régimen comunista cubano. Este folleto, sin el menor interés investigativo, ha sido usado por quienes, queriendo usar a Guiteras como escalón, lo aceptan regocijados.

Está invitado el que tenga tiempo y sana intención a examinar todos y cada uno de los 400 decretos de aquel gobierno revolucionario. Los encontrará firmados siempre por el Presidente Grau y algunos de ellos firmados conjuntamente con Guiteras, lo que normalmente le correspondía como un Secretario de Gabinete. Las Gacetas Oficiales con todas estas leyes están en la Biblioteca del Congreso en Washington y en el de varias universidades del Estado de la Florida: Gainesville, Miami.

También lo invitamos a comparar la fecha del Programa de "Joven Cuba", junio de 1934 (bien pasado el gobierno revolucionario) con la del "Programa del Directorio Estudiantil Universitario de 1930 para un Gobierno Provisional", agosto 22 de 1933, en el que están detalladamente expuestas las medidas que promulgó, como decretos-leyes, el gobierno provisional de septiembre del 33. Además ofrecemos en este libro los manifiestos del Directorio desde 1930 a 1933, inmediatamente anteriores y antecedentes históricos directos del Gobierno de los 127 días, y de su legislación. En varios libros pueden leerse los Programas a los que aquí nos referimos y comprobarse las fechas de cada uno. Los escritos y programas de Guiteras anteriores al 33 presentaban reformas sociales, en muchos casos fundamentalmente distintas a las del Manifiesto-Programa del Directorio, de agosto de 1933.

Como ilustración de estas medidas de Guiteras ofrecemos las que seleccionamos de las ofrecidas en el libro de Olga Cabrera: "Guiteras, su pensamiento revolucionario", Editorial de Ciencias Sociales, La Habana, 1973, lo que sigue:

Página 91:
2. d *"Formar un tribunal para juzgar los delitos contra el Estado, cometidos por los funcionarios del régimen machadista. Procediendo a la distribución de las penas entre las que debe figurar la "confiscación" de las propiedades de los convictos de esos delitos."*

Página 92:
f *"En un plazo por lo menos de 6 meses antes de convocar el plebiscito, procederá a autorizar la reorganización de los partidos y la formación de otros nuevos, reconociendo beligerancia a los elementos de izquierda, "comunista" inclusive."*

g *"Empleará las propiedades "confiscadas" siguiendo las leyes de la nueva constitución."*

De la misma página 92, de otro grupo de medidas:

2. *"Nacionalización de los servicios públicos:*
   a. Ferrocarriles
   b. Guaguas - rurales y urbanas
   c. Compañías de Expreso

Página 93:
   d. Cables
   e. Telegrafía sin hilos
   f. Teléfonos
   g. Alumbrado eléctrico
   h. Gas
   i. Agua

Página 94:
"Limitación de la facultad de indulto a los delitos comunes."

"Retirada de la Liga de las Naciones."

"Reorganización de partidos existentes y formación de otros nuevos, reconociendo beligerancia a los elementos de izquierda ("comunistas" inclusive).

"Salario mínimo, dentro de una jornada máxima que fijarán las leyes. Industrias (y) comercios que no puedan cumplir esta disposición, por afirmar que perderían capital, tendrán que cerrar después de haber sido "manipuladas por el Estado" y de haber sido comprobada la veracidad de lo afirmado. Caso contrario tendrán que optar entre cumplir las disposiciones o "ser confiscados"."

El Programa de Joven Cuba.

En el "Programa de la Joven Cuba" de junio de 1934, se propone convertir a Cuba en un Estado Socialista, lo que puede comprobarse a través de la simple lectura del programa.

Después de estos comentarios de Tabares del Real, ofrecemos **otra** copia fotostática de las páginas 177 y 178 de la obra de Roberto Padrón Larrazábal, "Manifiestos de Cuba", Universidad de Sevilla, 1975, estos párrafos que forman parte del preámbulo del Programa de "Joven Cuba".

En las páginas 532 y 533 del libro citado de Tabares del Real pueden también leerse los párrafos que aquí ofrecemos:

Pues, la coordinación de las fuerzas productivas cubanas se ofrece como la primera trinchera a conquistar, desde que en el espíritu colectivo surge intenso y preciso el apetito de gozar autonomía nacional, y el ambiente físico-social brinda los materiales adecuados para elaborar el andamiaje económico que ha de sustentar aquella autonomía. Pero la curva del ritmo mundial indica que la coordinación no es factible con vistas a la permanencia, si no se da graduación actual a los factores de la producción, y —por tanto— si no se asigna al *trabajo* el prevalente significado que la moderna economía le atribuye. De ahí la idea polar de nuestra orientación: *para que la ordenación orgánica de Cuba en nación alcance estabilidad, precisa que el Estado cubano se estructure conforme a los postulados del Socialismo.* Mientras, Cuba estará abierta a la voracidad del imperialismo financiero.

Ahora, que la dura cuestión desprendida inmediatamente del postulado es ésta: ¿Cómo se obtiene la integral estructuración socialista del Estado? ¿Es posible pasar del «coloniaje» al nuevo molde con la rapidez con que opera una mutación en el teatro? La sinceridad obliga a declarar que el cambio no es fácil; en ningún caso, podría ser repentino. Porque las transformaciones de los pueblos están limitadas por realidades histórico-económicas de una parte, y realidades espirituales de otra; las transformaciones sociales requieren posibilidades de conciencia —subjetivas—, tanto como posibilidades ambientales —objetivas—. Mientras el único juez de los valores de la vida sea el intelecto humano, de nada valdrá que las circunstancias de ambiente propicien una trasmutación, si el espíritu social por su impreparación cultural es incapaz de comprender y desea el cambio; y, del mismo modo, la idea reformadora significará mera utopía individual o hipnosis colectiva, si la falta de medios materiales imposibilita su realización, puesto que la eficacia activa del pensamiento necesita instrumental a propósito para revelarse

Ningún argumento derivará de esto el derechismo contra nuestra tesis. Tenemos en cuenta la doble categoría de los factores condicionales del progreso, y no demandamos ni esperamos de la realidad más que lo que ella encierra ya de maduro en su centro. El Estado socialista no es una construcción caprichosamente imaginada; es una deducción racional basada en las leyes de la dinámica social. A él se llegará a través de los ciclos más o menos breves en que se descompone el proceso historial.

Tampoco nos afectarán las críticas del extremismo fundadas en la insuficiencia del Programa. Al Estado socialista nos acercaremos por sucesivas etapas preparatorias. Fijada la gran meta a la que dirigimos la marcha, nuestro programa debe interpretarse como el trazado de la primera etapa. Pensado con reflexión, calculado con método, no quita ello para que se acojan las modificaciones que el replanteo exige. Perseguimos el acierto histórico, no el forzamiento antihistórico. (1)

Las ideas de la Generación del 30 eran democráticas en el sentido que esta palabra tiene de libertad. No siempre es usada en este sentido, recordemos las "democracias populares" y el presentarla como disfraz de teorías particulares y ajenas no debe engañarnos.

Al impedirle el gobierno revolucionario a Guiteras realizar su intento de eliminar físicamente a Batista, por traición, le imponía el respeto a la vida, lo que era parte de nuestra ideología.

Los secuestros y asaltos a ciudadanos sin conexión partidista, ni política, que usaba Guiteras para obtener fondos eran métodos que estaban en profunda contradicción con la filosofía de la Generación del 30, los que nunca fueron usados por el Directorio durante sus años de lucha en los que tantos mártires diezmaron sus filas. Nuestro respeto por la Democracia y la Libertad fueron indoblegables aún en ocasiones críticas.

El gobierno Colegiado de nuestro Programa representaba la aspiración al predominio de las ideas, no del caudillo que queríamos eliminar de la política cubana.

De acuerdo con esas ideas el Directorio no tenía Presidente. En nuestras reuniones un miembro, distinto siempre, se designaba para dirigir la sesión de ese día.

(1) La llave y los subrayados han sido agregados como indicadores por la autora en el Programa de Joven Cuba y en los escritos de Guiteras de 1931.

Las dos posiciones la del Directorio y la de Guiteras estaban fundamentalmente tan distantes, que decir que Guiteras fue el inspirador del gobierno revolucionario de la Generación del 30, es querer ponerle a la Historia un parche mal cosido que ni siquiera es del mismo color.

En las distintas Provincias hubo hombres desconocidos fuera de sus alrededores que luchaban contra el régimen de Machado y uno de ellos, Guiteras, tuvo la oportunidad de ocupar el cargo de Secretario de Gobernación por recomendación al Presidente Grau de Gustavo Moreno, Secretario de Obras Públicas, ya pasados nuestros primeros días de gobierno con la Pentarquía. Tres días después de tomar posesión Grau, llegó Guiteras a La Habana para ocupar su cargo.

En junio de 1934, meses después de derrocado el gobierno en enero 14 de 1934 y de fundado el Partido Revolucionario Cubano (Autentico) en febrero 8 de 1934, fundó Guiteras la "Joven Cuba" de la que fue su caudillo, según el estilo político del siglo XIX y de principios del XX. El Programa de la nueva organización se integra con medidas ya promulgadas como leyes por el gobierno revolucionario.

Guiteras se alzaba como un caudillo más entre los muchos que habían producido nuestras hermanas repúblicas latinoamericanas llenas de caudillos y de miseria.

El Directorio miraba hacia el futuro, al desarrollo de las ideas de democracia, de libertad, de igualdad de oportunidades. Repudiaba la presencia del señor, del jerarca, del caudillo que reparte statu.
Aspiraba a una sociedad en la que el status se adquiriera por esfuerzo personal. Considerábamos al caudillo como el primer paso del dictador y al dictador como el primer paso del tirano.

Cuando la Pentarquía que era nuestra negación al caudillismo, no pudo continuar por distintas razones, entre ellas que no era bien entendida ni aceptada por el pueblo, el Directorio, como se relata en el Capítulo III, designó al Dr. Grau -que no fue un caudillo, tampoco lo fue Prío- como su Presidente para que llevara a realidad lo reclamado a lo largo de nuestros tres años de lucha antimachadista en los manifiestos (ofrecidos en la Segunda Parte de este libro) donde exponíamos nuestra ideología.

La historia es bien distinta a como la presenta el gobierno comunista cubano en sus libros, que son parte de su propaganda, para inculcar lo que le conviene en la mente de los que, por jóvenes, no la conocen.

Al ver a algunos contar, como si lo conocieran por sí mismos, lo que dicen los libros editados en Cuba, nosotros los que participamos en los acontecimientos nos damos cuenta de qué lejana relación tenían con Guiteras, éstos que cuentan como cierto lo que nunca sucedió.

Los documentos aquí mencionados, que están a disposición pública, muestran lo ajenos que están a la verdad histórica, y lo poco que participaron, si acaso, en lo que sucedió antes y durante 1933.

Apoyados en la mentira castrista, han fabricado una comedia de la que son sus primeros actores, más burda y risible que la de los tiempos de la manigua heroica a la que tantos "mandaron quinina". [1]

Ya en letra de molde parte de estas páginas, antes de ser enviadas a la imprenta leo en el Diario "Las Américas" de mayo 9 de 1986, página 4, un artículo de Antonio Guiteras, publicado en la revista "Bohemia" en abril de 1934 y reproducido hoy en la columna de Luis E. Aguilar.

Si es cierta la tesis general del artículo que se refiere a la caída del gobierno revolucionario de 1933 por la inseguridad que el dirigente de las fuerzas armadas, Batista, y los sectores políticos sentían ante la falta de reconocimiento norteamericano, no lo es, en cambio, la afirmación en uno de los párrafos en el que se atribuye "el haber llevado a la firma del Presidente Grau los decretos que atacaban más duro al imperialismo yanqui". Aparte de que no nos importaba "a quién atacábamos más duro", queremos afirmar lo siguiente:

En el Capítulo XIII de esta obra están expuestas las leyes nacionalistas que afectaban, a favor del pueblo cubano, los intereses extranjeros, en el gobierno de Grau y del Directorio. Y esas leyes aparecen firmadas por cada uno de los Secretarios correspondientes de las distintas Secretarías, con la referencia a la fecha en la que aparecen en la Gaceta Oficial de aquella época, conservadas y asequibles a examen en las instituciones que en ese mismo capítulo se indican. Guiteras firmó sólo las de Gobernación, que fueron una reducida minoría entre aquellas leyes.

Ese falso alegato de Guiteras iba encaminado a favorecer su imagen, en preparación del cambio hacia el "Estado Socialista" que se proponía y para el que necesitaba engrandecerle como caudillo.

---

(1) "Quinina" era la medicación que se usaba en el siglo pasado para el paludismo que a veces padecían nuestros soldados "mambises" en la guerra de Independencia. De los que pretendían sin ser cierto, haber participado en ella sarcásticamente se decía: "mandaron quinina".

El párrafo último del artículo es indicativo del propósito que lo animaba: "Esta fase de nuestra Historia es la génesis de la revolución que se prepara, que no constituiría un movimiento político con más o menos disparos de cañón, sino una profunda transformación de nuestra estructura económico-político-social". Este cambio de "estructura" al que se dirigía quedó expuesto en su "Programa de Joven Cuba", del que en esta "Adenda al Capítulo I", ofrecemos los párrafos referentes al propósito que abrigaba de convertir a Cuba en un "Estado Socialista", lo que leemos escrito de la propia mano de Guiteras, en junio de 1934.

Las ideas de avance social del Directorio eran originarias de nuestro grupo. El "Estado Socialista" era un modelo originario de hombres nacidos en tierras lejanas, que en la realidad práctica muestra su tendencia hacia pasadas épocas reaccionarias con su centralización esclavizante.

El fantasma euronórdico que nos envolvió 25 años después, estaba en acecho a nuestro lado en 1934, para los mismos fines y de acuerdo con los mismos métodos, los que han mostrado su eficacia en la mente de muchos cubanos desde entonces hasta nuestros días, al atribuirle a un hombre "providencial" de ideas extrañas, aquí expuestas, la lucha y el pensamiento profundamente democráticos de toda una generación.

Conclusión:

Reproducimos tipográficamente los párrafos copiados en fotostática del "Programa de Joven Cuba".

"**Pues, la coordinación de las fuerzas productivas cubanas se ofrece como la primera trinchera a conquistar, desde que en el espíritu colectivo surge intenso y preciso el apetito de gozar autonomía nacional, y el ambiente físico-social brinda los materiales adecuados para elaborar el andamiaje económico que ha de sustentar aquella autonomía. Pero la curva del ritmo mundial indica que la coordinación no es factible con vistas a la permanencia, si no se da graduación actual a los factores de la producción, y —por tanto— si no se asigna al *trabajo* el prevalente significado que la moderna economía le atribuye. De ahí la idea polar de nuestra orientación: *para que la ordenación orgánica de Cuba en nación alcance estabilidad, precisa que el Estado cubano se estructure conforme a los postulados del Socialismo*. Mientras, Cuba estará abierta a la voracidad del imperialismo financiero.**"

"Ahora, que la dura cuestión desprendida inmediatamente del postulado es ésta: ¿Cómo se obtiene la integral estructuración socialista del Estado? ¿Es posible pasar del «coloniaje» al nuevo molde con la rapidez con que opera una mutación en el teatro? La sinceridad obliga a declarar que el cambio no es fácil; en ningún caso, podría ser repentino. Porque las transformaciones de los pueblos están limitadas por realidades histórico-económicas de una parte, y realidades espirituales, de otra; las transformaciones sociales requieren posibilidades de conciencia —subjetivas—, tanto como posibilidades ambientales —objetivas—. Mientras el único juez de los valores de la vida sea el intelecto humano, de nada valdrá que las circunstancias de ambiente propicien una trasmutación, si el espíritu social por su impreparación cultural es incapaz de comprender y desea el cambio; y, del mismo modo, la idea reformadora significará mera utopía individual o hipnosis colectiva, si la falta de medios materiales imposibilita su realización,

puesto que la eficacia activa del pensamiento necesita instrumental a propósito para revelarse."

"Ningún argumento derivará de esto el derechismo contra nuestra tesis. Tenemos en cuenta la doble categoría de los factores condicionales del progreso, y no demandamos ni esperamos de la realidad más que lo que ella encierra ya de maduro en su centro. El Estado socialista no es una construcción caprichosamente imaginada; es una deducción racional basada en las leyes de la dinámica social. A él se llegará a través de los ciclos más o menos breves en que se descompone el proceso historial."

"Tampoco nos afectarán las críticas del extremismo fundadas en la insuficiencia del Programa. Al Estado socialista nos acercaremos por sucesivas etapas preparatorias. Fijada la gran meta a la que dirigimos la marcha, nuestro programa debe interpretarse como el trazado de la primera etapa. Pensado con reflexión, calculado con método, no quita ello para que se acojan las modificaciones que el replanteo exige. Perseguimos el acierto histórico, no el forzamiento antihistórico.

Llamamos la atención del lector hacia las ideas expresadas en estos párrafos, las que no se refieren a un **gobierno socialista** en un **Estado democrático** como el de François Mitterrand en Francia o el de Felipe González en España, sino a un **Estado socialista** que se pretendía imponer en Cuba de espaldas a la ideología de la Generación del 30.

Puede también el lector comprobar la estrecha relación que existe entre estos postulados de Guiteras de Junio de 1934 y los de 1931, expuestos en páginas anteriores de esta Adenda.

Tanto unos como otros reflejan formas políticas inherentes al centralismo del **Estado socialista**.

Estas propuestas pueden compararse con las proposiciones del Manifiesto-Programa del Directorio, lo que le bastará al lector alerta para reconocer la profunda diferencia que existe entre las dos posiciones políticas: una esencialmente democrática y populista, la otra completamente dirigida hacia el establecimiento de un poder centralizado.

(Ver en la Parte Segunda los manifiestos del Directorio del 30 al 33, que incluyen el Manifiesto-Programa).

CAPITULO II

Ingreso en el Directorio Estudiantil Universitario de 1930 de un Grupo de Muchachas Estudiantes Universitarias.

El día 24 de octubre estábamos en el Cementerio de Colón de la Ciudad de la Habana, frente al panteón donde reposaban los restos de nuestro compañero de clases Rafael Trejo. Allí estuvimos para acompañar a Adelaida, la madre del mártir, a Rafael el padre y a Mayito el hermano menor. Asistieron los miembros del Directorio con muchos estudiantes más.

Emelia López, hermana de Cuco,(Fernando López Fernández, miembro por la Facultad de Medicina, del Directorio),se encontraba al lado mío cuando me dijo: -"Mira, ése, es un líder estudiantil de los mas arriesgados, fue Presidente de los estudiantes del Instituto de Camagüey; y ahora es miembro del Directorio por la Facultad de Derecho, y fué el que llamó a Cuco para que formara parte del Directorio".

Al decir esto me señalaba a Tony de Varona, al que ví por primera vez ese día, según mis recuerdos. Según los recuerdos de Tony ya nos habíamos visto varias veces antes. En aquella época éramos tan pocas las muchachas que íbamos a la Universidad para estudiar una carrera profesional, que se hacía mas fácil para los jóvenes el reconocernos que lo que era para nosotras el reconocerlos a ellos, que llegaban a miles en la Universidad de La Habana.

Esa tarde en el cementerio, Tony y otros estudiantes nos hablaron de integrarnos, como miembros, al Directorio Estudiantil Universitario de 1930; y un grupo de las que estábamos allí quedamos en vernos en fecha próxima para hablar del asunto.

Unos días después, ya en noviembre de 1930, me llamó Delia Echevarría para que asistiera a una reunión de muchachas en un piso alto de la calle Neptuno entre Masón y Basarrate, y allí acordamos integrarnos al Directorio. Se había hablado también de constituir lo que se llamaría Directorio Estudiantil Femenino, como un grupo aparte, pero tentativamente se acordó incorporarnos al Directorio.

Después de la entrada de las muchachas en el Directorio Estudiantil Universitario, una de las primeras reuniones a las que asistimos fue la que tuvo lugar en 17 y J en el Vedado, en la casa del Dr. Ramón Grau San Martín, -profesor de Fisiología en la Facultad de Medicina de la Universidad-, con el senador Alberto Barreras, y el Dr. Lucas Lamadrid, quienes en representación del gobierno querían llegar a un acuerdo con nosotros, en la idea de que a los estudiantes y al Directorio sólo les interesaba reivindicaciones académicas.

Nuestra respuesta fué la publicación del manifiesto de 18 de noviembre de 1930 en el que se declaraba que lo que pedíamos era "un total y definitivo cambio de régimen", como mencionamos brevemente en páginas anteriores.

Este manifiesto fué el primero en el que aparecen las firmas de las muchachas, las que firman separadamente al final como Directorio Estudiantil Femenino.

Después de la publicación de esta proclama, todos los firmantes sabíamos que el régimen empezaría a perseguirnos y trataría de detener a los que considerara responsables del pronunciamiento.

No obstante, el Directorio acordó que en la mañana del 3 de diciembre de 1930 partiríamos de la Universidad rumbo al Palacio Presidencial. Este fue el primer acto de calle, (llamados "tánganas estudiantiles"), en el que tomábamos parte las muchachas.

Durante las últimas horas de la mañana y bajo un aguacero torrencial, salimos desde la escalinata de la Universidad en manifestación los estudiantes universitarios, con el Directorio al frente, muchachos y muchachas. Los manifestantes habíamos tomado por la calle San Miguel y al llegar a la esquina de San Francisco, nos encontramos con la policía obstruyendo nuestro paso.

Cuando menos lo esperábamos el tiroteo empezó, bajo la lluvia, y la manifestación se dispersó. Distintos comercios nos acogieron, cerrando después sus puertas de metal. En uno de ellos estábamos: Angela Rodríguez Llano, Virginia Pego y yo, cuando la policía entró a detenernos.

Nos llevaron para el juzgado de la Sección 5a en Prado 15, donde nos econtramos con Silvia Shelton, Flor Loynaz del Castillo y con muchos otros compañeros que también habían sido detenidos al dispersarse la manifestación por la policía.

Nos tomaron una fotografía, en la que los muchachos aparecen detrás de las rejas y las muchachas al frente, la que he visto con frecuencia ilustrando relatos sobre acontecimientos de aquel tiempo.

La manifestación había avanzado varias cuadras bajo una fuerte lluvia.

3 de Diciembre de 1930 en el Juzgado de Instrucción de la Sección 5ta., situada en Prado 15, La Habana a donde fueron llevados los estudiantes detenidos cerca de la Universidad. De izquierda a derecha: Flor Loynaz. Miniña Rodríguez, Inés Segura Bustamante, Virginia Pego, y Silvia Shelton. Detrás de las rejas puede verse a los demás estudiantes.

Todas las muchachas que participaron en la manifestación del 3 de diciembre no continuaron dentro del Directorio, aunque las que se separaron siguieron en la lucha a la medida de sus posibilidades.

Una de las primeras en desaparecer de nuestras filas, fue Angela Rodríguez Llano, "Miniña", para nosotros, cuyos padres en Santa Clara, provincia de Las Villas, la mandaron a buscar, con lo que impidieron su continuada participación. "Miniña" murió en su primera juventud pocos años después. No supimos la causa exacta de su muerte, aunque si sabemos que no fué accidental.

Por último, quedamos en el Directorio solo siete muchachas: Silvia Shelton, Zoila Mulet, Calixta Guiteras, Silvia Martel, Clara Luz Durán, Sara de LLano y la autora de esta lineas, Ines Segura Bustamante.

En una proclama firmada el 3 de febrero de 1931 aparece todavía el nombre de Angela Rodríguez Llano al lado de algunas de las siete que quedaron hasta la época de la prisión de las muchachas en la Cárcel de Nueva Gerona, en Isla de Pinos. Después de esta prisión ya veremos, más adelante, por qué causas sólo quedamos cuatro, que permanecimos en el Directorio hasta el final de la lucha antimachadista: Sara de Llano, Silvia Martel, Clara Luz Durán y yo.

De las cuatro que quedamos, tres habían tenido la suerte de no ser detenidas y llevadas a Nueva Gerona, por casi todo el año 1932. A mí me tocó pasar ocho meses de prisión junto con las otras que se separaron después, Silvia Shelton, Zoila Mulet y Calixta Guiteras.

A lo largo de los tres años de lucha las proclamas se firmaban sólo por los que permanecían en libertad.

La mayor parte de los miembros del Directorio habíamos sido detenidos en enero de 1931 en una junta que efectuábamos en casa del periodista Rafael Suárez Solís. Varias muchachas fuimos detenidas en esa reunión. Estuvimos presas esta vez en el vivac del Castillo del Príncipe junto a otras detenidas políticas, entre las que recuerdo a Silvia Shelton, entonces del Directorio, y a Dulce María Escalona.

Los muchachos sufrieron una prisión de 105 días, en la que cayeron presos Carlos Prío, Tony Varona, Ramón Miyar y casi todos los demás miembros del Directorio junto con el escritor Pablo de la Torriente Brau, -quien publicó un folleto sobre los "105 días de prisión"- en el Castillo del Príncipe.

Un episodio que siempre recordamos de ésta detención del Directorio en la que los "esbirros del machadato", como nosotros los llamábamos, irrumpieron por sorpresa en nuestra reunión, fue la forma en que pudo evadir la detención nuestro compañero Juan Antonio Rubio Padilla, al esconderse, con su estatura de 6 pies 2 pulgadas, dentro de un escaparate.

Muchas reuniones y distintos actos se realizaban, junto con pronunciamientos del Directorio acerca de la situación. Estos pronunciamientos se publicaban en hojas sueltas que eran llamadas manifiestos y repartidos a mano por nosotros.en igual forma repartíamos el periódico "Alma Mater", órgano oficial del Directorio. En ellos denunciábamos la actuación del régimen que cada vez se ensañaba mas contra los estudiantes, quienes día por día iban llenando las prisiones.

Una de estas redadas de la policía llevó a la cárcel de Guanabacoa en junio de 1931, a un grupo de muchachas estudiantes y de simpatizantes con nuestra causa.

Esta vez nos encerraron en una galera del piso alto de la cárcel de Guanabacoa, a Zoila Mulet, Clara Luz Durán, Calixta Guiteras y a mí, del Directorio, a Teté Suárez Solís, esposa de Rafael Suárez Solís, a su hija María Teresa, y a Pilar Jorge Tella. Estas dos familias, la de Suárez Solís y la de Tella nos ofrecían sus residencias para nuestras reuniones. Se consideraba elegante dentro de la sociedad cubana el ayudar a los estudiantes en su lucha contra el machadato. Además estaba con nosotras en esa galera de la cárcel de Mujeres de Guanabacoa, Carmen Castro "Neneina", que luchaba al lado de las muchachas del Directorio como una más.

La prisión duró alrededor de dos meses.

Los muchachos del Directorio con otros estudiantes y profesores universitarios que combatían junto a ellos, permanecían mucho más tiempo en las cárceles. En ese verano de 1931 y en meses subsiguientes, hasta la primavera de 1933, el presidio de Isla de Pinos tenía varias galeras de presos políticos. Gran parte de ellos sufrieron 22 meses de prisión. Entre los presos estaban el Dr. Ramón Grau San Martín, el Dr. Guillermo Portela, el Dr. José M. Irisarri, el Dr. Enrique Cotubanama Henríquez, el Dr. Florencio Hernández Coto, gran número de miembros del Directorio, varios obreros y muchos otros de distintos sectores que se habían unido a nuestras demandas.

En una de estas prisiones en el Castillo del Príncipe, a donde generalmente eran conducidos los presos, y mantenidos un tiempo antes de ser enviados a Isla de Pinos, ocurrió un ataque a los presos políticos, hecho denunciado por los catedráticos de la Universidad de

44

La Habana al Juzgado de Instrucción de la Sección Segunda de la ciudad, el 4 de enero de 1932, en la forma siguiente:

"**La sangrienta y criminal agresión de que han sido víctimas en la noche del día 30 de diciembre último, cuando se encontraban ya recogidos y acostados para descansar, detrás de las rejas de su galera, los estudiantes universitarios presos por causas políticas en la cárcel establecida en el Castillo del Príncipe, un preso por delito común, que funge como Secretario del Jefe Teniente Díaz Galup, y ejerce autoridad delegada de este, bajo la denominación de "Mayor", simulando un debate con el estudiante Manuel Antonio de Varona Loredo, en el que éste no recurrió a violencia alguna, le hizo agresión al referido estudiante e inmediatamente abrió las rejas de la galera número 18, en la que estudiantes presos se alojan, dando enseguida una señal, seguramente convenida con antelación, al sonar la cual numerosos criminales comunes, esgrimiendo garrotes y otras armas afiladas y punzantes, invadieron súbitamente el interior de la referida galera, acometiendo a los estudiantes que se encontraban desprevenidos, desarmados e indefensos, golpeando y maltratando a un grupo de ellos que no ha podido aun ser determinado, de los cuales siete resultaron gravemente lesionados.**

"**De éstos, César Andino, se encuentra en grave peligro de muerte, con una herida penetrante de vientre que le atraviesa el cuerpo y con múltiples magulladuras; Ismael Seijas, sufre contusiones en el torax y fractura de una costilla y se encuentra muy grave; Manuel Antonio de Varona, está herido de puñal en la espalda debajo del pulmón izquierdo con golpes en todo el cuerpo; Raúl Argüelles, tiene fracturada la muñeca izquierda y sufre contusiones, desgarraduras y una herida que le atraviesa el brazo derecho; Augusto Valdés Miranda importantísimo testigo acusador del estudiante Félix Ernesto Alpizar, hasta ahora desaparecido o posiblemente ocultado por sus aprehensores, sufrió especiales e insistentes acometidas y tiene múltiples traumatismos en todo el cuerpo y fracturadas dos costillas; el también estudiante Díaz Blanco sufre de traumatismos y dislocación de una clavícula e**

Ildefonso Triano, de contusión en el tórax y posible fractura de una costilla.

"Los heridos de la anterior relación fueron trasladados al Hospital de Columbia y por este motivo se conocen sus nombres y lesiones pero hay también muchos lesionados, que fueron curados en la enfermería de la propia cárcel y solamente ahí pudieran informarse sus nombres y lesiones".

Firman la denuncia los siguientes catedráticos: Doctores Gonzalo Freyre de Andrade, Adolfo Aragón, C.M. Piñeiro, R. Márquez, R Fiterre, R.M. Fernández de Castro, C.E. Finlay, Carlos Coro, Rafael Menocal, F. Henares, Jorge Núñez, R. Gómez Murillo, F. del Rio, J. Brower, N. Viamonte, Ernesto Aragón, J. Dávila, Idelfonso Pérez, F. González Rodríguez, L. de Goicochea, J. Weiss, M. Dorta Duque, R Rodríguez Castells, T. Martínez Inclán, Roberto Agramonte, G. Tomeu, A. Lagomasino, Alfredo N. Agüayo , Carlos de la Torre, y muchos más que harían muy larga esta relación.(1)

Recuerdo que después de los hechos denunciados por los profesores de la Universidad, fuimos en una tarde, al Pabellón de detenidos del Hospital de Columbia, Mercedes Mas, novia de Polo Miranda, Dania Padilla, prima y novia de Juan Antonio Rubio Padilla, y yo, que era entonces novia de Tony Varona. Nos llevó en su automovil, la mamá de Polo Miranda, a visitar los presos lesionados que habían sido trasladados al Hospital. Alli supe que Tony se había dado cuenta de que estaba herido cuando al terminar la refriega Seijas, otro estudiante preso le dijo que manaba mucha sangre de su espalda. En el calor de la pelea había seguido debatiéndose después de recibir la profunda herida. Mercedes Mas y sobre todo Dania Padilla, aunque no eran miembros del Directorio, participaban en gran medida en nuestras actividades.

El 25 de enero de 1932 se descubrió uno de los atentados que miembros del Directorio, con los de otra organización secreta, preparaban contra el dictador Gerardo Machado. Un automovil dinamitado se haría explotar en el momento en que pasara por su lado. Al recrudecerse la persecución fueron detenidos muchos estudiantes con sus familiares, entre ellos algunas de mis compañeras del Directorio, y yo con mi madre, mi hermano Angel y Carmen Castro, "Neneina".

---

(1) La denuncia de los profesores llegó a mis manos tal como se transcribe en estas páginas. Quisiera haber podido ofrecer los nombres de todos los que firmaron.

46

El 2 de febrero de ese año estaba en mi casa esperando a "Neneina" Castro para ir las dos a refugiarnos en una de las casas ofrecidas al Directorio por algunas de las familias cubanas que trataban de protegernos de la persecución. Nadie, excepto nuestro mismo grupo sabía nuestro paradero.

Cuando la esperaba para trasladarnos desde mi casa a esa otra residencia más segura, la de Francisco Prieto y Mirta, hermana de Neneina, un grupo de "expertos" (como se llamaba a la policía vestida de civil que perseguía a los estudiantes) allanó mi casa.

Mi sufrida y querida madre estaba durmiendo una corta siesta cuando se despertó y vió a dos de los "expertos" registrando la habitación. Su corazón se le apretó al darse cuenta de que los "expertos" ya me habían echado garra. Ella, no dejaría de sufrir intensamente en lo adelante hasta su despedida para siempre, dos años después.

A los pocos momentos llegó "Neneina". Al verla llegar pensé con tristeza: "ha caido también, como yo". No me acerqué a ella, por ver si podía salvarse. Ellos traían una fotografía mía y le preguntaron si esa fotografía era de Inés Segura Bustamante. "Neneina" dijo que creía que sí. No preguntaron más ni a ella ni a mí y después de registrar todo lo que quisieron nos dijeron que los acompañáramos a "Neneina", a mi madre, Antolina Bustamante de Segura, a mi hermano Angel, que desde el principio participaba en la lucha, y a mí.

Nos llevaron para la Primera Estación de Policía, en la calle Monserrate esquina a Empredrado, cuartel de los expertos y de Ainciarte, jefe de la policía de la ciudad de La Habana.

Al verme en la habitación de detenidos de la estación con mi madre y hermano, pensé: "todos los de la familia, menos mi padre, estamos presos".

Nos trasladaron a nosotras a la cárcel de Guanabacoa y a mi hermano al Castillo del Príncipe, primero y al Presidio de Isla de Pinos, unos meses después.

Al llegar con "Neneina" y mi madre a la cárcel me encontré con muchas otras detenidas, entre ellas la novia de Edgardo Buttari, Gloria, la madre y la hermana de ella.

Silvia Shelton, Calixta Guiteras y Zoila Mulet fueron las otras compañeras del Directorio que también habían sido detenidas en esa ocasión.

Mi madre tenía 46 años y estaba en el cambio de la edad. Una hemorragia abundante y frecuente la debilitada; por eso la habían encontrado acostada al llegar los "expertos" a mi casa. El mes y medio

Cuatro muchachas integrantes del Directorio en la Cárcel de Nueva
Gerona, Isla de Pinos, julio de 1932. De izquierda a derecha: Zoila
Mulet, Silvia Shelton, Inés Segura Bustamante y Calixta Guiteras.
Zoila, Silvia y Calixta se separaron del Directorio por presión de
sus familiares a la salida de la prisión.

que nos mantuvieron en la cárcel de mujeres de Guanabacoa se lo pasó mi madre con un desangramiento continuo.

Al cabo de ese tiempo nos trasladaron a "Neneina" y a mí para Isla de Pinos, y a mi madre al Pabellón de Penados del Hospital Calixto García.

Después de un tiempo las Damas Isabelinas, a las que acudió Dania Padilla, la novia de Juan Antonio Rubio, consiguieron del gobierno la libertad de mi madre, según me informó ella más tarde en una de sus cartas, que recibí en la cárcel de Nueva Gerona.

Tambien me informaron que al salir del Hospital padecía de anemia, con sólo dos millones de glóbulos rojos en la sangre, anemia de la que nunca se recuperó y para la que no tuvo atención por razones muy tristes de recordar, relacionadas con la situación política. Tanto mi hermano como yo permanecimos en prisión durante gran parte de su enfermedad.

En Isla de Pinos se había preparado la antigua cárcel de Nueva Gerona para que nos sirviera de prisión a trece presas políticas.

Las presas de Nueva Gerona eramos: del Directorio Estudiantil Universitario, Silvia Shelton, Zoila Mulet, Calixta Guiteras y la que escribe estas lineas; las dos hermanas de Silvia Shelton, Georgina y Rita, que era médico; Caridad Delgadillo, novia entonces de Rubén León, "Neneina Castro", Leonor Ferreira, estudiante del instituto de la Habana, su mamá Leonor Borja, la maestra de escuela elemental Rosita Leclerc, y dos trabajadoras del sector industrial, María Regla y Carmen, cuyos apellidos no conserva mi memoria.

El capitán Pino y sus hijos, Delia y Cloro, nos visitaban y trataban de hacernos menos penosa nuestra prisión. No los volví a ver desde mi salida de la cárcel

Hace un tiempo, sería mayo de 1978, al levantar el receptor del teléfono de mi casa para contestar sus timbrazos, una voz preguntaba: -"¿Es Ines Segura Bustamante?" y al contestarle que si, me dijo: -"Te habla tu carcelero". Me quedé un momento sin comprender aquellas palabras. La voz continuó: -"Es Cloro Pino". Mi memoria dió un salto 46 años atrás mientras Cloro disfrutaba de mi asombro.

-"¿Y Delia?"- le pregunté.

-"Está en Cuba.".

Le pedí que cuando pudiera viniera con su esposa, para volver a vernos, después de tanto tiempo. Esperé que cualquier dia me anunciara su visita.

Nuestra prisión duró hasta fines de septiembre de aquel año 1932. Caridad Delgadillo, que llegó a ser alcaldesa de un pueblo de Cuba, fué libertada al poco tiempo. Calixta Guiteras, reclamada por su esposo de nacionalidad francesa, también pudo salir antes que el resto de nosotras.

Al dejar la prisión y llegar a La Habana encontré a mi madre muy delicada de salud. Pero su carácter, dulce y valiente a la vez, no me pidió que abandonara la lucha.

Calixta Guiteras, Silvia Shelton y Zoila Mulet, aparentemente presionadas por sus familiares se separaron desde entonces del Directorio.

Mi hermano seguía en el Presidio de Isla de Pinos, lo que se añadía al sufrimiento de mi débil madre ya muy enferma. Dos meses después, en ese mismo año mi hermano volvió a casa.

El Directorio Estudiantil Univeritario tenía entonces cuatro muchachas entre sus integrantes, las que nos mantuvimos unidas a él, hasta el final de la lucha, a la caída de Machado en agosto 12 de 1933.

El 27 de septiembre de 1932, miembros del Segundo Directorio, mas dispuestos a la violencia que nosotros los del Primero, unidos al ABC, otra organización revolucionaria muy radical en sus métodos, realizaron un atentado en el que murió Clemente Vázquez Bello, Presidente del Senado.

Esperaban que al entierro de Vázquez Bello asistiera el dictador, Presidente Gerardo Machado.

Una carga de dinamita se había colocado debajo del panteón de los Truffín, familiares de la esposa de Vázquez Bello, en el Cementerio de Colón de la ciudad de La Habana. A través de una alcantarilla pasaban los alambres que se conectaban con el magneto que la haría explotar y que sería operado desde un lugar fuera de las rejas del Cementerio.

Al disponerse por la familia que el entierro de Vázquez Bello se efectuara en Santa Clara, su ciudad natal, fracasaron los planes.

El gobierno como represalia ordenó la muerte de Gonzalo Freyre de Andrade, profesor de Derecho de la Universidad, que fue asesinado junto con sus hermanos Leopoldo y Guillermo, los que se encontraban presentes.

También fue asesinado ese día, por orden de Machado, el Representante a la Cámara, que pertenecía al grupo de oposicionistas dentro del Congreso, el Dr. Miguel Angel Aguiar.

Después de estos asesinatos la indignación del pueblo subió a tal grado que Machado, el 28 de noviembre, al querer calmar un poco los ánimos, puso en libertad a gran número de presos entre ellos, Carlos Mendieta y Roberto Méndez Peñate, Coroneles de nuestra Guerra de

Independencia, a Lico Balán, a Angel Segura Bustamante, mi hermano, a Armando Feito, Eduardo Nin Rodríguez, Pablo Torrado, con varios más, del Presidio de Isla de Pinos.

Del Castillo del Príncipe y de las cárceles del interior de la República fueron liberados muchos otros prisioneros en fechas diferentes.

El primero de diciembre, acorde con estos intentos de apaciguar los ataques en la caldeada situación, formuló Machado nuevas promesas en las que aparentemente se olvidaba de los crímenes anteriores y ofrecía al pueblo cubano garantías "para el libre ejercicio de todos los derechos".

Pocos días después, el 6 de diciembre, Agnelio Puig Jordán, seguía, en un carro en el que iban otros compañeros, a Arsenio Ortiz, al que llamaban "El Chacal de Oriente", por sus múltiples asesinatos en esa provincia. Al darse cuenta los estudiantes de que Arsenio Ortiz se había percatado de que lo seguían, emprendieron la fuga. A poca distancia se volcó el auto y sus ocupantes quedaron golpeados y heridos.

Arsenio Ortiz había iniciado la cacería. Al llegar al lugar del accidente disparó todas las balas de su Colt 45 sobre los tres lesionados tendidos en el pavimento.

Veinte días después Agnelio Puig moría a consecuencia de gangrena en las heridas.

A él siguieron: el estudiante Floro Pérez, el 22 de diciembre, balaceado en su casa al abrir la puerta; Juan Mariano González Rubiera, el 30 de diciembre de 1932; Francisco Martínez "el Gallego de la Víbora", el mismo día 30, Angel Pío Alvarez, estudiante y miembro del Directorio Estudiantil Universitario de 1930, que había sido torturado antes de morir; Margarito Iglesias y otro compañero, obreros que fueron asesinados el 10 de enero en la ciudad de La Habana. El mismo día Mirto Milian Rodríguez, estudiante, fué herido en la ciudad de Santa Clara, quien murió días después; y Mariano González Gutierrez, estudiante, que fue torturado y muerto el 15 de enero de 1933.

Desde esta fecha en adelante la censura gubernamental impedía la publicación de los numerosos asesinatos del régimen, los que sólo se conocían a través de la comunicación personal.

El 6 de abril, Carlos M. Fuertes Blandino, estudiante de Ingienería, de 25 años, miembro del Directorio Estudiantil Universitario del que fué fundador, delatado por el estudiante traidor José Soler Lezma, fué detenido a la una de la madrugada por miembros de la Sección de Expertos de la Policía Nacional, quienes lo condujeron en un automóvil a un lugar apartado, en la Ermita de Monserrate, donde varios esbirros lo acribillaron a tiros de revólver.

Un carro de los Fosos Municipales llevó su cadáver al Necrocomio, donde fue identificado por sus familiares y compañeros.

El día de su entierro, cuando un hermano de Carlos abandonaba el Cementerio de Colón, fue detenido por la policía acusado falsamente de un delito común.

Después de la caída de Machado, un Tribunal de Honor Estudiantil sentenció a muerte a Soler, el que fué fusilado por traidor .

El 14 de abril de 1933, los hermanos Valdés Daussá, Raimundo Solano y José Antonio, estudiantes, fueron ultimados en la Avenida de los Presidentes y calle 25 del Vedado.

Conducidos en automóvil hasta ese lugar, les ordenaron que se bajaran del carro y les tiraron a mansalva.

Este salvaje espectáculo fué presenciado en pleno día, cinco de la tarde del Jueves Santo, por cuantos transitaban por el lugar, entre ellos una periodista norteamericana, Ruby Phillips, corresponsal del "New York Times", la que lo publicó en ese periódico.

Uno de los hermanos murió inmediatamente, y el otro falleció horas después en la mesa de operaciones del Hospital de Emergencias.

No dudamos que este reportaje de Ruby Phillips en el "New York Times", haya contribuído a la decisión del gobierno norteamericano de enviar a Cuba al Embajador Sumner Welles, para que tratara de mediar a fin de detener estas sangrientas pugnas.

Los muchachos del Directorio, así como otros presos políticos, empezaron a salir de las prisiones poco a poco desde la llegada de Sumner Welles a Cuba, lo que señaló un aflojamiento, en todos los aspectos, de la presión del gobierno, que tuvo que abrir las cárceles para los estudiantes, profesores, obreros y otros detenidos.

Al quedar en libertad, la gran mayoría de los presos se trasladaban a la ciudad de Miami en el Estado de la Florida.

En Cuba, en La Habana, quedamos las muchachas y los componentes del Segundo Directorio, menos perseguidos porque nunca firmaron, los que nos entrevistamos en casa del padre de Eduardo Chibás con Sumner Welles a petición de éste.

Las proposiciones del Embajador se discutieron por teléfono con los miembros del Primer Directorio que estaban en Miami, y el acuerdo fue no aceptar la "mediación", que es como se llamó la gestión de Welles para resolver con su intervención, el problema cubano.

El 12 de agosto después de una extendida huelga general, para combatir la cual Machado se había aliado a los comunistas, un nuevo gabinete "U.S. made", es decir, propugnado por la Embajada Norte Americana, sustituyó al gobierno de Machado. Al caer Machado el Directorio Estudiantil Universitario de 1930, en conjunto el Primer y Segundo Directorio, acordaron no apoyar un gobierno que no fuera totalmente de origen cubano y que no garantizara aquella petición de "un total y definitivo cambio de régimen"; expuesta desde el manifiesto del 18 de noviembre de 1930.

El gobierno "U.S. made" duró hasta el 4 de septiembre, día en el que el pueblo, ante el nuevo cambio de gobierno gritaba: "Paso a la Revolución Auténtica". Fue el pueblo el que había llamado auténtica a nuestra revolución, y el que bautizara con ese nombre al partido político que se formaría después del gobierno de los 100 días, con el nombre de Partido Revolucionario Cubano (Auténtico).

En otro capítulo de esta crónica me refiero al gobierno iniciado el 4 de septiembre de 1933 y subsiguientemente al cambio de éste, que fue el de la Pentarquía, por el gobierno Presidencial del Dr. Grau San Martín.

En los primeros días de febrero de 1934, se fundó el Comité Gestor del Partido Revolucionario Cubano (Auténtico), reunido en el local de la Revista "Alma Mater", cuyo Director, Julio César Fernández, era uno de nuestros compañeros en la lucha, y en cuya revista se publicaban artículos de fuerte matiz oposicionista. El Directorio ayudaba a vender esta revista por las calles, desde septiembre del 30 hasta fines del año 1931.

Por vender esta revista "Alma Mater" nos detuvieron a un grupo del Directorio muchachas y muchachos y a otros estudiantes, en lo que fué una de las prisiones de corta duración. A su director, Julio César Fernández lo detuvieron en diciembre de 1931 y permaneció en prisión hasta abril de 1933. El Partido Auténtico se fundó para continuar como partido político las reformas nacionalistas por las que había luchado el Directorio,que perseguía una renovación de nuestra República.

No pude asistir a la fundación del Comité Gestor del Partido. Esos días serían los últimos que pasaría con mi madre. Poco después, el 21 de marzo de 1934, ella me dejó para siempre. Me afectó tanto la separación que todavía hoy, cuarenta y cinco años después, sueño con frecuencia que lucho por evitar la despedida, y al despertar tardo un tiempo en comprender que ya se fué.

Siento, otra vez, un dolor tan intenso como el de aquella mañana en la que no pude concebir que no volvería a verla durante mi vida.

CAPITULO III

La reunión del Directorio en el Salón de los Espejos del Palacio Presidencial, la noche del 9 al 10 de septiembre de 1933: cambio de la Pentarquía al gobierno Presidencial del Dr. Ramón Grau San Martín.

Al inicio del Gobierno Provisional de 1933, uno de los hechos más destacados fué el cambio de la Pentarquía al Gobierno Presidencial del Dr. Ramón Grau San Martín.

El Directorio, inspirado en la democracia uruguaya, y por su afán de terminar con el caudillismo que imperaba en Cuba desde el principio de la República, había concebido la idea de un gobierno colegiado, en el que presidieran las ideas en lugar de los hombres. Como consecuencia, al producirse los hechos de la noche del 4 de septiembre de 1933, en la que unas demandas de las clases y alistados del Ejército a través de conexiones de sus dirigentes con el Directorio se convirtieron en otras de mayor alcance, de tipo político y nacional el Directorio apoyado por la fuerza militar, propuso un gobierno de cinco dirigentes entre los que se repartirían las responsabilidades de las distintas secretarías.

Cuba amanece el 5 de septiembre con un nuevo gobierno, que acababa de derrocar al de Carlos Manuel de Céspedes (hijo del patriota cubano del mismo nombre, conocido como el "Padre de la Patria"), quien había ocupado la Presidencia de la República, con el respaldo del ABC y de la Embajada Norteamericana. El Directorio había mostrado su descontento en diversas ocasiones desde la entrevista con Sumner Wells, en casa de Eddy Chibás.

Los estudiantes no habían comprometido los destinos públicos de Cuba con una potencia extranjera. Se hizo una exposición de los intereses puramente nacionalistas del grupo estudiantil. El Directorio, por tanto, no había participado en la formación del gobierno siguiente al derrocamiento de Machado.

El pueblo tenía noticias de las distintas posiciones de los organismos que habían luchado contra Machado, y celebró con júbilo el advenimiento de "los revolucionarios auténticos".

El Gobierno de la Pentarquía quedó integrado por el Dr. Ramón Grau San Martín, profesor de Fisiología de la Facultad de Medicina de la Universidad de La Habana, el Sr. Sergio Carbó, Director del periódico "La Semana", el Dr. Guillermo Portela, profesor de Derecho Penal de la Universidad, el Dr. José M. Irisarri, abogado, y el Sr. Porfirio Franca, hombre de negocios, banquero y economista. Este último, pocos días después, renunciaba a su magistratura.

El motivo de su renuncia fué explicado por él en una carta de fecha 9 de septiembre, en la que se exponía su inconformidad con una medida del Gobierno: el ascenso del Sargento Batista a Coronel, ejecutado por Sergio Carbó, encargado de la Cartera de Defensa, sin haber consultado con el resto de los Pentarcas. Su carta renuncia decía como sigue:

"La Habana, 9 de septiembre de 1933. Sres. Ramón Grau San Martín, Guillermo Portela, José M. Irisarri y Sergio Carbó, "Miembros de la Comisión Ejecutiva del Gobierno Provisional de la República de Cuba".

"Señores: Por acuerdo de esa Comisión Ejecutiva, publicado en la Gaceta Oficial de la República, del día 5 de septiembre del corriente año, la alta inspección de los Departamentos Administrativos del gobierno quedó confiada a ustedes y a mí, y distribuída en la forma que dicho acuerdo expresa, atribuyéndose el despacho de los respectivos Departamentos a los Subsecretarios, y a los Directores, donde no existan aquellos. "La responsabilidad solidaria de todos los acuerdos derivados de esa alta inspección, nos obliga a tomarlos conjuntamente y autorizarlos en un solo acto con nuestras firmas".

"Así entendimos nuestros deberes y así comenzamos a ejercer nuestras funciones".

"En la tarde de ayer tuve conocimiento de que se había enviado a la Gaceta, para su publicación, determinados acuerdos que no habían sido propuestos a la Comisión Ejecutiva, ni, por tanto, autorizados con nuestras firmas".

"Pareciéndome grave lo ocurrido hice presente a ustedes mi resolución irrevocable de renunciar al cargo que desempeñaba en esa Comisión Ejecutiva, renuncia que debía surtir sus efectos en aquel mismo momento".

"A ruego de ustedes ofrecí demorar hasta el próximo lunes la formalización, por escrito, de esa renuncia, y no hacerla pública hasta entonces."

"Ese ofrecimiento, sin embargo, no pude cumplirlo, porque mi renuncia se ha hecho pública y los acontecimientos se han precipitado, de tal modo, que no cumpliría con mi deber si demorase, por más tiempo, el dar a conocer a ustedes, por escrito, mi inquebrantable resolución de resignar el cargo, que, hasta el día de ayer, desempeñé en la **Comisión Ejecutiva del Gobierno Provisional de la República de Cuba.**"

"De ustedes con toda consideración,

Porfirio Franca."

Dañado de inicio el gobierno de la Pentarquía, que estaba funcionando precariamente con cuatro de sus miembros, se hacía necesario un reordenamiento. El Directorio Estudiantil Universitario, que tenía detrás de él la fuerza del pueblo que lo respaldaba, constituído en máxima autoridad, se reunió en pleno el nueve de septiembre, a las ocho de la noche, en el Salón de los Espejos del Palacio Presidencial, en junta que duró hasta las ocho de la mañana del día diez. A esa hora llegaba al salón donde estábamos reunidos, el Dr. Ramón Grau San Martín, al que habían ido a buscar a su casa de 17 y J, en el Vedado, una comisión formada por tres miembros del Directorio.

He oído y leído diferentes versiones acerca del cambio de la Pentarquía al gobierno unipersonal del Dr. Grau San Martín, que están bastantes lejos de la realidad.

Paso a relatarlo de acuerdo con documentos de aquella época que han estado a nuestro alcance y de acuerdo a como lo recuerda mi memoria, y la de Cuco (Fernando López Fernández), con el que había coincidido cuando juntos, al lado de su querida esposa Pilar, hacíamos el recuento de cada uno de los sucesos de aquellos días decisivos para los destinos de nuestra Patria.

Además anteriormente y pocos años después de 1933, en 1940, cuando ya hacía más de un año que era Profesora de la Facultad de Filosofía y Letras de la Universidad de La Habana, cátedra que había ganado por oposiciones en febrero de 1939, uno de mis compañeros de Facultad, que había sido mi profesor de Historia de Cuba, se interesó por los sucesos que ocurrieron durante el cambio de gobierno y por la forma en que se había desenvuelto la reunión de la noche del 9 al 10 de septiembre de 1933. Le interesaba al Dr. Elías Entralgo como había ocurrido el cambio de la Pentarquía al Gobierno del Dr. Ramón Grau San Martín. Le escribí todo lo sucedido en aquella noche del 9 al 10 de septiembre y le entregué el manuscrito, que se proponía guardar como documento histórico que pensaba utilizar algún día en el futuro.

Permanecí como miembro de la Facultad y Profesora de Psicología hasta diciembre de 1960, cuando vine para los Estados Unidos. Trataba de abandonar a tiempo mi país ya que muchos sabíamos que era el comunismo el que se había apoderado de Cuba. Por momentos se me hacía más difícil evadir la presión del régimen que ya se sentía en la Universidad, donde algunos de mis compañeros del claustro parecían aceptar las ideas que poco a poco el gobierno iba dando a conocer.

También había recibido una invitación a participar en el grupo de mujeres afectas al régimen, que dirigía Vilma Espín como Presidente.

Mi antigua amiga de los inicios del Directorio, Delia Echevarría, me había llamado por teléfono para ofrecerme, de parte de la Sra. Espín, el cargo de Vicepresidente.

Aduje mis razones: mucho trabajo y falta de tiempo, lo que no parecían convencer a Delia, con quien estuve hablando cerca de una hora.

Por otra parte mi hermano Angel, Teniente Fiscal del Tribunal Supremo, también sufría la presión política. Al filo del año 1960-61, Angel logró entrar en la Embajada Argentina como asilado, y yo, después de despedirme de él en la Embajada, inmediatamente me dirigí al aeropuerto. Al abordar el avión, dejé por última vez la tierra querida de mi inolvidable isla.

A mi salida de Cuba, todavía el Dr. Entralgo no había hecho uso de mi manuscrito, que guardaba en sus archivos. El se quedó en Cuba de acuerdo con el sistema de gobierno imperante (lo que no pude esperar ni imaginar porque tenía un hermano sacerdote católico, Profesor de los Escolapios), y no sé a donde iría mi escrito después de su muerte.

El escribir de aquellos sucesos en fecha relativamente cerca de lo acaecido hizo que se grabara con más fuerza en mi memoria lo que en repetidas ocasiones he vuelto a repasar y recordar.

Estas experiencias me dan la confianza necesaria para considerar mi relato ajustado a la verdad histórica, aunque otras personas, que han estado más o menos cerca, parecen recordarlo de distinta manera.

En la junta del 9 al 10 de septiembre estaban presentes la mayoría de los miembros del Directorio, formado por: Carlos Prío Socarrás, Augusto Valdés Miranda, Justo Carrillo Hernández, Raúl Ruiz Hernández, José Morell Romero, Sara de Llano Clavijo, Felipe Martínez Arango, Felipe de Pazos Roque, Orlando Alonso Velasco, Guillermo Cancio Sánchez, Rubén León García, José Leyva Gordil, Rafael Escalona Almeida, Juan A. Rubio Padilla, Roberto Lago Pereda, Carlos Guerrero Costales, Fernándo López Fernández, Clara Luz Durán Guerrero, Luis Barreras López del Castillo, Guillermo Barrientos Schweyer, Juan Febles Secretal, Raúl Oms Narbona, Laudelino González Pérez, Antonio Medina Reynoso, Mario Labourdette Scull, Ramiro Valdés Daussá, Ramón Miyar Millán, Antonio Viego Delgado, Inés Segura Bustamante , Silvia Martel Bracho, Salvador Vilaseca Fornés, Agustín Guitar Campuzano, Benigno Recarey Corona, Rafael García Bárcena, Fernando González, y uno más, en misión fuera de la ciudad.

Manuel Antonio de Varona Loredo, que era el segundo de la lista de los firmantes del Primer Directorio, no aparece en la lista porque había sido enviado por el Directorio, en días anteriores, a Camagüey.

Además, asistieron a esta reunión del Directorio, los doctores José M. Irisarri y Guillermo Portela.

Al reseñar estos nombres, debemos recordar a los que habrían estado presentes, si no hubieran entregado sus vidas por la causa de Cuba, en los acontecimientos que nos llevaron hasta este momento: Rafael Trejo González, Félix Ernesto Alpízar Ituarte, Angel Pío Alvarez y Carlos Manuel Fuertes Blandino. Estos cuatro eran miembros del Directorio Estudiantil Universitario de 1930, que estaba compuesto al inicio por unos treinta estudiantes universitarios, que firmaban los manifiestos, y a los que se agregaron después los llamados miembros del segundo Directorio. De estos cuatro miembros desaparecidos del Directorio, tres pertenecían al Primer Directorio, el de los firmantes, y Angel Pío Alvarez, al Segundo. En otros párrafos de este trabajo se explica cuales eran los miembros firmantes y por que había estas dos clases de miembros.

Además de estos cuatro, hubo otros, graduados y estudiantes Universitarios, y estudiantes de los Institutos y de las Escuelas Normales, en permanente contacto con el Directorio, que entregaron sus vidas, entre los que recordamo a Juan Mariano González Rubiera, Casimiro Menéndez, nuestro querido "Kanguro", asesinado como Rubiera a los 16 años, Floro Pérez Díaz, Agnelio Puig Jordán Mariano González Gutiérrez, Narciso, Ramón y José, hermanos del inolvidable Santiago Alvarez, y Raimundo Solano y José Antonio, hermanos del miembro del Directorio Ramiro Valdés Daussá.Chacho Hidalgo y otros muchos que en este momento no recordamos.

Otros que no he mencionado hasta ahora, que contribuyeron al triunfo de nuestras ideas y a los que quiero rendir tributo de reconocimiento son los integrantes de la Expedición de Gibara que salió de Nueva York y logró desembarcar en Gibara en la costa norte de la provincia de Oriente en agosto de 1931.

Dirigían la expedición los Tenientes Emilio Laurent y Feliciano Maderne, junto con Carlos Hevia, graduado de la Academia Naval de Annapolis. Formaban parte de la expedición Sergio Carbó, Julio Gounaurd y Lucilo de la Peña. La expedición estuvo integrada por 37 hombres y después de 3 días fue derrotada por las fuerzas de la tiranía.

Durante quella noche del 9 al 10 de septiembre de 1933, el ex-senador Aurelio Alvarez, político que se había opuesto a Machado, y cuyo hijo de trece años, René Alvarez de la Vega, se había alzado y perdido la vida en combate contra el ejército, pidió entrar al local donde nos reuníamos para decirnos algo, según él, de gran importancia.

Aurelio Alvarez entró en el salón alrededor de las dos de la madrugada, y con emoción intensa, que se traslucía en su voz, y con lágrimas que no podía contener, nos dijo que el pueblo no entendía el gobierno de la Pentarquía, que él nos pedía, en nombre de la revolución, que lo sustituyeramos por un gobierno unipersonal para salvar a la República y que había oído al pueblo, por la calle preguntar: "¿Cuando nombramos a nuestro Presidente?" (El ex-senador Aurelio Alvarez, fuerte antimachadista, en la noche del 7 al 8 de septiembre había asistido a una reunión con los Pentarcas y algunos estudiantes en la que expuso algunas de sus ideas acerca del "gobierno de los cinco", como los llamaba el pueblo). El cambio de gobierno se venía discutiendo en reuniones parciales, tanto en lo civil como en lo militar, antes de la reunión del Directorio del 9 al 10 de septiembre.

Después de la retirada del salón de Aurelio Alvarez, el que había exaltado los ánimos de algunos, oímos a José M. Irisarri y a Guillermo Portela decir: -"No sabemos si en cualquier momento pueden tocar a

**El Dr. Ramón Grau San Martín al ocupar la Presidencia del gobier-
no revolucionario en 1933.**

la puerta y sacarnos a todos de aquí para pasarnos por las armas'
Tanto Irisarri como Portela, un tiempo después de estas palabras,
abandonaron la reunión. Confiaban en su experiencia de años y
juzgaban temeraria la valentía personal de los jóvenes estudiantes
reunidos.

Desde horas tempranas de la noche del 9 de septiembre hasta altas
horas de la madrugada del 10, estuvimos discutiendo sobre la
necesidad de no continuar con la Pentarquía.

Después de la partida de Irisarri y Portela, la discusión se desenvolvió alrededor de a quien se elegiría como Presidente. Tras varias horas
de deliberación, se eligió al Dr. Ramón Grau San Martín.

Durante esas horas se habían repasado los nombres de los
pentarcas; se había hecho el recuento de la actitud de cada uno de ellos.

La renuncia de Franca, la determinación personal de Carbó, sin
consultar al resto de la Comisión Ejecutiva, y la actitud de Irisarri y
Portela durante la misma reunión, pesando los riesgos del momento
histórico por el que estábamos atravesando, no nos dejaba otra
alternativa que acudir al valor personal, demostrado a lo largo de su
existencia, del Profesor de Medicina de nuestra Universidad y uno de
los pentarcas.

Ya decidido que fuera el Dr. Ramón Grau San Martín, se nombró
una comisión para ir a buscarlo a su casa. Alrededor de las 8 de la
mañana llegaba el Dr. Grau San Martín al Salón de los Espejos, donde
habíamos estado reunidos toda la noche. En esos momentos fue
proclamado Presidente por todos nosotros.

Grau llegó con una sonrisa amplia, dispuesto a aceptar su cargo en
aquel momento difícil.

Esa misma mañana se hicieron los preparativos para que el Dr. Grau
San Martín jurara su cargo como Presidente de la República.
Alrededor de las doce, el Profesor de Fisiología decidió hacer su
juramento ante el Pueblo de Cuba, gran parte del cual estaba
congregado frente a la terraza norte del Palacio Presidencial.

La Historia recuerda que mientras ocurría el juramento se recibió
una llamada telefónica del Embajador norteamericano Sumner Wells,
a la que el Dr. Grau contestó -"Dígale que le devolveré su llamada, que
ahora estoy hablando con mi pueblo"

El cordón umbilical de nuestra joven República, tan dependiente
económicamente, desde su nacimiento, de la nación norteamericana,
empezaba a romperse.

La gran nación del Norte había sido y sigue siendo nuestra mejor amiga, pero en aquel momento Cuba necesitaba adquirir una personalidad propia y romper los nexos coloniales que todavía quedaban, por una parte con un comercio dominado por los españoles, y por otra, a través de grandes propiedades en el terreno azucarero de compañías extranjeras.

Cuba iba a ser, por primera vez, para los cubanos, y el comercio en general y la industria azucarera, tendrían que repartir un poco de sus grandes ganancias con cubanos.

Esto ocurrió por medio de leyes protectoras para los nacionales y nativos, dictadas por el Gobierno de los 100 días.

CAPITULO IV

Los primeros Manifiestos del Directorio desde el 30 de septiembre de 1930 hasta octubre del mismo año.

Para dar a conocer mejor aquella etapa de luchas de 1930 a 1933 ofrecemos algunos de los manifiestos del Directorio, en los que ya se señalan los cambios que, para nuestra República, perseguíamos.

La revolución que realizó la generacion de 1930, que exponía los mejores años de su vida por lograr un cambio en el régimen de la patria, sí fue una verdadera revolución, que colocó a Cuba entre los países más avanzados de su época.

El día 30 de septiembre de 1930 los estudiantes de la Universidad de La Habana al reunirse en el parque Eloy Alfaro, a poca distancia de la escalinata universitaria, en su primer acto de calle, junto con el que daban publicidad al primer manifiesto en el que los lectores podrán comprobar el interés que desde esa fecha mostraba la generación del 30 por el futuro de la República, denunciaban a la administración del gobierno de Machado, que de espaldas al pueblo, comprometía, cada vez más, a la nación cubana.

Este manifiesto fue acordado por los fundadores del Directorio, Trejo, Prío, Varona, Roa, Valdés Miranda desde antes del 28 de septiembre, cuando todavía no estaba constituído el organismo, al que se integraron después la mayor parte de sus miembros. Trejo, Roa y Prío nos comunicaban sus proyectos cuando nos reuníamos en el Patio de los Laureles.

30 DE SEPTIEMBRE DE 1930 "MANIFIESTO DE LOS ESTUDIANTES UNIVERSITARIOS AL PUEBLO DE CUBA"

"Cuba vive actualmente los momentos más trágicos de su nada brillante historia republicana. No es ésta una afirmación

gratuita nuestra. Enrique José Varona, la expresión más alta y más pura del pensamiento político cubano después de José Martí, acaba de enjuiciarlos, en memorables declaraciones, como los más sombríos que en su larga vida haya visto".

"La barbarocracia imperante desde 1925, en efecto, ha colocado al país desangrado y empobrecido hasta lo inverosímil al margen de la civilización en momentos, que como los actuales notoriamente críticos, el silencio o la inhibición entrañan complicidad".

Ver en calma un crimen es cometerlo. Por eso los Estudiantes Universitarios, leales a sí mismos y a sus tradiciones gloriosas se aprestan de nuevo, mejor organizados y más decididos que nunca, a combatir la Machadocracia, que nos explota y diezma a golpe de financiamientos e impuestos y de infalibles perdigonazos, Varona ha afirmado en sus recientes palabras que deploraba la pasividad de la arbitraria expulsión de nuestros compañeros de 1927. Factores más poderosos que nuestra voluntad, jamás sojuzgada, nos han hecho aparecer ante el pueblo como indiferentes a sus vicisitudes. Pero ¿que podía una masa inerme contra las imposiciones brutales de la fuerza? (1)

"Machado es el Verdugo del pueblo cubano. (en rigor rebasa todo límite de calificación.) Su desgobierno se ha caracterizado por un absoluto desconocimiento de los mas elementales derecho vitales ciudadanos".

"Machado ha hecho trizas un día y otro día el apotegma martiano de que la ley primera y fundamental de la República debe ser el culto a la dignidad plena del hombre. Machado ha eliminado por alevosos procedimientos a cuantos le combatían. No precisa citar nombres. Su sevicia ha transcendido las fronteras nacionales".

"Es ya del dominio público que la muerte de nuestro inolvidable Julio Antonio Mella fué perpetrada por sicarios suyos en convivencia con Portes Gil y secuaces. Sobre las aguas cómplices de la bahía de La Habana flotan acusaciones definitivas. En las lúgubres y hediondas mazmorras de la Cabaña perecieron torturados previamente por sus esbirros, cientos de obreros y políticos desafectos al régimen. Y en las propias calles de

(1) Hay a continuación, 18 líneas mutiladas.(Nota del autor)

La Habana y en poblaciones del interior, los escopeteros de la Dictadura han realizado inpunemente su cometido. Ha desvirtuado, en fin, la función de las fuerzas armadas, entronizando en sus cuarteles la política con el objeto de recabar necesario apoyo para mantenerse en el usufructo de realidades ilegítimas."

"Esto en el aspecto político."

"En el orden económico y financiero la situación no puede ser más dramática."

"La Machadocracia creó el plan de obras públicas con la secuela de unos impuestos onerosos."

"Prometió en múltiples ocasiones no apelar al crédito exterior. Presupuestó en $3,000,000 y $52,000,000 respectivamente la construcción del Capitolio y la Carretera Central, obras cuyo costo no bajarán de 20 millones de pesos la primera y de $100,000,000 la segunda."

"Ha saldado presupuesto tras presupuesto con enorme déficit apelando para cubrirlo al uso de fondos especiales destinados a otros gastos. Del impuesto especial de obras públicas se ha tomado más de 15 millones de pesos, para cubrir desniveles y ese desequilibrio ha sido a su vez cubierto por Financiamientos verdaderos empréstitos con la banca norteamericana que agudiza aún más nuestra condición histórica de factoría. El presupuesto de $76,000,000, votado por el congreso en forma festinada, dejará, según se calcula, un déficit de más de $12,000,000. En 5 años y tres meses se han gastado en el absurdo plan de obras públicas $200,000,000. Se piensa ahora en la unificación de la deuda pública, lo que de llevarse a cabo costaría a la nación $1,000,000 por conceptos de intereses y como entrada la pérdida de diez y seis millones de pesos. La carencia de sentido económico y financiero de la Dictadura, aliada a sus continuados atracos al Tesoro público, ha suscitado la espantosa miseria que asola al pueblo cubano y que ya va prendiendo en su ánimo iras beligerantes."

"Enquistada en el medio social en que actúa, la Universidad no ha podido desvincularse de la desorganización presente. Muy principalmente por la carencia de un profesorado digno y capaz, con un claro concepto de la civilidad. Por encima del técnico y del especialista está el ciudadano, que ha de condicionar aquellas capacidades. Nuestros profesores, salvo honrosas y contadas excepciones, han sido los mantenedores intelectuales de la Dictadura. Apoyaron la reforma constitucional y prórroga de poderes. Más de una vez manifestaron públicamente su alborozada adhesión a la tiranía. Expulsaron a nuestros compañeros de 1927 por haberse pronunciado contra las violaciones repetidas de la voluntad popular. Y cuando el Ejército ocupó, hollándolo, el recinto Universitario, salvo también honrosas y contadas excepciones, se hicieron cómplices con su silencio. Ahora mismo vemos, corroborando lo dicho, cómo el rector Martínez Prieto y el Consejo Universitario, no son más que instrumentos de Machado. Porque la suspensión de clases hasta después del 10 de Noviembre es, en esencia, una medida política dictada por los que anhelan perpetuarse indefinidamente en el poder por medio de elecciones fraudulentas que repugnan a la conciencia pública cubana--- se ha sostenido, precisamente por ellos mismos, que la Universidad no debe hacer política de ningún linaje. Ahora bien, si Machado hace política en la Universidad por intermedio del Rector y del Consejo Universitario, los Estudiantes y profesores tenemos igual derecho a hacerla y de la buena, contra Machado y sus lacayos Nacionales y Universitarios."

"En consecuencia, la única solución del problema cubano es el cese del actual régimen con la inmediata Renuncia del Presidente de la República y no es ésta la aspiración de una minoría descontenta; es el clamor unánime del país dispuesto a lograrla por todos los medios y procedimientos y a trueque de todos los sacrificios, aún el supremo de la popia vida, pues como postulara Martí, los derechos no se mendigan, se arrancan ¡Abajo la tiranía! Abajo Machado!

"Patio de los Laureles, septiembre 30 de 1930"

Con motivo de la muerte de Rafael Trejo, publicó el Directorio del 30 su segundo manifiesto, en el que declaran que los profesores no son inductores de su movimiento, ni tampoco otro grupo político; y que no asistirán a clases hasta que se restablezcan las libertades públicas.

Este manifiesto, firmado por los miembros del Directorio, del que no tenemos la fecha exacta, fue dado a la opinión pública pocos días después de la muerte de Trejo.

Las clases no se reanudaron hasta después de la caída del régimen.

ACUERDOS DEL DIRECTORIO ESTUDIANTIL UNIVERSITARIO.
"MANIFIESTO DE LOS ESTUDIANTES UNIVERSITARIOS AL PUEBLO DE CUBA."

"Después de los lamentables sucesos del 30, en que cayera nuestro compañero Rafael Trejo, los estudiantes de la Universidad de La Habana, entristecidos, pero no acobardados, y firmes en su propósito de intentarlo todo por devolver a la Patria sus libertades hacen por medio de este Directorio, las siguientes declaraciones".

"I. Que nunca facción alguna -ni política ni social- ha inspirado sus decisiones, siendo, por tanto, insidiosas las inculpaciones con que se ha tratado de sorprender la buena fe de los ciudadanos y torcer la opinión de los gobiernos extranjeros, haciéndoles creer que líderes comunistas nos inspiran y guían, restando a nuestro movimiento el honor de su espontaneidad."

"II. Que los Profesores de la Universidad no han sido en ningún momento ni inductores ni consejeros nuestros, limitándose su intervención a protestar civicamente -como debe hacerlo todo hombre digno- de los atropellos cometidos contra manifestantes inermes que expresaban su inconformidad con los procedimientos del Rector Martínez y del régimen de opresión y de oprobio."

"III. Que han determinado no asistir a las clases universitarias, mientras no se restablezcan las libertades públicas, y ruegan a sus compañeros de los Institutos, Escuelas Normales, Escuelas del Hogar, Artes y Oficios, Escuela de Comercio y la clase estudiantil en general sigan su ejemplo como cívica protesta por el asesinato de aquel sembrador de ideales que se llamó Rafael Trejo.

Certificamos las declaraciones que anteceden y lo firmamos los miembros del "Directorio Estudiantil Universitario:"

"Por la Falcultad de Derecho: Carlos Prío Socarrás, Manuel A. de Varona, Augusto Miranda y García, Justo Carrillo Hernández, Raúl Ruiz, Raúl Roa García, Virgilio Ferrer Gutiérrez, José Morel Romero."

"Por la Facultad de Medicina: Rubén León García, José Leyva Gordillo, José Ramón Blanco, Carlos Guerrero, Fernando López."

"Por la Facultad de Letras y Ciencias: Ramón Miyar y Millán, Carlos M. Fuertes, Antonio Viego, Carlos Sardiñas, José Sergio Velázquez."

El 23 de octubre de 1930 los estudiantes hacen un intento no logrado para reanudar las clases, en un afán de suavizar la tensión política, y piden un número de reformas universitarias, que si se les concedieran, les permitirían luchar desde la Universidad —y sin otra alteración popular— por "hondas transformaciones sociales."

"MANIFIESTO PROGRAMA DEL DIRECTORIO ESTUDIANTIL UNIVERSITARIO AL PUEBLO DE CUBA."

"Pasados los momentos en que se sobrepuso a la indignación más justa el dolor por la muerte de nuestro compañero Rafael Trejo, parece llegada la oportunidad de decir a todos nuestros propósitos, nuestros ideales, nuestra actitud frente a la injusticia triunfante, nuestro modo de acción futura."

"La protesta del pasado día 30, acto puramente estudiantil, que ahogó en sangre la Policía Nacional, no fué más que una etapa del movimiento que hace más de siete años nos alienta, movimiento latente, en nuestra Universidad. En eso, como en tantos aspectos, responde Cuba a las inquietudes mundiales de la hora. Quien haya estado atento a la evolución social de la post-guerra y de modo especial a la vida de la comunidad hispanoamericana, sabe como las masas estudiantiles -olvidadas de las viejas, ruidosas e infecundas algaradas- han realizado intensa labor de renovación. Convencidos los estudiantes del Continente de que la Universidad ha venido siendo durante siglos lugar propicio a la cristalización de las más monstruosas desigualdades; sabedores de que la función docente ha mirado de modo casi exclusivo a la provisión de títulos académicos; y, penetrados, además, de que la cultura que imparte la actual Universidad es socialmente inútil, cuando no perjudicial (inutilidad y perjuicio de que habló agudamente nuestro Martí), se ha impuesto el estudiante nuevo de América la labor de transformar plenamente la naturaleza de la docencia oficial. En esa labor estuvieron empeñados los más puros y altos representantes de nuestros anhelos colectivos. En ella estuvieron los compañeros que fueron expulsados de la Universidad no hace cuatro años. A esa obra, arrostrando todas las consecuencia, nos damos ahora por entero."

"No se oculta a los estudiantes de la Universidad de La Habana, con cuya representación se honra este Directorio, que la responsabilidad del momento echa sobre sus hombros es de las más comprometidas. Como ha ocurrido en otros países, debe el estudiante de Cuba realizar obra política de importancia innegable. Si la Universidad es centro de reacción y organismo militarizado, es porque la militarización y la reacción son características del actual gobierno cubano."

"Conscientes, pues, del papel que la hora nos señala, nuestra voz se oirá un día y ótro, recabando para nuestro pueblo las libertades que la oligarquía ha suprimido; la libertad de pensar (censura previa), libertad de reunión (supresión de gremios y asociaciones nacionales y estudiantiles), libertad de locomoción (detenciones ilegales). Ya que ni egoistas en nuestras peticiones, ni aislados del medio en que nos desenvolvemos, comprendemos que no puede existir una nueva Universidad mientras no exista un estado de nuevo tipo distinto en lo fundamental del presente, serena, pero enérgicamente, luchará el estudiante de Cuba por la "honda transformación social que los tiempos piden e imponen." De hoy en adelante realizará obra política que, por merecer tal nombre, estará bien lejos de los bajos chalaneos de nuestra farsa electoral."

"Para llevar a cabo la obra que las circunstancias imponen, el estudiante cubano precisa -sin que abandone ningún campo de actividad cívica-sentar las bases que permitan a la Universidad el cumplimiento de sus verdaderos fines, que la transformen en organismo viviente, en propulsora del progreso común, en vehículo de toda honrada apetencia popular. Urge que la Universidad sea entre nosotros voz de la nueva política y no, como hasta ahora, campo y pasto de los viejos politiqueros. Las reformas que en este manifiesto-programa se piden, quieren hacer de la Universidad la célula de una nueva acción civil, la entidad receptiva y difundidora de las nuevas corrientes, el órgano de la cultura útil al pueblo, que en vano hemos pedido una y otra vez."

"Para hacer posible una nueva Universidad y, por ella, la nueva ciudadanía, se hace indispensable que los estudiantes entren a colaborar en su advenimiento con su dignidad de hombres plenamente satisfecha. Esta acción que ahora reiniciamos tuvo su inicio ocasional en una protesta en que perdió la vida un compañero queridísimo. El recuerdo de Rafael Trejo -al cual hemos de mantenernos siempre fieles- impone de modo imperativo que junto a las reformas de orden permanente y general, situemos las peticiones que nacen de los hechos dolorosos del día 30. No por circunstanciales tiene para este Directorio menos importancia."

"Las reivindicaciones indispensables para que los estudiantes de la Universidad de La Habana reanuden con los profesores la normalidad académica son los siguientes:

"a) Depuración de responsabilidades por los hechos del día 30 del pasado septiembre y castigo adecuado de los culpables.

"b) Expulsión del Dr. Octavio Averhoff como catedrático de la Universidad de La Habana, y su renuncia como Secretario de Instrucción Públicas y Bellas Artes.

"c) Expulsión del Dr. Ricardo Martínez Prieto, actual Rector Interino de la Universidad de La Habana.

"d) Desmilitarización de todos los Centros Docentes de la República.

"e) Derecho de federación de las Asociaciones Estudiantiles Universitarias y Nacionales.

"f) Intervención del estudiante en el gobierno de la Universidad.

"g) Rehabilitación plena de los estudiantes expulsados con motivo del movimiento universitario de 1927

"h) Plena autonomía universitaria en lo académico, administrativo y económico.

"El Directorio Estudiantil Universitario declara que todo pacto que excluya cualquiera de las bases precedentes impediría la transformación básica de la Universidad -verdadero fin último a que todos tienden-, traería nuevos males, la reproducción de hechos de triste significado y sería la traición del nuevo espíritu. Sólo sobre estas bases puede llegar para el estudiante, para la Universidad y para Cuba un tiempo mejor."

"Habana, octubre 23, 1930.

"EL DIRECTORIO ESTUDIANTIL UNIVERSITARIO"

"Por la Facultad de Derecho: Carlos Prío Socarrás, Manuel Varona Loredo, Augusto V. Miranda García, Justo Carrillo Hernández, José Sergio Velázquez, Raúl Ruiz Hernandez, José Morel Romero, Alberto Espinosa Bravo, Francisco Suárez Lopetegui."

"Por la Facultad de Medicina: Rubén León García, José Leyva Gordillo, Carlos Guerrero Costales, Fernando López Fernández, Juan Antonio Rubio Padilla, Rafael Escalona Almeyda, Roberto Lago Pereda."

"Por la Facultad de Letras y Ciencias: Ramón Miyar Millán, Carlos M. Fuertes, Ramiro Valdés Daussá, Rafael Sardiñas, Antonio Viego".

NOTA DEL AUTOR: El anterior manifiesto-programa, fué publicado en los periódicos de la Habana, los días 25 y 29 de octubre de 1930.

Desde estas fechas tempranas -en el transcurso de los tres años del 30 de septiembre a octubre 23, ya los estudiantes del Directorio expresaban su interés en reformas sociales más allá de un simple cambio de personajes en el Gobierno.

En éste, que era nuestro 3er. manifiesto, ya se demandaban, además de reformas universitarias, "la honda transformación social, que los tiempos piden e imponen." lo que demuestra que desde entonces el estudiantado de Cuba, y toda la juventud de la Generación del 30, habían iniciado un movimiento que culminaría en la revolución social que se pudo poner en práctica desde que este grupo formó parte del poder en 1933.

Una de las razones por las que se sostiene la tesis que se debe llamar a aquellos cambios la Revolución del 30 y no la Revolución del 33 se basa que desde el 30 en el pensamiento de la juventud se reconocía la necesidad de convertirnos en una verdadera República, realmente independiente y cubana.

A esta revolución que produjo profundos cambios sociales, políticos y económicos se unieron muchos cuando ya eramos poder en el año 33.

Es conocido como se suman al carro de la victoria personas que nada hicieron por alcanzarla. Durante esa gestación fué cuando perdieron la vida y la libertad por largo tiempo muchos de los que la querían y propulsaban, y exponían por ella sus personales intereses, a los que situaban en segundo lugar frente al ideal de la República que queríamos construir y levantar.

El oportunismo político es el que ha logrado que se confunda el nombre y se le llame unas veces del 30 y otras del 33. La realidad histórica es que esta revolución fué producto del pensamiento de la generación del 30.

CAPITULO V

Las Proclamas del Directorio desde noviembre de 1930 hasta febrero de 1931.

Después del manifiesto de fecha 23 de octubre del 30 no hubo cambio alguno, en respuesta a las demandas presentadas.

El senador Alberto Barreras y el Doctor Lucas Lamadrid trataron de acercarse a los estudiantes del Directorio con el ánimo de llegar a un acuerdo.

La entrevista entre el Senador Barreras y el Directorio se efectuó en casa de nuestro Profesor de Fisiología de la Universidad, Dr. Ramón Grau San Martín.

En la entrevista, el Senador Barreras no ofreció cambios de importancia en la política que pudieran suavizar la situación. En verdad, la posición del gobierno y la de los estudiantes era tan distinta que no existía arreglo posible. Unos días después, el Directorio lanzó a la opinión pública el manifiesto del 18 de noviembre del 30 contestándole al Senador Alberto Barreras y al Dr. Lucas Lamadrid.

En este manifiesto, como podrá leerse, pedíamos "un cambio total y definitivo del régimen". No era, por supuesto, sólo un cambio de personas lo que podía satisfacer las aspiraciones estudiantiles, lo que además ni se nos había ofrecido. El Directorio aspiraba, como ya había declarado en manifiestos anteriores, a un cambio que trajera reforma sociales para el pueblo.

Este fue el primer manifiesto en el que aparecen las firmas de las muchachas que se unieron al Directorio. Todavía en esta proclama firman como Directorio femenino. Más adelante apareceríamos al lado de los muchachos integrando un solo organismo .

"ACUERDO DEL DIRECTORIO ESTUDIANTIL UNIVERSITARIO

"El Directorio Estudiantil Universitario acuerda, correspondiendo a las gestiones realizadas ante este Directorio por los señores Comandante Alberto Barreras y Doctor Lucas Lamadrid, lo siguiente:

"El día 29 de Octubre, por medio de varios periódicos, se hizo público un Manifiesto-Programa autorizado por el Directorio Estudiantil Universitario en el cual se exponían ocho bases precedidas de un importante exordio, como condicionales inmediatas para reanudar entonces las actividades académicas paralizadas. En ese documento, a pesar de la reciente muerte de nuestro compañero Rafael Trejo, víctima de las balas de la fuerza pública que le derribaron para siempre mientras luchaba, legítimamente, por el triunfo de nuestras aspiraciones, se compendiaban nuestros ideales inmediatos con toda serenidad, y era entonces nuestra más sólida esperanza que el Gobierno nos atendería sin dilación, como cumple a todo Gobierno que confronta problemas y que los resuelve de buena fe, cumpliendo sus ineludibles deberes de mandatario de la democracia".

"Pero con gran sorpresa e indignación por nuestra parte la actitud de las autoridades, lejos de corresponder a la nuestra, tan legítima y justificada, derivó hacia un plano de arbitrariedad y de violencia inconcebible, cuya primera manifestación fue impedir por la fuerza y por la coacción el proyectado homenaje a la memoria del inolvidable camarada violentamente desaparecido, como si se tratara de un delito contra la saguridad del Estado, violando ostensiblemente las garantías constitucionales e hiriendo el más respetable de los sentimientos humanos -el recuerdo a los muertos y el tributo doloroso a los hermanos desaparecidos- las masas estudiantiles que protestaban de la absurda prohibición fueron disueltas y perseguidas durante varios días seguidos, y en todo territorio nacional, por los distintos cuerpos de la mal entendida "seguridad", que golpeó e hirió sin piedad a los estudiantes de ambos sexos y a los ciudadanos que con nosotros simpatizaban a lo largo de una serie de incidentes que han conmovido en lo más hondo a la sociedad cubana, hoy espantada de ese brote cruento de represión implacable contra la juventud".

"No queremos hacer historia de los atropellos que conoce el público, por denunciarlos, los periódicos de más autoridad fueron condenados a la ominosa e inconstitucional censura previa, que fue rechazada vigorosamente por medio de una abstención que constituye la más ardiente y cívicas de las repulsas. Miembros de este Directorio fueron encarcelados. A los hogares se hizo llegar tremebundas amenazas. Y como si fuera poco, la lista de nuestras penalidades se ha coronado con la humillante calumnia, echada a volar por agentes gubernamentales de que nuestra actitud responde a la instigación malévola de los llamados perturbadores de oficio, políticos descontentos y comunistas".

"Es bueno hacer constar que si nuestro programa coincide con el programa de otras actividades ciudadanas, igualmente perseguidas, ello indica que en Cuba existe ya un frente único de opinión que clama por reivindicaciones fundamentales y que lucha por principios sagrados y que la torpe administración y la supresión de la libertad conquistada en los campos de la Revolución afecta por igual a todos los sectores del conglomerado nacional, el cual pide unánimemente no un habilidoso cambio de subalternos, sino un total y difinitivo cambio de régimen."

"Adaptándonos a las circunstancias, que se agravan por momentos, el Directorio Estudiantil Universitario, pues, se ha visto obligado a proceder con más cautela en lo que a sus determinaciones se refiere. A nuestra causa se ha sumado todo el pueblo de Cuba; por nuestra causa muchos ciudadanos que no son estudiantes, pero que tienen plena conciencia de sus responsabilidades, han sido coaccionados en el ejercicio de derechos inprescriptibles. Con gran sorpresa nuestra, después de injuriársenos con el calificativo de instrumentos irresponsables e inconscientes de otros elementos que nada tienen que ver en nuestras determinaciones, ahora se pretende súbitamente llevarnos a un arreglo precipitado sin otra finalidad que la de conjurar por el momento la crisis estudiantil. Y esta maniobra, lejos de tranquilizar nuestros ánimos ha sembrado una profunda desconfianza entre los estudiantes de toda la República, que impide a este Directorio arriesgarse a una componenda festinada que bien pudiera culminar en el descrédito de la clase y en el fracaso de todos nuestros ideales. Los estudiantes no tenemos prisa."

"Compendiando todas estas ideas en una resolución final, el Directorio Estudiantil Universitario declara que la situación presente, amparadora de todos los desmanes y atropellos cometidos en los días en que el Gobierno escogió la fuerza como único remedio a nuestros males y como respuesta única a nuestras peticiones, no le brinda garantías suficientes para la rectificación total de los atropellos realizados."

"Cuando apelamos a la cordura y a la buena fe de los que gobiernan, la réplica fue el establecimiento del terror. Ahora, por motivos que ignoramos, se pretende atraernos con inesperadas promesas, pero la clase que representamos, con harto motivo, cree que no son sinceras. Y el Directorio Estudiantil Universitario, esperando mejores tiempos en que la libertad y la justicia resplandezcan en nuestra angustiada patria, resuelve no aceptar ninguna negociación, no sin antes agradecer profundamente las buenas intenciones de los que hasta el momento presente se han aproximado a nuestras puertas con el patriótico objeto de poner feliz terminación a este estado anormal de cosas, que nosotros no hemos provocado."

La Habana, noviembre 18 de 1930

El Directorio Estudiantil Universitario.

"Por la Facultad de Derecho: Carlos Prío Socarrás, Manuel Varona Loredo, Augusto V. Miranda García, Justo Carrillo Hernández, José Sergio Velázquez, Raúl Ruiz Hernández, José Morel Romero, Francisco Suárez Lopetegui."

"Por la Facultad de Medicina: Rubén León García, José Leyva Gordil, Carlos Guerrero Costales, Fernándo López Fernández, Juan Antonio Rubio Padilla, Rafael Escalona Almeida, Roberto Lago Pereda."

"Por la Facultad de Letras y Ciencias: Ramón Miyar Millán, Carlos M Fuertes, Ramiro Valdés Daussá, Rafael Sardiñas, Antonio Viego."

El Directorio Estudiantil Universitario Femenino:

"Por la Facultad de Medicina: Zoila Mulet, Virginia Pego, Delia Echevarría."

Por la Facultad de Derecho: Angela Rodríguez Llano, Sara de Llano."

"Por la Facultad de Letras y Ciencias: Silvia Shelton, Clara L Durán, Silvia Martel, Inés Segura, Calixta Guiteras, Emelia López."

Al acercarse diciembre el Directorio acordó hacer una nueva protesta contra el régimen. Esta fue llevada a cabo el 3 de diciembre de 1930, en que se convocó a la masa estudiantil para reunirse, en horas de la mañana, en la escalinata de la Universidad, con el intento de seguir en manifestación hasta Palacio. Los incidentes de esta manifestación están relatados en el Capítulo II de la Primera Parte de este libro.

Los estudiantes que habían sido llevados al juzgado de la Sección V, en el número 15 de la calle Paseo del Prado, fueron libertados durante la noche.

Ya los "Expertos", como se llamaba el cuerpo policial que perseguía a los estudiantes, había encontrado algún medio de estar al tanto de nuestras actividades, lo que dio lugar a la detención del pleno del Directorio en los primeros días de enero de 1931, en casa de Rafael Suárez Solís. En medio de nuestras deliberaciones irrumpió en el salón donde nos reuníamos un grupo de Expertos para detenernos a todos. Habían allanado la residencia del periodista y registraron toda la casa con el mayor cuidado de que fueron capaces, a pesar de lo cual -como relatamos en la primera parte de esta crónica- no pudieron detener, por no encontrarlo, a Rubio Padilla, escondido en un armario.

Todos los demás fuimos trasladados al Castillo del Príncipe, que era y es la cárcel de la ciudad de La Habana. A los estudiantes los encerraron en una de las grandes galeras del Castillo. A nosotras, las muchachas, nos llevaron para el Vivac que estaba en una galera más pequeña.

Pocos días después éramos libertadas, no así nuestros compañeros, que sufrieron 105 días de prisión, sobre los que Pablo de la Torriente Brau escribió un libro con ese título. Pablo había sido visitante, ese día, de nuestra reunión.

El 3 de febrero de 1931, el Directorio Estudiantil Universitario da a la publicidad otro manifiesto, en el que apoya al Colegio Radical de Abogados, porque sus demandas tenían gran relación con las presentadas por el Directorio Estudiantil en anteriores proclamas.

78

Este manifiesto del 3 de febrero de 1931, sólo pudo ser firmado por el escaso número de miembros firmantes del Directorio que no estaban en prisión.

Al final del manifiesto y después de las firmas (porque estaba ya en prensa), se añadieron unas declaraciones rechazando las palabras del Gobierno, que pretendía hacer creer que la revolución estudiantil era de origen comunista.

DIRECTORIO ESTUDIANTIL UNIVERSITARIO
"Maniefiesto al Pueblo de Cuba"

El Directorio Estudiantil Universitario, representante genuino del estudiantado de Cuba e intérprete fiel de las aspiraciones del pueblo, cuya solidarización con él ha quedado confirmada por las adhesiones de las clases más representativas del país, declara:

"Que el actual gobierno de facto, producto de un taimado golpe de estado, y sostenido por la alianza de los elementos más corrompidos de todos los partidos, confabulados entre si al solo fin de medrar a costa del Erario, el crédito nacional y el desenvolvimiento normal de las industrias y el comercio, es un anacronismo. Es un caso perfectamente natural dentro del medio en que se ha venido desenvolviendo la vida pública cubana desde el establecimiento de la República. Es la culminación del proceso de descomposición en que se han venido debatiendo nuestras instituciones."

"Cuando en 1927, al iniciarse la última etapa del proceso, los estudiantes dimos la voz de alarma señalando los peligros que irrogaba la Prórroga de Poderes, se nos ignoró. Hoy, cuando de nuestra República democrática sólo nos queda el nombre y estamos palpando las dolorosas consecuencias de aquella incomprensión, señalamos un peligro nuevo y de mayor trascendencia: la pérdida total de nuestra independencia política y económica., La oligarquía que bajo la doctrina falaz del Cooperativismo, rige los destinos del país, después de haberse declarado en franca bancarrota moral, después de haber elevado la deuda exterior de la nación de $67,000,000 a $182,000,000 —sin incluir los $60,000,000 del Plan

Azucarero— hipotecando con ello a la República al imperialimso por varias generaciones, para derrochar esos fondos en obras suntuarias en las que han invertido el triple de su costo, después de explotar al pueblo durante cinco años por medio de una onerosa tributación —anticientífica en todos conceptos—, nos coloca ante la expectativa de vernos imposibilitados, en un futuro próximo, de satisfacer los compromisos internacionales que torpemente nos impuso, con la cual serán intervenidas nuestras aduanas, completándose así nuestra absorción económica. No somos alarmistas. Señalamos un peligro inminente, y declaramos la necesidad imperiosa, si ha de salvarse la República, de derrocar la Dictadura que entrega la isla a corporaciones imperialistas a cambio del apoyo que éstas le dispensan para mantenerse en el poder —rodeado de bayonetas— contra la casi unánime voluntad popular. Tanto el Poder Ejecutivo como el Poder Legislativo, vendidos a estos intereses, son Traidores a la causa de liberación nacional que propugnamos. De persistir el régimen, seremos precipitados en el caos de la bancarrota económica, cuyo consecuente fatal será la pérdida absoluta de nuestra independencia, consumándose nuestro enyugamiento definitivo al carro del Imperialismo".

"Entiende este Directorio que la obra salvadora se levanta sobre bases sólidas. Por tanto, para que la labor renovadora sea efectiva y, entrañe un positivo cambio en nuestra vida política, propulsamos las siguientes reivindicaciones presentadas por el "Directorio Radical de Abogados", para ser estudiadas por los diversos sectores de la oposición, con el propósito de constituir el "Frente Unico", indispensable para coordinar las fuerzas contra el Despotismo establecido.

"1. La Constitución de 1928 es nula de pleno derecho y, por tanto los funcionarios que ocupan cargos electivos o por nombramiento al amparo de dicha Constitución, los detentan ilegalmente, y deben cesar."

"2. En consecuencia se establecerá un Gobierno Provisional que sea legítima expresión de la soberanía popular."

"3. Este Gobierno Provisional estará integrado por un jefe del Ejecutivo y un Consejo de Secretarios, auxiliados por una comisión consultiva en que estén representados los distintos sectores de opinión."

"4. El Gobierno Provisional cesará en el término de 18 meses e implantará las reformas que se expresan a continuación:

"1o. Formación por elementos civiles, de un Censo general de población.

"2o. Redacción de un nuevo Código Electoral.

"3o. Libre organización de partidos políticos, sociales y económicos.

"4o. Convocación de una Asamblea Constituyente, una vez organizados los Partidos."

"5o. Igualdad Civil, política y económica del hombre y la mujer, reconocida en la Constitución que se promulgue."

"6o. Libertad de organizar asociaciones estudiantiles."

"7o. Autonomía Universitaria."

"8o. Participación de los estudiantes en la administración de la Universidad."

"9o. Creación de organismos técnicos autónomos, reguladores de la enseñanza primaria y secundaria, así como los de las Escuelas Normales, Kindergarten y demás especialidades."

"10o. Proscripción radical de toda influencia política en la provisión de cátedras y adopción de un sistema concorde con modernas orientaciones pedagógicas."

"11o. Reconocimiento al proletariado del derecho a la huelga."

"12o. Libertad de propaganda obrera y de organización gremial o sindical."

"13o. Jornada máxima de trabajo, salario mínimo, libre transito para el sin trabajo, suspensión de inmigración indeseable, seguro contra el paro; sistema eficaz de seguro de accidentes; retiro obrero."

Nota: El Directorio Estudiantil Universitario, único organismo representativo de la Juventud Estudiantil de la Universidad, condena la actitud de aquellos elementos que, inspirados en móviles sectarios o de cualquier otra índole, tienden a crear la confusión y el divisionismo en nuestro movimiento, e insiste en la necesidad de mantener la más compacta unión de todos para viabilizar nuestro objetivo.Con este motivo hace un llamamiento a los estudiantes para que no sean sorprendidos en su buena fe por los agentes de la discordia, UNION es nuestra palabra de orden."

"El Directorio Estudiantil Universitario:"

"Por la Facultad de Derecho: Augusto V. Miranda García; Justo Carrilo Hernández; José Morell Romero; Angela Rodríguez Llano; Sarah de Llano.

"Por la Facultad de Medicina y Farmacia: José Leyva Gordil; Juan A. Rubio Padilla; Clara L. Durán; Zoila Mulet.

"Por la Facultad de Letras y Ciencias: Antonio Viego; Calixta Guiteras; Inés Segura Bustamante; Silvia Shelton.

La Habana, 3 de Feb. 1931.

"Ya en prensa este Manifiesto, hemos leído las afirmaciones hechas por el Tirano calificando de "comunista" la formidable revolución moral que él reconoce existe contra su gobierno. Tal afirmación absolutamente falsa, no tiene más objeto que el de pretender engañar a la opinión extranjera, tratando de justificar los bárbaros procedimientos represivos empleados contra su pueblo para mantenerse en el Poder."

CAPITULO VI

Manifiestos del Directorio, de parte del año 1931 a diciembre de 1932.

Después del manifiesto en el que se apoyaba al Colegio Radical de Abogados, de febrero 3 de 1931, el Directorio publicó un manifiesto, días después de la desaparición de nuestro compañero del Directorio Estudiantil Universitario, Félix Ernesto Alpízar, en diciembre 23 de 1931, que no ha llegado a nuestras manos.

Y en mayo de 1932 publicó otra proclama, en la que se oponía a la apertura de las clases, que estaban suspendidas, tanto en la Universidad como en los diversos Instituto de Segunda Enseñanza, Escuela Normales, etc., manifiesto que tampoco hemos podido conseguir.

Se publicó también otro manifiesto cuya fecha nos parece errónea. La proclama que llega hasta nosotros con fecha de agosto 30 de 1932 nos ofrece dudas acerca de la relación entre la fecha y las firmas. Aparecen firmando algunos que entonces estábamos en prisión. Entre otras firmas de miembros del Directorio que guardaban prisión, aparece la mía, y la de compañeras, miembros del Directorio que en esa fecha estábamos en la Cárcel de Nueva Gerona, en Isla de Pinos. Este manifiesto debe haber sido publicado con esas firmas en agosto 30 de 1931, a menos que fueran errores de los que estaban en libertad. Además de estas firmas están las de Rubén León y de Manuel A. de Varona, los dos en el presidio Modelo desde parte de 1931 hasta abril de 1933.

Como en esta proclama se explica, el Directorio se había propuesto cambiar la palabra por la acción. En el intervalo entre el 3 de febrero del 31 y la fecha de esta proclama, se multiplicaron las llamadas "tánganas estudiantiles", en las que se rompía una vidriera o sonaba un petardo, y después del tumulto original los estudiantes desaparecían.

A estas "tánganas" se unían los miembros de otros Directorios, de Institutos de Segunda Enseñanza, de Escuelas Normales, de Artes y Oficios y muchos otros estudiantes que nos seguían.

"MANIFIESTO DEL DIRECTORIO ESTUDIANTIL UNIVERSITARIO" "AL PUEBLO DE CUBA".

(Manifiesto de fecha no bien precisada hasta hoy)

"Las reiteradas afirmaciones del Gobierno de que "esto se ha terminado" y sus anunciados deseos de que una amnistía general y la reforma constitucional epiloguen la actual conmoción emancipadora, nos obligan a romper nuestro propósito de sustituir de una vez y para siempre la palabra por la acción, y nos pone en el caso de enjuiciar el momento presente y definir nuestra actitud en el futuro."

"Cuando el ansia libertadora llega hasta la médula de un pueblo, cuando el espíritu de sacrificio se sobrepone a todos los intereses materiales; la desesperación lanza a millares de hombres al campo, la mayoría de ellos sin armas, a sufrir el fuego mortífero de un ejército vendido al tirano y de bien probados sentimientos inhumanos y procederes salvajes; cuando a los atropellos, despojos y crímenes de toda clase perpetrados calladamente, se agrega el torrente de sangre de ambos bandos vertidos en los campos de batalla; es absurdo pensar que el fracaso de un intento revolucionario pueda cubrirse con el sudario del olvido y cimente su consolidación definitiva de un gobierno producto de un golpe de Estado.

"Y por lo que a nosotros se refiere, nos interesa hacer constar que la amnistía, como no pedida por nosotros, nos dejaría completamente libres de compromisos con los que la dieran; que la reforma de la Constitución, al igual que cualquier otro acto legislativo emanado del gobierno inconstitucional que nos rige, carecería de todo valor y sólo produciría en nuestros ánimos total indiferencia; y, por último, con nuestro más devoto recuerdo a la memoria de los muertos y la mayor simpatía por la suerte de los encarcelados; que lejos de haber terminado, "esto empieza ahora" y que no cejaremos en nuestro empeño de derrocar el régimen que nos oprime, cualquiera que sean las amenazas, las persecuciones y las venganzas que se adopten contra nosotros, porque hay ideales que son más caros que la vida y hay principios que pueden más que la muerte."

"Por el Directorio Estudiantil Universitario."

Por la Faculdad de Derecho: Manuel A. de Varona; Augusto V. Miranda; Hilario de Llano; Angela Rodríguez Llano.

Por la Faculdad de Medicina: Rubén León García; Carlos Guerrero Costales; Fernando López; Rafael Escalona; Zoila Mulet Proenza; Clara Luz Durán.

Por la Facultad de Letras y Ciencias: Ramón Miyar y Millán; Carlos M. Fuertes Blandino; Antonio Viego; Ramiro V. Daussá; Silvia Shelton y Villalón; Ines Segura Bustamante; Calixta Guiteras y Holmes; Silvia Martel.

"Nota: Los demás miembros de este Directorio guardan prisión La Habana, agosto 30, 1932".

Además de las "tánganas", hubo otras acciones de mayor intensidad, llevadas a cabo por los estudiantes, unidos a miembros de la organización ABC.

Entre estas acciones mayores está la del auto-bomba, que antes de hacerlo explotar fué descubierto por la policía en enero 25 de 1932.

Después de finales de enero de 1932 la persecución aumentó y muchos estudiantes fueron detenidos para permanecer por largo tiempo en las cárceles de la República.

Unos días después, el 2 de febrero de ese año, me detuvieron, junto con mi madre y mi compañera de luchas Neneina Castro.

En la primera parte de este trabajo, donde se explica el ingreso de las muchachas en el Directorio del 30, se habla de algunos hechos históricos relacionados con este grupo de jóvenes estudiantes a las que nos mantuvieron ocho meses en prisión: un mes y medio en la Cárcel de Guanabacoa, donde estaba presa junto conmigo mi débil madre enferma. A continuación fui trasladada, con Neneina Castro, para Isla de Pinos en un barco que parecía, durante el viaje, acostarse sobre cada uno de los lados alternativamente, lo que hacía que la mayoría de los objetos que no estaban fijos en el barco, rodaran desde una pared a la otra del pequeño camarote.

En Isla de Pinos nos encontramos con otras compañeras. Nuestra prisión duró hasta la última decena del mes de septiembre de 1932.

Durante este tiempo los compañeros del Directorio, la mayoría de ellos del Segundo Directorio que estaban en la calle, continuaron efectuando repetidas acciones, que mantenían viva en la población la protesta contra el régimen.

En julio de ese año algunos miembros del Directorio unidos a un grupo de la organización celular ABC, que se había constituído en septiembre de 1931, atacaron a Calvo, el jefe de la Sección de Expertos, quien tan fieramente nos había perseguido, y lograron darle muerte.

Poco después de mi salida de la cárcel de Nueva Gerona, a fines de septiembre, ocurrió el atentado, que había sido organizado por el Directorio y el ABC, a Clemente Vázquez Bello, Presidente del Senado.

Como represalia por este hecho el Gobierno ordenó los asesinatos de Miguel Angel Aguiar, Representante a la Cámara que apoyaba nuestra lucha, y del profesor de Derecho de la Universidad de La Habana Gonzalo Freyre de Andrade, el que estaba con dos de sus hermanos, Guillermo y Leopoldo, a los que también les dieron muerte.

La sociedad habanera y la de toda la República sentía una consternación general. Los estudiantes tenían el apoyo casi unánime de los ciudadanos de todas las clases, incluyendo los de mayor cultura y poder económico.

En diciembre 21 de 1932 se publicó una nueva proclama del Directorio, que se refería a la nueva deuda, con la que se quería empeñar más la economía de Cuba. La situación de la República, ya afectada por el estado internacional de la economía en esos años, se acentuaba más por la situación de intranquilidad en que se encontraba el pueblo.

En este manifiesto se hace referencia a unas palabras con las que el gobernante de facto pretendía justificar el combatido estado de prórroga y reelección. El manifiesto se refiere brevemente a unas palabras de Machado, quien en una ocasión había declarado:"A mí no se me tumba con papelitos".

A esta declaración se unía otra del mismo estilo y carácter: "Estaré aquí hasta las 12 del día del 20 de mayo de 1935, ni un minuto menos, ni un minuto más".

"DIRECTORIO ESTUDIANTIL UNIVERSITARIO
"MANIFIESTO AL PUEBLO DE CUBA"

El Directorio Estudiantil Universitario en vista de la gravedad del momento, presente cree necesario poner de manifiesto al pueblo de Cuba (por medio de "un papelito más", ya que de otra manera no es posible, debido a las actuales circunstancias) las componendas que se incuban en laboratorios asaz conocidos por la conciencia nacional y cuyos directores más caracterizdos, entre otros, lo son Gerardo Machado y Orestes Ferrara".

"Como paso previo para dar una sensación de normalidad en la mísera existencia que soporta el pueblo cubano, se ha recurrido a la excarcelación de algunos de los individuos que se encontraban detenidos por órdenes arbitrarias y sin causa alguna. Pero esta medida misma indica claramente que la finalidad perseguida no es encauzar nuestra vida republicana por los canales del derecho y el libre dominio de los preceptos constitucionales, ya que el criterio que se ha seguido el decretar las libertades de los detenidos políticos hasta ahora, ha sido "el grado de peligrosidad" (según el criterio gubernamental), que representaba cada individuo, gozando de la muy relativa libertad de poder andar por las calles. No han sido libertados (salvo alguna excepción), los miembros presos del DEU, que nació precisamente para combatir con todas sus fuerzas a los que, traicionando la confianza que el pueblo de Cuba depositó en ellos, usaron y abusaron del poder para cometer toda clase de desafueros y crímenes, para hacer de las leyes meras palabras escritas, sin sentido alguno, para descuartizar nuestra Carta Fundamental, con el objeto perpetuarse en el Poder para asombrar al mundo con la serie inalcanzable de actos espantosos y abominables que han puesto un jirón de tristeza en cada hogar cubano y han pregonado a los cuatro vientos que Gerardo Machado, títere ridículo si no fuera macabro, es el prototipo del tirano y dictador de nuestra América, y que ha hecho palidecer, ante sus febriles realidades, a los Leguia, Uriburu, Sánchez Cerro, Juan Vicente Gómez..."

"Por eso guardan aún prisión (algunos llevan cerca de dos años en ella) tantos miembros de este Directorio. La sensación de normalidad no llegó hasta ellos, porque es sabido que la línea de conducta mantenida por la clase estudiantil, es invariable a pesar de todas las amenazas y de haber visto mermadas sus filas por la caída de compañeros ante las balas doblemente criminales de la horda asesina. La prensa diaria de Cuba, silenció el hecho significativo de que los miembros detenidos de este Directorio, no fueron ni serán puestos en libertad, pero nosotros estamos en el deber de decírselo al

pueblo de Cuba, y denunciar como con toda seguridad hubieran hecho ellos, de estar en libertad, lo que se incuba a espaldas de todos, con el único y exclusivo objeto, de consolidar a Machado en el Poder, contra las repulsa unánime de una nación."

"La situación interior de Cuba, es realmente espantosa; la miseria asoma por todas partes, los empleados públicos, apenas si tienen un mendrugo de pan que llevarse a la boca, porque se les adeuda una enorme cantidad. Los maestros tuvieron su minuto de protesta por el estado de penuria que atraviesan, y lo único que consiguieron fue el encarcelamiento de los que habían osado pedir que se les pagase lo que es de ellos. Sin embargo, los miembros del Ejército y la Marina, cobran puntualmente sus haberes , ya que sería peligroso no hacer tal cosa, puesto que una protesta de la "clase privilegiada" traería el derrocamiento del gobierno".

"En cambio, los compromisos exteriores, se cumplen, religiosamente, porque esta es una condición vital de todo gobierno dictatorial y tiránico para mantenerse en el poder, cuando su poderío exterior es poco. El cuadro interior que se contempla en Cuba, es secuela inevitable de la necesidad de aparecer como nación solvente a todo trance."

"Actualmente se realizan operaciones entre el gobierno de Machado y Compañías Extranjeras, con el fin de poder atender a vencimientos de la deuda exterior, mediante el adelanto de cantidades de dinero, por concepto de contribuciones pagadas por las entidades extranjeras al Gobierno. Las consecuencias de estas operaciones serán terriblemente desastrosas para el futuro del pueblo cubano, ya que aumentarán ostensiblemente el estado de miseria en que se halla. Pero tal cosa importa poco; lo esencial es mantener el poder usurpado a toda costa; y el hambre y la desesperación del pueblo en nada interesa a los que están obligados a velar por el."

"Cuba atraviesa, en los actuales momentos, una etapa, quizás si la más convulsiva de su existencia. Las promesas solapadas de rectificación por parte de los actuales gobernantes, no convencen, no pueden convencer a nadie que no tenga algún interés en ser convencido. La única rectificación posible es la dejación inmediata del Poder por parte de los que actualmente lo detentan. No puede ni debe haber otra fórmula, ya que tratar directamente con ellos es ser, en parte, cómplice de las atrocidades cometidas. Si esto, dicho así en términos generales, fuera poco, bastaría un solo detalle para dejar demostrado todo lo que puede esperarse de las promesas gubernamentales: el mediador entre el Gobierno y algunos individuos de la oposición, lo es Orestes Ferrara, persona de quien puede esperarse toda asechanza, toda artimaña y cuya historia es bien conocida."

"Al Directorio le interesa dejar bien aclarado que todo aquel que se avenga a tratar con el gobierno, sobre cordialidad, es un traidor a la causa del pueblo de Cuba. Si la rectificación no viene por medio del desalojo inmediato de las posiciones adquiridas de modo ílicito, tendrá que venir, inexorablemente por medio de una fuerza avasalladora que barra con este estado de cosas. Otra solución no es posible."

"Un Gobierno Provisional que sustituya al actual y cuya misión sea la de revisar todos los valores cubanos y refundirlos en una realidad de derecho, es la fórmula que mantuvo y sigue manteniendo el DEU. Pero un Gobierno Provisional designado por los que tengan derecho a ello; designado de entre los hombres que en Cuba no hayan tenido que ver con el estado de cosas que padecemos, porque unas sustitución en la cual tengan participación -en la designación de los individuos- los actuales gobernantes, sería pueril."

"La situación actual, puede prolongarse; pero el día del castigo tendrá que llegar inexorablemente. No pueden quedar impunes tantas atrocidades cometidas.El Código Penal, ha sido recorrido artículo por artículo, desde el primero hasta el último por los actuales hombres de la situación; y este mismo Código, que ahora no tiene razón de ser, por falta de quien lo aplique, tendrá que alzarse vigoroso en su día para pedir cumplida cuenta y aplicar las sanciones por él señaladas a todos los actos realizados."

"El estado revolucionario del pueblo cubano no puede acallarse con promesas. El ejemplo de la Bastilla, demolida casi con las manos habrá de repetirse aquí; y entonces no bastarán los rifles y ametralladoras de las fuerzas armadas para contener a todo un pueblo hambriento de libertad, de justicia y de decoro."

"El Directorio, ratifica una vez más que su posición es la misma. Hasta él no llegan las murmuraciones de los perversos y mal intencionados."

"La clase estudiantil fue la primera que alzó su grito de protesta contra el Machadato, y seguirá en pie por medio de su organismo representativo, hasta tanto Cuba no vuelva a su normalidad."

diciembre 21 de 1932

"El Directorio Estudiantil Universitario"

Por la Facultad de Derecho: Sara de Llano, Augusto Valdés Miranda.

Por la Facultad de Medicina y Farmacia: Carlos Guerrero, Fernando López Fernández, Clara Luz Durán

Por la Facultad de Letras y Ciencias: Silvia Martel, Inés Segura Bustamante, Ramón Miyar, Carlos M. Fuertes y J. A. Viego."

Los demás miembros de este Directorio guardan prisión, y sus sustitutos no firman por acuerdo expreso de este organismo, por ser su lucha anónima de más provecho a la causa

CAPITULO VII

Los Manifiestos del Directorio de marzo a julio de 1933

El primer Directorio Estudiantil Universitario de 1930 no quiso atender a los muchos requerimientos que los partidos tradicionales de la República de Cuba le hacían.

Los Generales Mario García Menocal, el caudillo del Partido Conservador, y Carlos Mendieta, dirigente máximo del Partido Liberal, junto con muchos otros políticos, que los seguían, trataron repetidas veces de concertar conversaciones con nosotros, los estudiantes, para que uniéramos nuestras luchas a las de ellos, que representaban la oposición política al Gobierno de Machado.

Estos partidos se habían separado del Gobierno cuando ya era demasiado evidente el carácter sanguinario de la represión contra los que se le oponían. En los primeros años del Gobierno de Machado se habían unido todos los partidos y dirigentes políticos al Gobierno en una tesis política llamada el "Cooperativismo", creada por Wifredo Fernández, un lider del Partido Conservador. El "Cooperativismo" fué un invento político, que tenía, como único propósito la participación del perdedor en las elecciones, en el botín que veían en la Patria.

El Primer Directorio tenía razones sobradas para no querer unir con ellos sus esfuerzos contra el régimen. Ellos sólo aspiraban a un cambio de personal. El Directorio aspiraba a un cambio básico en la República.

Pero llegado 1933, con la mayoría de los miembros del Primer Directorio en prisión, los que componían el Segundo Directorio que tenían una visión más conciliadora con los antiguos políticos que los iniciadores del movimiento estudiantil, creyeron conveniente para el triunfo de la lucha una reunión con los sectores políticos.

Los únicos con los que los estudiantes que seguían al Primer Directorio se unieron, fue con los obreros no comunistas.

En marzo de 1933 se trató, por cuantos estaban en la oposición contra el Gobierno, de hacer una junta llamada Junta Cubana de Oposición y el Segundo Directorio en funciones, más los del Primero

en libertad, nombraron a Luis Barreras y a Guillermo Barrientos delegados a esa Junta, que se reuniría en Nueva York.
La Junta dió a conocer la siguiente proclama en marzo 27 de 1933.

"MANIFIESTO DE LA JUNTA CUBANA DE OPOSICION"
"AL PUEBLO DE CUBA"

"Los distintos sectores de la Oposición unidos siempre en su propósito fundamental de derrocar el régimen ilegal y tiránico de los que se erigieron, por un Golpe de Estado, en detentadores del Gobierno y están aniquilando con la muerte y la miseria a la nación, han llegado a una realidad objetiva constituyendo una Junta Central en que todos esos sectores tienen representación y que será de ahora en adelante el organismo supremo que dirija y ejecute, con solidaridad y armonía, cuanto sea necesario para llevar a cabo las ideas de restauración constitucional y de imperio del derecho en un régimen justo y democrático."

"Para ello contamos los firmantes con que el pueblo de Cuba apoya y secunda al organismo que representamos, en la seguridad de que, lejos de personales ambiciones y de miras políticas partidaristas solo anhelamos propender al establecimiento de un Gobierno Provisional que propicie campo de derecho a todos los ciudadanos, sin distinción de sus anteriores opiniones, a fin de que Cuba elija, en comicios intachables, sus legítimos representantes, y estos decidan, como apoderados inexpugnables, la marcha futura de la República bajo los principios consagarados por el esfuerzo de heroicas generaciones, de soberanía y democracia."

"Al solicitar el concurso de todos los cubanos, tiende este manifiesto que es un grito de patriotismo, auxilio que esperamos será oído para dar a la República la tranquilidad y el sosiego de que tanto necesita y que, a veces, como en esta ocasión, ante la insistencia del Gobierno en el mantenimiento de su ilegalidad y en el ejercicio de la tiranía, se hace indispensable la fuerza como único medio para el trinfo del Derecho y con él, de un estado de civilización que sustsituya la anarquía y el salvajismo del actual estatus cubano."

"A todos los cubanos, sin distinción, pedimos su concurso para esta labor de dignidad y justicia en que hace más de un lustro viene debatiéndose la Oposición contra los elementos oficiales que han hecho de la nación un coto privado para su disfrute, y de la República un instrumento de persecución y muerte para cuantos no quieren someterse, dócilmente, al yugo de la Tiranía."

"Miami, 27 de marzo de 1933."

"General M.G. Menocal, Dr. Pedro M Fraga, Dr. Santiago Verdeja, Coronel Carlos Mendieta, Coronel Aurelio Hevia, Coronel Roberto M. Peñate, Vice-Presidente; Dr. Miguel M. Gómez, Dr. Juan Espinosa, Carlos Peláez, Dr. Carlos de la Torre, Presidente; Dr. Ramón Grau San Martín, Dr. Ricardo Dolz, Luis Barreras, Secretario; Guillermo Barrientos, Vice-Secretario; Dr. Carlos Saladrigas, Carlos Hevia, Dr. Juan A. Lliteras.

En los primeros días de abril de 1933, un mes después de las declaraciones de la Junta Cubana de Oposición, en la que ésta hace un llamamiento "a todos los cubanos, sin distinción," es decir que era una proclama más bien buscando alguna forma de conciliación, el Gobierno vuelve a mancharse con la sangre de otro cubano, el estudiante, perteneciente al Primer Directorio Estudiantil Universitario de 1930, Carlos Fuertes Blandino.

Con motivo de la desaparición de este compañero, al que la policía había detenido y que apareció acribillado a balazos días después en los terrenos de la Ermita de Monserrate, el Directorio publicó el siguiente manifiesto, de fecha 7 de abril de 1933.

"MANIFIESTO DEL DIRECTORIO ESTUDIANTIL UNIVERSITARIO AL PUEBLO DE CUBA"

"Con el alma transida de dolor y cólera reciente aún, tomamos la pluma para informar al pueblo de un nuevo crimen, que llenando de estupor a la sociedad cubana se ha realizado en la madrugada de ayer por los cobardes esbirros de los cuerpos de Policía, que cada día mas serviles y capaces de las mas àtroces iniquidades, mantienen con sus criminales procedimientos el actual desgobierno de facto que impera en Cuba. A la una de la noche detuvieron a Carlos Fuertes Blandino, estudiante de la Escuela de Ingenieros de la Universidad de La Habana, miembro de este Directorio por la Facultad de Letras y Ciencias, y conduciéndolo en un automovil al lugar apartado donde se encuentra la Ermita de los Catalanes, allí, ocultándose en la sombra de la noche lo acribillaron a balazos. Por la madrugada un carro de los Fosos Municipales llevó el cadáver al necrocomio, donde lo identificaron por la mañana varias señoras emparentadas con nuestro compañero."

"Esos cuerpo de policía, cuyas jefaturas ostentan Trujillo, Ainciarte y Fors, hombres de alma negra, que friamente traman esos asesinatos y otros actos de represalia de carácter salvaje, reciben del "Amo" y sus secuaces las mas efusivas felicitaciones por cada acto de esta clase que cometen; y también reciben su premio correspondiente en ascensos para jefes y sus familiares o bien otras dádivas o favores."

"Reina en Cuba desde 1930 la barbarie -esta palabra la usó el propio Ferrara cuando declaró que había que vivir de otro modo, porque no se podía seguir viviendo así;- pero lejos de rectificar el actual desgobierno, no deja de realizar estos hechos que sobrecogen el alma cubana. El pueblo de Cuba vive en la desesperación, sin garantías constitucionales, hambriento, paralizada su vida cultural, con su industria y su comercio en ruinas; y comprende este pueblo que el"Asno con garras" y su negra camarilla lo están hundiendo en un caos."

"Machado se ha dirigido hace poco al Congreso, que es tan perverso y tan cínico como él -y por tanto tan responsable como él de esta situación,- en un mensaje en el que trata de dar, como siempre, la sensación de tranquilidad, de que el país se restaura, etc., alude a la suspensión de actividades académicas de la Univ´rsidad como un escollo invencible, siendo lo único verdadero que hay en el mensaje y que el pueblo de Cuba ha leído estupefacto. La Universidad, efectivamente, ha sido, es y será, a pesar de que se trata de intimidarla con crímenes como el efectuado ultimamente, el gran escollo que no podrá ser eliminado JAMAS".

"Este nuevo crimen, que tanto el pueblo de Cuba comenta

en voz baja, censurándolo con las más duras palabras, que miembros del Cuerpo Diplomático han censurado en los términos que merece, agrega un nuevo nombre, CARLOS FUERTES BLANDINO, al largo martirologio de nuestros hermanos de las aulas de la Universidad, muertos por libertar a Cuba. Ese nombre evidencia en todo aquella frase de nuestro Martí, cuyo espíritu vive en nuestros corazones, "Las Universidades parecen inútiles, pero de ellas salen los mártires y los apóstoles."

"Pueblo de Cuba; invoca también al espíritu del Apóstol, repite sus palabras, practica su doctrina, acompáñanos, es preciso, por nuestros hermanos muertos, por cuantos han dado su sangre y su vida en esta lucha cruenta en aras de la libertad y la dignidad. Y cueste lo que cueste, triunfarán nuestros ideales."

"La Habana, abril 7 de 1933"

"DIRECTORIO ESTUDIANTIL UNIVERSITARIO"

"Por la Facultad de Medicina y Farmacia: Carlos Guerrero Costales, Clara L. Durán, Fernando López."

"Por la Facultad de Derecho: Augusto V. Miranda, Sara de Llano y José Morel."

"Por la Facultad de Letras y Ciencias: Ramón Miyar, Inés Segura Bustamante, y Silvia Martel."

En ese mismo mes de abril, el Gobierno empezó a ser presionado por un Enviado Especial norteamericano y comenzó a liberar a los presos políticos, algunos de los cuales llevaban casi dos años en prisión. El Directorio da a conocer un nuevo manifiesto, que nos llega sin fecha, ni firmas, y es el que sigue.

"DIRECTORIO ESTUDIANTIL UNIVERSITARIO"
"AL PUEBLO DE CUBA"

"En momentos tan críticos como los que actualmente afronta la nacionalidad cubana, este Organismo se ve precisado a puntualizar su ideología ante posible contingencias."

"No es necesario recordar al pueblo de Cuba los altos ideales que impulsaron a la lucha al estudiantado cubano: no preconizamos solamente la caída de un hombre, sino el derrocamiento de todo un régimen en pleno estado de descomposición. Este Organismo de carácter transitorio, que cesará al cumplir su cometido, volviendo a la masa estudiantil que le dio vida y poderes, para que decida de sus destinos y trace la ideología que estime conveniente, ha aspirado y aspira a una amplia justicia social, dentro del marco de una república auténticamente democrática. Hacemos nuestras las palabras del Maestro:"

"Si en las cosas de mi patria me fuera dado preferir un bien a todos los demás, un bien fundamental que de todos los del país fuera base y principio y sin el que los demás bienes serían falaces e inseguros, éste sería el bien que yo preferiría: yo quiero que la ley primera de nuestra república sea el culto de los cubanos a la dignidad plena del hombre. En la mejilla ha de sentir todo hombre verdadero el golpe que reciba cualquier mejilla de hombre. O la República tiene por base el carácter entero de cada uno de sus hijos, el hábito de trabajar con sus manos y pensar por sí propio, el ejercicio íntegro de sí y el respeto, como de honor de familia, al ejercicio íntegro de los demás; la pasión en fin por el decoro del hombre, o la República no vale una lágrima de nuestras mujeres ni una sola gota de sangre de nuestros bravos."

"Nadie ignora el proceso de nuestra lucha y sus dificultades para el triunfo definitivo en su aspecto material y cómo, a medida que el Gobierno de facto ha ido cerrando las puertas de la justicia, ha quedado abierta simultáneamente la de la violencia. El pueblo no ignora la ferocidad desplegada por Machado y sus sicarios contra los defensores de la Libertad. Frente a los desmanes del Gobierno, no hemos cejado un ápice en la lucha."

"Es innegable que este estado de cosas ha producido expectación en el mundo entero."

"No conocemos directamente la misión que trae a nuestra Isla el Enviado Especial norteamericano. Se nos habla de mediación amistosa en nombre de la humanidad. Se nos dice que no se trata de intervención basada en la Emmienda Platt. No obstante, la historia de la intromisión yanqui en nuestra América justifica nuestro recelo. La Emmienda Platt causa de muchos de nuestros grandes males, cuya enumeración sería obvia, constituye un rotundo mentís al contenido noble y elevado de la Joint Resolution de 1898."

Agradecemos la campaña de adhesión y de ayuda que viene verificándose, no sólo en pueblos de Hispanoamérica, sino en la propia América del Norte por espíritus altamente indentificados con nuestros ideales, sin más móviles que el de romper lanzas desinteresadamente por la libertad del hombre; pero este Directorio desea aclarar bien alto, de una vez y para siempre, que ni pide ni acepta solución alguna que menoscabe nuestra dignidad de pueblos libres."

Para contestar a parte del pueblo que se preguntaba por qué no aceptábamos la llamada Mediación, promovida por el Embajador Sumner Welles entre el Gobierno y los estudiantes, el Directorio publicó el manifiesto que se expone a continuación. No he podido determinar el día exacto del mes de Junio o Julio en el que se publicó este manifiesto.

"El Directorio Estudiantil Universitario, al igual que los demás sectores de la Oposición, fué oportunamente invitado por el Señor Embajador de los Estados Unidos, Hon. Sumner Welles, a participar en las conferencias que se están celebrando tendientes a buscar una solución al actual problema político cubano y en los cuales actúa como mediador el propio Embajador de los Estados Unidos."

"Este Directorio, desde el primer momento, se dió a la tarea de estudiar concienzudamente el problema en todos sus aspectos, teniendo en cuenta por una parte el angustioso instante político que vive nuestro país, y por otra el deber en que estamos, como cubanos, de velar por la integridad de nuestra soberanía, rechazando cualquier fórmula que pudiera en algún modo menoscabarla."

"Estudiando debidamente el problema, teniendo en cuenta

los antecedentes históricos en las relaciones entre Cuba y los Estados Unidos, considerando el carácter de la mediación que nos ofrece el señor Embajador y su condición de representante del gobierno americano, hemos acordado declinar cortesmente la invitación del Señor Sumner Welles a tomar parte en las antedichas conferencias."

"Entendemos los estudiantes que la mediación propuesta por el Señor Embajador de los Estados Unidos supone tácitamente una intervención y está respaldada por la fuerza coercitiva del gobierno americano, pués sólo en este caso dicha mediación sería virtualmente eficaz para conseguir el fin que se propone. Esta mediación, pues, menoscaba el derecho que tiene el pueblo cubano a determinarse por sí propio y tiende a inculcar en el pueblo, una vez más, que nuestras dificultades internas sólo pueden resolverse con la colaboración del extranjero."

"No pretendemos desconocer que la Enmienda Platt -un tratado "bilateral" que no obliga más que a una de las partes, la más debil- concede al gobierno americano el derecho a inmiscuirse en nuestros problemas internos; pero no es menos cierto, que la aceptación de ese tratado fué impuesta al pueblo de Cuba como condición indispensable para el reconcocimiento de su independencia. Que los Constituyentes de 1901 prefirieran una República hipotecada a no tener República, no nos impide a nosotros rebelarnos contra esa negación sin fundamento. Si nuestra lucha del mañana ha de contar entre sus capitales objetivos la anulación de ese tratado, sería inmoral por nuestra parte escudarnos ahora en él para obtener la solución momentánea de un problema inmediato."

"Nosotros los estudiantes, conscientes de nuestra función histórica y de la ineficacia de las soluciones a medias, preferimos seguir luchando contra la Tiranía de Machado y sacrificando nuestra vida; pero no queremos una solución apresurada que a la postre desvirtúe el programa que desde el primer momento nos trazamos y disminuya el ideal que ahora y siempre queremos mantener en alto."

"El movimiento estudiantil no surgió solamente para combatir y derrocar a Machado, sino para promover una depuración total del sistema, ajustando la maquinaria política a sus verdaderos fines dentro de una democracia auténtica. El movimiento estudiantil trata de robustecer todas las fuerzas positivas de orden moral que actúan en nuestra sociedad, y **una de esas fuerzas positivas -quizás la principal- es la conciencia de pueblo libre y soberano que es imprescindible para que un grupo social pueda mantener su individualidad en el concierto de las naciones, alimentando y realizando un ideal colectivo, y, cumpliendo por tanto eficazmente con su misión entre los demás pueblos de la Tierra. Si no levantamos y salvamos esa hoy maltrecha conciencia de nacionalidad, no tendremos derecho jamás a sentirnos y llamarnos pueblo libre. Pueblo que no se siente libre es pueblo que no se considera responsable; y un pueblo irresponsable no es capaz de desempeñar ningún papel histórico, y está expuesto a caer definitivamente en la órbita de acción de pueblos más poderosos.**

"Huelga además para nosotros la conveniencia que se nos plantea de transigir con la mediación para evitar la intervención armada: ser dominado por la fuerza no es en ningún modo degradante; pero aceptar la injusticia es indigno."

"Por otra parte, el procedimiento mismo de la mediación, aún proviniendo de sectores desprovistos de poderes coactivos, no satisface plenamente las aspiraciones de la Juventud, que no quiere entrar en conciliábulos -más o menos indirectos- con un gobierno a quien no puede concedérsele moralmente beligerancia alguna de discusión. La tal mediación no es ni más ni menos que la tan decantada fórmula de la cordialidad a que tantas veces hemos manifestado nuestra repulsa, no solamente por la desconfianza que lógicamente ha de inspirar cualquier promesa que nos venga de las esferas gubernamentales, sino porque es improcedente discutir o haber acuerdo con los usurpadores."

"Los gobernantes actuales están condenados por la Juventud; y si circuntancias o presiones extrañas propician la sustración de esos gobernantes a las sanciones de la Ley y la Justicia, no por eso quedarán absueltos de su crimen ni tendrán menos la sanción moral de las personas honorables y dignas. No podemos pués, entrar a discutir, aunque sea por trasmano, con nuestros asesinos y verdugos, ni reconocer - condición impuesta por el señor Welles a los sectores "mediacionistas" un status jurídico que seguimos considerando ilegítimo, por dimanar de transgresiones de principios constitucionales hasta ahora tenidos por inviolables."

"DIRECTORIO ESTUDIANTIL UNIVERSITARIO"

"Por la Facultad de Derecho: Carlos Prío Socarrás, Manuel A. de Varona Loredo, Augusto Valdés Miranda, Raúl Ruiz Hernández, José Morel Romero, Justo Carrillo Hernández, Sara de Llano Clavijo."

"Por la Facultad de Medicina: José Leyva Gordil, Juan Antonio Rubio Padilla, Fernando López Fernández, Roberto Lago Pereda, Carlos Guerrero Costales, Clara Luz Durán."

"Por la Facultad de Letras y Ciencias: José Antonio Viego, Inés Segura Bustamante, Silvia Martel y Bracho."

NOTA.-Algunos miembros de este Directorio no firman por hallarse presos o exilados, y sus sustitutos no lo hacen por acuerdo previo de este orgnismo, ya que así su labor es más eficaz a los intereses de la causa. Aparecen las firmas de los exiliados que pudieron ser consultados debidamente.

Después de este manifiesto de junio o julio de 1933, el Directorio vuelve a dirigirse al pueblo para exponerle su programa de reformas, que era el motivo último de nuestra lucha. Para poner en práctica este Programa debíamos de lograr como medio la caída de lo que se conoció como el Machadato.

El 12 de agosto de 1933, forzado por el Embajador Norteamericano y por una huelga general, Machado abandonó el poder. El Embajador buscando el apoyo de algún organismo popular, al no encontrarlo en el Directorio, pretendió apoyarse en la otra organización revolucionaria que durante los dos últimos años había luchado al lado de nosotros; y formó un gobierno para tomar las riendas del poder, que Machado al huír había dejado en manos del Jefe del Ejército, General Alberto Herrera.

Al tomar posesión este grupo, integrado por los dirigentes del ABC, el cambio ideológico que se esperaba no satisfacía las aspirciones del Directorio, de los estudiantes y del pueblo en general, los que requerían un programa de gobierno dirigido a transformar nuestra Patria en una verdadera República soberana e independiente.

CAPITULO VIII

Protesta del Directorio frente al Gobierno de Céspedes.

Al mismo tiempo que se presentaba el "Programa del Directorio Estudiantil Universitario para un Gobierno Provisional", se publicó otro manifiesto, en el que se explicaba por qué los estudiantes no estaban de acuerdo con un Decreto Presidencial por el que se iba a regir el gobierno de Carlos Manuel de Céspedes.

En los últimos momentos del gobierno, Machado trató, sin resultado, de aliarse, "para mantenerse en el poder", con el partido Comunista, pero al ver que no le quedaba alternativa, decidió abandonar el país. Por distintas razones, principalmente la presión del Embajador norteamericano, había perdido el apoyo de la fuerza. Al renunciar a la Presidencia, quedó hecho cargo de la posición el Jefe del Ejército, al que previamente se había nombrado Secretario de Estado, General Alberto Herrera. De acuerdo con la Constitución del 1928, promulgada por el mismo Machado, no existía Vicepresidente de la República. El sucesor, en ausencia del Presidente, era el Secretario de Estado.

Alberto Herrera, hecho cargo de la Presidencia, nombra Secretario de Estado a Carlos Manuel de Céspedes, quien asume la Presidencia al renunciar el General Herrera.

De este modo la sucesión desde Machado hasta Céspedes aparece como un cambio constitucional, con lo que se pretendía darle forma legal a la situación, al considerar que la sucesión estaba basada en el Derecho.

Por el Decreto Presidencial de 24 de agosto, se supone por el gobierno actuante solucionada la tormentosa situación política cubana.

Contra este último decreto publica el Directorio un manifiesto, que reproducimos a continuación. A pesar de que la fecha del Decreto es 24 de agosto y la del Programa de Gobierno Provisional que propugnó el Directorio tiene fecha 22 de agosto, publicamos el programa de gobierno en páginas siguientes a esta protesta contra el gobierno de Carlos Manuel de Céspedes.

De esta proclama no ofrecemos las firmas, ya que estamos realizando este trabajo con los documentos, no del todo completos , que podemos conseguir. Pero es de suponer que esta proclama la firmó sólo el Primer Directorio, ya completo, por estar los prisioneros en libertad, y sin las firmas de los que componían el 2o Directorio,en la misma forma que se firmó el Programa, porque como todavía nos considerábamos en lucha, no queríamos revelar esos nombres.

"DECLARACIONES DEL DIRECTORIO ESTUDIANTIL UNIVERSITARIO SOBRE EL DECRETO PRESIDENCIAL No. 1298, DE 24 DE AGOSTO DE 1933"

"AL PUEBLO DE CUBA"

"Consecuente con la ideología que ha movido su actuación pasada y en que inspirará su futura conducta, el interés de la patria sobre todas las cosas y la exterminación total de las raíces de la dictadura de Machado y del régimen que la hizo posible, este Directorio, siempre en la avanzada de los más altos y puros ideales de sano y desinteresado patriotismo, en relación con el mencionado decreto presidencial, declara:

"1. Que dicho decreto no satisface las aspiraciones del pueblo cubano que son las mismas ya expresadas de este Directorio, porque si bien el contenido de dicho decreto, en cuanto desplaza de sus posiciones a los hombres más maldecidos del régimen de Machado, los congresistas, consejeros, y concejales, Gobernadores y Alcaldes, cuyo conjunto constituía uno de sus más firmes sostenes, parece satisfacer los ideales que mantenemos, él representa a nuestro juicio una desgraciada armonización de los intereses de la cancillería de Washington y de los políticos profesionales de otras épocas militantes hoy en el campo de la Revolución, que todavía lucha por obtener la realización de los ideales y el mantenimiento de los principios de los que por ellos se sacrificaron y sufrieron irreparables pérdidas físicas, económicas y morales."

"Y no se piense que la procedente afirmación es a priori, y que carece de fundamentos, no; ella se apoya en muy sólidas razones derivadas de la consideración de la actuación del representante diplomático de la mencionada cancillería extranjera en los días y meses inmediatamente anteriores a los de hoy y a la situación política de Cuba en el mismo período."

"Con efecto, se recuerda la tendencia del Gobierno del muy inteligente presidente actual de los Estados Unidos manifestada aún antes de tomar posesión de su elevado cargo, en el sentido de hacer en su gobierno obra de restauración económica, y principalmente las declaraciones de su embajador en Cuba, puede con razón decirse que el objetivo primordial de éste en su actuación entre nosotros es la restauración de la capacidad adquisitiva del mercado cubano como consumidor de productos americanos, a cambio de alcanzar un más perfecto control por el Gobierno de dicho país de nuestra economía nacional."

"Por éste, en el orden político, el actual Gobierno de los Estados Unidos, no practica imperialimo y mucho le interesa proclamar a todos su profundo respeto por la soberanía y libre determinación de los pueblos, pero en el orden económico, la cosa es distinta: hay que llevar a cabo, por sobre todo los planes de economía imperialista que los sabios profesores de que se ha rodeado el presidente Roosevelt han preparado para mejorar las condiciones económicas de los Estados Unidos, mediante el aseguramiento y control de los mercados de la América Latina, especialmente el de Cuba, ya que por razones que no son del caso considerar, prácticamente dicho país ha perdido los de Europa."

"De aquí la confección de una serie de leyes económicas y proyectos de reforma del tratado de reciprocidad y un empréstito que, preparadas a nuestro juicio en los Estados Unidos en sus principales lineamientos y redactadas en Cuba por cubanos que aceptaron las indicaciones extranjeras, existen ya, listas para ser promulgadas en Cuba lo antes posible."

"Esto que hemos dicho, señores, porque queremos abrir los ojos al pueblo de Cuba, es uno de los intereses que el decreto que consideramos satisface, con la creación de la llamada Comisión consultiva con atribuciones legislativas en la práctica, y especialmente, con su proyectada sección de

Economía o Hacienda, a espaldas de la voluntad popular a usanza todavía del régimen que combatimos y con manifiesta burla del principio de la soberanía popular y de la libre determinación de los pueblos, aun respecto de sus cuestiones económicas, hoy tan importantes o más que las políticas , ya en camino de ser resueltas."

"Arrancados así los velos con que el mencionado decreto se oculta la triste verdad de uno de sus objetivos, oigan los que nos escuchan cuáles son los intereses políticos que el mismo ha tratado de satisfacer y cómo se pretende realizarlos."

"Después de resolver la disolución del Congreso actual y la cesación de los mandatos de todos los Gobernadores y Alcaldes, Consejeros provinciales y Concejales, nuestro Gobierno provisional cuyo camino queremos limpiar con nuestro esfuerzo para que pueda realizar la misión que le está encomendada como imperativo de ineludible cumplimiento, creyó satisfecha la opinión pública y realizados nuestros ideales y deseos; y sintiéndose libre de trabas para construir por si el futuro régimen político, dispuso la celebración de elecciones generales en febrero de 1934, sin pensar que en la realidad sólo satisfacía con ellos , los incontenibles deseos de los políticos profesionales que hoy están con la Revolución y de otros que aspiran serlo, que desesperan por adueñarse definitivamente del poder para colmar sus muy ocultas pero desmedidas e inconfesables ambiciones."

"Y sin embargo, esto no ha parecido bastante y por eso tales políticos han obtenido que una de las secciones de la Comisión consultiva, cuya mayoría no será ciertamente de técnicos apolíticos, se ocupe de las reformas electorales necesarias para facilitar la definitiva adquisición de posiciones en febrero de 1934."

"De modo que, en resumen podemos decir, que la obra constructiva del decreto presidencial a que nos referimos, al convocar a elecciones generales para 1934 y crear la citada Comisión consultiva satisface sólo a los políticos profesionales de la oposición, que no por estar en ella han dejado de serlo y los planes del imperialismo económico de los Estados Unidos, inteligentemente viabilizados por su representante diplomatico, sin que nos detengamos a considerar la creación de la Sección de Instrucción pública en el seno de la Comisión consultiva por estimar que ella no es otra cosa que una medida política para satisfacer los deseos de la clase estudiantil en el orden meramente académico."

"La realización de lo que con tales medidas pueda obtenerse, quizás pueda traer a Cuba un transitorio período en que las condiciones económicas mejoren visible y rápidamente y en que sean respetadas las libertades individuales; el pueblo de Cuba, si ellas se adoptan, probablemente tendrá pan y libertad, pero la Revolución iniciada y que tantas lágrimas y sangre ha costado, estará fracasada en cuanto pretendió consolidar nuestra independencia económica, aspiraba a obtener nuestra independencia política cuya obra dejaron incompleta los mambises del 95 y luchó para exterminar para siempre un régimen político, engendro y nido de tiranías, ya que el control económico de los Estados Unidos sobre Cuba quedará completo, nuestra independencia política no se habrá obtenido y, aunque los hombres de la dictadura de Machado se hayan ido el régimen que ellos implantaron quedará en pie, porque no se habrán variado las condiciones jurídicas que lo hicieron posible: el régimen político organizado en la Constitución de 1901."

"Y, para que nunca pueda pensar el pueblo que nos escucha que para salvar ideológicos principios pretenden los estudiantes dilatar el advenimiento de una era en que cese su hambre y en que la libertad impere, y tampoco el pueblo americano que no somos sus amigos y que pretendemos obstaculizar obstinadamente el cese de la actual crisis económica, ni los políticos que, antidemócratas, queremos impedir que puedan ser electos, digan cual es la segunda declaración que meditadamente, serenamente, hace hoy este Directorio."

"II. Velando por la observancia de los fundamentales principios de la soberanía popular y de la libre determinación de los pueblos respecto de todos sus problemas, no sólo los políticos, sino también los económicos y sociales, este Directorio actualmente lucha para que el Gobierno provisional de la República libre."

"a) Se derogue la parte del decreto que comentamos en cuanto a la celebración de elecciones generales en febrero de 1934 y en cuanto a la constitución de la Comisión consultiva con atribuciones legislativas."

"b) Convoque a elecciones generales para que, de acuerdo

con un sencillo procedimiento electoral en que no sean reconocidos los partidos políticos, sea elegido un número de delegados del pueblo proporcional al de habitantes, para que éstos, reunidos en Convención Constituyente, espontánea y libremente, den a Cuba un nuevo régimen político en el cual no sea posible el nacimiento y mantenimiento de tiranías como la que acaba de terminar."

"c) Que en el procedimiento electoral que se promulgue para la elección de delegados a esa Convención Constituyente,

"1. A los efectos de la presentación de candidaturas, solamente se tengan en cuenta agrupaciones independientes, respaldadas por un número de firmas de ciudadanos proporcional a la población y cuyos nombres no puedan éstas conservar, si concurren a las elecciones que después se celebrarán para cubrir en definitiva todos los cargo electivos."

"2. Que para ser candidato a delegado a la Convención constituyente se exija no haberlo sido para ningún cargo electivo de la República con posterioridad al 1o de enero de 1924."

"3. Que ninguna persona que resulte electa delegado a la Convención constituyente pueda ser postulada como candidato a ningún cargo electivo de la República en las elecciones siguientes a ésta."

"4. Que todo candidato a delegado a la Convención constituyente deberá poseer algún título profesional que acredite su capacidad.

"d) Que sean los delegados a esa Convención constituyente los que redacten y aprueben las leyes orgánicas de los poderes públicos y las electorales, económicas y sociales y tratados que sean indispensables para resolver la actual situación del país."

"e) Que todo lo que precede sea sometido a la consideración del pueblo mediante un referéndum."

"Con la adopción de estas medidas el Gobierno provisional no sólo podrá mantener la posibilidad de que se restaure para los Estados Unidos y en bien nuestro, la capacidad adquisitiva de nuestros mercados, que se restaure también para Cuba el mercado consumidor de los Estados Unidos y que los políticos puedan someter al pueblo sus programas y doctrinas sino también obtener que se mantengan incólumes, respetados e intangibles, los principios sagrados en que se asientan la libertad y la independencia de la patria."

CAPITULO IX

Programa del Directorio para un
Gobierno Provisional

A los 10 días del cambio de Gobierno, los estudiantes no conformes con un simple cambio de nombres manchados por el abuso contra su pueblo, por otros que no estaban manchados, dirigen al pueblo de Cuba su manifiesto para un Gobierno Provisional, en el que se expresaba nuestro deseo de un nuevo ordenamiento para nuestra Repúblcia.

"DIRECTORIO ESTUDIANTIL UNIVERSITARIO"
"AL PUEBLO DE CUBA"

"La opinión pública conoce la traición de ciertos sectores oposicionistas que han pretendido medrar -con miras personales- con la exaltación popular provocada por la Tiranía. Traición de efecto triple: a la REVOLUCION, porque se han prestado a convalidar actos esencialmente nulos y a reconocer - más o menos explícitamente- la legalidad de un gobierno que constituyó el crimen y el latrocinio como armas políticas; a CUBA, porque declaran sin rubor la incapacidad de nuestro pueblo para regir sus destinos; a IBERO—AMERICA, en fin, poque dan pábulo a la ingerencia yanqui y secundan la obra de penetración en Nuestra América de intereses que, en el siglo y medio transcurrido, se han mostrado hostiles al desenvolvimiento de nuestros pueblos."

"Pero el Estudiantado Cubano VELA; vela por la Revolución, por Cuba y por Ibero-América. Y no conforme con limitar su gesto a meras palabras de rebeldía, RECLAMA de hoy en adelante la iniciativa y la dirección de la lucha por la

Ultima guardia de honor en el Aula Magna de la Universidad a los restos de Ernesto Alpizar, que fueron encontrados en el Castillo de Atarés a la caída del régimen de Machado. En primer término de izquierda a derecha: Sara de Llano, Clara Luz Durán, Inés Segura Bustamante y Silvia Martel.

LIBERTAD del hombre cubano en su tierra y por la
LIBERTAD de Cuba -que es, también, la de Ibero-América-
en el concierto de los pueblos cultos."

"El hecho insólito. Por primera vez en la Historia, un
Estudiantado asume tan magna tarea. Mas el estudiantado
cubano caería en la peor censura, si dejara pasar las
circunstancias históricas que ponen en sus manos la difícil y
hermosa misión. No se interprete por inmodesta pretensión de
juventud. Tal resolución es fruto maduro de la reflexión,
abonada por la sangre y el martirio de nuestros mejores
valores."

"Hace mas de diez años que el Estudiantado Cubano inició
su protesta cotra la degradación política que Cuba venía
padeciendo, y fue el Estudiantado quien -el primero- levantó
su voz airada contra la barbarie que Machado entronizaba... Y
a la hora del sacrificio, aportó sus falanges abnegadas con tal
esplendidez que no hay callejuela ni plaza en ciudades, ni
rincón en los campos cubanos que no hayan sido regados con
sangre de estudiantes. No hay cárcel ni mazmorra en que los
estudiantes no hayan vivido angustias y privaciones. No tiene
esbirros ni lacayos Machado que no hayan saciado su
salvajismo o estimulado su vesania con carne estudiantil."
"Sin embargo, el Estudiantado se comportó con disciplina.
Aunque receloso, admitió que para acabar con el VESTIGLO
y renovar la vida pública cubana, la acción iría mejor
conducida por los hombres cuya experiencia procuraba
algunos resortes útiles. No podía imaginar que los intereses
supremos de la colectividad fueran subordinados a resquemores y ambiciones personalistas: ahora lo sabe. Y cuando grupos
"nuevos" irrumpieron aparentando ansias sinceras de
rectificaciones -el estudiantado nutrió sus filas: ahora conoce
que no es posible confiar en quienes estuvieron con Machado
hasta ayer o han defendido intereses imperialistas hasta hoy."

"Jóvenes cubanos!: aprestaos a la acción bajo nuestras
banderas. De nosotros depende que podamos vivir con la
frente levantada. Somos nosotros los que hemos de labrar
nuestro propio mundo. Unámonos para crear!"
"Jóvenes de Ibero-América!: prestadnos vuestro concurso

para la **Empresa de afirmar nuestra nación. Nuestra gloria será honor vuestro.**"

"Y vosotros -hombres de buena voluntad- que aunque nos adelantáis en años, no sois viejos, porque vuestra alma es perpetuamente joven y enamorada de generosos ideales, ayudadnos! La nación que ambicionamos es la misma que vosotros amais.

LA ACCION A QUE INVITA EL DIRECTORIO ESTUDIANTIL UNIVERSITARIO TIENE DOS OBJETIVOS:

Primer ojetivo:

"Organización de la insurrección armada contra la Tiranía, hasta batir y aniquilar las hordas de politicastros en que aquella se cimienta."

"Con tal propósito, se pondrán en práctica los procedimientos y medios que oportunamente se conocerán."

Segundo objetivo:

Implantación de un Gobierno Provisional -integrado por personas que el Directorio Estudiantil Universitario seleccionará y nombrará para el cumplimiento del siguiente"

PROGRAMA
para el
GOBIERNO PROVISIONAL
I
ORGANIZACION

"El Gobierno Provisional se compondrá:
a) de la Comisión Ejecutiva.
b) del Consejo Legislativo.
c) del Tribunal de Sanciones y
d) de la Asamblea Constituyente."
De la Comisión Ejecutiva.

"La Comisión Ejecutiva estará formada por cinco Comisionados de iguales funciones y jerarquía. Sus resoluciones para ser válidas deberán estar tomadas en junta y aprobadas por mayoría, excepto los casos en que se exija unanimidad."

"La Comisión Ejecutiva ejercerá todas las facultades que correspondan por las leyes al Presdidente y a los Secretarios del Despacho. Le corresponderá también la destitución de todos los que desempeñen cargos políticos o administrativos en el Estado, las Provincias o los Municipios, y su nombramiento según ternas que facilite el Directorio Estudiantil."

"En tanto no se reúna la Asamblea Constituyente, la Comisión Ejecutiva asumirá, además, las funciones legislativas, pero sus leyes serán provisionales, a menos que la Constituyente las ratifique."

"Para el despacho, los Comisionados instalarán la oficina en el Palacio Presidencial, pero no residirá en él."

"Al tomar posesión de sus cargos, los Comisionados se declararán en junta y acordarán por mayoría:

a) la designación del Comisionado que ha de representar al Gobierno ante el cuerpo Diplomático.

b) la persona extraña a la Comisión que ha de fungir de Secretario de ésta.

c) que se comunique al Cuerpo Diplomático la constitución del Gobierno Provisional y el acuerdo a).

d) cualquier otra resolución que las circunstancias aconsejen."

"El Secretario de la Comisión llevará un libro de actas, será el jefe del Archivo, no tendrá voz ni voto, podrá ser removido en todo tiempo y deberá residir en Palacio."

"Tanto los Comisionados como el Secretario percibirán emolumentos que en ningún caso excederán del sueldo usual de los Secretarios del Despacho, sin gastos de representación."

"Ni los Comisionados ni el Secretario de la Comisión podrán figurar como candidatos a cargos electivos, ni desempeñar cargo público alguno hasta pasado seis años del cese en las funciones del Gobierno Provisional: este impedimento se hará constar en la Ley Electoral y en las Leyes Orgánicas."

Los Comisionados responderán ante el tribunal de

Sanciones mediante querella firmada por cinco Constituyentes o miembros del Consejo Legislativo."
Del Consejo Legislativo.

"Dentro de los ocho días siguientes a la constitución de la Comisión Ejecutiva, procederá esta a nombrar de las listas que el Directorio Estudiantil Universitario facilite, veinte y cinco ciudadanos mayores de edad, para integrar el Consejo Legislativo, cuidar de que en él estén representados los distintos sectores económicos."

"El Consejo tendrá carácter técnico y elaborará proyectos de leyes sobre las bases que formule la Comisión Ejecutiva, y a iniciativa de ésta cuya aprobación será necesario para que sean ley."

"El cargo de Consejero es incompatible con cualquier otra función pública, salvo la de Profesor por oposición con anterioridad al nombramiento para el Consejo. El nombramiento se entenderá hecho hasta que la Constituyente resuelva sobre su continuación o cesación."

"Los Consejeros percibirán una dieta de veinte pesos por sesión pero en ningún caso sus emolumentos excederán de trescientos pesos mensuales."

"Responderán ante el Tribunal de Sanciones mediante acusación de la Comisión o querella de cinco Constituyentes."
Del Tribunal de Sanciones.

"Estará integrado por cinco personas seleccionadas de la lista que presente el Directorio Estudiantil. La Comisión Ejecutiva hará el nombramiento dentro de los tres días siguientes a la toma de posesión."

"Tendrá las siguientes facultades:

a) depurar responsabilidades de autoridades, funcionarios u empleados públicos ;

b) asumir las funciones del Gobierno del Tribunal Supremo y demás Tribunales, hasta que la Judicatura quede definitivamente reformada;

c) juzgar y deponer a los Comisionados, Consejeros y Constituyentes en virtud de acusación o querella."

"El desempeño de esta Magistratura es incompatible con todo otra función pública y todo negocio privado. Durará hasta el cese del Gobierno Provisional. Sus miembros serán retribuidos como Magistrados del Tribunal Supremo."

"Responderán ante la Asamblea Constituyente mediante

acusación de cinco Constituyentes o de la Comisión Ejecutiva."

De la Asamblea Constituyente./

"Será convocada dentro de los noventa días siguientes a la promulgación de la Ley Electoral. Esta proveerá sobre los requisitos de la postulación y toma de posesión del cargo. Ningún Constituyente podrá aceptar postulación para cargo público electivo alguno hasta seis años después del cese en el cargo de Constituyente, lo que se consignará en las tachas que establezca la Ley Electoral."

"Los Constituyentes percibirán dietas que en ningún caso excederán de trescientos pesos mensuales."

"Además de la nueva Consitución, la Asamblea aprobará cuantas leyes sean complemento necesario de las reformas que aquella establezca, bien a iniciativa propia o de la Comisión Ejecutiva, y las que los acontecimientos exijan."

"La duración del cargo no podrá exceder de año y medio. El juramento del cargo consignará expresamente la fecha en que deba terminar el mandato, con declaración de ser inprorrogable."

"Interiormente se regirá por las prácticas parlamentarias."

"Sus miembros responderán ante el Tribunal de Sanciones."

II

"Fines inmediatos.

El Gobierno Provisional tendrá por misión fundamental:

a) restablecer el orden y las garantías del ciudadano,

b) depurar responsabilidades y aplicar sanciones,

c) propiciar la expresión sin trabas de la conciencia pública,

d) proveer al país de una Constitución concorde con las necesidades y aspiraciones cubanas.

e) celebrar elecciones imparciales, de manera que en un plazo no mayor de dos años, la voluntad nacional cuente con un gobierno que la represente,

f) echar los cimientos de la reforma agraria y ultimar los estudios para la creación de los Institutos básicos de la economía nacional,

g) acometer la reorganización de la Hacienda Pública y de la Administración en general,

h) implantar la reforma universitaria sobre la base

autonomía, y ordenar la educación nacional en todos sus grados,

i) establecer aquellas reformas sociales que la opinión reclama como urgentes,

j) desenvolver la diplomacia con finalidades culturales,"

III

"Medidas para conseguir esos fines."

"Para el logro de dichos fines, el Gobierno Provisional dispondrá lo siguiente:"

A

"Tan pronto esté asegurado el orden, la Comisión Ejecutiva restablecerá los derechos conocidos por "garantías constitucionales", por medio de un Decreto, y a partir de ese momento no podrán ser suspendidas sino por el voto unánime de los miembros de la Comisión y oido el Consejo Legislativo. Una vez que la Constituyente se halle en funciones, las garantías no se suspenderán sino por resolución de la Asamblea y con las formalidades que establezca en su acuerdo."

B

"Al constituirse el Tribunal de Sanciones investigará:

a) las leyes, resoluciones, disposiciones y decretos acordados sin las formalidades que los hacen obligatorios, y declarará su nulidad,

b) los actos dolosos realizados para implantar la tiranía,

c) los autores de la maquinación y sus cómplices,

d) los autores y cómplices de los crímenes, latrocinios y abusos cometidos desde esa fecha por autoridades, funcionarios agentes y empleados públicos, cualquiera que sea su fuero, tramitando y fallando la causa sin apelación ni recurso alguno extraordinario.

e) la conducta irregular de la Judicatura y miembros de la Carrera Fiscal para consolidar la tiranía, decretando la separación de los que resulten responsables, sin derecho a retiro y anulando los expedientes de los que se hubieran jubilado por rehuir responsabilidades."

"El Tribunal de Sanciones estará autorizado para imponer cualquier pena consignada en las leyes penales, y para fijar libremente la cuantía de las responsabilidades civiles y hacerlas efectivas en vía de apremio."

C

"Dentro de los diez días siguientes a la inauguración del Gobierno Provisional, la Comisión Ejecutiva ordenará la revisión del Censo electoral, a cuyo efecto creará los organismos necesarios. El Estudiantado se ofrece a colaborar gratuitamente si fuere indispensable ahorrar gastos. En el mismo plazo se pedirá al Consejo Legislativo que elabore el proyecto de Ley Electoral. Esta Ley será publicada dentro de los veinte días siguientes a la entrega del proyecto por el Consejo."

"Será libre la formación de partidos políticos, pero se declarará ilícito el uso de las denominaciones "Liberal", "Conservador" y "Popular", así como los emblemas e insignias con que oficialmente se distinguen esos tres actuales partidos. Será obligación de cada partido presentar al inscribirse un programa detallado de sus fines y propósitos, y se conferirá a sus afiliados el derecho de que en número no menor de diez, puedan pedir ante el Centro Electoral Superior la destitución del candidato electo que en el ejercicio de su cargo se aparte del programa del partido."

"Se conferirá voto a la mujer."

"La edad para el ejercicio del voto se alcanzará a los dieciocho años."

"Se proveerá en forma que pueda votar todo el que haya alcanzado la edad electoral hasta las doce de la noche del día víspera de las elecciones."

D

"Las elecciones para la Constituyente se celebrarán dentro de los noventa días siguientes a la publicación de la Ley Electoral. Corresponderá un delegado por cada cincuenta mil electores y fracción no menor de veinticinco mil."

"Reunida la Constituyente, procederá:

a) a redactar la Constitución que no exceda de seis meses,

b) a ratificar o derogar las leyes provisionales dictadas por la Comisión,

c) a legislar sobre asuntos de importancia consignados o no en este programa, a iniciativa propia o de la Comisión Ejecutiva,

d) a declarar nula la Enmienda Platt y encargar a la

Comisión Ejecutiva la concertación de un Tratado de Amistad y cooperación sobre base de respeto a la soberanía cubana,

e) a ratificar o no los Tratados internacionales que la Comisión concierte,

f) a resolver en funciones de justicia, las acusaciones que se formalizaren contra los jueces del Tribunal de Sanciones."

E

"Tan pronto reciba la Comisión Ejecutiva el texto de la Constitución aprobado por la Asamblea, ordenará su publicación inmediata y decretará la fecha de las eleeciones generales, que no podrá ser posterior a los seis meses siguientes a la publicación."

"A partir de ese momento, la Comisión Ejecutiva dispondrá todas las medidas conducentes a garantizar la libre propaganda de los partidos y la emisión del voto, manteniendo celosa neutralidad y persiguiendo los atropellos y fraudes. A se fin, organizará un cuerpo armado especial que pondrá a las órdenes de los organismos electorales."

"Hechas las proclamaciones de los electos, la Asamblea Constituyente se entenderá disuelta ipsofacto al tomar posesión de sus cargos los miembros para el Congreso, en la forma y fecha que la ley establezca."

F

"La Comisión Ejecutiva dictará una ley:

a) exigiendo la ciudadanía cubana para poseer en lo sucesivo fincas rústicas cuya extensión en conjunto no exceda de cinco caballerías,

b) exigiendo que las asociaciones y sociedades anónimas no podrán en lo sucesivo adquirir fincas rústicas si no estuvieren constituidas de acuerdo con las leyes cubanas y domiciliadas en Cuba,

c) estableciendo un impuesto progresivo del diez por ciento al cincuenta por ciento sobre la renta de finca rústicas cuando el propietario poseyera mas de cinco caballerías,

d) prohibiendo las adquisiciones de fincas rústicas a todo el que posea actualmente mas de cien caballerías,

e) autorizando la expropiación de fincas rústicas por causa de utilidad contra todo poseedor de mas de quinientas caballerías y sólo en cuanto al exceso,

f) ordenando investigación de las tierras del Estado y de las ursupaciones realizadas, para establecer las reclamaciones procedentes."

"La Comisión Ejecutiva dictará una ley creando la Caja de Rescate de Tierras:

a) con los ingresos del impuesto progresivo sobre la venta de los latifundios,

b) con los ingresos del impuesto sobre la transmisión y derechos reales de fincas rúticas y contratos agrícolas,

c) con otras cantidades que eventualmente se consignen en presupuesto,

d) con el producto del empréstito INTERIOR que eventualmente se lance con destino a la Caja,

e) con el importe de las amortizaciones del precio de venta de lotes repartidos,

f) con cualquier sobrante eventual del presupuesto no afecto a otras obligaciones."

"Los fondos de esta Caja se dedicarán:

a) a la expropiación de tierras,

b) a la adquisición de fincas rústicas rematadas en procedimiento de apremio: se reconocerá al Estado el derecho de TANTEO en toda adjudicación por venta forzosa de fincas rústicas, a cuyo efecto la escritura o acta de adjudicación no podrá otorgarse hasta transcurrir veinte días de la fecha de notificación del remate al Director de la Caja de Rescate de Tierras."

"La Comisión Ejecutiva dictará una ley estableciendo un PLAN de reparto de tierras a los ciudadanos, en lotes no mayores de cinco caballerías, fijando las limitaciones y condiciones del disfrute y distribuyendo las cuotas de amortización del precio e intereses módicos en no menos de treinta anualidades, de acuerdo en todo caso con el rendimiento del terreno."

"La Comisión Ejecutiva por medio de una ley creará un Banco Agrícola que facilite modicamente al agricultor recursos para la explotación de sus tierras y la adquisición de implementos agrícolas."

"La Comisión Ejecutiva por medio de una ley, declarará ilícitos por contrario al interés nacional, los contratos de moliendas de cañas o cultivos de colonias conocidos como "por administración", y establecerá sanciones penales para infractores. También regulará los contratos de molienda de cañas, colonato y refacción agrícola de manera que los intereses del agricultor queden protegidos eficazmente, y declarará la inembargabilidad de un mínimum de tierra, del bohío y de los aperos y animales de labranza del guajiro."

"La Comisión Ejecutiva dispondrá que se ultimen los estudios:

a) sobre la moneda nacional y Casa de acuñación,

b) sobre el Instituto de emisión de moneda fiduciaria,

c) sobre ordenación de la Banca Nacional,

d) sobre nacionalización de las industrias azucarera, minera y otras que fueren esenciales al desenvolvimiento nacional."

G

"La Comisión Ejecutiva reorganizará la Hacienda Pública ajustando la imposición a la capacidad contributiva del país, generalizando el impuesto sobre las utilidades con base científica, reduciendo y aún cancelando los aranceles sobre los artículos de primera necesidad e implantando una política fiscal de fines sociales."

"Se rehuirá todo empréstito extranjero. Se planteará la refundición de la deuda pública actual, gestionándose nuevos plazos y facilidades para su pago y, en caso necesario, se declarará la moratoria hasta que la economía nacional se establezca."

"La Administración en general, se reducirá a límites indispensables , de modo que toda obra de lujo se cancele y todo servicio o plaza innecesarios se supriman. En especial se acordará:"

"En Estado:"

"La supresión del cargo de Secretario; la supresión de todo Consulado cuyos ingresos no cubran los gastos que originen; la conversión en Legaciones de las costosas Embajadas; la reducción del servicio diplomático a las indispensables legaciones."

"En Justicia:"

"La supresión de la Secretaría; los servicios indispensables de esta sección pasarán a depender del Tribunal Supremo."

"En Hacienda:"

"La supresión del cargo de Secretario; la supresión de todo servicio recaudador de exiguo rendimiento; reducción de la plantilla sobre la base de empleados competentes y bien pagados."

"En Guerra:"

"Supresión de la Secretaría; sus servicios dependerán de Gobernación."

"En Gobernación:"

"Supresión del cargo de Secretario; reducción de empleomanía, supresión de plazas de agentes, confidentes, y policías especiales creadas con propósitos políticos; organización adecuada de las Policías Nacional y Secreta de acuerdo con un plan de reducción y organización de los Cuerpos armados."

"En Comunicaciones:"

"Supresión de la Secretaría; sus servicios dependerán de Agricultura."

"En Agricultura:"

"La supresión de la plaza de Secretario; supresión de todo puesto o servicio mantenido con fines políticos."

"En Sanidad:"

"Supresión del cargo de Secretario; reajuste de empleomanía."

"En Obras Públicas:"

"Supresión del cargo de Secretario; reajuste de obras y empleomanía."

"En Instrucción:"

"Supresión de la Secretaría."

"En Presidencia:"

"Supresión de la Secretaría."

"En Palacio:"

"Supresión de los gastos de mantenimiento."

"En el Congreso:"

"Supresión de los gastos de atención, excepto el servicio de la biblioteca."

"En Provincias:"

"Supresión de los Gobiernos Provinciales."

"En el Poder Judicial:"

"Supresión de los Juzgados innecesarios."

"La Comisión Ejecutiva por medio de una ley implantará medidas fiscales especiales para la Isla de Pinos con el fin de abaratar la vida y favorecer el desarrollo de su economía, en franca decadencia desde que entró definitivamente bajo la soberanía cubana; clausurará el Presidio allí establecido y dedicará sus tierras y edificios a instalación de Escuelas técnicas de agricultura e industria y reglamentará la administración de la Isla librándola en lo posible del excesivo centralismo."

H

La Comisión Ejecutiva, por medio de una ley, creará la Comisión de Educación Nacional, cuyo Presidente ex-oficio será el Rector de la Universidad, que eleborará los Estatutos de ésta sobre la base de la autonomía y reglamentará la organización de los Institutos, Normales, Escuelas Técnicas y demás centros de Segunda Enseñanza. La Comisión de Educación asumirá las funciones de la Secretaría de Instrucción, y reglamentará como centro autónomo superior lo relativo a la organización de la enseñanza y educación en sus grados primarios."

"La Comisión Ejecutiva por una ley, dispondrá que los ayuntamientos consignen un 25 por ciento de sus presupuestos para gastos de educación en sus demarcaciones, y ningún pago por obras o servicios o sueldos municipales podrá autorizarse con cargo al presupuesto mensualmente sin que esté acreditado el pago de la dozava parte correspondiente a Educación."

I

"En lo social, el Gobierno Provisional:

a) se esforzará por aminorar el analfabetismo,

b) atenderá preferentemente la escuela rural,

c) acometerá la implantación de la enseñanza secundaria técnica, de manera que los no pudientes alcancen su oficio o arte,

d) extenderá la edad escolar hacia los dieciocho años,

e) adaptará los edificios y terrenos del actual Presidio a la enseñanza técnica obligatoria,

f) modernizará los establecimientos penitenciarios, exigirá que la dirección sea encomendada a personas de reconocida competencia en psiquiatría y criminología, instalará el Presidio dentro de Cuba, e implantará reglamentos y usos humanos para su gobierno;

g) creará el Patronato de Cárceles y Presidio con jurisdición sobre los jefes de las penitenciarías, y regulará el derecho al indulto, que dejará de ser prerrogativa del Ejecutivo o resorte envilecedor en manos de los Jefes de las prisiones;

h) se protegerá el trabajo de la mujer, se prohibirá el de los niños y se regulará en forma efectiva la jornada máxima, el salario mínimo, el trabajo nocturno, los accidentes del trabajo, el seguro contra el paro y el retiro de los trabajadores;

i) reglametará la inmigración en concordancia con los intereses cubanos;

j) velará por el mejoramiento sanitario de las clases necesitadas, reorganizando hospitales, asilos y creches y creando nuevos dispensarios y sanatorios; impondrá por ley a los ayuntamientos la obligación de consignar un 25 por ciento de sus presuspuestos para gastos de hospitales y asilos en su demarcación, y ningún pago por obras, servicios o sueldos municipales podrá autorizarse con cargo al presupuesto mensualmente sin que esté acreditado el pago de la dozava parte correspondiente a Sanidad. No obstante, se permitirá a los ayuntamientos limítrofes mantener en común hospitales, sanatorios asilos cuando les sea imposible mantenerlos separadamente;

k) higienizará la vivienda del guajiro y en las ciudades eliminará los solares y los barrios anti-higiénicos;

l) buscará alivio a los sin trabajo merced a la ocupación en obras de canalización e irrigación, edificación de penitenciarías, escuelas, hospitales, asilos y otras que sean urgente o util a realizar."

"En la política Internacional, el Gobierno Provisional denunciará el Tratado comercial vigente con los Estados Unidos proponiendo en su lugar un convenio sobre bases equitativas, intensificará las relaciones económicas con Canadá y demás países de América y estimulará una mayor identificación de intereses morales y culturales con los países ibero-americanos."

JULIO DE 1933

"Después del golpe militar perpetrado el 12 de agosto, último, a sugestiones del Embajador Mr. Welles, la República no ha cobrado aún, como era de esperarse y reclamaban las propias necesidades de la Nación, un status jurídico verdaderamente revolucionario."

"Al contrario, el Gobierno Provisional que dio a luz la

Mediación con la asistencia del Ejército, se empeña en dar a su situación y a todos sus actos un carácter legalista que está muy lejos de ser cierto ni legítimo, y procura dar de lado a cuanto pretenda por modo revolucionario suplantar lo viejo, por lo nuevo."

"Si desconociéramos que el Gobierno Provisional estaba de antemano elaborado en las retortas diplomáticas de la Embajada norteamericana, nos sorprendería bastante esta actitud de recogimiento ante el leguleyismo machadista-incompatible con la ideología revolucionaria expuesta en sus respectivos programas-de sectores que hasta ahora se han tenido por extremadamente radicales."

"Pero como sabemos de todo eso, y conocemos además de los escrúpulos yanquis a reconocer revoluciones, como su desaprensión a patrocinarlas, nos explicamos este prurito del Presidente y del Gabinete a no moverse sino dentro de la Constitución, aunque tal Constitución hubiera sido proclamada tantas veces por ellos mismos como producto de un régimen de facto."

"Por otra parte, ¿puede en rigor blasonar el presente Gobierno de desenvolver sus actividades dentro del marco de la Ley? En un traspaso de poderes como el que se ha verificado en estos días entre Machado, Herrera y el doctor Céspedes, en una toma de posesión con menos de la mitad del quorum, cabe alarde de respeto constitucional?"

"El régimen provisional rehuye convertirse en gobierno revolucionario de facto, y deja constituídos en el desempeño de sus funciones al Congreso, a la Magistratura, a los Gobernadores y Alcaldes. El golpe de estado, pués, ha destituído a Machado; pero por aprensión constitucional, no ha querido destruir el Machadato, y está esperando que se caiga solo."

"Se ha derramado con profusión sangre de porristas, de confidentes, y hasta de meros empleados del caído Gobierno; pero los máximos responsables, los altos jefes que dictaban órdenes acogidos al amparo del mediatizador Mr. Welles, han podido salir libremente del territorio nacional llevando en sus arcas parte del Tesoro Público y hasta dejando salvaguardadas por las autoridades las suntuosas residencias que erigieron con el dinero del pueblo".

"La manera como se ha constituído este Gabinete de

concentración, **deponiendo** la urgente realización del programa revolucionario ante la captura del poder, obliga a pensar que el programa básico de los representativos oposicionistas que hoy forman Gobierno ha sido el reparto y disfrute de posiciones en la nueva Administración."

"El estudiantado cubano, que desde el primer momento de la lucha manifestó su propósito de no ocupar posiciones en el nuevo Gobierno, protesta de la relegación de que se está haciendo objeto al programa revolucionario y exige la extirpación integral del Machadato."

"El programa del Directorio Estudiantil Universitario que damos a conocer en estas páginas fue confeccionado en el próximo pasado mes de julio varias semanas antes de que se consumara el pronunciamiento militar que ha derrocado la Tiranía machadista."

"Ese programa -como podrá advertir el que leyere- estaba sustentado sobre dos propósitos fundamentales: organización de las necesarias fuerzas armadas para destruir el Machadato e implantación de un Gobierno Provisional adecuado para la integral renovación del sistema."

"El primer objetivo de esta institución revolucionaria aún no se ha llevado a cabo, a pesar del movimiento armado del Ejército y de la destitución del Presidente de la República el pasado 12 de agosto."

"El segundo objetivo, el que reclama un gobierno depurador y renovador que haga posible la reconstrucción de la República, tampoco ha sido satisfecho. Las bases sobre las que se ha edificado el nuevo Gobierno no satisfacen las aspiraciones de la Juventud, que demanda en el proceso de la vida pública cambios mas sustanciales que los propuestos por el régimen provisional constituído."

"El Directorio cree sinceramente que la única fórmula revolucionaria capaz de resultar idónea para la restauración de la República es el programa que, a través de varios años de combate sangriento, hemos propugnado. Sólo ese programa concretado jurídicamente en este proyecto de Gobierno Provisional -tiene eficacia para resolver radicalmente los vicios y deficiencias inherentes a un sistema político que aún tocando a su fin, mantiene latentes y prontas a manifestarse todas las lacras del pasado."

"Si las fuerzas armadas de la República que se han

pronunciado en este momento contra la Tiranía de Machado circunscriben su acción al solo propósito de derrocar a un gobierno despótico y hacen caso omiso a las exigencias cívicas de una juventud que tiene bien ganado su derecho a realizar un programa autenticamente revolucionario, esta juventud se considerará defraudada en sus mas caros ideales."

"Si el Ejército Nacional, que durante tantos años fue señalado por la Opinión Pública como el sostén y baluarte de la Dictadura en Cuba, no asume una actitud netamente revolucionaria, haciendo cumplir el programa de la gente nueva, su labor hasta este instante puede considerarse poco menos que nula."

"Si los hombres de armas no abrazan el programa revolucionario de la Juventud, darán pábulo a que se piense que su actitud en estos instantes responde a los mismos móviles que hasta ayer se imputaban a su conducta. Si no destruyen lo caduco no cooperan con la gente joven a asentar la República sobre una base sólida, entonces no podrán eludir su responsabilidad en los atropellos que hasta hace poco se han venido cometiendo."

"Los hombres de armas de nuestra Patria hasta hace unos días han tenido la repulsa popular. Hasta que punto cada miembro del Ejército es responsable de esta condenación por parte de la Opinión Pública, es punto que por el momento no nos proponemos dilucidar. Pero si conviene que hagamos constar que la reinvindicación de las Instituciones Armadas sólo puede consumarse cuando éstas demuestren con sus hechos que no son unos meros sostenedores del hombre que esta arriba."

"Si ese pronunciamiento llevado a cabo por los mas destacados jefes militares, bajo la imposición amistosa de Mr. Welles, secundados de buena fe por la parte sana y pura del Ejército cubano, no se respalda con una digna y valiente actitud revolucionaria, el Ejército Nacional quedará ante la Historia con el desairado papel de quien apoya, en contra de la razón a favor de ella, a los que representan la fuerza en un momento dado. El Ejército ni siquiera lleva la primera etapa de acción que está obligado moralmente, quedará señalado por el índice de la Juventud como un cuerpo de individuos listos a servir unicamente a quien venga respaldado por la Potencia del Norte."

"El Directorio, pues, hace un llamamiento a los elementos sanos del actual movimiento militar, para que -ganándose la reinvidicación y el aplauso sincero de la Juventud, y siendo verdaderos intérpretes de las ansias populares- exijan la verificación inmediata del programa revolucionario estudiantil, único llamado, por la virtud de los principios en que se sustenta a plasmar en realidad la República libre, próspera y feliz a que aspiran los que aman a Cuba de todo corazón."
DIRECTORIO ESTUDIANTIL UNIVERSITARIO
"Por la Facultad de Derecho:
Carlos Prío Socarrás, Manuel A. de Varona y Loredo, Augusto V. Miranda García, Justo Carrillo Hernández, Raúl Ruiz Hernández, José Morel Romero, Sara de Llano Clavijo."
"Por la Facultad de Medicina:
Rubén León García, José Leyva Gordil, Rafael Escalona Almeida, Juan Antonio Rubio Padilla, Roberto Lago Pereda, Carlos Guerrero Costales, Fernando López Fernández, Clara Luz Durán."
"Por la Facultad de Letras y Ciencias:
Ramiro Valdés Daussá, José A. Viego y Delgado, Inés Segura Bustamante, Silvia Martel Bracho."
"   Habana, agosto 22 de 1933"
(Ofrecemos copia del original de este manifiesto de los archivos de Cuco López).

En este programa para un Gobierno Provisional que el Directorio ofrece al pueblo de Cuba en Agosto 22 se sientan las bases para lo que va a ser siete años después la Constitución del 40.

Las generaciones de políticos anteriores tenían unas ideas para los destinos de Cuba, muy diferentes a las del grupo de jóvenes de poco mas de 20 años, ya en el 33, y se vieron obligadas a ceder sus antiguas concepciones a los de la joven generación que ambicionaba un cambio radical en nuestro régimen de gobierno.

Y al irse Machado con sus hombres, los que van a tomar el bastón o la antorcha, como quieran llamarle, no son como a veces se ha dicho, Fulgencio Batista y sus hombres. Estos, que no tenían el pueblo, solamente pusieron la fuerza; el pensamiento era el de aquel grupo que vivía en su temprana juventud el acontecimiento más importante de nuestra República, desde su fundación por los mambises del 68 y del 95.

El 22 de agosto de 1933 todavía no existía Batista, era otro Sargento, Pablo Rodriguez, el que en esos momentos fomentaba las demandas de las clases, como su jefe.

Es dos semanas más tarde, después de conocidas nuestras ideas, cuando aparece, por un golpe de suerte o de audacia, Fulgencio Batista. Pablo Rodríguez jefe de aquellas fuerzas, sublevadas contra la oficialidad, constituía una posibilidad para el Directorio de alcanzar el poder, a través del apoyo necesario que le daba la fuerza armada. Lograron los estudiantes transformar lo que eran unas demandas de mejoras de los alistados en unas demandas de reformas para la República.

Lo que iba a llenar el horizonte no era Pablo Rodríguez, ni después Batista, era la ideología de aquel grupo de jóvenes del Directorio Estudiantil los que encuentran un jefe digno y con coraje suficiente en el Dr. Ramón Grau San Martín.

Fueron las ideas que entonces se planteaban y que se fundieron en la Constitución del 40, lo que llenaría el futuro cubano, y lo que hasta Batista tendría que seguir en el uso posterior de la fuerza, después del Gobierno de los 127 días

Nota: Otros manifiestos del Directorio de fechas posteriores al 4 de septiembre se ofrecen en la siguiente Parte Tercera.

Copia fotostática de las 4 páginas del original del Manifiesto-

DIRECTORIO ESTUDIANTIL UNIVERSITARIO

AL PUEBLO DE CUBA

La opinión pública conoce la traición de ciertos sectores oposicionistas que han pretendido medrar—con miras personales—con la exaltación popular provocada por la Tiranía. Traición de efecto triple: a la REVOLUCION, porque se han prestado a convalidar actos esencialmente nulos y a reconocer—más o menos explícitamente—la legalidad de un gobierno que instituyó el crimen y el latrocinio como armas políticas; a CUBA, porque declaran sin rubor la incapacidad de nuestro pueblo para regir sus destinos; a IBERO-AMERICA, en fin, porque dan pábulo a la ingerencia yanqui y secundan la obra de penetración en Nuestra América de intereses que, en el siglo y medio transcurrido, se han mostrado hostiles al desenvolvimiento de nuestros pueblos.

Pero el Estudiantado Cubano VELA; vela por la Revolución, por Cuba y por Ibero-América. Y no conforme con limitar su gesto a meras palabras de rebeldía, RECLAMA de hoy en adelante la iniciativa y la dirección de la lucha por la LIBERTAD del hombre cubano en su tierra y por la LIBERTAD de Cuba—que es, también, la de Ibero-América—en el concierto de los pueblos cultos.

El hecho es insólito. Por primera vez en la Historia, un Estudiantado asume tan magna tarea. Mas el estudiante cubano caería en la peor censura, si dejara pasar las circunstancias históricas que ponen en sus manos la difícil y hermosa misión. No se interprete por inmodesta pretensión de juventud Tal resolución es fruto maduro de la reflexión, abonado por la sangre y el martirio de nuestros mejores valores.

Hace más de diez años que el Estudiantado Cubano inició su protesta contra la degradación política que Cuba venía padeciendo, y fué el Estudiantado quien—el primero—levantó su voz airada contra la barbarie que Machado entronizaba... Y a la hora del sacrificio, aportó sus falanges abnegadas con tal esplendidez que no hay callejuela ni plaza en ciudad, ni rincón en los campos cubanos que no hayan sido regados

con sangre de estudiantes. No hay cárcel ni mazmorra en que los estudiantes no hayan vivido angustias y privaciones. No tiene esbirros ni lacayos Machado que no hayan saciado su salvajismo o estimulado su vesania con carne estudiantil.

Sin embargo, el Estudiantado se comportó con disciplina. Aunque receloso, admitió que para acabar con el VESTIGLO y renovar la vida pública cubana, la acción iría mejor conducida por los hombres cuya experiencia procuraba algunos resortes útiles. No podía imaginar que los intereses supremos de la colectividad fueran subordinados a resquemores y ambiciones personalistas: ahora lo sabe. Y cuando grupos "nuevos" irrumpieron aparentando ansias sinceras de rectificaciones—el Estudiantado nutrió sus filas: ahora conoce que no es posible confiar en quienes estuvieron con Machado hasta ayer o han defendido intereses imperialistas hasta hoy.

La dura lección llena de amargura nuestras almas, pero no hace flaquear nuestra fe. Por el contrario; en medio de las ruinas materiales y de los escombros morales, sobre los túmulos de nuestros mártires sublimes, el Directorio Estudiantil Universitario—en nombre del Estudiantado Cubano hace una LLAMADA FINAL a la JUVENTUD.

¡Jóvenes cubanos!: apretaos a la acción bajo nuestras banderas. De nosotros depende que podamos vivir con la frente levantada. Somos nosotros los que hemos de labrar nuestro propio mundo. ¡Unámonos para crear!

¡Jóvenes de Ibero-América!: prestadnos vuestro concurso para la empresa de afirmar nuestra nación. Nuestra gloria será honor vuestro.

Y vosotros hombres de buena voluntad—que aunque nos ade lantáis en años, no sois viejos, porque vuestra alma es perpetuamente joven y enamorada de generosos ideales, ¡ayudadnos! La nación que ambicionamos es la misma que vosotros amáis.

LA ACCION A QUE INVITA EL DIRECTORIO ESTUDIANTIL UNIVERSITARIO TIENE DOS OBJETIVOS:

Primer objetivo.

Organización de la insurrección armada contra la Tiranía, hasta batir y aniquilar las hordas de policastros en que aquélla se cimenta.

Con tal propósito, se pondrán en práctica los procedimientos y medios que oportunamente se conocerán.

Segundo objetivo.

Implantación de un Gobierno Provisional—integrado por personas que el Directorio Estudiantil Universitario seleccionará y nombrará—para el cumplimiento del programa.

PROGRAMA
para el
GOBIERNO PROVISIONAL
I
ORGANIZACION

El Gobierno Provisional se compondrá:
a) de la Comisión Ejecutiva.
b) del Consejo Legislativo.
c) del Tribunal de Sanciones y
d) de la Asamblea Constituyente.
De la Comisión Ejecutiva.

La Comisión Ejecutiva estará formada por cinco Comisionados de iguales funciones y jerarquía. Sus resoluciones para ser válidas deberán estar tomadas en junta y aprobadas por mayoría, excepto los casos en que se exija unanimidad.

La Comisión Ejecutiva ejercerá todas las facultades que correspondan por las leyes al Presidente y a los Secretarios del Despacho. Le corresponderá también la destitución de todos los que desempeñen cargos políticos o administrativos en el Estado, las Provincias o los Municipios, y su nombramiento según ternas que facilite el Directorio Estudiantil.

En tanto no se reúna la Asam-

blea Constituyente, la Comisión Ejecutiva asumirá, además, las funciones legislativas, pero sus leyes serán provisionales, a menos que la Constituyente las ratifique.

Para el despacho, los Comisionados instalarán la oficina en el Palacio Presidencial, pero no residirán en él.

Al tomar posesión de sus cargos, los Comisionados se declararán en junta y acordarán por mayoría:
a) la designación del Comisionado que ha de representar al Gobierno ante el Cuerpo Diplomático.
b) la persona extraña a la Comisión que ha de fungir de Secretario de ésta.
c) que se comunique al Cuerpo Diplomático la constitución del Gobierno Provisional y el acuerdo a a).
d) cualquier otra resolución que las circunstancias aconsejen.

El Secretario de la Comisión llevará un libro de actas, será el Jefe del archivo, no tendrá voz ni voto, podrá ser removido en todo tiempo y deberá residir en Palacio.

Tanto los Comisionados como el Secretario percibirán emolumentos que en ningún caso excederán del sueldo usual de los Secretarios del Despacho, sin gastos de representación.

Ni los Comisionados ni el Secretario de la Comisión podrán figurar como candidatos a cargos electivos, ni desempeñar cargo público alguno hasta pasados seis años del cese en las funciones del Gobierno Provisional. Se exceptúan las plazas ganadas por oposición con anterioridad a la designación por el Gobierno Provisional: este impedimento se hará constar en la Ley Electoral y en las Leyes Orgánicas.

Los Comisionados responderán ante el Tribunal de Sanciones mediante querella firmada por cinco Constituyentes o miembros del Consejo Legislativo.
Del Consejo Legislativo.

Dentro de los ocho días siguientes a la constitución de la Comisión Ejecutiva, procederá ésta a nombrar de las listas que el Directorio Estudiantil Universita-

facilite, veinte y cinco ciudadanos mayores de edad, para integrar el Consejo Legislativo, cuidade que en él estén representados los distintos sectores económicos.

El Consejo tendrá carácter técnico y elaborará los proyectos de leyes sobre las bases que formule la Comisión Ejecutiva, y a iniciativa de ésta cuya aprobación será necesario para que sean ley.

El cargo de Consejero es incompatible con cualquier otra función pública, salvo la de Profesor por oposición con anterioridad al nombramiento para el Consejo. El nombramiento se entenderá hecho hasta que la Constituyente resuelva sobre su continuación o cesación.

Los Consejeros percibirán una dieta de veinte pesos por sesión pero en ningún caso sus emolumentos excederán de trescientos pesos mensuales.

Responderán ante el Tribunal de Sanciones mediante acusación de la Comisión o querella de cinco Constituyentes.

Del Tribunal de Sanciones.

Estará integrado por cinco personas seleccionadas de la lista que presente el Directorio Estudiantil. La Comisión Ejecutiva hará el nombramiento dentro de los tres días siguientes a la toma de posesión.

Tendrá las siguientes facultades:

a) depurar las responsabilidades de autoridades, funcionarios y empleados públicos;

b) asumir las funciones de Gobierno del Tribunal Supremo y demás Tribunales, hasta que la Judicatura quede definitivamente reformada;

c) juzgar y deponer a los Comisionados, Consejeros y Constituyentes en virtud de acusación o querella.

El desempeño de esta Magistratura es incompatible con todo otra función pública y todo negocio privado. Durará hasta el cese del Gobierno Provisional. Sus miembros serán retribuidos como Magistrados del Tribunal Supremo.

Responderán ante la Asamblea Constituyente mediante acusación de cinco Constituyentes o de la Comisión Ejecutiva.

De la Asamblea Constituyente.

Será convocada dentro de los noventa días siguientes a la promulgación de la Ley Electoral. Esta proveerá sobre los requisitos de la postulación y toma de posesión del cargo. Ningún Constituyente podrá aceptar postulación alguna para cargo público electivo alguno hasta seis años después del cese en el cargo de Constituyente, lo que se consignará en las tachas que establezca la Ley Electoral.

Los Constituyentes percibirán dietas que en ningún caso excederán de trescientos pesos mensuales.

Además de la nueva Constitución, la Asamblea aprobará cuantas leyes sean complementarias ne-

cesario de las reformas que aquella establezca, bien a iniciativa propia o de la Comisión Ejecutiva, y las que los acontecimientos exijan.

La duración del cargo no podrá exceder de año y medio. El juramento del cargo consignará expresamente la fecha en que deba terminar el mandato, con declaración de ser improrrogable.

Interiormente se regirá por las prácticas parlamentarias.

Sus miembros responderán ante el Tribunal de Sanciones.

II

Fines inmediatos.

El Gobierno Provisional tendrá por misión fundamental:

a) restablecer el orden y las garantías del ciudadano,

b) depurar responsabilidades y aplicar sanciones,

c) propiciar la expresión sin trabas de la conciencia pública,

d) proveer al país de una Constitución concorde con las necesidades y aspiraciones cubanas.

e) celebrar elecciones imparciales, de manera que en un plazo no mayor de dos años, la voluntad nacional cuente con un Gobierno que la represente,

f) echar los cimientos de la reforma agraria y ultimar los estudios para la creación de los Institutos básicos de la economía nacional,

g) acometer la reorganización de la Hacienda Pública y de la Administración en general,

h) implantar la reforma universitaria sobre la base autonómica y ordenar la educación nacional en todos sus grados,

i) establecer aquellas reformas sociales que la opinión reclama como urgentes,

j) desenvolver la diplomacia con finalidades culturales.

Medidas para conseguir esos fines.

Para el logro de dichos fines, el Gobierno Provisional dispondrá lo siguiente:

A

Tan pronto esté asegurado el orden, la Comisión Ejecutiva restablecerá los derechos conocidos por "garantías constitucionales" y por medio de un Decreto, y a partir de ese momento no podrán ser suspendidas sino por el voto unánime de los miembros de la Comisión y oído el Consejo Legislativo. Una vez que la Constituyente se halle en funciones, las garantías no se suspenderán sino por resolución de la Asamblea y con las formalidades que establezca en su acuerdo.

B

Al constituirse el Tribunal de Sanciones investigará:

a) las leyes, resoluciones, disposiciones y decretos acordados en las formalidades que los hacen obligatorios, y declarará su nulidad,

b) los actos dolosos realizados para implantar la tiranía,

c) los autores de la maquinación y sus cómplices,

d) los autores y cómplices de los crímenes, latrocinios y abusos cometidos desde esa fecha por autoridades, funcionarios, agentes y empleados públicos, cualquiera que sea su grado, condición o jerarquía, y cualquiera que sea su fuero, tramitando y fallando la causa sin apelación ni recurso alguno extraordinario,

e) la conducta irregular de la judicatura y miembros de la Carrera Fiscal para consolidar la tiranía, decretando la separación de los que resulten responsables, sin derecho a retiro y anulando los expedientes de los que se hubieren jubilado para rehuir responsabilidades.

El Tribunal de Sanciones estará autorizado para imponer cualquier pena consignada en las leyes penales, y para fijar libremente la cuantía de las responsabilidades civiles y hacerlas efectivas en vía de apremio.

C

Dentro de los diez días siguientes a la inauguración del Gobierno Provisional, la Comisión Ejecutiva ordenará la revisión del Censo electoral, a cuyo efecto creará los organismos necesarios. El Estudiantado se ofrece a colaborar gratuitamente si fuere indispensable ahorrar gastos. En el mismo plazo se pedirá al Consejo Legislativo que elabore el proyecto de Ley Electoral. Esta Ley será publicada dentro de los veinte días siguientes a la entrega del proyecto por el Consejo.

Será libre la formación de partidos políticos, pero se declarará ilícito el uso de las denominaciones "Liberal", "Conservador" y "Popular", así como los emblemas e insignias con que oficialmente se distinguen esos tres actuales partidos. Será obligación de cada partido presentar al inscribirse un programa detallado de sus fines y propósitos, y se conferirá el derecho de que un número no menor de diez, puedan pedir ante el Centro Electoral Superior la destitución del candidato electo que en el ejercicio de su cargo se aparte del programa del partido.

Se conferirá voto a la mujer.

La edad para el ejercicio del voto se alcanzará a los dieciocho años.

Se proveerá en forma que pueda votar todo el que haya alcanzado la edad electoral hasta las doce de la noche del día víspera de las elecciones.

D

Las elecciones para la Constitu-

yente se celebrarán dentro de los noventa días siguientes a la publicación de la Ley Electoral. Corresponderá un delegado por cada cincuenta mil electores o fracción no menor de veinticinco mil.

Reunida la Constituyente, procederá:

a) a redactar la Constitución en término que no exceda de seis meses,

b) a ratificar o derogar las leyes provisionales dictadas por la Comisión.

c) a legislar sobre asuntos de importancia consignados o no en este programa, a iniciativa propia o de la Comisión Ejecutiva.

d) a declarar nula la Enmienda Platt y encargar a la Comisión Ejecutiva la concertación de un Tratado de Amistad y cooperación sobre bases de respeto de la soberanía cubana.

e) a ratificar o no los Tratados internacionales que la Comisión concierte.

f) a resolver en funciones de justicia, las acusaciones que se formalizaren contra los jueces del Tribunal de Sanciones.

E

Tan pronto reciba la Comisión Ejecutiva el texto de la Constitución aprobado por la Asamblea, ordenará su publicación inmediata y decretará la fecha de las elecciones generales, que no podrá ser posterior a los seis meses siguientes a la publicación.

A partir de ese momento, la Comisión Ejecutiva dispondrá todas las medidas conducentes a garantizar la libre propaganda de los partidos y la absoluta neutralidad, manteniendo celosa neutralidad y persiguiendo los votos viciados y fraudes. A ese fin, organizará un cuerpo armado especial que pondrá a las órdenes de los organismos electorales.

Hechas las proclamaciones de los electos, la Asamblea Constituyente se entenderá disuelta ipso facto al tomar posesión de sus cargos los miembros electos para el Congreso, en la forma y fecha que la ley establezca.

F

La Comisión Ejecutiva dictará una ley:

a) exigiendo la ciudadanía cubana para poseer en lo sucesivo fincas rústicas cuya extensión en conjunto exceda de cinco caballerías,

b) exigiendo que las asociaciones y sociedades anónimas no podrán en lo sucesivo adquirir fincas rústicas si no estuvieren constituidas de acuerdo con las leyes cubanas y domiciliadas en Cuba,

c) estableciendo un impuesto progresivo del diez por ciento al cincuenta por ciento sobre la renta de fincas rústicas cuando el propietario poseyera más de cinco caballerías,

d) prohibiendo las adquisiciomas de fincas rústicas a todo el que posea actualmente más de cien cab**a**lerias,

e) autorizando la expropiación de fincas rústicas por causa de utilidad contra todo posedor de más de quinientas caballerías, y sólo en cuanto al exceso,

f) ordenando investigación de las tierras del Estado y de las usurpaciones realizadas, para establecer las reclamaciones procedentes,

La Comisión Ejecutiva dictará una ley creando la Caja de Rescate de Tierras:

a) con los ingresos del impuesto progresivo sobre la venta de los latifundios,

b) con los ingresos del impuesto sobre transmisión y derechos reales de fincas rústicas y contratos agrícolas,

c) con otras cantidades que eventualmente se consignen en presupuesto,

d) con el producto del empréstito INTERIOR que eventualmente se lance con destino a la Caja,

e) con el importe de las amortizaciones del precio de venta de lotes repartidos,

f) con cualquier sobrante eventual del presupuesto no afecto a otras obligaciones.

Los fondos de esta Caja se dedicarán:

a) a la expropiación de tierras,

b) a la adquisición de fincas rústicas rematadas en procedimientos de apremio se reconocerá al Estado el derecho de l'ANTEO en toda adjudicación por venta forzosa de fincas rústicas, a cuyo efecto la escritura o acta de adjudicación no podrá otorgarse hasta transcurrir veinte días de la fecha de la notificación del remate al Director de la Caja de Rescate de Tierras.

La Comisión Ejecutiva dictará una ley estableciendo un PLAN de reparto de tierras a los ciudadanos cubanos, en lotes no mayores de cinco caballerías, fijando las limitaciones y condiciones del disfrute y distribuyendo las cuotas de amortización del precio e intereses módicos en no menos de treinta anualidades, de acuerdo en todo caso con el rendimiento del terreno.

La Comisión Ejecutiva por medio de una ley creará una Banco Agrícola que facilite módicamente al agricultor recursos para la explotación de sus tierras y la adquisición de sus aperos agrícolas.

La Comisión Ejecutiva por medio de una ley, declarará ilícitos por contrarios al interés nacional, los contratos de moliendas de cañas o cultivos de colonias conocidos como "por administración", y establecerá sanciones penales para los infractores. También regulará los contratos de molienda de cañas, colonato y refacción agrícola de manera que los intereses del agricultor queden protegidos eficazmente, y declarará

la inembargabilidad de un mínimum de tierra, del bohío y de los aperos y animales de labranza del guajiro.

La Comisión Ejecutiva dispondrá que se ultimen los estudios:

a) sobre la moneda nacional y Casa de acuñación.

b) sobre el Instituto de emisión de moneda fiduciaria,

c) sobre ordenación de la Banca nacional,

d) sobre nacionalización de las industrias azucarera, minera y otras que fueren esenciales al desenvolvimiento nacional.

G

La Comisión Ejecutiva reorganizará la Hacienda Pública ajustando la imposición a la capacidad contributiva del país, generalizando el impuesto sobre las utilidades con base científica, reduciendo y aún cancelando los aranceles sobre los artículos de primera necesidad, e implantando una política fiscal de fines sociales.

Se rehuirá todo empréstito extranjero. Se planteará le refundición de la deuda pública actual, gestionándose nuevos plazos y facilidades para su pago y, en caso necesario, se declarará la moratoria hasta que la economía nacional se restablezca.

La Administración en general, se reducirá a límites indispensables, de modo que toda obra de lujo se cancele y todo servicio o plaza innecesarios se supriman. En especial, se acordará:

En Estado:

La supresión del cargo de Secretario; la supresión de todo Consulado cuyos ingresos no cubran los gastos que originen; la conversión en Legaciones de las costosas Embajadas; la reducción del servicio diplomático a las indispensables legaciones.

En Justicia:

La supresión de la Secretaría; los servicios indispensables de esa sección pasarán a depender del Tribunal Supremo.

En Hacienda:

La supresión del cargo de Secretario; la supresión de todo servicio recaudador de exiguo rendimiento; reducción de la plantilla sobre la base de empleados competentes y bien pagados.

En Guerra:

Supresión de la Secretaría; sus servicios dependerán de Gobernación

En Gobernación:

Supresión del cargo de Secretario; reducción de empleomanía, supresión de plazas de agentes, confidentes y policías especiales creadas con propósitos políticos; organización adecuada de las Policías Nacional y Secreta de acuerdo con un plan de reducción y organización de los Cuerpos armados.

En Comunicaciones:

Supresión de la Secretaría; sus servicios dependerán de Agricultura.

En Agricultura:

La supresión de la plaza de Secretario; supresión de todo puesto o servicio mantenido con fines políticos.

En Sanidad:

Supresión del cargo de Secretario; reajuste de empleomanía en Obras Públicas:

Supresión del cargo de Secretario; reajuste de obras y empleomanía.

En Instrucción:

Supresión de la Secretaría.

En Presidencia:

Supresión de la Secretaría.

En Palacio:

Supresión de los gastos de mantenimiento.

En el Congreso:

Supresión de los gastos de atención, excepto el servicio de la biblioteca.

En Provincias:

Supresión de los Gobiernos Provinciales.

En el Poder Judicial:

Supresión de los juzgados innecesarios.

La Comisión Ejecutiva por medio de una ley implantará medidas fiscales especiales para la Isla de Pinos con el fin de abaratar la vida y favorecer el desarrollo de su economía, en franca decadencia desde que entró definitivamente bajo la soberanía cubana; clausurará el Presidio allí establecido y dedicará sus tierras a instalación de Escuelas de agricultura e industria de la Isla librándola en lo posible del excesivo centralismo.

H

La Comisión Ejecutiva, por medio una ley, creará la Comisión de Educación Nacional, cuyo Presidente ex-oficio será el Rector de la Universidad, que elaborará los Estatutos de ésta sobre la base de la autonomía y reglamentará la organización de los Institutos, Normales, Escuelas Técnicas y demás centros de Segunda Enseñanza. La Comisión de Educación asumirá las funciones de la Secretaría de Instrucción, y reglamentará como centro autónomo superior lo relativo a la organización de la enseñanza y educación en sus grados primarios.

La Comisión Ejecutiva por una ley, dispondrá que los ayuntamientos consignen un 25 por ciento de sus presupuestos para gastos de educación en sus demarcaciones, y ningún pago por obras o servicios o sueldos municipales podrá autorizarse con cargo al presupuesto mensualmente sin que esté acreditado el pago de la dozava parte correspondiente a Educación.

I

En lo social, el Gobierno Provisional:

a) se esforzará por aminorar el analfabetismo,

b) atenderá preferentemente la escuela rural,

c) acometerá la implantación de la enseñanza secundaria técnica, de manera que los no pudientes alcancen su oficio o arte,

d) extenderá la edad escolar hacia los dieciocho años,

e) adaptará los edificios y terrenos del actual Presidio a la enseñanza técnica obligatoria,

g) modernizará los establecimientos penitenciarios, exigirá que la dirección sea encomendada a personas de reconocida competencia en psiquiatría y criminología, instalará el Presidio dentro de Cuba, e implantará reglamentos y usos humanos para su gobierno,

b) creará el Patronato de Cárceles y Presidio con jurisdicción sobre los jefes de las penitenciarías, y regulará el derecho al indulto, que dejará de ser prerrogativa del Ejecutivo o resorte enviadizo en manos de los Jefes de las prisiones;

i) se protegerá el trabajo de la mujer, se prohibirá el de los niños y se regulará en forma efectiva la jornada máxima, el salario mínimo, el trabajo nocturno, los accidentes del trabajo, el seguro contra el paro y el retiro de los trabajadores;

j) reglamentará la inmigración en concordancia con los intereses cubanos;

k) velará por el saneamiento de lo que necesita reorganizará hospitales, asilos y creches y creando nuevos dispensarios y sanatorios; impondrá por ley a los ayuntamientos la obligación de consignar un 25 por ciento de sus presupuestos para gastos de hospitales y asilos en su demarcación, y ningún pago por obras, servicios o sueldos municipales podrá autorizarse con cargo al presupuesto mensualmente sin que esté acreditado el pago de la dozava parte correspondiente a Sanidad. No obstante, se permitirá a los ayuntamientos limítrofes mantener en común hospitales, sanatorios y así los cuando les sea imposible mantenerlos separadamente;

l) Higienizará la vivienda del guajiro y en las ciudades eliminará los solares y los barrios antihigiénicos;

ll) buscará alivio a los sin trabajo merced a la ocupación de obras de canalización e irrigación, edificación de penitenciarías, escuelas, hospitales, asilos y otras que sean urgente o útil realizar.

I

En la política internacional, el Gobierno Provisional denunciará el Tratado comercial vigente con los Estados Unidos proponiendo en su lugar un convenio sobre bases equitativas, intensificará las relaciones económicas con Canadá y demás países de América y estimulará una mayor identificación de intereses morales y culrales con los países ibero-americanos.

JULIO DE 1933.

Después del golpe militar perpetrado el 12 de agosto último, sugestiones del Embajador Mr. Welles, la República — ha cobrado aún, como era de esperarse y reclamaban las propias necesidades de la Nación, un status jurídico verdaderamente revolucionario.

Al contrario, el Gobierno Provisional que dió a luz la Mediación con la asistencia del Ejército, se empeña en dar a su situación y a todos sus actos un carácter legalista que está muy lejos de ser cierto ni legítimo, y procura dar de lado a cuanto pretenda por modos revolucionarios suplantar lo viejo por lo nuevo.

Si desconociéramos que el Gobierno Provisional estaba de antemano elaborado en las retortas diplomáticas de la Embajada norteamericana, nos sorprendería el tanto esta actitud de recogimiento ante el leguleyismo machadista—incompatible con la ideología revolucionaria expuesta en sus respectivos programas—de sectores que hasta ahora se han tenido por extremadamente radicales.

Pero como sabemos de todo eso, y conocemos además los escrúpulos yanquis a reconocer revoluciones, como su desaprensión a patrocinarlas, nos explicamos este ajuicio del Presidente y del Gabinete, a no sino dentro de la Constitución, aunque la Constitución hubiera sido proclamada tantas veces por ellos mismos como producto de un régimen de facto.

Por otra parte, ¿puede en rigor blasonar el presente Gobierno de desenvolver sus actividades dentro del marco de la Ley? En un traspaso de poderes como el que se ha verificado en estos días entre Machado, Herrera y el doctor Céspedes, en una toma de posesión con menos de la mitad del quórum, ¿cabe alarde de respeto constitucional?

El régimen provisional rehuye convertirse en gobierno revolucionario de facto, y deja constituidos en el desempeño de sus funciones al Congreso, a la Magistratura, a los Gobernadores y Alcaldes. El golpe de estado, pues, ha destituido a Machado, pero, por aprensión constitucional, no ha querido destruir el Machadato, y está esperando que se caiga sólo.

Se ha derramado con profusión sangre de porristas, de confidentes y hasta de meros empleados del caído Gobierno; pero no máximos responsables, los altos jefes que dictaban órdenes, acogidos al amparo del mediatizador Mr. Welles, han podido salir libremente del territorio nacional llevando en sus arcas parte del Tesoro Público y hasta dejando salvaguardadas por las autoridades las suntuosas residencias que erigieron con el dinero del pueblo.

La manera como se ha constituido este Gabinete de concentración, deponiendo la urgente realización del programa revolucionario ante la captura del poder, obliga a pensar que el programa básico de los representantes oposicionistas que hoy forman Gobierno ha sido el reparto y disfrute de posiciones en la nueva Administración.

El estudiantado cubano, que desde el primer momento de la lucha manifestó su propósito de no ocupar posiciones en el nuevo Gobierno, protesta de la relegación de que se está haciendo objeto al programa revolucionario y exige la extirpación integral del Machadato.

El programa del Directorio Estudiantil Universitario que damos a conocer en estas páginas fue confeccionado en el próximo pasado mes de Julio, variaba el pronunciamiento militar que ha derrocado la Tiranía machadista.

Ese programa—como podrá advertir el que lo leyere—estaba sustentado sobre dos propósitos fundamentales: organización de las necesarias fuerzas armadas para destruir el Machadato e implantación de un Gobierno Provisional adecuado para la integral renovación del sistema.

El primer objetivo de esta institución revolucionaria aún no se ha llevado a cabo, a pesar del movimiento armado del Ejército y de la destitución del Presidente de la República el pasado 12 de agosto.

El segundo objetivo, el que reclama un gobierno depurador y renovador que haga posible la reconstrucción de la República, tampoco ha sido satisfecho. Las bases sobre que se ha edificado el nuevo Gobierno no satisfacen las aspiraciones de la Juventud, que demanda en el proceso de la vida pública cambios más sustanciales que los propuestos por el régimen provisional constituido.

El Directorio cree sinceramente que la única fórmula revolucionaria capaz de resultar idónea para la restauración de la República es el programa que, a través de varios años de combate sangriento, hemos propugnado. Sólo ese programa—concretado jurídicamente en este proyecto de Gobierno Provisional—tiene eficacia para resolver radicalmente los vicios y deficiencias inherentes a un sistema político que, aún tocando a su fin, mantiene latentes y prontas a manifestarse todas las lacras del pasado.

Si las fuerzas armadas de la República se han pronunciado en este momento contra la Tiranía de Machado circunscriben su acción al solo propósito de derrocar a un gobierno despótico y hacen caso omiso de las exigencias cívicas de una juventud que tiene bien ganado su derecho a realizar un programa auténticamente revolucionario, esta juventud se considerará defraudada en sus más caros ideales.

Si el Ejército Nacional, que durante tantos años fué señalado como el sostén y baluarte de la Dictadura en Cuba, no asume una actitud netamente revolucionaria, haciendo cumplir en plenitud de la genuina, su labor hasta este instante puede considerarse no menos los hombres que armas que abrazan el programa revolucionario de la Juventud, darán pábulo a que se piense que su actitud en estos instantes responde a los mismos móviles que hasta ayer se imputaban a su conducta. Si no destruyen lo caduco ni cooperan con la gente joven a asentar la República, sobre una base sólida, entonces no podrán eludir su responsabilidad en los atropellos que hasta hace poco se han venido cometiendo.

Los hombres de armas de nuestra Patria hasta hace unos días han tenido la repulsa popular. Hasta qué punto cada miembro del Ejército es responsable de esta condenación por parte de la Opinión Pública, es punto que por el momento no nos proponemos dilucidar. Pero sí conviene que hagamos constar que la reivindicación de las Instituciones Armadas sólo puede consumarse cuando estas demuestren con sus hechos que no son unos meros sostenedores del hombre que está arriba.

Si ese pronunciamiento llevado a cabo por los más destacados jefes militares, bajo la imposición amistosa de Mr. Welles, secundados de buena fe por la parte sana y pura del Ejército cubano, no se respalda con una digna y valiente actitud revolucionaria, el Ejército Nacional quedará ante la Historia con el desairado papel de quien apoya, en contra de la razón o a favor de ella, a los que representan la fuerza en un momento dado. El Ejército si ni siquiera lleva la primera etapa de la acción a que está obligado moralmente, quedará señalado por el índice de la Juventud como un cuerpo de individuos listos a servir únicamente a quien venga respaldado por la Potencia del Norte.

El Directorio, pues, hace un llamamiento a los elementos sanos del actual movimiento militar, para que—ganándose la reivindicación y el aplauso sincero de la Juventud, y siendo verdaderos intérpretes de las ansias populares—exijan la verificación inmediata del programa revolucionario estudiantil, único llamado, por la virtud de los principios en que se sustenta, a plasmar en realidad la República libre, próspera y feliz a que aspiran los que aman a Cuba de todo corazón.

DIRECTORIO ESTUDIANTIL UNIVERSITARIO

Por la Facultad de Derecho:
Carlos Prío Socarrás, Manuel A. de Varona y Loredo, Augusto V. Miranda y García, Justo Carrillo Hernández, Raúl Ruiz, Hernández, José Morell Romero, Sara del Llano Clavijo.

Por la Facultad de Medicina:
Rubén León García, José Leyva Gordil, Rafael Escalona Almeyda, Juan Antonio Rubio Padilla, Roberto Lago Pereda, Carlos Guerrero Costales, Fernando López Fernández, Clara Luz Durán.

Por la Facultad de Letras y Ciencias:
Ramiro Valdés Daussá, José A. Viego y Delgado, Inés Segura Bustamante, Silvia Martel Bracho.

Habana, Agosto 22 de 1933.

CAPITULO X

Sucesos del 4 al 10 de septiembre de 1933.
Proclamas sobre estos acontecimientos.

La cárcel del Castillo del Príncipe y la del Presidio Modelo en Isla de Pinos habían estado llenas de presos, profesores y estudiantes que combatían la dictadura machadista, desde mediados del año 1931 hasta abril de 1933.

Entre los estudiantes, habían estado presos la mayor parte de los miembros del Directorio incluyendo las muchachas.

Además compartían el encarcelamiento muchos estudiantes, graduados y profesores, que nos seguían, tanto de la Universidad como de los Institutos de 2a Enseñanza y de las Escuelas Normales.

Entre los profesores guardaron prisión o sufrieron persecuciones al lado de los estudiantes, el Dr. Ramón Grau San Martín, Dr. Guillermo Portela, Dr. Manuel Costales Latatú, Dr. Alberto Oteiza, Dr.Ramiro Capablanca, Dr.Carlos Finlay, Dr. P. Carrera Justiz y algunos otros profesores que si eran vigilados por los contactos con los estudiantes, eran respetados en sus residencias y personalmente por su renombre internacional como el Dr. Carlos de la Torre y el Dr. José Antonio Presno.

Muchos profesores fueron procesados como puede leerse en los recortes de periódicos de la época que se exhiben en las páginas de este libro.

La determinación de aquella juventud que había arriesgado los mejores años de su vida por alcanzar un cambio en los destinos de su patria era tan fuerte que no podía permitir que tanto esfuerzo hubiera sido en vano.

Nuestros compañeros caídos eran un mandato. El momento llegó.

Dos semanas después del 22 de agosto de 1933, día en el que el Directorio publicó su manifiesto con el Programa para un Gobierno Provisional, algunos miembros del Directorio supieron que se preparaban unas demandas de los alistados del ejército en las que pedían a los oficiales reformas en favor de su clase. Se decidió entrar en contacto con los dirigentes de los soldados y sargentos para transformar lo que sólo era una lucha de clase, en un movimiento más amplio, en el que nos dieran el apoyo de la fuerza que se necesitaba para lograr los objetivos por los que desde hacía tres años veníamos luchando.

Al ponerse de acuerdo los dirigentes estudiantiles con los del movimiento de las clases del Ejército, se publicaron unas declaraciones conjuntas al pueblo de Cuba en las que se retiraba el apoyo al gobierno actuante en ese momento, el que encabezaba como Presidente Carlos Manuel de Céspedes, hijo del llamado "Padre de la Patria" de su mismo nombre, que fue el que inició la primera de las dos Guerras de Independencia de Cuba, el 10 de octubre de 1868.

"PROCLAMA DE LA AGRUPACION REVOLUCIONARIA DE CUBA."

"La Agrupación Revolucionaria de Cuba, integrada por alistados del Ejército y la Marina y por civiles pertenecientes a distintos sectores encabezados por el Directorio Estudiantil Universitario, declara:

"Primero: Que se ha constituído para impulsar, de manera integral, las reivindicaciones revolucionarias por las cuales seguirá luchando la mayoría del pueblo cubano, dentro de amplias líneas de moderna democracia y sobre principios puros de Soberanía Nacional."

"Segundo: Estas reivindicaciones de manera suscinta son las siguientes:"

"1. Reconstrucción económica de la nación y organización política a base de una próxima Asamblea Constituyente."

"2. Depuración inmediata y sanción total para los delincuentes de la situación anterior, tanto de la civilidad como del Ejército, sin las cuales es imposible el restablecimiento del verdadero orden y de la auténtica justicia, salvaguardando la vida y la propiedad de los nacionales y extranjeros."

"3. Respeto estricto de las deudas y compromisos contraidos por la República."

"4. Formación inmediata de tribunales adecuados para exigir las responsabilidades mencionadas."

"5. Reorganización, dentro del menor plazo posible, de todos los servicios y actividades nacionales, procurando un rápido retorno a la normalidad."

"6. Tomar, en fin, todas las medidas aún no previstas en este documento para iniciar la marcha hacia la creación de una nueva Cuba, asentada sobre las bases inconmovibles del derecho y del más moderno concepto de la Democracia."

"Tercero: Por considerar que el actual gobierno no responde a las demandas urgentes de la Revolución, no obstante la buena fe y el patriotismo de sus componentes, la "Agrupación Revolucionaria de Cuba" se hace cargo de las riendas del poder como Gobierno Provisional Revolucionario que resignará el mandato sagrado que le confiere el pueblo tan pronto la Asamblea Constituyente que se ha de convocar, designe el Gobierno Constitucional que regirá nuestros destinos hasta las primeras elecciones generales."

Este Gobierno Provisional dictará Decretos y disposiciones que tendrán fuerza de Ley. Ante el pueblo de Cuba, al que saludamos en nombre de la libertad y la justicia, y con su indudable beneplácito, este nuevo Gobierno irá adelante garantizando plenamente la estabilidad de la República, y se desenvolverá dentro de los Tratados, confiando que Cuba sea respetada como una nueva Patria soberana que surge plena de vigor a la vida internacional.

"Campamento militar de Columbia, a 4 de septiembre de 1933".

"(Fdo.) Carlos Prío Socarrás, José Morel y Romero, Rafael García Bárcena, Justo Carrillo y Hernández, Guillermo Barrientos, Juan Antonio Rubio Padilla, Laudelino H. González, José Miguel Irisarri, Oscar de la Torre, Carlos Hevia, Emilio Laurent, Roberto Lago Pereda, Ramiro Valdés Daussá, Gustavo Cuervo Rubio, Guillermo Portela, Ramón Grau San Martín, Sergio Carbó, Julio E. Gounaurd, Fulgencio Batista, Sargento Jefe de todas las Fuerzas Armadas de la República."(1)

(1) La firma de Manuel Antonio de Varona no aparece en esta proclama porque había sido enviado por el Directorio a entrevistarse con el Coronel Vilató y con el Teniente Coronel Gaspar Betancourt en Camagüey en el intento del Directorio de integrar un ejército con los alistados y los oficiales no maculados. Varona salió esa misma noche hacia La Habana con Vilató y Betancourt.

La noche del 4 de Septiembre en el Campamento de Columbia. De izquierda a derecha: Dr. Ramón Grau San Martín, Sr. Sergio Carbó y Sargento Fulgencio Batista.

Esta misma fotografía, pero cortada en forma que no aparece en ella el Dr. Grau, es otra prueba de como intenta distorsionar los hechos al presentarla en una de sus páginas el libro a que nos referimos en la Adenda al Capítulo XII.

Después de la publicación de esta proclama todos los miembros del Directorio fuimos citados para la entrada a Palacio que quedaba frente al parque Alfredo Zayas, en horas de la mañana del día 5 de septiembre de 1933.

Al llegar nos encontramos con el Presidente y los Secretarios salientes esperándonos de pie cerca de la entrada. Nos dimos un apretón de manos los que entrábamos con los que salían.

Entre los salientes al que más conocía yo era a Federico Laredo Bru, el que durante su corto ministerio me había llamado para ofrecerme la Dirección de Prisiones o la de Prensa, ésta tenía a su cargo la Gaceta Oficial. A su amable ofrecimiento le contesté que los miembros del Directorio Estudiantil Universitario habíamos acordado que ninguno ocuparía un puesto en el gobierno resultante de nuestra lucha. De este modo y por el acuerdo que desde hacía tiempo existía entre nosotros los del Directorio Universitario, decliné su atención.

En el trato que tuve con Federico Laredo Bru, pude notar su extraordinaria inteligencia, su increíble memoria y el don de gentes que me hizo durante muchos años y a pesar de la diferencia de edades, una de sus más asiduas amigas, tanto de él como de su esposa "Monona", Leonor Montes.

Monona fue su compañera admirable, por la que llegué a sentir tanto afecto como por él. Ella me hacía el honor de invitarme con frecuencia a comer con ellos en Palacio durante la época posterior, en la que Laredo Bru fue Presidente de la República por sustitución de Miguel Mariano Gómez.

Cuando entrábamos a Palacio ya los periodistas de la mañana estaban publicando, además de la Proclama de la Agrupación Revolucionaria, la de la Pertarquía, la de la toma de posesión de ésta y la de la designación de los distintos miembros de la Comisión Ejecutiva.

"Proclama de la Pentarquía"

"**Respondiendo a los anhelos vivamente expresados por la nación, ha comenzado a funcionar el nuevo Gobierno Provisional que sostendrá como propósito e ideología, los de la "Agrupación Revolucionaria de Cuba", conocidos en una proclama que desde hace horas conoce el país, y el extranjero.**"

La Pentarquía en funciones. De izquierda a derecha: Sr. Sergio Carbó, periodista; Dr. Ramón Grau San Martín, Dr. Guillermo Portela, Profesor de Derecho Penal de la Universidad; Dr. José M. Irisarri, abogado, y Sr. Porfirio Franca, banquero.

La Pentarquía con el Sargento Batista.

"Para desenvolver la misión que se nos acaba de confiar necesitamos la colaboración de todos los ciudadanos. Esta colaboración, por lo pronto, se habrá de exteriorizar bajo la forma del orden."

"Estamos firmemente resueltos a cumplir la misión que nos ha sido encomendada y confiamos en que el pueblo de Cuba, en cuyo nombre actuamos, comprenda y secunde nuestra determinación, no permitiendo -en íntima confraternidad ciudadanos civiles y ciudadanos militares- ningún acto que comprometa el crédito de la Revolución triunfante."

"Mientras no se disponga lo contrario, los funcionarios y empleados de la Aministración Pública deben permanecer en sus puestos, desarrollando normalmente sus labores habituales, en la seguridad de que será respetado en su cargo el ciudadano que haya cumplido con su deber."

"Dado en el Campamento Militar de Columbia, el 4 de septiembre de 1933."

"(Fdo.) Ramón Grau San Martín, Guillermo Portela, José Miguel Irisarri, Sergio Carbó, Porfirio Franca."

"ACTA DE LA TOMA DE POSESION DE LA PENTARQUIA"

"En el día de hoy, a la 1 p.m., y después de prestar el juramento de honor para cumplir y hacer cumplir las leyes, y aspiraciones del pueblo de Cuba, hemos tomado posesión del Gobierno de la República de Cuba."

"La Habana, el 5 de septiembre de mil novecientos treinta y tres."

"(Fdo.) Ramón Grau San Martín, Guillermo Portela, José Miguel Irisarri, Sergio Carbó, Porfirio Franca."

"Lo que se publica en la Gaceta Oficial de la República (edición extraordinaria número 26, Habana, martes 5 de septiembre de 1933) para general conocimiento."

"DESIGNACION DE LOS QUE TENDRIAN A SU CARGO LAS DISTINTAS CARTERAS O SECRETARIAS"

"Constituido el Gobierno Provisional de la República de Cuba en el día de hoy, la Comisión Ejecutiva de dicho Gobierno acuerda:

Primero: Comisionar para que ejerzan la alta inspección de los Departamentos Administrativos, a los señores Guillermo Portela y Müller, respecto de los de Estado y Justicia; a Sergio Carbó y Morera, los de Gobernación, Comunicaciones y Marina; a Porfirio Franca y Alvarez de la Campa el de Hacienda; a José Miguel Irisarri y Gamio, los de Obras Públicas, Agricultura y Comercio y Ramón Grau San Martín los de Instrucción Pública y Bellas Artes, Sanidad y Beneficiencia."

"Segundo: los sub-Secretarios y los Directores, donde no existen aquellos, asumirán el despacho de sus respectivos Departamentos, según lo estatuido en el Artículo 62 y sus concordantes de la Ley del Poder Ejecutivo."

"Dada en el Palacio Presidencial, en La Habana, a los cinco días del mes de septiembre de mil novecientos treinta y tres."

"(Fdo.) Sergio Carbó, Guillermo Portela, Ramón Grau San Martín, José Miguel Irisarri, Porfirio Franca."

(Gaceta Oficial de la República, Edición Extraordinaria No. 26, del martes 5 de septiembre de 1933).

Ese 5 de septiembre el Directorio Estudiantil Universitario dirigió un manifiesto al pueblo de Cuba, al que informaba su posición política frente a los acontecimientos que acababan de producirse en la noche del día 4 de septiembre de 1933.

"MANIFIESTO DEL DIRECTORIO ESTUDIANTIL UNIVERSITARIO AL PUEBLO DE CUBA"

"El Directorio Estudiantil quiere hacer una exposicion al pueblo de Cuba y a todas las naciones civilizadas, de la génesis y desarrollo del golpe de Estado que ha culminado en la designación del Gobierno de Cuba, que ha tomado posesión de Director de los destinos del país."

"Inconforme el Directorio Estudiantil con el malhadado proceso de la Mediación, más inconforme aún tenía que estar con el Gobierno inanimado designado por el Embajador de los Estados Unidos en connivencia con los representantes en la mediación de los sectores mediacionistas."

"Un manifiesto de este Directorio, que se hallaba en connivencia con los alistados del Ejército de Cuba, produjo una leve reacción en el engendro constitucional creado por Summer Welles y provocó un decreto de carácter semirevolucionario que tampoco satisfacía las ansias del pueblo cubano."

"Un Gobierno que no era revolucionario y que tenía que actuar como tal, aquejado por consiguiente de una debilidad congénita, llevaba a pasos agigantados al país al borde de la anarquía por falta de autoridad moral revolucionaria y contribuía necesariamente a verdaderas extralimitaciones llevadas a cabo por diversas organizaciones de la Mediación que consideraban la consecución del poder, más como un botín que como un gobierno restaurador de las libertades y fulminador de sanciones Cívicas, Penales y Administrativas contra los delincuentes del pasado régimen.

"En presencia de este caos en el país, sin un principio de autoridad y con gran parte de los contaminados del machadismo en sus Fuerzas Armadas, el Directorio Estudiantil decidió dar el golpe revolucionario con las fuerzas armadas en su categoría genuinamente pura, esto es, los alistados, que con gran visión de responsabilidad patriótica, actuó energicamente pero sin necesidad de disparar un solo tiro, lavando de este modo el uniforme glorioso de nuestro Ejército, que había sido llevado el borde del deshonor por sus elementos dirigentes en el Machadato e intentado debilmente rehabilitar por el Gobierno que acaba de ser depuesto."

"Respondiendo majestuosamente al llamamiento del honor y de la Patria, los alistados del Ejército Cubano, representados por el sargento jefe revolucionario Batista, el Directorio Estudiantil en pleno y diversos elementos revolucionarios auténticos que fueron notificados por sus hermanos de armas, constituyeron la Agrupación Revolucionaria a la una

140

de la madrugada del día de hoy, en el campamento de Columbia. Se dictó una proclama revolucionaria, reivindicadora de todos los principios de la Revolución, se convocó al Pueblo, a los representantes de la prensa nacional y extranjera y recibimos la visita del attaché militar de los Estados Unidos de América.

"Seguidamente se procedió a actuar como Gobierno Revolucionario por dicha Junta o Agrupación que adoptó el programa de gobierno del Directorio Estudiantil Universitario y a la designación del Gobierno Provisional que fué debidamente ante los vítores del pueblo soberano de Cuba, que ve coronada gloriosamente la obra de la revolución."

"¡Pueblo de Cuba! ¡Esta es tu obra inmensa, cubana, sin mezcla de intervencionismo más o menos disfrazado! ¡Has ingresado en el concierto de los pueblos soberanos y serás respetado por todos! Ayuda, pues, a la Revolución que es tu obra, cooperando al mantenimiento del orden.

"¡Viva Cuba Libre y Soberana!

"Habana, 5 de septiembre de 1933."

"DIRECTORIO ESTUDIANTIL UNIVERSITARIO"

"Por la Facultad de Derecho: Carlos Prío Socarrás, Manuel A. de Varona Loredo, Augusto Valdés Miranda, Justo Carrillo Hernández, Raúl Ruiz Hernández, José Morel Romero, Sara de Llano Clavijo, Felipe Martínez Arango, Felipe de Pazos Roque, Orlando Alonso Velasco, Guillermo Cancio Sánchez."

"Por la Facultad de Medicina: Rubén León García, José Leyva Gordil, Rafael Escalona Almeida, Juan A. Rubio Padilla, Roberto Lago Pereda, Carlos Guerrero Costales, Fernando López Fernández, Clara Luz Durán Guerrero, Luis Barreras López del Castillo, Guillermo Barrientos Schweyer, Juan Febles Secretal, Raúl Oms Narbona, Laudelino H. González, Fernando González Pérez, Antonio Medina Reinoso, Mario Labourdette Scull."

"Por la Facultad de Letras y Ciencias: Ramón Miyar y Millán, Remiro Valdés Daussá, José A. Viego Delgado, Inés Segura Bustamante, Silvia Martel Bracho, Agustín Guitart, Benigno Recarey Corona, Rafael García Bárcena."

"Delegados por el Directorio del año 1927: Eduardo Chibás, Reinaldo Jordán."

Directorio Estudiantil Universitario
MANIFIESTO AL PUEBLO

El Directorio Estudiantil Universitario quiere hacer una exposición al pueblo de Cuba, y a todas las naciones civilizadas, de la génesis y desarrollo del golpe de Estado Revolucionario que ha culminado en la designación del Gobierno Revolucionario de Cuba que ha tomado posesión de Director de los destinos del país.

Inconforme el Directorio Estudiantil con todo el malhadado proceso de la mediación, que rechazó desde el primer momento en diversos manifiestos, más inconforme tenía que estar aún con el Gobierno inanimado designado por el Embajador de los Estados Unidos en connivencia con los representantes en la Mediación de los sectores mediacionistas.

Un Manifiesto de este Directorio, que se hallaba ya en connivencia con los alistados del Ejército de Cuba, produjo una leve reacción en el engendro constitucional creado por Sumner Welles, y provocó un Decreto de carácter semi-revolucionario que tampoco satisfacía las ansias del pueblo cubano.

Un Gobierno que no era revolucionario y que tenía que actuar como tal, aquejado por consiguiente de una debilidad congénita, llevaba a pasos agigantados al país al borde de la anarquía, por falta de autoridad moral revolucionaria, y contribuía necesariamente a verdaderas extralimitaciones llevadas a cabo por las diversas organizaciones de la Mediación, que consideraban la consecución del poder, más como un botín, que como un Gobierno restaurador de las libertades y fulminador de sanciones civiles, penales y administrativas contra los delincuentes del pasado régimen. En presencia de este estado caótico del país, sin principio de autoridad y con una gran parte de los contaminados del Machadismo en sus fuerzas armadas, el Directorio Estudiantil decidió dar el golpe revolucionario con las fuerzas armadas de la República en su categoría genuinamente pura, ésto es, los Alistados, que con una gran visión de su responsabilidad patriótica, actuó enérgicamente pero sin necesidad de disparar un solo tiro, lavando de ese modo el uniforme glorioso de nuestro Ejército que había sido llevado al borde del deshonor por sus elementos dirigentes en el Machadato, e intentado débilmente de rehabilitar por el Gobierno que acaba de ser depuesto.

Respondiendo majestuosamente al llamamiento del honor y de la patria, los alistados del ejército cubano representado por el Sargento Jefe Revolucionario Batista, el Directorio Estudiantil en pleno, y diversos elementos revolucionarios auténticos que fueron notificados por sus hermanos de armas, constituyeron la Agrupación Revolucionaria, a la una de la

madrugada del día de hoy en el Campamento de Columbia. Se dictó una proclama revolucionaria, reivindicadora de todos los principios de la revolución, se comunicó al pueblo, a los representantes de la prensa nacional y extranjera y recibimos la visita del Attaché Militar de los Estados Unidos de América.

Seguidamente se procedió a actuar como Gobierno Revolucionario, por dicha Junta o Agrupación, que adoptó el programa de Gobierno del Directorio Estudiantil Universitario, y a la designación del Gobierno Provisional que fué debidamente proclamado ante los vítores del pueblo soberano de Cuba, que ve coronada gloriosamente la obra de la Revolución.

¡Pueblo de Cuba! ¡Esta es tu obra, inmensa, cubana, sin mezcla de intervencionismo más o menos disfrazado! ¡Has ingresado en el concierto de los pueblos soberanos y serás respetado por todos! ¡Ayuda, pues, a la revolución que es tu obra, coopera con el mantenimiento del orden! ¡Viva Cuba libre y soberana!

Habana, 5 de septiembre de 1933.

POR LA FACULTAD DE DERECHO.—Carlos Prío Socarrás, Manuel A. de Varona y Loredo, Augusto Valdés Miranda y García, Justo Carrillo y Hernández, Raúl Ruiz Hernández, José Morell Romero, Sara de Llano y Clavijo, Felipe Martínez Arango, Felipe de Pazos y Roque, Orlando Alonso Velazco, Guillermo Cancio y Sánchez.

POR LA FACULTAD DE MEDICINA:—Rubén León y García, José Leyva y Gordillo, Rafael Escalona y Almeyda, Juan A. Rubio y Padilla, Roberto Lago y Pereda, Carlos Guerrero Costales, Fernando López Fernández, Clara Luz Durán y Guerrero, Luis Barreras y López del Castillo, Guillermo Barrientos y Schweyer, Juan Febles Secretal, Raúl Oms y Narbona, Laudelino H. González y González, Fernando González y Pérez, Antonio Medina y Reynoso, Mario Labourdette y Scull.

POR LA FACULTAD DE LETRAS Y CIENCIAS:—Ramiro Valdés Daussá, Ramón Miyar y Millán, José A. Viego y Delgado, Inés Segura Bustamante, Silvia Martel Bracho, Salvador Vilaseca, Agustín Guitar, Benigno Recarey y Corona, Rafael García Bárcena.

DELEGADOS POR EL DIRECTORIO DEL 27:—Eduardo Chibás, Reynaldo Jordán.

Copia fotostática del manifiesto original.

Manifiesto del Directorio Estudiantil Universitario donde por primera vez aparecen, junto con los del Primero, los nombres de los del Segundo Directorio, o los no Firmantes.

Este manifiesto llevaba la firma del Primer y Segundo Directorio, ya que llegados al poder no habría que temer persecuciones, por lo menos para el futuro inmediato. De esta proclama ofrecemos la copia fotostática del original, recibido de los archivos de "Cuco", Fernando López Fernández, en abril de 1974

"Los días que siguieron a la toma de posesión de la Pentarquía fueron turbulentos políticamente, mientras la vida ciudadana se desenvolvía sin mayor alteración.

En el Capítulo III, I Parte de esta crónica se relatan los episodios ocurridos durante esos días, hasta llegar a la reunión del Directorio de la noche del 9 de septiembre, en que iniciamos una junta en Palacio a las 8 de la noche y la terminamos a las 8 de la mañana con la llegada del Dr. Ramón Grau San Martín, al que una Comisión del Directorio, después de haber llegado a un acuerdo, lo fue a buscar a su casa, para que tomara posesión a las 12 del día de la Presidencia de la República.

Días después el Directorio publicó un manifiesto dando a conocer las razones que había tenido para hacer el cambio del Gobierno Colegiado al unipersonal del Dr. Grau San Martín.

"ACUERDOS DEL DIRECTORIO ESTUDIANTIL UNIVERSITARIO"

"Al Pueblo de Cuba"

"En el Programa del Gobierno Provisional lanzado hace varias semanas por el Diretorio Estudiantil Universitario, quedaba dispuesto que el Poder Ejecutivo lo encarnaría una Comisión de cinco miembros, que conjuntamente desempeñaría las funciones propias de la Primera Magistratura de la nación."

"Al constituirse el nuevo gobierno merced al movimiento nacional de clases, alistados y civiles verificado el 4 de Septiembre, la Agrupación Revolucionaria de Cuba, adoptó el programa del Directorio Estudiantil, que confirió el poder a una Comisión Ejecutiva de Gobierno, en concordancia con lo que postulaba dicho Programa de Gobierno Provisional."

"Al cabo de unos días de experimentación, creímos, oyendo el parecer de las naciones iberoamericanas que nos brindaron su consejo, y en vista de que el pueblo de Cuba no está tradicionalmente familiarizado con el sistema Colegiado del Gobierno, que podíamos cambiar su forma por la de gobierno Presidencial, habida cuenta de que ello no alteraba en lo esencial el espíritu genuinamente revolucionario que late en todos los puntos del Programa."

"Se proclamó Presidente de la República al doctor Grau San Martín, el cual ha procedido a designar los individuos que habían de constituir el gabinete. Para integrar este Gabinete se ha atendido más que nada a la solvencia moral e intelectual personal de los hombres, y no a banderías partidaristas de sectores definidamente políticos o ya en franco proceso de formación."

"El Directorio Estudiantil Universitario centraliza en la causa del Estudiantado todo el control de los Poderes Públicos porque entiende y sería insincero si no lo afirmara categóricamente que para llevar a vías de hecho el Programa que patrocina -único capaz, a su juicio, de llenar eficazmente las funciones propias de una democracia auténtica organizada sobre las fundamentales bases de la independencia económica y política- es necesario que los elementos que los pongan en ejecución estén absolutamente identificados con los propósitos que animan la verificación de ese Programa."

"No se ha rechazado, sin embargo, la colaboración de otros sectores que se han adherido a nuestro gobierno, porque nuestra empresa revolucionaria procura por encima de todo el asentamiento de la República sobre bases que garanticen el pleno desenvolvimiento futuro de las funciones ciudadanas y no el acaparamiento desordenado de los puestos públicos. Donde estén los hombres dignos y capaces allá iremos a buscarlos para que vengan a servir a la Revolución."

"La primera prueba de que el gobierno actual no se oponía a recibir la colaboración de los demás sectores fue el hecho de haber convocado a los representantes de dichos sectores a una reunión con la Comisión Ejecutiva, en la cual se reclamó de ellos que señalaran las dificultades que tenían entendido obstaculizaban el buen desenvolvimiento de las funciones de gobierno."

"Es conveniente hacer resaltar que en las reuniones que se

llevaron a cabo con este fin, los sectores disidentes de nuestras normas de Gobierno consideraban resoluble el problema constituyendo un Gabinete de Concentración en que ellos estuvieran representados. A esto siempre nos opusimos porque seguimos considerando que el problema no está en que tengan más o menos representación en el gobierno, banderas políticas de la Oposición, sino en conseguir que los hombres que lo constituyen tengan el respaldo moral de la Opinión Pública, aunque no tengan conexión alguna con las actividades del sector estudiantil.

"La mayor garantía que tienen los sectores que nos discuten su participación en el gobierno es que siendo el Estudiantado una fuerza desligada de todo partidarismo político, no hará pesar su influencia a favor de ningún grupo político, quedando de este modo garantizada la pureza de los próximos sufragios, en que arribarán al poder los que el pueblo de Cuba haya cuidadosamente seleccionado."

"Por otra parte, el golpe militar del 4 de septiembre se había estado preparando desde varias semanas antes por elementos de las fuerzas armadas y del Directorio Estudiantil Universitario. Fuera de éstos ningún sector revolucionario intervino en la asonada militar que se llevó a cabo para hacer valer los principios auténticos de la Revoluión, dados de lado por el gobierno del doctor Céspedes, incapacitado por su raiz mediacionista de llevar a cabo las verdaderas transformaciones que necesita nuestra nacionalidad; para nosotros fue siempre más digno dictar la caída de un régimen sin sombra de cuarteles cubanos que hacerlo desde un recinto diplomático cobijado por la bandera norteamericana."

"Creemos que el golpe militar del 4 de septiembre es el más autenticamente popular y el más legitimamente revolucionario de los que se han dado hasta la fecha, porque en ese pronunciamiento intervino de una manera directa la masa del pueblo, representada en las Fuerzas Armadas por marinos y soldados, y no la instigación afrentosa de Summer Welles."

"Ese pronunciamiento militar goza del apoyo de la Opinión Pública, porque no es hijo de un idealismo incosciente sin sus tentáculos de realidad, ni mucho menos responde a las demandas viscerales de un egoismo irreflexivo."

"Ese alzamiento de clases y soldados en colaboración con el sector estudiantil, es el único movimiento armado que ha tenido lugar en nuestra República para la conquista de la independencia, esa independencia y esa soberanía que si para algunos es un mero palabrear romántico, para nosotros es toda una cifra de dignidad iberoamericana."

"Hacer plañideras alusiones a la disciplina militar resulta francamente pueril si se tiene en cuenta que cada sector que, más o menos felizmente, se ha propuesto llevar a cabo la Revolución ha apelado, como factor decisivo de triunfo, a esa indisciplina militar, a no ser que unicamente se conceda derecho a rebelarse contra sus superiores jerárquicos a los que ostentan barras o estrellas en los hombros, y se niegue ese derecho a los que, más dignamente, quizás, solo llevan galones en el brazo."

"Los soldados y marinos, sirviendo de una manera efectiva, junto al Estudiantado, a los ideales de una Revolución que se depura progresivamente, constituyen el símbolo de un pueblo que rompe conscientemente la disciplina humillante en que pretenden sumergirlo aquellos elementos que, invocando un orden ficticio y una jerarquía trasnochada , batallan por hacer legítimas la imposición despótica del oficial y la subordinación sumisa del soldado."

"Nosotros hemos cambiado en unos días la forma de Gobierno Colegiado por la de tipo Presidencial poque no estamos encasillados en una intransigencia absoluta, máxime cuando se trata de una cuestión de pura forma que no afecta medularmente a la raíz de nuestra ideología."

"Y hemos reclamado para nosotros todas las responsabilidades que se deriven del ejercicio de los Poderes Públicos en esta nueva etapa."(1)

"El Directorio Estudiantil Universitario se siente altamente satisfecho del momento histórico en que le ha tocado resolver los problemas de Cuba, constituyendo una República independiente y soberana, sin ignominiosos tutelajes internacionales y propiciando el desarrollo adecuado de todas las fuerzas morales que laten positivamente en el alma vigorosa de nuestra nacionalidad." (2)

septiembre de 1933
Directorio Estudiantil Universitario

(1) *Párrafo incompleto en el único manifiesto que se pudo conservar. Añadido por la autora la palabra "etapa".*
(2) *Este manifiesto, de los archivos de Alberto Segrera me ha llegado sin fecha exacta y sin firmas.*

CAPITULO XI

Causas inmediatas del 4 de septiembre. Gestiones del Directorio con la oficialidad joven. Apropiación de la Presidencia de la Asamblea de Alistados por Batista. Su fallido intento de derrocar a la Pentarquía el 9 de septiembre, Sergio Carbó y el nombramiento que lo ascendía a Coronel.

Al presentar las causas del movimiento del 4 de septiembre, que produjo la elevación del Sargento Batista, trataremos de exponerlas de acuerdo con la explicación más sencilla, sin buscar teorías más o menos elaboradas, cuando existen móviles más naturales capaces de explicar el fenómeno.

El 4 de septiembre fue motivado por una juventud idealista, que necesitaba una fuerza con la que poder contrarrestar los grandes poderes de los intereses extranjeros, y los de la política tradicional establecidos en Cuba.

La posesión de la riqueza cubana estaba en manos de elementos, que sólo perseguían particulares beneficios económicos.

Nuestra principal riqueza residía en el producto de la caña, la primera industria nacional, explotada por dueños de ingenios norteamericanos, ingleses y franceses, que hasta para la simple mano de obra del corte de caña importaban braceros principalmente haitianos y jamaicanos. Otra gran fuerza económica predominante en Cuba fue la de los españoles, que eran dueños de la mayor parte del comercio y que no le daban empleo a los cubanos, ya que preferían traer para sus tiendas a familiares que venían desde España.

Y la última fuerza contra la que luchaba aquel grupo de jóvenes, que aspiraban a una patria mejor, era la de los propios Partidos Políticos nacionales, que se dedicaban en su mayoría al disfrute personal, más que a intentar el convertir a nuestra Isla en la verdadera tierra que pudiera servir de base para el desenvolvimiento de los cubanos nacidos en su suelo.

Contra estos poderes, que constituían una barrera al desarrollo de nuestra nacionalidad, necesitabamos un poder, que no teníamos.

La ocasión se presentó cuando el grupo de jóvenes que integraban el Directorio se encontraron con las demandas que los alistados del Ejército le presentaban a la oficialidad.

Vamos a ofrecer a continuación varios reportes de distintos compañeros, que intervinieron en el cambio experimentado.

Al llegar el 4 de septiembre, ya miembros del Directorio estaban en contacto con parte de la oficialidad joven. Se procuraba llegar a un acuerdo con ellos, para retirar a los altos oficiales comprometidos con la tiranía machadista. Y con los jóvenes y los altos oficiales no maculados de las fuerzas armadas, se intentaba formar un cuerpo capaz de alcanzar el poder, desde donde poner en práctica nuestros ideales para Cuba.

Al surgir el movimiento de los alistados, dirigido por Pablo Rodríguez, Sargento en trato directo con la tropa, se creyó posible una combinación del movimiento de los alistados con los oficiales jóvenes. Pablo Rodríguez, que, como jefe, presidía la organización de los alistados en toda la isla, el 4 de septiembre, por la audacia de otro Sargento, Fulgencio Batista -que no estaba tan vinculado con la tropa como Rodríguez sino que era sólo un Sargento taquígrafo- no tomó la posición que le correspondía. Aparentemente, Pablo Rodríguez, un Sargento más preparado pero de personalidad menos decidida, y audaz, permitió, por la mayor capacidad escénica de Batista, que empezara a relacionarse con los otros elementos del movimiento: los estudiantes. Y como ocurre con frecuencia, la modestia sucumbió ante la arrogancia y la actitud de mando.

No quiere decir ésto que la personalidad de Batista, como algunos pretenden, fuera superior a la de Rodríguez, de quien los que lo conocían afirman que sí hubiera comprendido los ideales nacionalistas de los estudiantes de esa generación. Constantemente vemos en la vida diaria, y más todavía en el campo de la Psicología, al que pertenezco, personalidades de mayor capacidad natural, ante otros con una osadía sin inhibiciones, cederle el paso a los que son mucho menos capaces.

Pero esa fué la historia.

Desde un tiempo antes del día 4, miembros del Directorio estaban, a la vez, en comunicación con oficiales jóvenes y con Pablo Rodríguez, como jefe del movimiento de Alistados.

De la "Universidad del Aire" en la radio, hora dominical que dirige el Dr. José Ignacio Rasco, transcribimos los siguientes párrafos de la entrevista con el Dr. Manuel A de Varona, la noche de septiembre 4 de 1983.

"No había pasado por la mente de los soldados y sargentos reunidos en el Club de Alistados del campamento de Columbia rebelarse contra sus oficiales, mucho menos apoderarse del gobierno. Estaban alarmados por rumores de que se les rebajaría el sueldo y las demandas que acordaron presentar al alto mando eran exclusivamente clasistas: (1) No rebajas de sueldos, (2) gorras y botas como las de los Oficiales, (3) supresión de los "asistentes" o criados de la oficialidad, (4) sustitución del jefe de Estado Mayor, y (5) un balneario en la playa de Jaimanitas".

"Los estudiantes se venían reuniendo con oficiales jóvenes. Y una de esas reuniones se efectuó en casa del Dr. Gustavo Cuervo Rubio a la que asistieron varios oficiales, entre ellos el Cap. Torres Meniery el Cap. la Torre, y ahí se acordó hacer un movimiento entre la oficialidad joven del Ejército para desconocer la actividad mediacionista y darle paso al proceso revolucionario."

"Se designaron varios estudiantes para visitar los diferentes regimientos en las provincias y a mí se me designó para hablar en Camagüey con el Coronel Vilató y con el Teniente Coronel Gaspar Betancourt que había asumido el mando del regimiento provisionalmente."

"En esas gestiones con los oficiales nos enteramos de que había surgido un problema en Columbia; se hicieron los contactos correspondientes y se invitó al Directorio a participar en la reunión de los sargentos."

. . . .

"En las primeras horas de la noche, el Directorio traspasó la línea de los centinelas y el movimiento clasista se convirtió en una revolución. De nosotros, entraron Santiago Alvarez, Ramiro Valdés Daussá, Carlos Prío, Rubén León, Juan Antonio Rubio Padilla, Oscar de la Torre, del A.B.C. Radical; Mario Labourdette, Carrera Justiz, Enrique Fernández, autor de "La Razón del 4 de septiembre", y otros."

"Se planteó que el acto que se realizaba constituía una sublevación y que los promotores se exponían a fuerte castigo y tal vez al fusilamiento, por lo que había que cambiar los objetivos y pedir la renuncia del gobierno y asumir el poder con el programa del Directorio."

"Prontamente reunidos se dieron cuenta de la situación y acordaron lo propuesto."

"El Directorio aceptó la responsabilidad histórica sin vacilaciones y creó el organismo que asumió el poder en nombre de la Revolución."

"Lo negativo fue que los hombres que siguieron al mando de aquel cuartel sublevado no comprendían, ni comprendieron nunca los propósitos, las ideas y el espíritu de aquella generación que iniciara su sacrificio ofreciendo la vida de Rafael Trejo."

. . . .

"Y aunque aquel movimiento poco habría de durar ante el embate de los intereses creados amparados por el Embajador estadounidense, fue el inicio de una nueva era y fue un mensaje y una nueva apertura de los caminos del porvenir y habría de tener determinante influencia en el desenvolvimiento político, social y económico de Cuba. No obstante la traición de que fue objeto, nadie puede quitarle al 4 de septiembre su transcendencia histórica en la Revolución del 33."

Transcribimos a continuación unos párrafos de "La razón del 4 de septiembre" por Enrique Fernández, ideólogo y doctrinario del autenticismo, artículo publicado después de la caída del gobierno provisional.

"Pero la falta de autoridad del gobierno de Céspedes trae como consecuencia el quebrantamiento de todos los órganos del gobierno, y el Ejército, minado, socavado por mil tendencias e innumerables intrigas, hace crisis de modo insólito, en una forma que no tiene precedentes conocidos, en la mañana del cuatro de Septiembre."

"Aquel movimiento cuartelario, convertido en una Revolución, era el inicio de una nueva era que perdurará cuando ya Batista no sea mas que un recuerdo lejano. Ese convencimiento me acompañaba en aquella mañana. Como eco de mi idea y de nuestra convicción, cuando en la clara luz de la mañana volvíamos hacia la ciudad ya despierta, sonaban los gritos estentóreos de los vendedores de periódicos. Sobre uno de estos campeaba un titular que repetían incesantemente los humildes vendedores, como anticipación del porvenir. Ese titular, a ocho columnas, resumía en una frase el 4 de septiembre: "PASO A LA REVOLUCION AUTENTICA.""

En los ultimos párrafos de este trabajo de Enriquez Fernández él ve la permanencia de los avances sociales y económicos de la revolución del 30, la que, pronostica, perdurará a pesar de Batista.

El pronóstico fue cierto porque aún después del impronosticable golpe del 10 de marzo, el Sargento ascendido a Coronel no pudo, ni siquiera pretendió (porque le era dificil, si no imposible) dar marcha atras a las reformas que del 33 en adelante había obtenido el pueblo de Cuba. Pero la ambición personal impuesta sobre un pueblo que no quiso admitirla, lo llevó a violar derechos universales, como es el del respeto a la vida -con tal de mantenerse en el poder-.

Fulgencio Batista fue el causante de la ruptura del ritmo constitucional de Cuba. Con su asalto al poder el ocaso se cernía sobre nuestra Isla, facilitando que el pueblo ingenuo y desesperado se uniera a las huestes de los traidores que mediante el engaño cerrarían la noche sobre Cuba desde el alborear del 1959 hasta el momento en que escribo.

Estas circunstancias, por trágicas, no le quitan la razón a Enrique Fernández. Ningún cubano hubiera podido imaginar que un ambicioso provocaría la destrucción de Cuba.

Los destinos de nuestra Isla cambiaron radicalmente después de la generación del 30. Su lucha hizo que un gobierno provisional dictara leyes urgentes para la población cubana, y propiciara el medio para la instauración de la Constitución del 40, la que aún estaría complementándose de acuerdo con el progreso nacional e internacional.

Después de haber logrado Batista convertirse de hecho en Jefe del Ejército desde su puesto de Sargento al adueñarse de la presidencia de la Asamblea de Alistados , trató de asegurar su posición.

Conocía el proyecto del Directorio de constituir un ejército formal por la reunión de los soldados y sargentos con la oficialidad joven y con algunos otros oficiales que no habían tenido complicidad con los crímenes del derrocado gobierno de Machado.

Por huir de la posibilidad de que en el conjunto de alistados y oficiales, uno de éstos fuera nombrado Jefe del Ejército ideó un proyecto que le permitiría conservar su jefatura.

Visitó, junto con el sargento Santana, el día 5 de septiembre, a Sumner Welles, el Enviado Especial norteamericano (véase reporte de esa fecha de Welles al Departamento de Estado de su país, en las últimas páginas de la Parte Tercera) para preguntarle, al día siguiente de haber apoyado la toma de posesión de la Pentarquía, si su gobierno reconocería al del grupo revolucionario. En reportes sucesivos el Embajador se refería a la proposición de Batista de derrocar la Pentarquía, para sustituirla por el gobierno de Céspedes, con lo que esperaba complacer al Embajador, porque Céspedes había sido auspiciado por Welles a la caída de Machado.

El Sr. Welles (que no tuvo simpatías por Batista, ya que éste necesitó esperar a que fuera sustituido por Jefferson Caffery antes de poder derrocar al gobierno del Dr. Grau) no se comprometió con el proyecto. La entrevista con Céspedes, que relata Welles en el reporte del día 9, no fue favorable, al ponerle como condición para restaurarlo en la Presidencia, que él, Batista, sería ratificado como Jefe del Ejército con el grado de Coronel. Céspedes dijo que si aceptaba la Presidencia sería sin condiciones, lo que frustró el intento del ex-sargento Batista.

El día 8 consiguio que Sergio Carbó lo nombrara Coronel, con lo que sabía que los oficiales jóvenes se negarían a transigir, y así aseguraría su mando. En la noche del 7 se habían reunido en Palacio gran número de oficiales que querían a un oficial como su jefe.

Carbó, uno de los cinco Ejecutivos, necesitaba, de acuerdo con el Acta de Constitución de la Pentarquía, consultar con el resto de los Pentarcas. Desconoció este requerimiento y en una acción poco afortunada para el futuro de nuestra República, ordenó publicar el nombramiento en la Gaceta Oficial, como Comisionado encargado de la Defensa.

Esta falta de respeto al Comité Ejecutivo, provocó la carta renuncia de Porfirio Franca con fecha 9 de septiembre, publicada en la Gaceta Oficial de ese día. (Ver Capítulo III)

La ambición del Sargento empezó a mostrarse desde su audaz ascensión la noche del 4 de septiembre.

Su presencia en la política cubana fue el factor con gran responsabilidad en la situación actual de nuestra desaparecida República.

Alguien me ha preguntado, -¿No hubiera sido mejor dejar que lo mataran, como le propuso Guiteras al Gobierno Provisional?

Le contesté que no podíamos permitirlo, porque no estaba de acuerdo con nuestra ideología y que para eliminarlo sin derramar sangre sólo hubiera bastado con detenerlo por su propia confesión sobre sus intentos de derrocar al gobierno, en una reunion con el Dr. Grau y el Directorio, en casa de Sergio Carbó. Se le podía haber sometido a juicio por alta traición, como algunos miembros del Directorio le propusieron al Dr. Grau, del que recibieron una negativa.

El soplo de la suerte mantenía su protección sobre el ex-sargento. Lo favoreció también el gesto de generosidad del Presidente cordial, Carlos Prío Socarrás, el que le permitió, a su regreso a Cuba, elegir su guardia personal, lo que aprovechó para pagar aquel gesto generoso con una traición el 10 de marzo de 1952.

Veleidosa, la suerte un día lo abandonó, y al hundirse, hundió a Cuba con él. Triste fue su destino y más triste el de una patria a la que puso al servicio de sus personales intereses sin calcular la magnitud de sus consecuencias.

CAPITULO XII

Estatutos dictados por el Gobierno Provisional,
el 14 de septiembre de 1933. Manifiesto de Disolución del Directorio.
Desaparición de la Constitución de 1901 y de su apéndice,
la "Enmienda Platt".

Ante la inconformidad popular, en especial después que el Directorio dió a conocer su manifiesto del 22 de agosto de 1933, el presidente Céspedes dictó el decreto no. 1298, por el cual se derogaba la Constitución de 1928, repudiada por el pueblo, y puso en vigor la de 1901. Pero no era volver atrás lo que deseaba el Directorio ni los demás grupos revolucionarios, sino marchar hacia adelante.

En su manifiesto del 22 de agosto el Directorio abogaba por la convocatoria a una asamblea constituyente que debía redactar una constitución nueva, acorde con los tiempos nuevos.

La Comisión Ejecutiva que tomó el poder el día 5 de septiembre no juró la Constitución de 1901, y no tuvo tiempo, por su breve permanencia en el poder -sólo cinco días-, de redactar ni siquiera, unas bases o estatutos sobre los cuales se cimentara el Gobierno.

Al jurar su cargo ante el pueblo desde la terraza del Palacio Presidencial, Grau San Martín había repudiado las dos constituciones de Cuba, por lo tanto era preciso preparar lo más rapidamente un estatuto legal. Cuatro días después de tomar posesión de su cargo se publicaron en la Gaceta los "Estatutos para el gobierno provisional de Cuba", firmados por el Presidente y su Consejo de Secretarios.

ESTATUTOS PARA EL GOBIERNO PROVISIONAL DE CUBA

"A los sesenta y cinco años de iniciada la Revolución separatista de 1868, la primera fundamental declaración que el Gobierno Provisional hace, con la fé de su honor empeñado en su cumplimiento, porque fue entonces, es ahora y será siempre, la que encierre la honra y el prestigio nacionales, es la de que, satisfaciendo los mas vivos y fervientes anhelos del pueblo, afirmará y mantendrá por sobre todos los intereses e ideas, absoluta e inmaculada la Independencia de la Patria, por la conservación de la cual, todos los cubanos de hoy como los de ayer, han estado dispuestos a perder vidas y haciendas, que de nada valen cuando de tan glorioso ideal se trata."

"Consecuencia necesaria de la presente fundamental declaración, es la de que el Gobierno Provisional observa como línea invariable de política internacional para con todos los pueblos libres de la tierra, a quienes brinda su buena voluntad y amistad, la de procurar y obtener una mejor armonización y un mas perfecto ajuste de sus intereses recíprocos políticos y económicos, pero al mismo tiempo manteniendo sobre ellos los principios de la libre determinación de sus conflictos interiores, de la igualdad jurídica de los Estados y la Independencia y Soberanía nacionales."

"Con plena conciencia de su responsabilidad histórica el Gobierno Provisional proclama su mas profundo respeto a la santidad de los Tratados Internacionales espontaneamente celebrados en nombre de la República de Cuba, y su mas firme y resuelto propósito de cumplirlos, para satisfacer el fin revolucionario que dio vivencia de su organización."

"Y por otra parte, manteniendo el principio de ciencia política que la filosofía del siglo XVIII estableció y que las tempestades de la Historia, que se llaman revoluciones, sacaron de lo mas hondo del orden social para exponerlo a la luz de la conciencia libre de los hombres, reconoce y declara, como postulado básico de su organización y conducta, que la soberanía nacional reside en el Pueblo de Cuba, y que en consecuencia, a este acudirá enseguida, para que libremente rectifique o apruebe y sancione su actuación; y, a ese fin, en muy breve plazo convocará a una Convención Constituyente que organice el Gobierno que deba regir el país y en el que este Gobierno declinará los poderes que ejercita."

"Por haber herido los crímenes políticos y delitos comunes cometidos durante el régimen Machadista, los sentimientos de humanidad y civilización y sembrado espanto en las conciencias, miseria y ruina en el pueblo, y creado difícil situación a la Hacienda pública, el Gobierno Provisional declara que, sin vacilaciones ni benevolencias injustificadas, ejecutará todas las sanciones que a los responsables de aquellos le sean impuestas, por el Tribunal de Sanciones, que al efecto ha de crearse y el cual, para satisfacer los legítimos anhelos de la conciencia pública, funcionará observando el mayor respeto a los intereses de su defensa y haciendo imparcial, serena y reposada justicia."

"Aunque las afirmaciones precedentes expresan la ideología que sirvió de fundamento al movimiento revolucionario organizado en el Gobierno Provisional y la directriz de su política internacional, esto tiene especial interés en completarlas declarando que mientras ejercite los poderes que se le han conferido en nombre del pueblo de Cuba respetará y hará respetar la vida, la propiedad y el pleno ejercicio de la libertad individual, garantizando en absoluto dichos derechos, pero manteniéndolos dentro de los límites de su función social."

"Llevando a cabo los postulados expresados en este preámbulo, el Gobierno Provisional, por su libre y espontánea voluntad y con el consentimiento del Pueblo de Cuba, promulga y se obliga a cumplir los siguientes"

ESTATUTOS

"Primero. El Gobierno Provisional mantendrá sobre todo la absoluta independencia y soberanía nacionales, el principio de la libre determinación del pueblo en la resolución de sus conflictos interiores y el de la igualdad jurídica de los Estados."

"Segundo. En el orden de la política internacional el Gobierno procurará obtener la mejor armonización y el más perfecto ajuste de los intereses políticos y económicos de Cuba a los recíprocos de los demás pueblos y respetará y cumplirá los Tratados pactados en nombre de la República."

"Tercero. Se convocará lo antes posible a elecciones para elegir Delegados a una Convención Constituyente para que ésta considere y rectifique, o apruebe y sancione la actuación del Gobierno, organice otro en quien éste decline los poderes que ejercita y formule la Constitución del Estado."

"Cuarto. El Gobierno organizará Tribunales de sanciones

que tendrán competencia para juzgar las personas que fueren acusadas como responsables por delitos, amnistiados o no, cometidos por motivos políticos o con ocasión de la defensa del régimen tiránico derrocado y a las cuales, respetando los intereses de su defensa, impondrá las sanciones correspondientes."

"Quinto. Como el Gobierno Provisional incurriría en verdadero delito si abandonase las seguridades del poder a las aspiraciones tendenciosas, podía someter temporalmente los derechos individuales, a un régimen de fiscalización gubernativa, de cuyo uso dará a si mismo cuenta la Asamblea Constituyente."

"Sexto. Nadie podrá ser privado de su propiedad legítima sino por autoridad competente y por causa justificada de utilidad pública, previa la correspondiente idemnización. Si no procediere este requisito los Jueces y Tribunales ampararán, y, en su caso, reintegrarán al expropiado."

"Séptimo. El Secretario de Justicia queda autorizado para proponer al Gobierno los Reglamentos necesarios para determinar el número, organización y funcionamiento de los Tribunales de sanciones e igualmente para la ejecución de los preceptos de este estatuto."

"DADO EN EL PALACIO DE LA PRESIDENCIA, EN LA HABANA, EL CATORCE DE SEPTIEMBRE DE MIL NOVECIENTOS TREINTA Y TRES."

"R. Grau San Martín, Presidente de la República; J. Río Balmaseda. Secretario de Justicia e Interino de Estado; Antonio Guiteras, Secretario de Gobernación e Interino de Obras Públicas; Manuel Despaigne, Secretario de Hacienda; Manuel Costales Latatú, Secretario de Instrucción Pública y Bellas Artes; Carlos E. Finlay, Secretario de Sanidad y Beneficiencia; Gustavo Moreno, Secretario de Comunicaciones; Julio Aguado, Secretario de Guerra y Marina."

En capítulos siguientes se expondran los cambios de caracter económico y social alcanzados por este gobierno.

De política exterior mencionaremos a continuación la participación de Cuba en la Séptima Conferencia Panamericana que se inauguraba en Montevideo el 3 de diciembre de 1933. El gobierno envió su Delegación, integrada por Angel Alberto Giraudy, Herminio Portell

Vilá, Alfredo Nogueira y los miembros del Directorio, Carlos Prío Socarrás y Juan Antonio Rubio Padilla. La delegación logró el reconocimiento del derecho de Cuba a la abolición de la Enmienda Platt.

El Directorio Estudiantil Universitario de 1930 en noviembre de 1933 decidió disolverse y publicó un manifiesto el día 6 en el que se nombraba una comisión para que continuara ocupándose exclusivamente de los asuntos estudiantiles. Este sería el último Manifiesto del Directorio de 1930.

El manifiesto en que se da a conocer la disolución del Directorio que aparece firmado 6 de noviembre fue la consecuencia de una caldeada discusión entre los miembros del Directorio. Unos pedían la destitución de Batista (Prío , Varona), otros, su arresto, y unos pocos, menos influyentes sobre sus compañeros, el fusilamiento. Ya el período en que el Directorio era el máximo poder había pasado. El pueblo que hasta entonces seguía a este grupo de estudiantes, ahora respaldaban a Grau, cuyo nombre aparecía firmando las leyes que aquellos le habían propuesto. Insensiblemente el poder popular había pasado de manos, y el Directorio creyó llegada la hora de disolverse. Algunos de sus miembros se oponían a la disolución, y propusieron medidas más radicales e inmediatas sobre lo que provocaba la decisión de disolverse: la renuencia de Grau a destituir a Batista por sus intentos de derrocar al gobierno, pero por mayoría se acordó la disolución y se dio a conocer el manifiesto referido.

Desde los días de la Pentarquía, Batista le había propuesto al Embajador Welles restaurar el gobierno de Céspedes (Véase informe de Welles de septiembre 9 en el Capítulo XIV). Bastante más tarde fue cuando estos repetidos intentos del ex-sargento llegaron a conocimientos de algunos miembros del Gabinete.

Guiteras, Secretario de Gobernación y Guerra, había recibido confidencias sobre las intenciones de Batista, y le había comunicado al Dr. Grau su disposición a eliminarlo desde días antes del 3 de noviembre. Grau respetuoso de la vida humana, procuró calmar los ímpetus del expeditivo Secretario.

El 3 de noviembre, obligado Batista a aceptar, en una reunión en casa de Carbó, las acusaciones que no pudo negar, se excusó ante Grau casi de rodillas. Algunos miembros del Directorio le pidieron al Presidente el arresto del ex-sargento, a lo que el Dr. Grau se opuso. Le huía al Consejo de Guerra que podría acordar el fusilamiento por traición. La disposición del Secretario de Guerra, a la eliminación física del Jefe del Ejército, también lo hizo dudar de quién dominaría la fuerza depuesto Batista.

Era yo visita casi diaria del Tercer piso de Palacio. Paulina me demostraba un cálido afecto al que yo correspondía. Fuimos Tony Varona y yo (única muchacha y el único estudiante del Directorio) invitados a la cena de Nochebuena de 1933.

Le había oído decir a Grau en familia, muchas veces, refiriéndose a Guiteras: "este muchacho está muy mal dirigido, va por muy mal camino". A pesar de este recelo del Dr. Grau sobre Guiteras, como en ocasiones hacía, no tomó determinación, esperando los acontecimientos.

Conocía la animosidad entre Guiteras y Batista y los consideraba a los dos como posible peligro. A la nueva propuesta de Guiteras el 3 de noviembre, contestó, según su costumbre, sin comprometerse. Era difícil obtener de Grau una respuesta concreta en cuestiones de menor trascendencia. En ésta, por la gravedad del asunto y por sus características personales, no se podía esperar otra cosa.

Su decisión en contra de lo que miembros del Directorio proponían no significaba una adhesión a Batista, significaba en parte un rechazo a la pena de muerte. En días subsiguientes, cuando le llevaron a firmar la orden de ajusticiamiento del que había asesinado a Blas Hernández en Atarés, se negó a firmarla.

Aparte de esta línea de conducta, que no estaba dispuesto a quebrantar, el Profesor de Fisiología, tenía un sentido filosófico de la vida que lo hacía actuar con cautela, y de acuerdo con su responsabilidad; y no podía aventurarse a cambiar al hombre en posesión de la fuerza sin saber cómo respondería el sustituto a la necesidad de respetar los principios básicos de la República.

Sabía también que en un cambio de mando en tal alto nivel no se podía estar seguro de quién se apoderaría de la fuerza. El podía pensar en alguien, pero los acontecimientos, y más en aquellos momentos en que una revolución se desarrollaba, podrían dar vueltas inesperadas, que su madurez de pensamiento no le permitía desconocer.

Por algo dijo de Batista: "éste, con el susto que le hemos dado, es posible que se comporte mejor que algún otro para el futuro". Yo le oí decir:"es mejor malo conocido que bueno por conocer." Eran palabras que indicaban sus dudas, sobre cualquier alternativa.

Su preocupación por la República era la causa de su determinación en contra de lo que muchos entre aquella fogosa juventud, querían. No fue una defección al Directorio -el que en la madrugada del 8 de noviembre estaba con su Presidente en Palacio, desafiando los ataques del levantamiento del ABC y de los oficiales.-

Las muchachas también acudimos en la mañana del día 8 para corresponder a su afecto y a su valor al haber aceptado, dos meses antes, su designación para presidir un pueblo en medio de la candente irrupción de nuevas ideas sociales nacionalistas de un grupo que se disponía a hacer cambiar o a respetar lo que hasta entonces en la República no se había cambiado ni respetado.

La disolución del Directorio que dio origen a este manifiesto, dirigido como todos: "Al pueblo de Cuba", fue la explosión juvenil de una protesta, que el 8 de noviembre ya estaba sobrepasada.

Si es verdad que Batista derrocó al Gobierno Provisional, de acuerdo con Caffery, el 14 de enero de 1934, nadie puede saber si en un cambio de mando podía haber sucedido algo mejor, similar, o más grave para la República, después del 3 de noviembre de 1933.

En el caso de que Guiteras, (1) por las grandes relaciones que desde su entrada en el gobierno había cultivado entre las fuerzas armadas, con las que contaba para el plan del fusilamiento, pudiera haberse convertido en el "hombre fuerte" con la eliminación de Batista, de acuerdo con su "Programa de la Joven Cuba" de junio de 1934 (ver "Adenda al Capítulo I" en este libro) podría haber hecho de Cuba ese Estado Socialista al que aspiraba, y que como también se declara en el "Programa" constituiría sólo "una primera etapa" de lo que para el futuro se proponía. No era esa posibilidad la que el Directorio querría si la hubiera sospechado. Ni era a ese riesgo al que quería exponerse el depositario de la confianza de aquella juventud que había arrostrado la persecución, la prisión y la muerte por un Estado de grandes beneficios populares pero esencialmente democrático sin la centralización inhibitoria del Estado Socialista.

"Ratifica el Directorio su Acuerdo de dejar la Dirección Estudiantil"

"Nombrada una comisión de su seno para entender en los asuntos docentes exclusivamente"

(1) Ver informe de Welles de noviembre 4, en Capítulo XIV.

A los Estudiantes Universitarios.

"Atendiendo el acuerdo tomado por la Asamblea celebrada el domingo 5 de los corrientes, en el Anfiteatro del Hospital "Calixto García", este Directorio, reunido en sus oficinas de San Lázaro 303, tomó los acuerdos siguientes:"

1.Nombrar una comisión integrada por nueve de sus miembros que, asesorada de algunos otros compañeros de la Universidad, se encargarán de encauzar la vida académica de acuerdo con el Rector de la Universidad."

a) Esta comisión integrada por los compañeros Laudelino H. González Pérez, Roberto Lago Pereda, Raúl Oms y Narbona, Felipe Martínez Arango, Orlando Alonso Velasco, José A. Morel Romero, Agustín Guitart y Campuzano, Inés Segura Bustamante y Salvador Vilaseca Fornés, tendrá entre sus principales objetivos, terminar la depuración de los profesores y personal administrativo de la Universidad."

2. Que no obstante de haber recibido de sus compañeros universitarios un voto de confianza en la asamblea antes citada, para que siga actuando como el organismo dirigente de todo el alumnado, recibiendo con éste una demostración más de afecto y de confianza por parte de sus compañeros, ratifica su anterior acuerdo de disolución como dirigente de la masa estudiantil.

3. Que cada uno de los antiguos miembros del Directorio actuará como alumno de la Universidad, de acuerdo con la antes citada comisión, para todo lo que se relacione con la labor docente.

4. Recomendar a todos los compañeros universitarios la necesidad de ayudar en todo lo que sea posible a los compañeros que formarán la comisión que actuará desde estos momentos como el organismo dirigente de la vida académica universitaria.

Habana, 6 de noviembre de 1933

"Por la Facultad de Derecho: Carlos Prío Socarrás, Manuel A. de Varona y Loredo, Augusto Valdés Miranda, Justo Carrillo Hernández, Raúl Ruiz Hernández, José Morel Romero, Sara de Llano y Clavijo, Felipe Martínez Arango, Orlando Alonso Velazco."

"Por la Facultad de Medicina: Rubén de León García, José Leyva Gordil, Rafael Escalona Almeida, Juan A. Rubio

Padilla, Clara Luz Durán Guerrero, Luis Barreras López del Castillo, Guillermo Barrientos Schweyer, Juan Febles Secretal, Raúl Oms Narbona, Laudelino H. González Pérez, Antonio Medina Reinoso."

"Por la Facultad de Letras y Ciencias: Ramiro Valdés Daussá, Ramón Miyar y Millán, Inés Segura Bustamante, Silvia Martel Bracho, Salvador Vilaseca Forné, Agustín Guitart Campuzano, Benigno Recarey Corono."

"Delegado por el Directorio del 27 Eduardo Chibás Rivas."

Otros miembros del Directorio tuvieron interés en participar en el futuro de la República,con la intención de aportar su esfuerzo para encaminarla de acuerdo con las ideas de progreso social expresadas en sus distintos manifiestos y principalmente en el manifiesto programa para un Gobierno Provisional, dado a la publicidad el 22 de agosto de 1933.

Quedaba un largo camino por recorrer y en él iban a distinguirse principalmente Carlos Prío Socarrás como Presidente de la República y Manuel Antonio de Varona, como Primer Ministro y Presidente del Congreso.

162

ADENDA AL CAPITULO XII

Inexactitudes históricas y torcidas interpretaciones sobre la República de Cuba. Artículos aclaratorios de J.A. Rubio Padilla, Manuel A. de Varona, Inés Segura Bustamante, F. Fernández Zayas y Julio Sanguily. Observación a la Universidad de Miami. La cultura no comprometida de la época republicana. Contraste con la del siglo XIX.

Al empezar la impresión de esta obra, un miembro del Directorio Estudiantil Universitario de 1930, publica un llamado "ensayo" en el que presenta a distintos integrantes del organismo, a sí mismo, y a los importantes acontecimientos de la época en forma bien distinta de la verdad histórica, la que deforma aún más con sus personalistas interpretaciones; lo que me obliga a añadir esta Adenda al Capítulo XII.

Empezaremos por ofrecer los artículos publicados por tres miembros del propio Directorio Universitario del año 30 y otro, de un miembro del Directorio de la Escuela de Artes y Oficios, y otro artículo más, de Julio Sanguily, hijo del que en 1933 había sido Jefe del Ejército, antes de la sublevación de los alistados.

I

"Aclaración del doctor Juan Antonio Rubio Padilla sobre el libro publicado por el doctor Justo Carrillo Hernández", artículo publicado el Martes 21 de Enero de 1986, Diario Las Américas, página 5-A.

"Al forzado retiro en que me encuentro a causa de una seria enfermedad, en proceso de recuperación, han venido viejos amigos y compañeros de pasadas luchas para comentar el recién publicado libro del Dr. Justo Carrillo sobre la Cuba de 1933, porque en el mismo se insinúa que mi intervención en su contenido ha sido importante. He querido hacer pública la respuesta dada a mis visitantes, para disipar las dudas que pueden haber surgido en el ánimo de quienes han leído la mencionada obra y también para fijar en exacta medida mi aporte a la narración escrita por Carrillo''.

"Me limité a dictar en algunos "tapes" lo que mi memoria ha retenido sobre los acontecimientos históricos específicos cuya narración se me pidió. Nunca se me brindó por Carrillo la oportunidad de revisar las pruebas de imprenta de mi, muy limitada, aportación ni, por supuesto, del resto de la obra''.

"De haber leído las pruebas hubiera corregido adulteraciones introducidas en lo que dicté. Y de habérseme dado la oportunidad de leer la totalidad de las pruebas, que hubiera sido lo correcto para poder pretender darme la categoría de autor de la obra, hubiera rechazado todo vestigio de implícita aprobación a múltiples afirmaciones contenidas en la misma, que no solamente no apruebo, sino que rechazo, especialmente la posición adoptada por Carrillo de implacable fiscal contra sus compañeros del Directorio, Manuel A. Varona, Rubén de León y sobre todo, Carlos Prío, con quien mantuve siempre, antes y después del fatídico 10 de marzo, fraternales relaciones de amistad y gratitud''.

"Creo haber aclarado que no he sido co-autor del libro comentado y que rechazo toda responsabilidad en lo que no escribí''.

II

"Aclaraciones al libro: "Cuba, 1933" por Manuel A. de Varona, artículo publicado el domingo 26 de Enero de 1986, Diario Las Américas, página 4-A.

"Acaba de publicarse un libro sobre "Cuba, 1933, estudiantes, yanquis y soldados" por Justo Carrillo, que trata de presentar las actividades del Directorio Estudiantil Universitario de 1930 y el proceso histórico en que el organismo estudiantil tuvo destacada presencia de 1930 a 1933; lástima que el autor se aparte de la objetividad histórica y parcialice su relato acomodando los hechos a su manera. Como miembro fundador del Directorio Estudiantil Universitario de 1930, aunque en el exilio no acostumbro a intervenir en polémicas que generalmente son dañinas a la causa que libramos los cubanos contra el satélite marxista del Caribe, creo indispensable responder a las adulteraciones históricas que contiene este ensayo y hacerle aclaraciones y rectificaciones''.

"Si bien el autor menciona una extensa bibliografía y se basa en datos y detalles de la época, esos son relacionados e interpretados en forma torcida, con abundancia de contradicciones y alejada de la imparcialidad necesaria para enjuiciar a factores de esa apasionante jornada. De nada valen las citas bibliográficas y el relato de acontecimientos cuando éstos se distorsionan y el narrador adopta una pose petulante de superioridad con menosprecio de otros compañeros''.

"El libro, que de haber sido escrito objetiva e imparcialmente, hubiera sido de gran valor para el estudio de un período revolucionario lleno de desprendimiento, de heroísmo y de realizaciones fundamentales para el destino de la República, ha devenido en un empeño especulativo de hechos y circunstancias sin valor para una seria investigación histórica y el conocimiento correcto de los protagonistas''.

"La declaración del valioso compañero del Directorio, Dr. Juan Antonio Rubio Padilla, publicada en la pág. 5 del DIARIO LAS AMERICAS de fecha 21 de enero de 1986, desautoriza muchas partes del libro, lo cual le resta credibilidad y hace innecesario extenderse en más consideraciones. No obstante es preciso rechazar la afirmación de que "Cuba pasó de colonia yanqui a satélite ruso'', como él refiere en un acápite del índice del libro''.

"Cuba es ahora un satélite ruso, pero es inadmisible aceptar que fuera una colonia yanqui al apropiarse del poder Fidel Castro. Para desmentirlo basta señalar la derogación de la Enmienda Platt en 1934, la "Doctrina Grau" sobre la agresión económica, la recuperación de la Isla de Pinos, la ley del Banco Nacional y cuantas medidas se tomaron que afectaban los intereses de los Estados Unidos en Cuba, que si hubiera sido una colonia no habrían podido dictarse''.

"El autor del ensayo afirma: "Fidel Castro llegó a romper el molde colonial''. Esa atrevida afirmación nos hace preguntar: ¿Cómo lo rompió? ¿Acaso sometiendo al pueblo de Cuba al terror y a la miseria? Hablar de régimen colonial en Cuba después de 1933 es una aviesa apreciación histórica''.

"En forma maliciosa se desconoce que sin presiones ni injerencia extraña fueron electos los dos gobiernos auténticos y éstos mantuvieron una política internacional de profundo carácter nacionalista".

"La sombría perspectiva que ofrece el libro está desmentida por la obra "Estudios sobre Cuba" del Grupo Cubano de Investigaciones Económicas de la Universidad de Miami, 1963, que presidió José Alvarez Díaz e integrada por Antonio Jorge, Raúl Shelton y José M. Illán y la Geografía de Levi Marrero —cuyos autores no eran ni políticos ni auténticos".

"Nos preguntamos, ¿qué propósito tiene el libro: informar, exponer a las generaciones jóvenes qué significó y cuales fueron las realizaciones del DEU y de la Generación del 30 ó prestarle un inapreciable servicio a Castro y al comunismo internacional, creando defectos y mostrando más lacras que valores positivos? Así se justifica la entrega de la Isla de Cuba por Fidel Castro al colonialismo totalitario de la Unión Soviética".

"Cada uno de los relatos está transido de acritud, lo cual comprobará el que lea este libro que es la obra maestra de un resentido en su afán de destrucción. Lamentamos que el ensayo deje tan mala impresión sobre este período tan importante y positivo de Cuba a las nuevas generaciones de jóvenes que tengan acceso a su lectura".

"Tenemos que concluir que las revelaciones tardías, como éstas, frecuentemente tienen la virtud de aportar más confusión y contrariedad que luz".

"Hemos elaborado este artículo a reserva de escribir proximamente un folleto en el que responderemos adecuadamente las inexactitudes, las contradicciones y los juicios faltos de toda consideración de las personas a quienes gratuitamente ofende y maltrata el autor".

Miami, 23 de Enero de 1986

III

"Un mecanismo de defensa en forma de libro", por Inés Segura Bustamante, artículo publicado el Martes 4 de Febrero de 1986, Diario Las Américas, página 5-A.

"Frente a la irrupción extemporánea de la única disensión dentro del Directorio Estudiantil Universitario de 1930, iniciado por los ataques de uno de los menos destacados miembros del organismo a tres de los más significativos, que después fueron poder en la República a través de limpias elecciones, otros integrantes del Directorio que permanecen en vida activa, se deciden aclarar muchas de las sombras e inexactitudes que el mencionado compañero de otras épocas ofrece en un reciente ensayo con extensión de libro sobre Cuba en 1933".

"Es una pena que uno de los miembros menos activos de cuantos tomaron parte en aquella lucha pretenda convertirse en lo que no fue y que además presente a su manera los años que siguieron".

"El autor llama a Cuba "colonia yanqui que pasó a satélite ruso". Borra los esfuerzos de la generación del 30, continuados en la Constitución de 1940 y en los ocho años de gobiernos auténticos, y pretende ignorar que todos estos procesos fueron afirmaciones de propia determinación".

"Este juicio persigue el propósito de disminuir a los tres miembros del Directorio que continuaron en labor política durante los períodos 1944-52. Carlos Prío, Rubén de Leon y Tony de Varona habían sido varios de los más reconocidos integrantes, lo que parece que molestaba al que fue mucho menos conocido, cuyo nombre omito para no aumentar la publicidad que busca".

"El mensaje que trata de enviar el ensayista acerca del Directorio del 30 es el de un grupo en el que dos jóvenes, los únicos "decentes", uno de ellos el autor, crean un "bóveda moral" que obliga a todos y especialmente a aquellos tres que sufren de la delictiva vocación política, a ser "decentes" también. Al desaparecer esta bóveda y antes de formarse, estos tres, no obligados por la bóveda, incurren en el pecado a que los impulsa su vocación, por lo que reciben el calificativo de "electroreros". Las actividades de estos tres son también llamadas "electoreras", con el sentido despectivo que tiene esta palabra".

"Repetidamente, se refiere en estos términos a Rubén de León, a Carlos Prío y a Tony de Varona".

"Vamos a tratar de rectificar algo de lo que el ensayista tuerce".

"Del ensayista sí se puede decir que por haber sido admitido en un grupo de jóvenes de gran valentía y desprendimiento, lo envolvió la aureola creada por aquéllos, ya que ni antes, ni durante, ni después del Directorio, se distinguió el autor por acto alguno de significación".

"Rubén, Carlos y Tony estuvieron en la línea de choque, la del peligro, en todas las manifestaciones, actos de calle o enfrentamientos, aun si éstos ocurrían dentro de un penal, como cuando Varona recibió la herida de puñal debajo de un pulmón en la lucha contra el cuerpo de choque que el jefe de la cárcel del Castillo del Príncipe introdujo en la celda de los estudiantes".

"En la manifestación del 3 de diciembre de 1930, Rubén al frente, se encontró con un policía, el que resultó muerto".

"A Prío —lo cuenta Portell Vilá en un artículo de DIARIO LAS AMERICAS de 28 de diciembre de 1985— lo vieron agitado y en mangas de camisa al disiparse el grupo que estaba con Trejo cuando cayó herido de muerte".

"A Tony Varona ese mismo día tuvieron que llevarlo Pepelín Leyva y Ernesto Alpízar al zaguán de una casa hasta que recobró el conocimiento, después de haber recibido al lado de Trejo, un brutal golpe de la policía".

"No recuerdo al autor en ocasiones como éstas".

"Ante el desprecio por la política, los partidos y las elecciones, a las que se refiere como propios de políticos profesionales y faltos de rigidez moral, nos preguntamos:"

"¿Qué particular asociación de ideas hace que se coloque a la política al mismo nivel que a lo ilegal? ¿Tendremos que encerrar las escuelas universitarias de ciencias políticas en celdas de seguridad?"

"Llama a estos tres compañeros "políticos tradicionales" al mismo tiempo que reconoce su respeto a la vida, a la libertad y al voto popular. No niega la limpieza de sus elecciones y el respeto a la democracia, durante el mandato auténtico de 8 años".

"Las elecciones durante estos años y la actitud democrática fueron insospechables e insospechadas, como todos sabemos".

"¿En qué consiste entonces el calificativo de "electoreros", de políticos tradicionales?".

"La política tradicional era, en algunos políticos, la de la "brava", la del fraude en el conteo de votos".

"Se refiere con la palabra "electoreros" y "tradicional" ¿tal vez a la corrupción administrativa? La corrupción en la forma circunscrita en que se produjo, no basta para definir una política".

"Rubén de León murió en la pobreza, Tony Varona vive de un muy limitado retiro".

"Carlos Prío huyó de la vida envuelto en problemas económicos. Si no tuvo voluntad para impedir una situación, se debe a defectos humanos de los que nadie está libre y los que, por personales, no alcanzan a determinar el carácter de la política de un partido, lleno de hombres honrados, ni los propósitos de una generación o de una República".

"El autor repite en cada oportunidad que era "el más joven" del Directorio. Todos teníamos algo menos o algo más de 20 años con excepción de Prío, Viego y Cancio. Entre primer y segundo Directorio eramos unos 40 estudiantes. Puestos en lista por edades la diferencia entre unos y otros era de meses. ¿Tiene importancia en este caso ser el más joven? Ante el público, que no conoce esta insignificante diferencia de edades, tal vez pretenda el autor justificar su poca combatividad en aquella lucha. Recordamos a Mariano González Rubiera del directorio del Instituto, asesinado por su combatividad a los 16 años. Andrés Vargas Gómez de 15 años, también del instituto se distinguió a pesar de su juventud".

"Prío, Rubén y Tony (muy joven éste también) a pesar de que huían de la publicidad, aparecían, por su arrojo, alguna vez en periódicos o revistas, y mucho más cuando fueron parte esencial de los gobiernos auténticos".

"El autor nunca fue objeto de interés periodístico, lo que es posible que le provocara una incomodidad que sería lo único que podría explicar sus repetidos ataques; los que están basados en parte en inexactitudes y en parte en interpretaciones elaboradas".

"Este libro, en el que trata de disminuir la importancia de aquellos tres, y de muchos otros compañeros entre los que me incluye, le ha proporcionado la publicidad que por su escasa significación no tuvo. Por presentar aspector muy parciales, los que fuimos parte de aquel proceso casi desconocemos la historia que ofrece el autor".

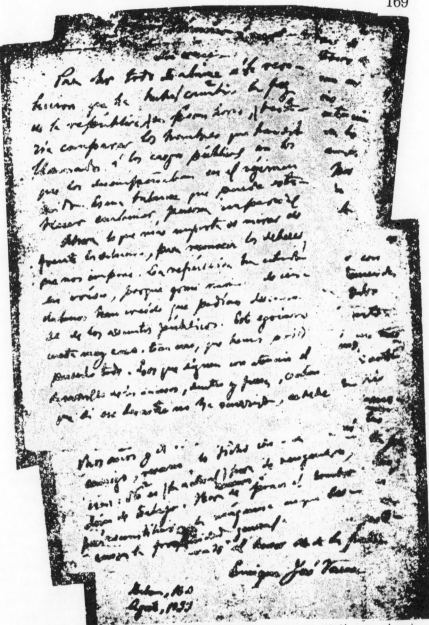

Enrique José Varona tan lúcido el 4 de septiembre de 1933, como 19 días antes al escribir estos "Consejos", el 16 de agosto, y como el 10 de septiembre cuando fue propuesto para Secretario de Instrucción Pública.

Facsímil de las cuartillas en que el sabio filósofo Enrique José Varona escribió sus "Consejos". Enrique José Varona fue muy admirado por los estudiantes, aunque estuvo lejos de ser factor decisivo en la ideología de la Generación del 30.

"En suma, la obra y el ataque a lo largo de sus páginas, al Dr. Grau y a los tres maximos exponentes de nuestra generación y, sobre todo, la esencia del mensaje concentrado en la ecuación política (igual) actividad ilegal, evidencia además de la descuidada exposición, que aparece en el fondo y en la forma de la expresión desde la primera página, 1ro. una falla de la memoria como posible causa de las múltiples contradicciones, y transportaciones de los recuerdos como cuando me presenta proponiendo a Enrique José Varona, (lúcido o senil) para la Presidencia, en lugar de como en realidad fue, que lo propuse para Secretario de Instrucción Pública, por no haber aceptado el cargo Carlos de la Torre; y 2do. una necesidad de propaganda, la que recibe de los que no conocen bien aquel proceso, y la que no pudo alcanzar en su juventud".

"Nota: en la comparecencia radial del 18 de enero en la Universidad del Aire, el autor del libro a que nos referimos expresó que Cuba había sufrido dos grandes desgracias: una, Grau San Martín, la otra, Fidel Castro. Existe grabación a disposición pública en la Biblioteca Ramón Guiteras del Colegio de Belén".

IV

"Cuba 1933: absurdos y falsedades", por Fidel Fernández Zayas, artículo publicado el Sábado 22 de Febrero de 1986 en el "Herald en Español", Sección Palestra.

"En la política internacional del compulsivo y cambiante mundo de hoy, nigún acontecimiento revolucionario regional ha tenido mayor cobertura informativa ni ha despertado mayor interés mundial, en extensión y tiempo que la revolución comunista en Cuba. Ninguno ha sido probablemente más debatido en todos los niveles, hasta en las más apartadas regiones del universo y, al mismo tiempo, pocas conmociones políticas contemporáneas han sido tan mal comprendidas, especialmente en lo que se refiere a sus orígenes y dinámica".

"Aun hoy, a más de medio siglo de los acontecimientos del 1933, acaba de ser editado un libro titulado "Cuba 1933: estudiantes, yanquis y soldados", firmado por un miembro del Directorio Estudiantil Universitario del 30. Firmado digo, porque la obra es producto de un sinnúmero de coautores y colaboradores —obra en cooperativa—, para la que se contó desde recomponedores de texto y consulta de sicólogos extranjeros hasta redactores expertos para sus titulares. Y ha venido a confundir más".

"La obra en cuestión que trata de la Revolución del 33, está plagada de absurdas y caprichosas interpretaciones del autor o firmante, producto del resentimiento de quien traicionó la revolución desertando en el 33 coincidiendo con la contrarrevolución al volver a incorporarse a los enemigos del ideario del Directorio Estudiantil del 30, al viajar en el Tren de la Victoria de Saladrigas, en las elecciones del 44 frente a Grau San Martín; y hoy en el destierro participando en el diálogo con Castro".

"A qué responderá, que a estas alturas el señor Carrillo, su autor, o por lo menos firmante, "haya descubierto" que no es Castro, sino el doctor Ramón Grau San Martín "el gran traidor" a Cuba. Y aún más traidor —según Carrillo— que el propio Batista, que fue quien sacó del poder a tiro limpio al gobierno revolucionario de Grau en el 33, sirviendo intereses reaccionarios y foráneos".

"Sí, a tiro limpio. Cuando los estudiantes revolucionarios acompañados del pueblo en general invadíamos el Parque Zayas frente a Palacio, para apoyar a Grau, el día que lo forzaron a renunciar —y yo sí estaba allí—, los esbirros de la sargentería insurrecta asaltaron la mansión ejecutiva y masacraron al pueblo".

"Llegaron tropas procedentes del Campamento de Columbia, al mando del capitán Belisario Hernández, tomaron Palacio y ametrallaron indiscriminadamente a los manifestantes, que desarmados y pacíficamente clamábamos contra la conjuta contrarrevolucionaria. La criminal e inesperada agresión dejó un saldo de seis muertos y docenas de heridos".

"Eso no lo cuenta el "injustico" Carrillo en su parcial historia en Cuba 1933, donde sobran intrascendentes chismes aldeanos, hasta el nivel de la conducta sexual de funcionarios extranjeros. Pero, ¿no lo cuenta por ignorancia? No...no lo cuenta porque ya en aquellos momentos Carrillo había traicionado a la revolución, pasándose a la oposición y manifestando, bajo la consigna de "Kin Kon , que se vaya Ramón", en actos públicos organizados por los comunistas".

"Ya el propio doctor Juan Antonio Rubio Padilla, del Directorio del 30, cuyo prestigio Carrillo trató de utilizar, ha salido a desmentirlo; como igualmente acaba de hacer el doctor Manuel Antonio de Varona, una de las figuras más serias y distinguidas de aquella promoción revolucionaria. Como iremos testificando contra ese mamotreto, en nombre de una generación testigo, los que aún sobrevivimos".

"Lo que no le vamos a consentir al señor Carrillo es que pretenda difamar la imagen histórica del ex-presidente demócrata, quien, con toda su familia presa y acorralada continuamente por los sicarios comunistas, se mantuvo impertérrito resistiendo heroicamente en la isla, salvando el honor y la dignidad de la jefatura política de la Cuba de ayer".

"Cuba libre y feliz de los días del autenticismo, que Carrillo —cooperando con la infamia comunista— califica de colonia yanqui, Bendita Cuba libre y feliz, que ojalá con estructura colonial y todo —según Carrillo—, regrese pronto".

V

"Anatomía de una injusticia", por Julio Sanguily, artículo publicado el Jueves 27 de Febrero de 1986, Diario Las Américas, página 10-A.

"Aunque he dedicado toda mi vida al ejercicio de la medicina, la circunstancia de que el señor Justo Carrillo haya publicado un libro lleno de inexactitudes, falacias e insinuaciones malévolas en busca de notoriedad, me obliga a escribir estas líneas para que se sepa la verdad y poner en evidencia a quien ataca solapadamente la limpia actuación patriótica de un hombre, de cuya clara cubanía nadie pudo dudar. Me refiero a mi padre, el general Julio Sanguily y Echarte, el jefe superior del movimiento militar contra la dictadura de Machado el 11 de Agosto de 1933".

"El hecho de que estuve a su lado desde el comienzo hasta los últimos acontecimientos que conmovieron nuestra patria en 1933, me autoriza a exponer lo que él vivió durante los últimos días del derrocamiento de Machado y lo que sucedió después. No es mi objetivo describir ni penetrar en el problema militar prerrevolucionario, pues lo que quiero aclarar aquí, de una vez y para siempre, es su actuación militar y patriótica en 1933. A cuyo efecto doy comienzo al relato de lo que vivimos mi padre y yo, por haber sido su médico y su compañero inseparable en aquellos instantes".

....

"A los pocos días se produjo el golpe del 4 de septiembre, aprovechando la ausencia y falta del jefe, vino la insubordinación de las fuerzas armadas y con ella un estado total de indisciplina. La casa fue vigilada y los ordenanzas fueron eliminados. Hubo noticias de que no se permitía reuniones en la casa, inclusive se habló de registros y hasta de llevarse a mi padre preso para la Cabaña por ser el motivo de los grupos de oficiales. Así las cosas se convino en la familia la necesidad de trasladar a mi padre para un lugar aislado y la señora Carlota F. Sanguily me pidió que yo buscara el lugar. Como desde hacía varios años yo era el médico de los huéspedes del Hotel Nacional, pensé que ese era el lugar apropiado y hablé con mi amigo Mr. Taylor que lo administraba. Le expliqué lo que deseaba y me dio los cuartos 802 y 804 para mi padre y la familia. Nosotros, por nuestra parte procuramos no divulgar el traslado. Todo lo que se diga en contrario es falso. Como era muy amigo de Mr. Taylor y Mr. Jarvis que administraban el hotel, fui yo, y únicamente yo, quien escogió el hotel como sitio para aislar a mi padre. En ningún momento vimos ni hablamos con el embajador ni con algún miembro de la embajada. Es más, yo nunca hablé con él ni pedí favor alguno. Y como se ha visto, las únicas ocasiones en que Welles tuvo tratos con mi padre —y siempre a petición de Welles— cuando era jefe del movimiento militar, fue en asuntos estrictamente oficiales cuando no se podía prescindir de él solamente por dos veces, y esas dos veces hubo discordia entre ellos, precisamente por oponerse mi padre a sus entremetimientos en nuestros asuntos".

"Ya en el hotel, instalé una cama Fowler para el enfermo. No se permitieron visitas hasta después de unos días y siempre con cita previa. Pero la noticia del traslado la supieron pronto los oficiales y fue inevitable que vinieran de todos los grados a partir del 7 de septiembre. El resto del relato, o sea la organización del hotel como un campamento militar, la de los servicios propiamente militares, así como el desarrollo de los acontecimientos posteriores no son materias de mi incumbencia. La Cruz Roja solicitó y obtuvo una tregua en el combate (el 1ro. de octubre) para sacar del hotel a tres señoras, la del general Sanguily y de dos oficiales".

"El resto del relato de los sucesos posteriores, corresponde a los historiadores, pero sí puedo afirmar a fuer de hombre honrado, que jamás tuve noticias de que algún jefe u oficial del ejército nacional, inclusive mi padre, hubiera solicitado algo del Secretario de Estado de los Estados Unidos ni del embajador Welles o algún otro miembro de la embajada.]

Como verá el lector la reacción de cinco exponentes de aquella época niega, primero, la veracidad del libro, y, después, la capacidad del autor para hacer juicios mesurados y objetivos sobre lo ocurrido en la República.

Debemos referirnos además a la despreocupación del Departamento de la Universidad de Miami que aceptó esta obra para ser publicada bajo sus auspicios sin investigar antes su calidad histórica. Los acontecimientos se narran en forma distorsionada, para adaptarlos a la necesidad del autor de presentarse como personaje predominante capaz de haber hecho cambiar el curso de la historia.

Con todo mi respeto a la prestigiosa Universidad de Miami, le expreso mi extrañeza ante la decisión de ofrecer a sus estudiantes una obra que desorienta en cuanto al desenvolvimiento de la República de Cuba, la que ni siquiera es ejemplo de correcto lenguaje español, y que está llena de largas y tediosas conversaciones grabadas y transcritas, con un índice onomástico en el que falta el nombre de figuras centrales en el libro como los Presidentes Grau y Prío.

Otros hijos también tiene Cuba en este exilio que tratan de hacer resaltar las lacras que como todo organismo social tuvo la República. Unos por juventud, otros por falta de interés y algunos más por ignorancia desconocen lo que ocurrió en nuestra nación después de 1930.

Los gobiernos auténticos elevaron a Cuba a los más altos niveles de protección popular, comparándolos con los de las demás naciones americanas, incluyendo los Estados Unidos.

Los períodos auténticos, tanto como el gobierno revolucionario del 33 (continuación unos del otro) influyeron de tal manera en la política cubana que del 33 en adelante se promulgaron, aún por gobiernos subsiguientes, leyes como la de Protección a la Maternidad que no existe en esta gran nación para las mujeres que trabajan. Por esta ley se le otorgaba a la mujer el derecho a disfrutar de licencia, por 6 semanas antes y 6 semanas después del parto, con sueldo completo.

La República, por la influencia del grupo auténtico, se distinguió en reformas sociales, económicas y políticas de gran trascendencia.

La característica que más radicalmente los diferenció como gobiernos fue el ejercicio de la Libertad, de la Democracia y del respeto al Hombre. No hubo durante estos dos períodos un solo preso político, un solo exiliado. ¿De cuántos otros gobiernos de Cuba o de América Latina, se ha podido decir lo mismo?

Cuba tuvo hombres notables en el aspecto político. Si en la cultura de las letras, un gran número de sus exponentes se sintieron desligados de los intereses de la República, ya que algunos de ellos se plegaron a la voluntad de los dictadores del patio, los cultivadores de la política alcanzaron altos niveles en la segunda mitad de la vida republicana.

Los grandes hombres de esta época fueron —unos con sus virtudes y otros con sus defectos— los que transformaron nuestras leyes; eran repúblicos que se entregaban a su labor en un período, y que en otro arriesgaban su seguridad frente a la opresión, ya fuera extraña o criolla, en defensa de los Derechos de Cuba y de su pueblo.

Existe un gran contraste entre las manifestaciones culturales del siglo XX y las de los hombres del XIX, que pusieron su capacidad y su talento al servicio de la libertad de Cuba.

CAPITULO XIII

Profunda transformación de la República de Cuba. Leyes de avance social y económico. Protección a los cubanos. Referencia a las Gacetas Oficiales de septiembre de 1933 a enero de 1934 y nombre de los Secretarios que firmaron cada una de las más importantes leyes.

Nuestra nación desde su inicio en 1902 hasta septiembre de 1933, había permanecido con modos de vida similares a los de la colonia que fue durante cuatro siglos. (1)

A lo largo del tiempo en que fuimos colonia española habíamos avanzado lenta y gradualmente. En el siglo XIX ya nos considerábamos una nación capaz de vivir separada de nuestra madre patria, lo que hizo surgir los movimientos autonomista e independentista.

Referente a la cultura habíamos llegado al plano de cualquiera otra nación libre americana. Teníamos entre nuestros pensadores a Félix Varela, Agustín Caballero, José de la Luz y Caballero, José Antonio Saco, exponentes de un grupo numeroso de hombres de talento excepcional que influyeron en la formación de la conciencia de la nacionalidad cubana.

La segunda mitad de ese siglo presenció nuestras guerras de independencia, que siguieron a una gran cantidad de conspiraciones, las que mostraban la aspiración de los cubanos a crear la nueva y distinta nación desde principios de siglo.

---

(1) Al empezar este capítulo recibo la noticia de la desaparición para siempre de Alberto Segrera, el compañero de nuestras luchas del 30 al 33 que tanto me ayudó en la primera parte de este relato. El 13 de Abril de 1983 perdimos a otro de nuestros valiosos y valientes compañeros de aquella época. Llegue mi gratitud hasta su morada en la bienaventuranza de los justos.

Aparecieron también grandes poetas que con su estilo alertaban nuestra conciencia política.

El cambio de colonia a República independiente que ocurre en 1902 fue más un cambio en los papeles que en la vida ciudadana, que como en todo acontecimiento humano significa un cambio de estado más que un cambio de naturaleza, como es el del crecimiento de un pueblo.

Nuestra nación no podía convertirse en soberana en sentido estricto tan sólo por ajustarse el traje de país libre, después de desechar el del coloniaje. No es un proceso instantáneo el transformarse completamente y realmente en una verdadera República.

Los cubanos distaban mucho de ser los dueños de la riqueza y la producción de Cuba.

Los españoles que desde la época colonial dominaban el comercio, continuaban dominándolo.

Los propietarios de grandes casas comerciales traían a sus familiares de España y los empleaban con exclusión de los cubanos.

La industria también estaba en manos extranjeras. Nuestra principal y casi única gran industria estaba en manos de grandes empresas norteamericanas, francesas e inglesas, que importaban braceros de Haití y Jamaica para cortar sus inmensos campos de caña.

El colono, cubano que en un pedazo de tierra relativamente pequeño sembraba sus cañas, tenía que venderlas a la empresa extranjera en competencia con la caña que ellas obtenían a más bajo precio por los jornales mínimos que pagaban a jamaicanos y haitianos. El colono cubano veía reducido —por la explotación extranjera— el producto que recibía de sus pequeños cañaverales, cultivados y cortados con el amor a su tierra.

El pueblo cubano iba adquiriendo conciencia de su precaria situación dentro de su patria, pero no había llegado a organizarse en una protesta hasta 1930.

Los grandes poetas que ofrecen la expresión de los sentimientos populares dejaban ver en sus versos la protesta callada del campesino, o del trabajador en general.

"Las Carretas en la Noche" del poeta nacional Agustín Acosta, desaparecido hace pocos años a una avanzada edad, traslucía en sus versos finales el sentir del guajiro cubano:

"Van hacia el coloso de hierro cercano,
van hacia el ingenio norteamericano,
y como quejándose cuando a él se avecinan,
cargadas, pesadas, repletas,

¡con cuantas cubanas razones rechinan
las viejas carretas...!

El superar esta situación requeriría un tiempo, el indispensable para la maduración de los acontecimientos naturales, como es el proceso evolutivo de una nación; y no fue hasta 1930 cuando una generación nacida ya en la República despuntaba a la vida política alrededor de sus veinte años de vida.

Fue un resultado sociológico normal, en el desarrollo de nuestra historia Republicana, el que aparecieran en la generación de 1930 las ideas de hondas transformaciones sociales y políticas que estuvieran de acuerdo con nuestro estado legal de pueblo libre, y además, de acuerdo con el avance de los tiempos y el progreso universal.

Fue esta generación dirigida por sus estudiantes, los que representaban su parte pensante, la que preparó al pueblo, a través de las proclamas del Directorio del 30, para la grande y profunda transformación social, económica y política que ocurriría durante el breve período de Gobierno de este grupo de estudiantes. Su Presidente, quien tuvo el coraje de aceptar el difícil cargo, fué el profesor universitario, Dr. Ramón Grau San Martín.

Entre las leyes más importantes de este gobierno, llamado de los 100 días, que en realidad duró 127, están las que más adelante expondremos. Desde el 10 de septiembre de 1933 al 14 de enero de 1934, cada una de estas leyes eran propuestas por un grupo estudiantil; la que se redactaba con algún Secretario, Subsecretario o Jefe de despacho. Más tarde se le presentaban al Dr. Grau repetidas veces, el que en ocasiones las modificaba. Otras leyes, después de estudiadas por el Presidente eran firmadas y las presentaba en alguna sesión del Gabinete, para que el Secretario correspondiente las firmara. Para otras leyes, en aquel gobierno revolucionario, llamaba a alguno de los Secretarios para que estampara su firma, y las enviaba directamente a la Gaceta Oficial.

La más importante ley de ese período, la Ley de Nacionalización del Trabajo, llamada por el pueblo Ley del 50% la tenía el Dr. Grau en su poder desde hacía algún tiempo y la firmó en la mañana del 8 de noviembre con Angel Alberto Giraudy, Secretario de Trabajao, entre el ruido de las ametralladoras y los aviones del levantamiento del ABC con los oficiales.

Había llegado el momento en que no la podía retener por más tiempo estudiándola, no fuera a ser que lo imprevisto sucediera y esa ley importantísima quedara sin promulgar. Dio órdenes de que se publicara esa misma mañana en la Gaceta Oficial.

Las aspiraciones que había expresado el Directorio Estudiantil Universitario de 1930, para el reordenamiento de nuestra Patria en una República verdaderamente libre para todos los cubanos, en las que se mostraba el interés puramente nacional de aquella, la juventud de la época, fueron plasmadas en las diversas y múltiples leyes nacionalistas que el gobierno del Dr. Grau San Martín y del Directorio promulgó.

La Ley de Nacionalización del Trabajo quedó promulgada al publicarse, en la Gaceta Oficial de la República, el Decreto No. 2583, el día 8 de noviembre de 1933.

El propósito de esta ley era alcanzar una mejor distribución del producto del comercio y de la industria. Desde la promulgación y el cumplimiento de esta ley en lo adelante gran parte de la riqueza cubana quedaría en manos de los cubanos nacidos en la Isla.

Se disponía por este Decreto con fuerza de ley que "todas las personas jurídicas o naturales establecidas con el concepto de patronos en el territorio nacional, en la explotación de empresas agrícolas, industriales o mercantiles tendrían forzosamente que utilizar en los trabajos a que se dedicaran un 50 por 100, por lo menos, de cubanos nativos y dedicar al pago del salario devengado por los mismos un 50 por 100 por lo menos de las cantidades que se destinaran al pago de su personal".

Todas las plazas vacantes y de nueva creación también debían ser ocupadas por cubanos nativos, no solamente naturalizados.

Era necesario a los efectos de esta ley distinguir entre cubanos nativos y naturalizados, por la gran cantidad de españoles, haitianos, y jamaicanos que eran cubanos naturalizados; los españoles de los comercios protegían a sus familiares que traían de España y al cabo de un tiempo adquirían la ciudadanía cubana, y los haitianos y jamaicanos importados para el corte de la caña, al permanecer años en Cuba, también adquirían la ciudadanía cubana.

Muchos otros decretos de este gobierno constituyen leyes nacionalistas que en el futuro tendrían que respetar gobiernos subsiguientes, incluyendo los regímenes de facto. Al pasar de los años todos los gobernantes respetaron las reformas sociales y económicas que favorecían al pueblo, hasta llegar el asalto comunista al poder a través del engaño pretendiendo ser liberadores católicos de un pueblo oprimido por el terror de una dictadura, nunca tan sangrienta como la de los sistemas totalitarios en cualquier parte del mundo.

El gobierno comunista de 1959 en Cuba, por supuesto, fue el primero que no tuvo en cuenta las reivindicaciones logradas para los obreros y campesinos.

La masa del proletariado se vió más lejos de las ventajas económicas que nunca en nuestra Isla. La situación del proletariado en Cuba sólo puede igualar las condiciones de la esclavitud de épocas pasadas.

La frase "dictadura del proletariado", es en sí gramatical y lógicamente absurda y falaz. "Dictadura" se refiere a alguien que dicta, que dispone para los demás y el proletariado como masa no puede dictar ni disponer, no se pueden escuchar mil voces a un tiempo. Y su delegado sin un aparato vigilante como el de las democracias se convierte en dictador o tirano, mientras más tirano más dificil de deponer.

Además del primer decreto al que nos referimos en párrafos anteriores, entre otros del Gobierno Provisional de 1933, está el Decreto No. 1693, del 19 de septiembre de 1933 que establece la jornada máxima de ocho horas de trabajo para toda clase de ocupaciones y para todos los habitantes de la República, cubanos o extranjeros. Se publicó en la Gaceta Oficial con las firmas del Dr. Grau y de Antonio Guiteras, Secretario de Gobernación en el 20 de septiembre, porque todavía no se había nombrado al Secretario de Trabajo, Angel A. Giraudy, ley que puede leerse en el Programa del Directorio de 22 de agosto de 1933.

Por el Decreto No. 1763 de 20 de septiembre de 1933 se aprueba un acta de reivindicaciones obreras llamada Acta de Morón, sobre los sueldos de los obreros de los Ferrocarriles Consolidados de Cuba; y en el mismo se ordena que en lugar de pagar el trabajo a destajo se pague por medio de jornal diario para los trabajadores del puerto, cuyas agrupaciones se mencionan en este Decreto. (Publicado en la Gaceta Oficial de 23 de septiembre, con las firmas del Presidente y de Gustavo Moreno, Secretario de Obras Públicas e interino de Agricultura, Comercio y Trabajo.)

Por el Decreto de 30 de septiembre de 1933, No. 1975, se crea una Comisión encargada de estudiar la huelga de los consumidores de luz y de gas y de los suscriptores de la Compañía de Teléfonos.

Como consecuencia del estudio de la nombrada Comisión, en

diciembre 6 de 1933 se dictó el Decreto No. 2974, por el que se rebajaban las tarifas de electricidad y gas.

El 4 de enero de 1934 por no haber cumplido las disposiciones de los decretos anteriores, el Gobierno Provisional, por Decreto No. 172 ordena la intervención de la Compañía de Electricidad. Estos tres decretos (Gacetas Oficiales de Cuba de Octubre 2, Diciembre 6 y Enero 4) fueron la respuesta que el Gabinete le dio a las quejas de los consumidores, que habían llegado directamente hasta el Dr. Grau. A Guiteras, como Secretario de Gobernación, le correspondió firmarlos y ejecutar la orden de intervención, que aparece en el tercero de ellos, por mandato presidencial, no por iniciativa propia como se ha pretendido. Participaron en la intervención fuerzas armadas al mando del Teniente Genovevo Perez Dámera, Ayudante del Presidente.

(Estos decretos leyes y todos los demás a los que se refiere este libro se pueden examinar en los originales de las Gacetas Oficiales de la República de Cuba, que están en el Departamento de Archivos y Colecciones Especiales de la Biblioteca Richter de la Universidad de Miami.)

Por el Decreto No. 2006, de 30 de septiembre de 1933 se conceden plazos para la ejecución del lanzamiento en aquellos desahucios que se encontraban pendientes en la fecha de la publicación de este Decreto, los que se elevaban a la cantidad de 65,000. (Publicado en la Gaceta Oficial de octubre 4, con las firmas del Presidente y de J. del Río Balmaseda, Secretario de Justicia.)

El 13 de septiembre se crea por Decreto No. 2142 la Secretaría del Trabajo, que regularía las relaciones entre obreros y patronos a los que ayudaría en forma equitativa a resolver sus conflictos. (Publicado en la Gaceta Oficial de octubre 16, con las firmas del Presidente, y de J. del Río Balmaseda, Secretario de Justicia.)

El 7 de noviembre de 1933, por el Decreto No. 2605 se autoriza a los obreros a organizarse en Sindicatos, Federaciones y Confederaciones, lo que años más tarde dio lugar a la creación de la "Confederación de Trabajadores de Cuba" (C.T.C.) de larga historia política en nuestra nación, hasta desaparecer bajo la opresión del régimen comunista que hoy domina policialmente nuestra Patria.

Este decreto del Gobierno Provisional de 1933 exigía que los dirigentes obreros fueran ciudadanos cubanos. (Publicado en la Gaceta Oficial de 13 de noviembre con las firmas del Presidente y de Alberto Giraudy, Secretario de Trabajo.)

En 18 de octubre de 1933 se autoriza por el Decreto No. 2232 la repatriación forzosa de los extranjeros que se encontraban sin trabajo y privados de toda clase de recursos. Este decreto iba dirigido principalmente a la gran cantidad de haitianos y jamaicanos que traían los ingenios en su mayoría extranjeros para el corte de caña. (Publicado en la Gaceta Oficial de octubre 19 con las firmas del Presidente y de Antonio Guiteras, Secretario de Gobernación.)

El Decreto 2349 de 24 de octubre de 1933 permitiría exportar en el año 1934 a los Estados Unidos, todos los azúcares que quedaran sin embarcar en la República el 31 de diciembre de 1933. (Publicado en la Gaceta Oficial de 26 de octubre con las firmas del Presidente y de Carlos Hevia, Secretario de Agricultura.)

El 11 de noviembre de 1933 se dictó el Decreto No. 2697 por el que se prohibía que los salarios de los obreros y empleados de las compañías de servicio público fueran embargados o retenidos judicialmente. (Publicado en la Gaceta Oficial de 17 de noviembre firmado por el Presidente y por Alberto Giraudy, Secretario de Trabajo.)

En noviembre 4 de 1933 se dictó el Decreto No. 2689 que prohibía que se pagara con vales a los empleados de las compañías azucareras, según establecía la ley de 6 de diciembre de 1929, año en el que estaba en el poder el gobierno machadista. Estos vales sólo podían usarse para comprar mercancías en determinadas tiendas del área, las que tenían un previo acuerdo con las grandes compañías patronales para su beneficio mutuo, a expensas del trabajador. (Gaceta Oficial de 17 de noviembre con las firmas del Presidente Grau y Carlos Hevia, Secretario de Agricultura y Comercio.)

Por el Decreto No. 2701 de 16 de noviembre de 1933, se establecía una ley sobre préstamos e intereses que se pagaban por los mismos en la que se declaran ilegales los intereses superiores a 12% anual y en la que se incluyen otras disposiciones contra la usura, que en Cuba en épocas anteriores había llegado a ser del 10% mensual, a través de prestamistas a los que el pueblo les había puesto el nombre de "garroteros" (Gaceta Oficial de 17 de noviembre. Firmado por el Presidente Grau y Alberto Giraudy, Secretario de Trabajo.)

El Decreto No. 3278 de 29 de diciembre de 1933 establece regulaciones que deberá cumplir la industria azucarera, todas favorables a la participación del pueblo en la principal riqueza nacional (Gaceta Oficial de diciembre 30, Firmado por el Presidente

Grau y Carlos Hevia, Secretario de Agricultura y Comercio.)

En enero 2 de 1934, el Decreto No. 16 de ese año crea la Asociación de Colonos de Cuba, que sería el organismo legal representativo de los Colonos de caña de azúcar. (Gaceta Oficial enero 3, Firmado Presidente Grau y Carlos Hevia, Secretario de Agricultura y Comercio.)

El Decreto No. 116 de enero 9 de 1934 autoriza al Secretario de Agricultura y Comercio para que reparta en lotes a los campesinos cubanos las tierras cultivables pertenecientes al Estado, con excepción de las reservas forestales. (Gaceta Oficial de enero 10 Firmado Presidente Grau y Carlos Hevia, Secretario de Agricultura y Comercio.)

El Decreto No. 117 de enero 9 de 1934 estableció que nc podía pagarse menos de una cantidad límite que en aquellos años fue de 50 cts. por el corte, alza y tiro por cada 100 arrobas de caña para la zafra de 1934. (Gaceta Oficial de enero 10. Firmado, Presidente Grau y Carlos Hevia, Secretario de Agricultura y Comercio)

Por el Decreto No. 2686 de 15 de noviembre de 1933 se rebajó 2 cts. por onza o fracción de onza, el franqueo de la correspondencia de 1ra. clase. (Gaceta Oficial de noviembre 16, Firmado, Presidente Grau y M. Fernández de Velasco Secretario de Comunicaciones.)

Por el Decreto No. 13 de 2 de enero de 1934 se dictaron reglas para la elección de una Convención Constituyente que estructuraría la nueva Constitución y se fijaba para el 22 de abril la convocatoria a elecciones. (Gaceta Oficial de enero 2, Firmado, Presidente Grau y J. del Río Balmaseda, Secretario de Justicia.)

El Decreto No. 115 de 8 de enero de 1934 establece el Desayuno Escolar en todas las Escuelas Públicas de la Isla. (Gaceta Oficial de enero 10, Firmado Presidente Grau y J. A. González Rubiera, Secretario Instrucción Pública y Bellas Artes.)

Por el Decreto No. 2059 de 6 de octubre de 1933 se concedió la autonomía a la Universidad de La Habana. (Gaceta Oficial de octubre 9 Firmado, Presidente Grau y Manuel Costales Latatú, Secretario de Instrucción Pública y Bellas Artes.)

El 13 de octubre de 1933, el Decreto No. 2266 deroga los Decretos del año 1926 que disponían el uso de uniformes y la instrucción militar en los centros docentes de 2da. Enseñanza. (Gaceta Oficial de 23 de octubre, Firmado, Presidente Grau y Manuel Costales Latatú Secretario de Instrucción Pública y Bellas Artes.)

El Decreto No. 2551 de 30 de octubre de 1933, autoriza a los Institutos de 2da. Enseñanza para que organicen cursillos además, o en lugar, de los cursos normales oficiales, que estimen necesario para los alumnos que habían quedado retrasados en sus estudios por el cierre de los Centros de Enseñanza durante los últimos años del gobierno de Machado (Gaceta Oficial de 6 de noviembre, Firmado Presidente Grau y Manuel Costales Latatú, Secretario de Instrucción Pública y Bellas Artes.)

Se dictaron durante el tiempo del Gobierno Provisional de septiembre de 1933 a enero de 1934, una serie de decretos para la protección de las clases profesionales, estableciéndose la Colegiación obligatoria y la creación de los correspondientes Colegios Profesionales.

El 18, el 25 de septiembre y el 18 y 25 de octubre se establece la colegiación obligatoria de la clase médica, de los farmaceuticos, de los veterinarios y de los dentistas.

Los Decretos No. 2949 y el No. 2990 de 2 y 5 de diciembre de 1933 establecen el Colegio de Comadronas y de Enfermeras y su colegiación obligatoria.

El 13 y el 26 de diciembre se dictan los Decretos 3174 y 3271 creando los Colegios de Arquitectos y el de Agrónomos y Químicos Azucareros, y se hace obligatoria la colegiación.

El Decreto No. 157 de 11 de enero de 1934, declara condición indispensable para ejercer la función de abogado, el ser ciudadano cubano.

El 21 de diciembre de 1933 se ordenó la ocupación de los ingenios "Chaparra" y "Delicias" en la provincia de Oriente porque la compañía propietaria, la "Cuban American Sugar Company" se negaba a efectuar la molienda para 1934, porque alegaba que no podía pagar jornales superiores a 15 cts. la hora como demandaban los obreros.

Y el 12 de enero de 1934, por el Decreto No. 174 se suspendía provisionalmente el pago de las deudas extranjeras y por tanto los pagos al Chase National Bank. (Gaceta Oficial 15 de enero, Firmado Presidente Grau y Manuel Despaigne Secretario de Hacienda.)

Además de estos decretos, (que tenían fuerza de ley) se adoptaron muchas otras medidas en beneficio del pueblo, que el enumerarlas haría demasiado extensa la presente relación.

Si algún Secretario del Gabinete tuvo mayor influencia en las leyes que otro, éste fue Angel Alberto Giraudy, nombrado para la, creada por el gobierno, Secretaría de Trabajo. Giraudy de inteligencia nada común, en largas conversaciones con nosotros los estudiantes, antes de llegar al poder, nos había hablado de las leyes beneficiosas para el cubano que se podrían promulgar.

La promulgación de todas estas leyes que emanaban de Decretos Presidenciales por la ausencia del poder legislativo en el Gobierno Provisional del Dr. Ramón Grau San Martín y del Directorio Estudiantil Universitario de 1930, que actuaba como poder popular y civil con el apoyo de la fuerza militar representada por la revolución de los sargentos y alistados, cambió totalmente la situación de la República en el orden económico, social y político.

Hasta entonces la República de Cuba sí era políticamente de los cubanos, pero esa política estaba influída y en gran parte determinada por el estado social y económico de los habitantes de la Isla. Entre éstos, los cubanos tenían una parte exigua de los privilegios de la libertad y la independencia.

El vuelco grande que dio el Estado cubano durante el Gobierno Provisional de septiembre del 33 a enero del 34, puso en manos de los nacidos en la Isla, la mayor parte del poder, como corresponde a cualquier pueblo.

La más revolucionaria de todas, la ley de "Nacionalización del Trabajo", estuvo acompañada de otras leyes que la complementaban y que hacían al cubano, por primera vez, dueño de su tierra, de la tierra donde había crecido.

El poder económico en manos de extranjeros, principalmente españoles y norteamericanos, les daba preponderancia sobre la masa cubana, que el cubano resentía.

En la vida doméstica de la familia cubana, muchas madres, queriendo un futuro mejor para sus hijas, las impulsaban a contraer matrimonio con españoles, generalmente más acomodados que el cubano de la clase media o pobre.

En la primera parte de este siglo, durante los 25 años primeros de la República, los jóvenes españoles, hijos de acomodados comerciantes eran considerados entre la masa del pueblo los mejores partidos en la consideración de un matrimonio. Por eso durante esos años iniciales de la República hubo gran cantidad de enlaces entre jóvenes cubanas e inmigrantes o hijos de inmigrantes españoles, casi tanto como durante la colonia.

Con el advenimiento de las leyes sociales de 1933 la composición familiar cubana fue cambiando gradualmente.

El "gallego", el "negrito" y la "mulata", personajes indispensables en el teatro de género bufo de nuestra primera época republicana, fue desapareciendo como única forma del teatro vernáculo cubano. Los personajes representaban siempre al "gallego" acomodado, al que el "negrito", de alguna manera, lograba convencerlo para que le proporcionara algún beneficio económico.

Durante los últimos años de la década del 30 y principios del 40, los personajes de este teatro típico cubano fueron proliferando. Aparecieron varias series, principalmente radiales (porque en esos años se extendía la difusión radial) que popularizaron nuevos y distintos caracteres los que empezaban a cambiar la fisonomía del teatro popular.

Aunque el "gallego" y el "negrito" seguían siendo parte de nuestro teatro -con Garrido y Piñero- ya nuevas formas iban atrayéndose al público. Garrido que representaba al "negrito" aparecía ya sin el "gallego" en el "sketch" ¿"Con quién tengo la satinfánción de hablar"?

También aparecen las series "Chan-li-po", "El Derecho de Nacer" y otras.

El "gallego" ya no era un personaje permanente en el teatro típicamente cubano. La pareja del "gallego y el "negrito", hoy desaparecida, se fue así transformando en la de la "familia Pilón", "Pototo y Filomeno", "Trespatines y el Tremendo Juez".

La legislación de avances sociales del gobierno provisional, provocada por las aspiraciones de la generación del 30, durante sus tres años de dura lucha, alteraron la vida de la República en todos los órdenes, e hicieron que en aquel tiempo, y hasta 1958 Cuba fuera una de las naciones más avanzadas y progresistas de su tiempo.

Esta situación de avance y progreso cubano denota la falsedad de los que atribuyen el triunfo comunista al hambre, a la economía pobre y a la situación sub-desarrollada de los pueblos.

Lo cierto es que el comunismo no se nutre de masa obrera, se extiende porque las altas clases intelectuales son deliberadamente influenciadas por tácticas especiales de propaganda, a lo que se suma la complicidad de las conciencias que se venden, o por dinero o por promesas de poder, que sin duda no servirían en el evento de un dominio de esas ideas contrarias al hombre y su naturaleza.

En suma la situación cubana, después de los años 30 y antes del advenimiento de los invasores comunistas, era la más inadecuada para que apareciera el cambio reaccionario hacia el marxismo. En Cuba sólo puede declararse que el salto al poder fue exclusivamente debido al engaño, a que un pueblo creyó que iban a restaurarse sus derechos políticos, secuestrados por la ambición de un grupo de cubanos.

Así la del 59 no fue una revolución social, fue solo un movimiento político que se aprovechaba de un pueblo cuyo único interés era restablecer un estado de derecho, y no cambios sociales que ya se habían hecho y seguían complementándose con la sucesión de los gobiernos democráticos y constitucionales, que el salto al comunismo detuvo y destruyó, para volver a economías de épocas ya sobrepasadas, con nuevos "siervos de la gleba", que no pueden moverse a voluntad y mucho menos abandonar un país cuyo gobierno detestan, y al que, por temor, no se lo pueden demostrar.

CAPITULO XIV

Caida del Gobierno Provisional del Dr. Ramón Grau San Martín y del Directorio Estudiantil Universitario de 1930. Razones de su caída. Informes de Welles y Caffery.

Desde el inicio del gobierno revolucionario del 4 de septiembre de 1933, intereses afectados por su legislación empezaron a agitarse contra él.

Los primeros afectados por el golpe de los alistados que respaldaban al Directorio, el 4 de septiembre, fueron los integrantes del depuesto gobierno, formado por el ABC y por los partidos políticos tradicionales.

Además el movimiento de los estudiantes apoyados por los alistados asestaban un fuerte golpe a la carrera diplomática del Embajador Sumner Welles, enviado especial del gobierno norteamericano para resolver la crítica situación creada por el régimen anti-popular y tiránico de Gerardo Machado.

Era un frente de enemigos bastante fuerte el que confrontaba, desde sus primeros días, el gobierno de la revolución auténtica.

Los grandes intereses extranjeros en la Isla, representados por compañías de servicio público y por un gran número de ingenios, también ofrecían escollos para el avance de la revolución.

A éstos se unía la fuerza grande del comercio español, bien enraizado a lo largo de los siglos que duró la colonia.

Otros enemigos del nuevo poder y no el menos importante eran los oficiales desplazados de las filas del ejército por los sargentos y soldados.

Esta integración de elementos adversos era una fuerza lo suficientemente poderosa para determinar, después de 127 días, la caída del gobierno popular como ninguno en toda nuestra historia republicana.

Pero había algo que ese gobierno totalmente rodeado de enemigos podía hacer e hizo, y fue el dotar al pueblo cubano de instrumentos legales, de ventajas sociales y económicas que más tarde nadie le podría arrebatar, dentro de la filosofía de Occidente.

Sólo el Oriente marxista, brutal y bárbaro, penetrado de falacias, podía destruir nuestras conquistas populares, como ha destruído la de tantos pueblos, a través de su insidiosa y subterránea manipulación que parece narcotizar increiblemente a un gran número de personalidades influyentes del mundo libre.

La más violenta expresión de la conjura contra el gobierno provisional de septiembre de 1933 fue el levantamiento, el 8 de noviembre, de la organización ABC, unida a algunos de los altos oficiales que habían hecho ostensible su protesta internándose en el Hotel Nacional desde días tempranos del gobierno.

El Embajador Welles en sus informes a Estados Unidos expresaba su posición ante los problemas que confrontaba el régimen, a los que él no era ajeno.

El Presidente de los Estados Unidos permaneció durante todo el tiempo del gobierno revolucionario sin otorgarle su reconocimiento.

El apoyo de nuevos militares, vacilantes o traidores, no favorecía la permanencia del régimen y en los informes de Sumner Welles y de Jefferson Caffery se encuentran referencias a los intentos de jefes militares y de algunas personalidades civiles, de hallar alguna fórmula que fuera bien vista por los Estados Unidos para lograr su aprobación.

A pesar de la falta de reconocimiento del poderoso país, que siempre había sido amigo nuestro, de las múltiples situaciones difíciles creadas por las partes afectadas dentro de nuestra nación, el pueblo en masa se sentía por primera vez considerado ciudadano de su país. La esperanza de un futuro en el que los cubanos fueran los beneficiarios de la República de Cuba alentaba en cada uno de los que hasta entonces habían estado relegados.

Hubiera hecho falta un poco más de coraje entre los que rodeaban al Dr. Grau y al Directorio y eran dueños de la fuerza, para no asustarse tanto por los ataques de los afectados y por la falta de reconocimiento de los económicamente poderosos Estados Unidos.

Entre multitud de acontecimientos turbulentos, a lo largo de todo el gobierno provisional, los dos más ostensiblemente perturbadores fueron la reunión del grupo de los altos oficiales en el Hotel Nacional y el levantamiento de noviembre, ya mencionado.

El episodio del Hotel Nacional se inicia con el internamiento en el Hotel, como huesped, del nombrado Mayor General por el Gobierno de Céspedes, Julio Sanguily y Echarte. Su hijo Julio Sanguily era médico del Hotel y por estar su padre convaleciente de una operación quirúrgica, creyó oportuno llevarlo al Hotel, para sustraerlo de la situación en que se encontraba el ejército, en la que los oficiales habían sido desplazados por los sargentos y alistados.

Al estar Sanguily en el Hotel, otros oficiales que lo consideraban su dirigente, ya que era Jefe del Ejército desde su nombramiento, lo visitaban con frecuencia. Sanguily se hallaba temporalmente fuera de su cargo por motivo de su enfermedad.

Muchos oficiales que lo visitaron empezaron a quedarse también como huéspedes del Hotel Nacional.

En el hotel tenía su residencia el Embajador norteamericano Sumner Welles, y esto hizo que muchos pensaran que era Welles el que promovió la situación.

El 12 de septiembre el Embajador Welles y otros norteamericanos residentes se mudaron del hotel, ya los empleados encargados del mantenimiento lo habían abandonado.

El hotel quedó convertido en un campamento al tener que realizar los propios oficiales todos los servicios, como cocinar y cumplir con todas las labores de mantenimiento.

Llegaron a haber en el hotel unos 400 oficiales, que no contaban con armas suficientes para contra atacar con buen éxito cuando fueron asaltados después de unas semanas de sitio, el 2 de octubre.

Los disparos de una y otra parte dejaron un saldo de muertos y heridos, tanto entre las filas de los oficiales como en las de las fuerzas leales al gobierno.

El otro hecho grave, señalado desde el principio de éste capítulo, ocurrió como resultado de una conspiración en la que participaban miembros del ABC y algunos oficiales del ejército; conspiración que culmina con el levantamiento del 8 de noviembre. Blas Hernández, que se había destacado luchando en el campo contra Machado, se unió a esta revuelta, que se inició en el campo de aviación del Campamento Militar de Columbia.

Cuatro aviones en horas de la madrugada pudieron despegar de la pista de Columbia con el propósito de atacar el Palacio Presidencial, que respondía a los aviones con fuego de ametralladoras.

El Presidente de la República, el Dr. Ramón Grau San Martín, estuvo en la azotea durante los ataques, al lado de sus hombres. Y muchos miembros del Directorio Estudiantil Universitario lo acompañaban. Algunos como Tony Varona, al que recuerdo haber visto en Palacio en la mañana del 8 de noviembre (en que las muchachas del Directorio fuimos a acompañarlos) estaba con traje y gorra de marino, cargando una ametralladora.

El cuartel de San Ambrosio que era el depósito de las armas de guerra para el Ejército, se sublevó. En la madrugada se sumaron el cuartel de Dragones y el de Atarés. Sus fuerzas llegaron a tomar gran número de estaciones de policía.

Al amanecer del día 8 de noviembre las tropas del gobierno contra atacaban todas las posiciones en manos de los rebeldes. Se recuperó el campo de aviación en Columbia.

En la ciudad miembros de la organización antimachadista "Pro-Ley y justicia", junto con miembros del Directorio intervinieron en el contra-ataque. Los cuarteles de Dragones y San Ambrosio fueron abandonados y se replegaron todas las fuerzas rebeldes en el Castillo de Atarés.

El gobierno dictó el Decreto No. 2581, declarando en estado de Guerra todo el territorio de la República.

El día 9 la rebelión estaba dominada y sólo quedaron unos mil sublevados en el Castillo de Atarés.

El Capitán Querejeta al mando de las fuerzas del gobierno colocó su artillería alrededor del Castillo y con el auxilio de los cruceros "Cuba" y "Patria" bombardeó la plaza, la que decidió su rendición.

En el interior de Atarés es ejecutado el sublevado Blas Hernández.

El día 10, amaneció La Habana en calma, y al renunciar el jefe de la Policía es designado en su lugar Mario **Labourdette Scull**.

El gobierno, sobrepasado este fuerte ataque, continuó su legislación nacionalista. Otros grupos afectados seguían conspirando contra él, hata lograr derrocarlo por la traición del Jefe del Ejercito y la complacencia del Embajador Jefferson Caffery en enero 6 de 1934.

Eddy Chibás y Justo Carrillo se sumaron a los confabulados gritando por las calles: "Kin Kon que se vaya Ramón" porque las leyes del gobierno efectaban los intereses de sus acomodadas familias.

Parte de los intentos contrarios al gobierno provisional están descritos en los informes al Departamento de Estado, en Washington, de los Embajadores norteamericanos.

"5 septiembre, 11 a.m.: "El sargento Batista, acompañado del sargento Santana, me visitó en la Embajada. Ninguno de los dos parece tener idea clara de a qué responde el movimiento de los soldados cabos y sargentos. Vinieron a averiguar mi actitud hacia el titulado "grupo revolucionario" y si la instalación de un gobierno encabezado por este grupo sería acogido favorablemente por los Estados Unidos. Contesté que

no tenía comentarios que hacer y concluí diciéndoles que tendría gusto en recibirlos cada vez que ellos quisieran."

"9 septiembre, 4 p.m.: Una comisión de sargentos visitó esta mañana al Presidente Céspedes en su casa para informarle que el Coronel, ex-sargento Batista, estaba dispuesto a apoyar su restauración en la Presidencia, si el presidente Céspedes lo ratifica como Coronel y Jefe del Estado Mayor del Ejército y garantizaba su seguridad y la de sus compañeros de motín. El presidente Céspedes les constestó que estaba dispuesto a comprometerse a nada como condición de su reinstalación en el poder."

"Acaban de informarme que en la reunión en Palacio entre los líderes políticos y los miembros del grupo revolucionario se acordó restablecer la forma presidencial de gobierno. No ha habido acuerdo en cuanto a la Presidencia."

"10 septiembre, 11 p.m.: Esta tarde me visitó el doctor Ferrer y me pidió en nombre de los oficiales que hiciera desembarcar una fuerza de marinos americanos suficientes para desarmar a los soldados y a los numerosos civiles armados, y que si yo aceptaba, al momento proclamaría a Céspedes como único Presidente legítimo, y comenzarían a formar un nuevo ejército Le contesté que no podía siquiera recibir esa petición, y que era absurdo pensar que el gobierno de los EE. UU. iba a acometer esa empresa sólo por la petición de 200 oficiales depuestos. El doctor Ferrer informó correctamente a los oficiales del resultado de nuestra entrevista."

. . . .

"13 septiembre, 4 p.m.: Me visitó esta mañana el general Asbert, antiguamente muy prominente miembro del Partido Liberal, y que se creó un grupo de partidarios durante los dos últimos años del régimen de Machado. Me dió a entender que quería unirse a los grupos que deseaban una revolución inmediata para restaurar a Céspedes. Le aconsejé paciencia y esperar."

. . . .

"14 septiembre, 8 p.m.: El doctor Carlos Saladrigas, Secretario de Estado en el régimen de Céspedes, uno de los más prominentes miembros del ABC, me visitó esta tarde. Me informó que en vista de la emergencia actual, el doctor Martínez Sáenz había sido hecho director del Partido, y que el

ABC estaba cooperando con los otros grupos opuestos al Gobierno para forzar una transacción y la formación de un gobierno de concentración nacional. Me dijo también que ellos y los grupos comerciales estaban procediendo rápida y efectivamente a organizarse para protegerse contra las contingencias que preveían si continuaba el actual régimen. La organización de los intereses comerciales y financieros está también progresando rápidamente en otras partes de la República. Hizo constar que ellos harían todos los esfuerzos para obligar al actual régimen a una transacción en beneficio de la República, pero se mostró muy pesimista, y teme que, como los estudiantes no comprenden el peligro que confronta la República, ni reconocen la desinteresada amistad que los EE.UU. han mostrado a Cuba durante la administración de Roosevelt, se negarán a aceptar nada que no sea retener ellos el control completo del gobierno."

....

"18 septiembre, medianoche. A las 7 de esta tarde los líderes políticos presentaron su ultimátum a Grau. Piden la renuncia de su Gobierno basándose en que tuvo su origen en una sedición militar y que la inmensa mayoría del pueblo le es contraria."

"19 septiembre, 4 p.m.: Una de las personas que estaban presentes cuando se leyó a Grau la respuesta de los líderes políticos, me informa que después de mucha discusión, Grau anunció su intención de presentar su renuncia al Ejército y a los grupos estudiantiles, y no a los grupos oposicionistas, pero que de todas maneras abandonaría su cargo. Cuando se estaba levantando de su silla para terminar la conferencia, uno de los líderes estudiantiles, Escalona, que estaba parado detrás de él, lo volvió a sentar con fuerza, y le dijo que seguiría siendo Presidente mientras los estudiantes quisieran, gustarle a él o no. Varona, otro de los estudiantes, se indignó tanto con la declaración de Grau, que lo demostró destrozando varios muebles de la habitación en que estaban."

....

"23 septiembre, 6 p.m.: La entrevista de Batista con los líderes oposicionistas se pospuso para las 3 de esta tarde. Los estudiantes se enteraron e insistieron en estar presentes."

"Tengo muy poca esperanza de que se llegue a un acuerdo,

debido a la interposición del Consejo Estudiantil. Este, a las 2 de esta madrugada emitió una declaración en que rechaza toda transacción, insiste en que todo cubano patriota debe apoyar el actual gobierno, y aclara perfectamente que el gobierno son los estudiantes y nadie más."

. . . .

"2 de octubre, 1 p.m.: Según informes fidedignos, poco antes del amanecer, dos camiones cargados de municiones rompieron el cerco de los centinelas en el Hotel Nacional. Esto dió lugar a un tiroteo entre soldados y oficiales resultando un soldado muerto y varios heridos. Poco después de las 6 los soldados, después de reunir una gran fuerza con la que rodearon el Hotel abrieron fuego sobre éste con artillería ligera. A las 8 1/2 Grau me envió a decir con un ayudante que los soldados iban a usar artillería pesada y para cerciorarse si quedaban algunos americanos en el Hotel. Comprobé con el Administrador del Hotel que todos los americanos habían salido y así se lo hice saber. Poco antes recibí una carta del General Sanguily, el Jefe de los Oficiales, diciéndome que los soldados habían atacado, y que los oficiales estaban decididos a resistir y a reinstalar el Gobierno legítimo presidido por Céspedes."

"En este momento el fuego continúa y un ala del Hotel ha sufrido gran daño. Hasta ahora, no ha habido tentativa contrarrevolución en la ciudad, la cual, excepto en los alrededores del Hotel, está tranquila. Los informes de los Cónsules desde el interior no señalan serios disturbios."

2 octubre, 6 p.m.: Al mediodía, Batista ofreció a los oficiales las siguientes condiciones: que salieran en grupos de cinco, desarmados y a intervalos de 10 minutos, quedando prisioneros, y tratados con todo respeto. A las 3 y media, plazo señalado por Batista, los oficiales se rindieron. Los soldados inmediatamente entraron en el Hotel, y alinearon a los oficiales en los jardines. Una gran multitud se había reunido, y agitadores radicales trataron de incitarla a apoderarse d los oficiales y matarlos. Los soldados tiraron primero al aire y luego contra la multitud y la dispersaron."

. . . .

"10 octubre, 4 p.m.: La propaganda circulada ayer por los estudiantes entre los soldados, de que el Ejército sería desarmado si se formaba un Gobierno de concentración hizo que Batista no sólo pospusiera su entrevista con Mendieta, sino también que hiciera una declaración diciendo que no van a hacerse cambios en el Gobierno y que no hay divergencias entre el Ejército y este Gobierno.

"11 octubre, 7 p.m.: El embajador español acaba de informarme que el nuevo Gabinete español le ha dado instrucciones de reconocer a Grau San Martín mañana, día de la raza española. El embajador está profundamente disgustado por estas instrucciones, y ha protestado contra ellas, aunque no tiene esperanza de que se modifiquen. Toda la colonia española es opuesta a este régimen."

. . . .

"24 octubre, 8 p.m.: Se me informa que ayer Batista llamó a Blas Hernández para una entrevista privada, y le dijo que la situación actual no podía tolerarse más tiempo y que creía que la única solución posible era colocar a Mendieta en la Presidencia. Pidió el apoyo de Hernández, y al recibir respuesta favorable, le dijo que el paso se daría en estos días. Batista le ha pedido a Mendieta una entrevista secreta, que se celebrará mañana.

. . . .

"26 octubre, 11 p.m.: La reunión de los delegados de los partidos políticos terminó con un acuerdo unánime para apoyar a Mendieta como Presidente provisional con un gabinete apolítico, trazar un programa de Gobierno limitando la duración de éste a un año y medio o dos años y especificando cada medida a tomar hasta que se celebren elecciones y garantizando la seguridad de Batista y el Ejército."

. . . .

"29 octubre, 1 p.m.: Después de 36 horas de continuas negociaciones en las que los directores de los nacionalistas y el ABC trazaron un programa detallado, con el apoyo de Batista, para un gobierno provisional encabezado por Mendieta, éste se ha retractado y rehusa la Presidencia provisional. Esto se debe a su temor de que Batista no pueda controlar el Ejército, y que él sería en realidad un prisionero de Batista. También ha sido influenciado por miembros de su partido, que creen que sus intereses personales estarán mejor servidos si Mendieta sale electo para un período constitucional. Los líderes del ABC y muchos de los nacionalistas están indignados con esta negativa."

"29 octubre, 11 p.m.: Batista me manda a decir que un cambio de Gobierno es imperativo. Insistirá que Mendieta acepte la Presidencia provisional, y si persiste en su negativa, urgirá a Miguel Mariano Gómez para que acepte. Esta noche pedirá a los estudiantes que sugieran ellos mismos el cambio, pero si rehusan los obligará a abandonar la política y volver a la Universidad."

. . . .

"31 octubre, 10 p.m.: Batista declaró esta noche que está dispuesto a aceptar lo que decida Mendieta, pero que debe llegarse a la solución inmediatamente. Las dos posibilidades son: el plan Ortiz reteniendo a Grau con un Gabinete completamente nuevo nombrado por la oposición, y una asamblea legislativa con algunas funciones ejecutivas y compuesta de individuos seleccionados de acuerdo con la oposición, o la Presidencia provisional de Mendieta con un Gobierno completamente nuevo."

"La situación esta noche parece prometer una crisis inmediata, y Batista está aprensivo. El Jefe de la Policía y los Jefes de las otras cuatro fuerzas en La Habana fueron a ver a Mendieta esta tarde a urgirlo para que aceptara la Presidencia provisional, y es obvio que si no se encuentra rapidamente una solución el Ejército se desintegrará. En este momento parece probable que Mendieta llegará a un acuerdo con Batista esta noche."

"1o noviembre, 11 a.m.: Mendieta tuvo anoche reunión con los otros líderes políticos y acordaron definitivamente un programa y la mayoría de los nombres para un nuevo gobierno provisional.

"Batista a las 2 de esta madrugada llegó a la siguiente decisión; convocar para esta mañana una reunión de los cuatro miembros de la Junta revolucionaria que elevó a Grau a la Presidencia y obtener de ellos que le pidan a Grau la renuncia inmediata, y luego convocar para la 1 p.m. a los líderes oposicionistas y a los que redactaron la proclama revolucionaria del 4 de septiembre, y declararles que el Ejército consideraba que el actual Gobierno había resultado un desastre para la República, que era imperativo un nuevo Gobierno provisional y que sólo uno encabezado por Mendieta podía tener éxito."

"1o noviembre, 11 p.m.: Mendieta ha demorado la realización del plan decidido por Batista y apoyado por los líderes políticos, en la esperanza de obtener la aquiescencia del Directorio Estudiantil. Nadie cree que éste acepte nada que no sea la continuación de Grau en el poder. Mendieta, sin embargo, dice que debe hacer todo el esfuerzo posible para obtener la aceptación de los 7 u 8 principales líderes del Directorio, antes de formar un Gobierno."

"Esta nueva vacilación ha creado una crisis que creo obligará a Batista a pedir a los líderes políticos que se pongan de acuerdo sobre otro candidato."

"2 noviembre, 11 a.m.: Anoche tuve una entrevista con Mendieta y Méndez Peñate. El primero no se decide a aceptar la Presidencia sin la aquiescencia, al menos tácita, de los más revoltosos miembros del Directorio Estudiantil. Está convencido de que éstos, si se instala un nuevo Gobierno, son muy capaces de provocar un choque con los soldados, en el cual pudieran ser muertos varios estudiantes, y entonces todo el cuerpo estudiantil estaría contra el Gobierno, a causa de estos "mártires". Le contesté que me parece muy sin razón atribuir más importancia a la oposición egoísta de un grupo de estudiantes inmaduros, que al deseo unánime del resto del pueblo por un Gobierno encabezado por él, y que la tragedia que él temía podía prevenirse facilmente con el arresto preventivo de los principales agitadores estudiantiles. Mendieta me da la impresión clara de que no está dispuesto a afrontar las responsabilidades del momento. Todos los diarios de esta mañana exhortan a Mendieta a aceptar la presidencia como única manera de salvar el país."

4 de noviembre, 5 p.m. Guiteras, el comunista Secretario de Gobernación renunció esta mañana.(1) Declaró su opinión de que el fracaso del Gobierno se debe a que no se lanza decididamente hacia la izquierda, y anunció su intención de trabajar por la formación de un gobierno de soldados, marinos, pequeños comerciantes y obreros. Hizo evidente que había un completo rompimiento entre él y Batista porque éste era resueltamente opuesto al comunismo y a los desórdenes promovidos por los agitadores obreros y amenazó con "salir de Batista muy pronto".

(1) Guiteras dijo que había renunciado pero no llegó a hacerlo.

198

"9 noviebre, 10 a.m.: A las 3 de esta madrugada los oposicionistas que estaban en los cuarteles de San Ambrosio y Dragones, los evacuaron y atravesaron la ciudad con armas y municiones para reconcentrarse en la fortaleza de Atarés, también ocupada por oposicionistas. No se disparó un tiro para oponerse a este movimiento. Los jefes de la rebelión parecen ser el coronel Collazo, el comandante Leonard, Blas Hernández y Rafael Iturralde."

. . . .

"9 noviembre, 5 p.m.: Los oposicionistas que se han rendido en Atarés son unos 400. Se dice que otros abandonaron la fortaleza antes del mediodía y se dirigieron hacia el sur de la provincia."

"13 noviembre, 1 p.m.: Creo muy deseable que yo discuta personalmente la situación con el Presidente Roosevelt y el Departamento de Estado, y, por tanto, sugiero se me autorice a regresar a Washington dentro de pocos días. Si va a cambiarse la política seguida hasta ahora, sería preferible que Caffery me sustituyera."

. . . .

Informes de Jefferson Caffery, el sustituto de Sumner Welles a su gobierno.

. . . .

"Diciembre 21. Anoche me entrevisté privadamente con Carlos Hevia, por sugerencia de él. Examinamos la situación en sus aspectos políticos y económicos. En cuanto a lo político, le dije: En la situación actual no podemos reconocer el régimen de ustedes. Ustedes dicen ser un gobierno provisional apolítico y sin más ambiciones que realizar unas elecciones honradas y luego retirarse, pero yo no creo que ustedes pudan ofrecer garantías adecuadas para las proyectadas elecciones de Asamblea Constituyente."

"También le dije que me sentía perturbado por ciertas tendencias al parecer comunistas que notaba en el actual régimen y a la falta de preparación con que se habían dictado algunos importantes decretos afectando nuestros intereses. Algunos de estos decretos, como el referente a las tarifas eléctricas, parecían confiscatorios, y otros, como el de accidentes del trabajo, completamente impracticables. Hevia estuvo de acuerdo con esto último y dijo que creía podía reformarse para hacerlo practicable."

"Hablamos de la importancia de resolver la cuestión azucarera, y de la intensa campaña que actualmente se lleva a cabo a favor de una zafra no restringida, que parece estar apoyada principalmente por especuladores a la baja, tanto aquí como en los Estados Unidos. Hevia estaba evidentemente preocupado por esta situación."

....

"Enero 11. Anoche me entrevisté informalmente con Grau y Batista y discutimos la situación con cierta extensión. Después de mucha vacilación. Grau declaró que a su entender la cuestión importante del momento es la de elecciones honradas, y prosiguió: "Creo garantizar la honradez de la elección si permanezco en el poder, pero si la oposición esta convencida de lo contrario estoy dispuesto a ceder la Presidencia a un sucesor apolítico escogido por mi de una lista de tres nombres presentada por la oposición, a condición de que uno de los nombres sea aceptable para mi. Estoy también dispuesto a que se reparta el Gabinete entre nosotros y la oposición."

"Me pareció mejor no continuar esa conversación anoche para darle tiempo a Grau de reflexionar sobre esto, y también porque no estoy seguro de que su Gabinete y los líderes estudiantiles lo dejarían renunciar aunque él quisiera. Esperaré nuevas noticias de Grau."

"Enero 13. Hay muchas diferencias de opinión en los grupos oposicionistas. Por ejemplo, los Mendietistas están interesados en elecciones, mientras otros grupos cifran su esperanza en una revolución o en que nosotros intervengamos y los instalemos en el poder, y hasta están indignados de que no lo hayamos hecho."

"Batista me preguntó hace 3 días qué es lo que nosotros queríamos que hicieran para conseguir el reconocimiento. Le dije: "No estableceré términos específicos. A ustedes les corresponde resolver el problema del gobierno."

"Antes de anoche Batista se entrevistó en gran secreto con Mendieta y discutieron la posibilidad de que Grau fuera sustituído como Presidente provisional por el Dr. Presno o por el Dr. Costales Latatú. Estuvieron de acuerdo en que cualquiera de estos dos sería aceptable."

"Anoche Batista decidió que las cosas iban tan mal que debía obligar a Grau a renunciar, pero varios amigos lo persuadieron a no precipitarse."

"Batista verá otra vez a Mendieta esta tarde. Han decidido que bien el mismo Mendieta o si no Costales Latatú debe asumir la Presidencia."

"Enero 14, 3 a.m.: La situación es muy grave. Sin embargo, Mendieta me dice que está dispuesto a asumir la Presidencia provisional inmediatamente, pero sólo si sabe previamente que los EE.UU. la reconocerán. La situación es tal que hay que hacer algo esta noche para asegurar un rápido cambio de Gobierno. Batista me dice que apoyará a Mendieta."

"Pido respetuosamente autorización para reconocer inmediatamente a Mendieta como Presidente. De lo contrario Batista virará definitivamente hacia la izquierda con un completo desastre para nuestros intereses aquí, o se proclamará dictador militar."

"Mendieta desde luego, quisiera unir a toda la oposición, pero no hay tiempo ahora para discutir eso."

"Enero 14, 12 m.: Creo no puede asegurarse que un Gobierno no encabezado por Mendieta y apoyado por Batista representaría la mayoría del pueblo cubano. Cada uno de ellos es indudablemente muy popular en distintos sectores del público."

"Otra vez pido respetuosamente una acción inmediata para prevenir una catástrofe. Si se exceptúa Mendieta el único otro sector que tiene posibilidades de alcanzar el poder es la extrema izquierda."

"Enero 14, 1 p.m.: Ruego urgente contestación a mis dos telegramas anteriores, pues la situación es muy peligrosa."

"Grau todavía no sabe nada de lo que se planea. Esta noche le pedirán que nombre a Mendieta Secretario de Estado y le entregue el poder."

"Enero 14, 1 p.m.: (Otro telegrama). Desde luego se espera incluir en el Gabinete de Mendieta, representantes de algunos, si no todos, los grupos oposicionistas."

"Enero 14, 1 p.m.: (Otro telegrama). Félix Granados dice que él cree que todos los grupos oposicionistas aceptarían a Mendieta como Presidente.

"Enero 15, 3 a.m.: Desde luego comprendo la posición del Presidente Roosevelt. Mi sugerencia en cuanto a Mendieta fue hecha en vista de la conocida tendencia de éste a vacilar y evitar responsabilidades."

"Batista está celebrando una Junta de oficiales en Columbia

para discutir la situación."

"Ene. 15, 1 p.m.: Anoche Grau expresó verbalmente que estaba dispuesto a renunciar. La Junta de Oficiales se suspendió por la madrugada, pero está otra vez reunida desde las 6 a.m. Batista antes de la suspensión prefería a Mendieta, pero se hizo evidente que encontrará oposición armada de la Marina y la extrema izquierda si trata de instalarlo en el poder. No obstante esto, Batista probablemente estaría dispuesto a seguir adelante con Mendieta si yo se lo recomiendo, pero yo no creo deber hacerlo, en parte porque Mendieta desea seguridades previas que nosotros no podemos darle."

"Guiteras, desde luego es un· candidato fuerte."

"Desde ayer se están haciendo gestiones para nombrar Presidente provisional a Hevia, con fuerte participación de Mendietista en el Gabinete y el apoyo de los hacendados cubanos."

"Enero 15, 2 p.m.: La Junta revolucionaria ha decidido apoyar a Hevia para Presidente. Según me dicen, Hevia ha conseguido de Mendieta una promesa escrita de apoyarlo."

"Enero 15, 7 p.m.: Después de mucho aplazamiento, Grau por fin le entregó la Presidencia a Hevia hoy a las 5 p.m. y se fué para su casa particular. Se me pidió que le hiciera una visita a Grau por razón de protección, y así lo hice, teniendo en cuenta la actitud de los partidos oposicionistas a él."

"Una multitud se reunió frente a Palacio poco después de la salida de Grau, y fué dispersada por la tropa con un muerto y catorce heridos."

"Hay mucha nerviosidad en la ciudad y peligro de choque entre las tropas de Batista y las facciones."

"Enero 16, 1 p.m.: Hevia juró hoy a las 12. Todavía está tratando con Mendieta sobre la participación de los partidarios de éste en el Gabinete. Casanova, Presidente de la Asociación de Hacendados, vino a decirme ayer que su Asociación apoya a Hevia."

"Se de buena fuente que Guiteras se pasó la noche de ayer telefoneando a toda la isla, denunciando a Batista y planeando huelgas en la Compañía de Teléfonos y otras compañías de propiedad americana. También habló de la posibilidad de una huelga general. He llamado la atención de Hevia y Batista sobre esto."

"No ha habido disturbios en La Habana desde el tiroteo de

ayer por la tarde."

"Enero 16, 6 p.m.: Los Mendietistas se han dividido en cuanto a seguir o no a Mendieta en su apoyo a Hevia. La mayoría esta mañana era contraria a su Jefe. Sin embargo, Hevia sigue esforzándose en conseguir el apoyo de todo el grupo."

"Enero 17, 2 a.m.: El almirante Freeman acaba de mandarme el siguiente memorándum preparado por uno de sus tenientes. El almirante lo considera de mucha importancia en vista de la grave situación que confrontan las compañías de servicios públicos de propiedad americana."

"Acabo de entrevistarme con el Presidente Hevia. Desea que se informe a Mr. Caffery de lo siguiente: se planea una huelga general en las compañías de servicios públicos para el 17 a las 6 a.m.. La prepara Guiteras. Esto hay que arreglarlo pronto y, si es posible, pacificamente. Hevia desea encarecidamente alguna expresión de confianza o apoyo por parte de Mr. Caffery, pues cree que esto lo fortalecería y ayudaría a arreglar la huelga. Preguntado qué "expresión" concreta deseaba, contestó que cualquier comunicación que pudiera interpretarse optimistamente o como una ayuda"

"Respetuosamente,"

R.P. ERDMAN

"En vista de esto, he autorizado al Teniente Erdman para que tramite el siguiente mensaje verbal a Hevia: Me he enterado de la amenaza de huelga, y quiero hacerle saber que tengo confianza en las autoridades cubanas para resolver esta situación de una manera digna de las mejores tradiciones de Cuba."

"Enero 17, 2 p.m.: (Otro telegrama)-Batista acaba de mandarme a decir que en vista de la precaria situación con motivo de la huelga provocada por Guiteras, que pone en peligro enormes propiedades americanas, y también en vista de que Hevia no ha podido conseguir el apoyo de los Mendietistas, ha decidido proclamar Presidente a Mendieta esta tarde. Puede ser que encuentre resistencia armada por parte de la Marina."

"Enero 17, 3 p.m.: Batista ahora me manda a decir que aplazará su decisión hasta esta noche o mañana para consultar con Mendieta, y también porque está haciendo grandes esfuerzos para arreglar esto pacificamente."

"Enero 17, 7 p.m.: La huelga general que se esperaba para las 6 de la mañana, luego para las 11 y luego para las 6 de la tarde, ha sido evitada por Batista hasta ahora."

"Enero 18, 1 a.m.: La Marina ha acordado retirar su oposición a Mendieta. Sin embargo éste, como de costumbre está poniendo dificultades. El plan, si Mendieta no se arrepiente, es que la trasmisión de poderes se tramite exclusivamente entre civiles, sin participación de los militares. Hevia hace unos minutos estaba redactando su renuncia para presentarla a la Junta revolucionaria."

"Enero 18, 9 a.m.: Al fin se han arreglado todas las dificultades con Mendieta. Hevia abandonó el Palacio esta mañana dejando la Presidencia en manos de Márquez Sterling, quien convocará una reunión de representantes de todos los grupos políticos para las 10 de esta mañana. a fin de elegir un nuevo Presidente."

"Enero 18, 6 p.m.: Mendieta juró ante el Tribunal Supremo a las 12 del día, "cumplir fielmente las leyes de la República."

....

En ningún párrafo de estos informes se da cuenta de la gran adhesión del pueblo cubano a los fines nacionalistas que perseguía el gobierno con sus decretos-leyes.

Se hablaba de la oposición de grupos políticos, que lamentaban no tener parte en el poder, pero son completamente falsas las insinuaciones de descontento popular. Había descontento en muchas facciones, pero el pueblo en masa se sentía atendido con la importancia que merecía.

Para comprobar esto sólo basta recordar la devoción casi mística que el nombre de Grau San Martín (cuya firma aparecía en todos los decretos) suscitaba en el campesino que lo consideraba como el protector del pueblo pobre, trabajador y necesitado, además de cubano, de origen y de ancestro familiar.

Los párrafos que se han tomado de los informes de los Embajadores muestran lo que ocurría en el trasfondo de un gobierno frente al que sus opositores se sentían alentados por la falta de reconocimiento del gobierno norteamericano, muchas de cuyas industrias estaban afectadas por las leyes del Gobierno Provisional. Los grupos políticos se apoyaban en esta falta de reconocimiento para aumentar su insidiosa actuación contra un régimen que incurría en el grave delito, a juicio de los extranjeros o de los apátridas, de querer a Cuba para los cubanos.

PARTE CUARTA

La Generación del 30 desde 1934 hasta 1944.

CAPITULO XV

Se crea un nuevo partido político. Entre la juventud florece el amor.

Frente a la retirada del apoyo de las Fuerzas Armadas el Ingeniero Carlos Hevia, había sido designado Presidente de la República el 16 de enero de 1934 por un acuerdo entre los sectores de oposición, el Dr. Ramón Grau San Martín, el representante del gobierno norteamericano, y Batista como Jefe de las Fuerzas Armadas. Hevia que había tomado posesión a las 11 a.m. del día 16 se vió obligado a renunciar dos días después por las razones que dio a conocer en el siguiente documento.

"Mis cuarenta y ocho horas de gobierno"

"Acepté la Presidencia después de una reunión en Palacio, el lunes 16 de enero, a las cuatro p.m., de Miembros de la Junta Revolucionaria del 4 de septiembre; en dicha reunión estaban presentes casi todos los Miembros del Gabinete y el Dr. Grau."

"Los momentos eran bien difíciles. Creía, aunque no tenía mucha fe, en la posibilidad de que los distintos grupos se sintieran garantizados para concurrir a unos comicios imparciales, y esta creencia se fundaba en el apoyo ofrecido por Mendieta."

"El Gobierno no tenía en aquellos momentos problemas graves desde el punto de vista administrativo. Los problemas los creaban los sectores inconformes que hablaban del vicio de origen y mantenían un constante estado de alarma. Había dinero gracias a la eficiente labor del coronel Despaigne, pues el día 22 de enero, cuando entregó al Dr. Martínez Senz, había en la Tesorería $6.500.000. El presupuesto Auténtico era muy económico: aproximadamente $36.000.000.00 anuales. Como se ve, había dinero en caja para hacer frente a los gastos durante algún tiempo.

"Había aceptado no para ensayar fórmulas, sino para obtener una solución rápida, cuando la actitud de los nacionalistas hizo inútil la promesa del Coronel Mendieta y se evidenció cual había de ser la de los restantes sectores, decidí no permanecer más tiempo a la cabeza de un poder precario y reuní el día 18 de enero, al mediodía, en Palacio, los miembros del Gabinete y miembros de la Junta Revolucionaria, con quienes estaba solidarizado. Acordamos que debía renunciar. Seguimos reunidos casi permanentemente hasta la madrugada."

"En las primeras horas de la noche fui visitado por los señores Cosme de la Torriente y Márquez Sterling, los cuales me ratificaron la actitud de los Nacionalistas, y a los que anuncié el propósito de renunciar. El Dr. Cosme de la Torriente sugirió que reuniera a los sectores, renunciara ante ellos y entregara al designado por los mismos. Decliné esa proposición. En todo momento me consideré en la Presidencia un delegado de la Revolución y sólo ante su representación podía resignar. Poco después hice saber nuestra resolución al Dr. Grau San Martín, al Coronel Batista y al Coronel Mendieta. Y más tarde envié mi renuncia a la Junta Revolucionaria del 4 de septiembre, por conducto del Coronel Batista."

"Después de este acto abandoné Palacio por considerar que carecía en lo absoluto de fuerza y autoridad para mantenerme en él. No entregué a nadie ni designé sucesor alguno, pues sin autorización de la Junta Revolucionaria del 4 de septiembre no me consideraba con poderes para ello. Soy, por lo tanto, ajeno en lo absoluto a lo realizado después de las 2 a.m. del día 18 de enero, hora en que abandoné Palacio."

Carlos Hevia

Las razones en las que fundaba Carlos Hevia su renuncia fueron las mismas que durante los meses de gobierno del Dr. Grau, y de los estudiantes, obstaculizaban la administración del gobierno revolucionario

Cada uno pretendía que prevalecieran los intereses particulares de su sector en la dirección del Gobierno. No entraba en sus aspiraciones la realización de un programa de gobierno, como había sido el interés del grupo estudiantil representado en el poder por el Dr. Grau San Martín, el que recibió, junto con los ataques de los otros sectores políticos, el de las grandes compañías afectadas por la legislación en favor del pueblo cubano.

Durante el gobierno de Mendieta se anularon algunas de las leyes que había promulgado el gobierno revolucionario del 33, especialmente las que se referían a intereses de algunas grandes compañias extranjeras, como las propietarias de los Ingenios "Delicias" y "Chaparra", la Compañía de Electricidad y otras.

Pero el impulso a promulgar leyes protectoras del pueblo cubano se dejaba sentir y se dictaron leyes populares, entre ellas la que le daba el voto a la mujer que, aprobada por el gobierno de Grau, no pudo llegar a publicarse, y otra ley muy importante, también para la mujer, fue la ley de "Protección a la Maternidad", dictada el 28 de diciembre de 1934, por el Decreto-Ley No. 781, que establecía el pago de tres meses de sueldo a las mujeres, desde seis semanas antes, hasta seis semanas después del nacimiento de un hijo.

También se promulgaron algunas otras leyes complementando las de protección a los trabajadores azucareros y otras de transformación social, a las que había aspirado la generación del 30 durante sus años de lucha, que pudieron realizarse por el gobierno revolucionario del 10 de septiembre de 1933. La inestabilidad de aquel gobierno además de ser debida a la inconformidad de los sectores políticos estaba aumentada por la renuencia militar a obedecer a un gobierno que no tenía el reconocimiento de E.U.

El Directorio Estudiantil Universitario de 1930, pasada ya la época de gobierno en el que se le prohibía, por acuerdo tomado, asumir cargos dentro de la Administración, decidió en febrero de 1934, formar un partido político que seguiría aspirando a reformas sociales de beneficio público.

Al abandonar la Presidencia en enero de 1934, el Dr. Ramón Grau San Martín se dirigió al exilio en México. Después se creó el Comité Gestor del Partido Revolucionario Cubano (Auténtico).

El Comité Gestor quedó integrado por el Dr. Grau San Martín, el Ingeniero Carlos Hevia, Enrique Fernández, Carlos Prío Socarrás, Manuel Antonio de Varona, Laudelino González, Lincoln Rodon, Enrique C Henríquez, Félix Lancís, Alberto Cruz, Rafael Trejo, Segundo Curti, Antonio del Valle, Manuel Arán, José Fresneda, Alfredo del Valle, Ramiro Capablanca, Salvador Massip, Armando Rodda, Segundo Ceballos, Gustavo Moreno, Pedro Vizcaíno, Rafael Suárez Solís, Alberto Inocente Alvarez, Edgardo Buttari, Carlos Finlay, Josefina Pedrosa, Fidelio Durán, Julio López, Otilia André, Conchita Castanedo, María Teresa Freyre de Andrade, Luis Martínez Sáenz, Enrique Perozo, Joaquín del Río Balmaseda, Eduardo Coloma.

El Comité Gestor del Partido Revolucionario Cubano (Auténtico) se creaba para establecer un partido político cuya base ideologica se fundaría sobre el programa revolucionario del gobierno del Dr. Ramón Grau San Martín y del Directorio.

La doctrina auténtica seguiría un programa de leyes populares, que tratarían de plasmarse en la proyectada Asamblea Constituyente, la que sería indispensable para posteriormente mantener en nuestra patria un estado de derecho respaldado por una Ley Fundamental o Carta Constitucional.

El nuevo partido y su Comité Gestor que se creaba en febrero 8 de 1934, en el local de la Revista "Alma Mater", en La Habana, adoptó por nombre el que había usado Martí durante sus años de preparación de la guerra del 95, "Partido Revolucionario Cubano". al que se le añadió entre paréntesis: (Auténtico) porque éste había sido el nombre que el pueblo de Cuba le dio a la toma del poder por el estudiantado apoyado por la fuerza armada, derrocando al Gobierno de Céspedes, cuyo gabinete estaba formado por antiguas figuras políticas conocidas y por miembros del ABC, en acuerdo estrecho con el Embajador norteamericano y con sus grandes intereses en la Isla.

El nuevo partido publicó lo que se llamó "La Doctrina Auténtica" donde se exponían los aspectos principales de su ideología, que copiaba la expuesta en las proclamas del Directorio y de la Generación de 1930.

Uno de sus primeros párrafos establecía:

"Su misión como intérprete de la conciencia revolucionaria surgida a la caída de Machado, es crear una doctrina que produzca la unidad del pensamiento revolucionario y conlleve

un destino: la libertad, el bienestar y la felicidad para todos los cubanos."

Y en otros párrafos continúa:

"Este programa que presentamos a todos los cubanos, lleva un mensaje de conciliación nacional, de reafirmación democrática y progresista."

"Este Programa nos compromete con Cuba y con su pueblo."

"Este Programa ha sido concebido sobre la realidad cubana, en busca de su rápida reconstrucción, de su desarrollo económico-social, de la mejor distribución de la riqueza y del logro del empleo pleno."

El mismo mes de la fundación del Comité Gestor del Partido Auténtico ocurrió otro hecho entre los estudiantes del Directorio Estudiantil Universitario de 1930 que no fue único en su clase.

Sarita de Llano y Clavijo, una de las cuatro muchachas que habíamos llegado hasta el final de la lucha del Directorio, en 1933, contraía matrimonio en una iglesia del Vedado, bello reparto de la ciudad de La Habana, con Guillermo Barrientos Schweyer, otro de los miembros del Directorio del 30. Ella pertenecía al Primer Directorio, el de los firmantes, y él al Segundo, que no firmaban por acuerdo de la totalidad de los miembros.

En septiembre 16 de 1933 se había iniciado la lista de enlaces entre miembros del Directorio. El primero de éstos había sido el de Silvia Martel Bracho y Ramón Miyar y Millán, los dos, miembros del Primer Directorio.

Las otras dos muchachas que completábamos el grupo de cuatro éramos Clara Luz Durán y Guerrero que contrajo matrimonio con Luis Barreras López del Castillo, (ella del Primero y él del Segundo Directorio,) y yo, Inés Segura Bustamante, que uní mi destino en abril 6 de 1935 con Manuel Antonio de Varona, (los dos del Primer Directorio).

Además de estos cuatro enlaces entre ocho miembros todos del Directorio del 30, ocurrieron alrededor de esas fechas tres uniones más de miembros del Directorio con muchachas afines a nuestra lucha y que habían tomado con frecuencia participación en ella: Juan Antonio Rubio Padilla con su novia y prima hermana, Dania Padilla Frade, Polo Valdés Miranda con Mercedes Mas Cayado, y Laudelino González con Amalia de Llano, hermana de Sarita.

Otro miembro del Primer Directorio, Roberto Lago Pereda, al que, por su actitud siempre bondadosa, fuera de lo común, llegamos a llamarlo, "el bueno", unió el corto destino que le quedaba (murió el 21 de agosto de 1935, exiliado en Miami, trabajando de chofer particular) con Polita Grau, la sobrina del que había sido nuestro Presidente. Sus bodas se celebraron el 24 de septiembre de 1934. Sólo vivieron en Cuba, en La Habana, seis meses. Roberto tuvo que huir al exilio con Polita en los días siguientes a la huelga de marzo del 35, de la que él había sido uno de los dirigentes.

Eramos todos estudiantes de alrededor de 20 años al comienzo de la lucha, en 1930. Sólo dos miembros: Carlos Prío Socarrás y Antonio Viego tenían algo más de veinticinco, junto con Maco Cancio de 32; eran los "viejos" del Directorio.

En tan temprana juventud acosada por la persecución del gobierno, era natural que ocurriera el proceso de fijación personal que precede al sentimiento del amor, entre la juventud que tan frecuentemente se unía en juntas, en peligrosos actos de calle, y en los momentos de tragedia, en los que concurríamos ante los familiares de tantos de nuestros compañeros caídos.

Estos acontecimientos además nos unieron en un bloque al que pertenecemos los que exponíamos nuestras vidas en aquella lucha. Existe una hermandad tácita entre la mayoría de nosotros, una hermandad que no tiene nombre pero que la sentimos en nuestro pecho, aún después de tantos años.

CAPITULO XVI

El descontento popular aumenta. Sectores políticos se separan del gobierno de Mendieta. Huelga de marzo 8 de 1935. La "OA" Mártires del Partido Auténtico.

El gobierno de Carlos Mendieta, el que siguió a la renuncia de Hevia, respaldado por Batista y por el Embajador Caffery, con el reconocimiento de los Estados Unidos, pudo contar al principio con el apoyo de los sectores políticos, los que después se fueron retirando

Durante su primer mes de gobierno, el 3 de febrero de 1934, promulgó una Ley Constitucional de la República, aparentemente redactada por el Consejo de Secretarios.

Esta Ley Constitucional determinaba que en ausencia del Congreso se le encargara al Consejo de Secretarios la función legislativa.

En esta Ley se acordaba la convocatoria a elecciones generales para elegir delegados a la Convención Constituyente, la que se reuniría 60 días después de su elección.

El 20 de enero tomaron posesión los Secretarios del Gabinete. Entre otros problemas de este gobierno existían disensiones internas en las que el poder militar entraba en competencia con el civil.

El 23 de enero el gobierno había recibido el reconocimiento del gobierno norteamericano a través del representante personal del Presidente Roosevelt, Jefferson Caffery, y el 31 del mismo mes Manuel Márquez Sterling presentó credenciales en Washington.

Las dificultades con el poder militar, que cada vez se tomaba mayores atribuciones, provocaron el 14 de abril de 1934, el suicidio de Roberto Méndez Peñate, Secretario de Justicia.

La situación de desagrado con el gobierno se agudizaba en el pueblo, además de que los sectores políticos se iban retirando.

El partido comunista intensificaba estas alteraciones populares.

El 15 de junio se produjo un atentado terrorista contra Mendieta en Tiscornia, lo que causó dos muertes y varios heridos.

El 25 de junio Joaquín Martínez Sáenz renunció como Secretario de Hacienda. Carlos Saladrigas, Jorge Mañach y Emeterio Santovenia, pertenecientes al ABC, renunciaron tambien a las carteras de Justicia, Educación y de la Presidencia respectivamente.

Batista se sentía cada vez más dueño del poder y aumentaba la represión ante el descontento, con lo que provocaba una reacción mayor en contra de las medidas del gobierno y la imposición militar.

A mediados de agosto del 34 abandonaron el gobierno, por no querer responsabilizarce con su política de represión, el sector político de los partidarios del ex-Presidente Mario García Menocal, y abandonaban dos de las Secretarías, la de Obras Públicas y la de Sanidad.

Ya no podía considerarse al de Mendieta un gobierno de concentración de partidos; cada vez se convertía más en un gobierno de fuerza, de caracter militar.

A fines de agosto ocurre la detención del estudiante Ivo Fernández Sánchez, el que en el camino hacia la prisión del Castillo del Principe fue asesinado por sus custodios.

A principios de septiembre el Partido Revolucionario Cubano (Auténtico) publicó un manifiesto en el que denunciaba la política de terror del gobierno.

Unas semanas después el Dr. Ramón Grau San Martín decide abandonar el país, para dirigirse al exilio.

Entre los métodos de represión existía uno que obligaba a los periodistas en desacuerdo con el regimen a ingerir grandes dosis de palmacristi.

Frente a las crecientes medidas represivas el Partido Revolucionario Cubano (Auténtico) algún tiempo después de la fundación de su Comité Gestor en febrero 8 de 1934, creó la "Organización Auténtica" que sería el instrumento clandestino con el que el Partido reforzaría sus actividades frente a la opresión y al espionaje militar, para el que la fuerza armada había creado el "Servicio de Inteligencia Militar" (SIM).

Emilio Laurent, ex-Teniente del Ejército, que se había distinguido en el desembarco de Gibara, para combatir al gobierno de Machado en 1931, su compañero en el desembarco y también luchador auténtico, el ex-Presidente Carlos Hevia, y los miembros del que había sido Directorio Estudiantil Universitario de 1930, Carlos Prío Socarrás y Manuel Antonio de Varona Loredo, formaron la mencionada Organización Auténtica (OA), que tendría a su cargo las actividades combativas contra Batista.

Integraron además esta organización, Ramiro Capablanca, Alberto Cruz, Inocente Alvarez del Directorio Estudiantil de 1927, Segundo Curti, José Julio Fernández y otros.

En noviembre de 1934 es asaltada la Tesorería del Ayuntamiento de La Habana y se sustrajeron $158,000 que era una cantidad considerable en aquella época. El asalto a las oficinas fue realizado por elementos auténticos para usar el dinero en actos de combatividad contra el régimen.

La huelga de marzo 8 de 1935 organizada por el Partido y la Organización Auténtica fue aplastada por Pedraza. Los asesinatos de los dirigentes, entre ellos varios destacados auténticos, aumentaron grandemente las tensiones.

La violencia del gobierno ante la repulsa del pueblo aumentaba por días y los miembros de la OA trataban de evadir la persecución policíaca. El jefe de la Organización Auténtica, que entonces era Carlos Prío, había logrado asilo en el convento de San Francisco en la Habana Vieja, donde lo acogió el sacerdote católico, Padre Ignacio Biaín, confesor de la entonces novia de Alberto Cruz, "Gracielita" para todos nosotros.

El cuartel general de la OA, al que acudía Prío diariamente para entrevistarse con los miembros, que se ocupaban de distintas responsabilidades, era mi casa. Solamente conocía su verdadero refugio, donde él pasaba las noches, Tony de Varona. Mi familia hacía pocos meses se había mudado a ese segundo piso de la Avenida de Infanta frente a la calle 27 del Vedado, reparto que empezaba en esa Avenida de Infanta. Mi familia éramos, mi padre, mi hermano Angel y yo. Meses antes -ya está relatado en el II capítulo de esta obra- habíamos perdido a mi madre. Unas semanas más tarde, en abril 6 de 1935 Tony y yo contraeríamos matrimonio y le ofrecimos la casa a Carlos para que pudiera mantener en mayor secreto el lugar donde dormía, y además, porque viviendo nosotros desde hacía poco tiempo en esa dirección, nuestra casa todavía no era conocida de la policía.

Diariamente pasaban a entrevistarse con Prio numerosos miembros de la clandestina Organización Auténtica.

Hacía los quehaceres de la casa, una negrita, que, al uso de nuestras costumbres, se sentía parte de la familia y como la gran mayoría del pueblo, estaba en contra de un régimen de opresión.

En diciembre de 1934 ante la creciente oposición, el gobierno había suspendido las garantías por 60 días en las provincias de la Habana, Las Villas y Camaguey.

Alrededor de un mes más tarde el régimen las suspendió en las restantes provincias: Pinar del Río, Matanzas y Oriente, por 90 días. Y, a principios de febrero, antes de terminarse la suspensión en las tres primeras provincias, volvió a suspenderlas por otros dos meses.

Durante parte del año 1934 y principios del 35 en varias ocasiones se pospusieron las fechas fijadas para efectuar elecciones en vistas a una Asamblea Constituyente y en otras tantas se modificó la Ley Constitucional, aprobada por el Consejo de Secretarios el 3 de febrero de 1934.

La situación del régimen se hacía cada vez más difícil hasta llegar a los días anteriores a la huelga de marzo 8 de 1935.

Batista, intensamente preocupado por la anunciada huelga impulsada por el descontento popular y por algunos estudiantes universitarios conjuntamente con miembros de la Organización Auténtica, decidió dictar una Resolución Conjunta por la cual se suspendía la Ley Constitucional de 3 de febrero de 1934 con todas sus modificaciones, mientras existiera el estado de huelga y la propaganda tendiente a alterar el orden.

Además de esta suspensión total de derechos en la Isla, Batista concedió facultades excepcionales al Jefe de la Policía Nacional, Teniente Coronel José Eleuterio Pedraza, al que autorizó para efectuar arrestos y mantener en prisión sin obligación de presentarlos ante los Tribunales a cuantos creyera conveniente para conservar el orden, el que debía mantener a cualquier precio. Se declaró en estado de guerra todo el territorio nacional, por lo que una alteración del orden público podría ser juzgada en Consejo de Guerra.

La represión fue sangrienta, la huelga fue aplastada con arrestos, asesinatos de destacados prisioneros cuyos cadaveres aparecieron en las calles de La Habana.

Para prevenirla Pedraza había dictado un bando en el que se prohibía el tránsito por las calles de la ciudad desde las 6 de la tarde hasta las 5 de la mañana.

Antes de 72 horas la huelga había sido reprimida. Sobre el pavimento de una de las calles habaneras apareció el cadaver de Enrique Fernández, el teórico y doctrinario del Partido Auténtico, al que Batista había citado en su casa para hablar de un posible entendimiento por evitar la huelga. Lo ocurrido fue que Eleuterio Pedraza al llegar a casa de Batista se hizo cargo de él.

Armando Feito y su suegro, también de nuestras filas auténticas, aparecieron muertos en otra calle de la ciudad.

A las cuatro de la madrugada, ya del día 9 de marzo, tocaban a la puerta de mi casa en aquel 2do. piso de la calle de Infanta. Al abrir, vi a mi hermano Angelito, al que sabía detenido desde las horas de la mañana, acusado por un delator, de haber organizado la huelga en la Audiencia de La Habana. Cuando lo vi, como sabía que existía el bando por el que no se podía transitar por las calles de La Habana después de las 6:00 p.m., pensé "no puede ser él", "no puede haber llegado aquí a esta hora". "Lo mataron y estoy viendo su imágen, no a él", me dije en agonía, cuando al verme paralizada en la puerta me llamó: -"Nena". Al oirlo reaccioné: "está vivo", -"Entra", -le grité quitándome de la puerta para cederle el paso.

¿-"Cómo estás aquí a esta hora?, ¿cómo has llegado?" -"Me detuvieron y me llevaron a casa de Batista. Estaba sentado en el recibidor cuando entró Santiago Alvarez (1), que me preguntó -¿qué haces aquí?. Le dije que estaba detenido. Me indicó que lo esperara y entró a hablar con Batista. Después de un rato salió y me dijo: -Vámonos-, y me trajo hasta aquí".

-"Así es que Santiago Alvarez te salvó la vida".

-"Sí".

Santiago Alvarez, al que durante el gobierno de Machado le habían matado sus hermanos, guardó en su pecho esa tragedia hasta el día en el que pudiera vengarlos.

Su deseo de venganza era tan fuerte porque los asesinos habían sido desde tiempo atrás amigos de él y de toda su familia. Aquella traición de personas que habían sido de su afecto no la podía perdonar.

Después del 4 de septiembre de 1933, Santiago había hablado con Batista para pedirle que le dejara tomarse justicia por su mano. Batista se lo permitió. A cambio Santiago Alvarez había prometido unirse a él como su amigo y colaborar con él en cuanto pudiera.

Al encontrar a mi hermano cuando entraba en la casa del Jefe del Ejército, le pidió a éste que se lo entregara para devolverlo a su casa. En caso contrario, él, Santiago, no podría mantenerse por más tiempo a su lado.

El destino quiso que Batista accediera, y yo tuve que darle gracias a Santiago y a Dios.

El 6 de abril de 1935, el notario Rodolfo Méndez Peñate nos unía en matrimonio a Tony y a mí. Habíamos acordado que más tarde un representante de la Iglesia bendeciría nuestra unión. Carlos Prío fue uno de los pocos invitados, -tres o cuatro en total-, todavía con el pelo de su color, que unas semanas más tarde tendría que cambiar.

(1) De Santiago Alvarez escribimos, en el Capítulo I.

Una boda anunciada entre nuestros amigos, con muchos invitados, todos en la clandestinidad, hubiera sido un magnífico botín de carne humana para la policía y para su sanguinario jefe, Eleuterio Pedraza. Además yo todavía era una muchacha enlutada por la pérdida de mi madre, en marzo 21 de 1934.

Unos días después, a la una de la tarde, hora en que Carlos acostumbraba a llegar a nuestra casa, para recibir a los miembros de la OA, fuí a abrir la puerta al oir el timbre y me quedé mirando a aquel hombre rubio, que parecía norteamericano y que no me hablaba.

-¡Carlos!- le pude decir después de unos segundos.

-"Por eso no te hablaba para que no me conocieras por la voz". "Ya veo que es difícil reconocerme con este pelo oxigenado." "Cualquiera de la policía que me conozca menos que tú, no me reconocerá." "Quería hacer esa prueba".

-"Claro que el que no te conozca muy bien no podría saber que eres tú."

Carlos, siempre listo para un chiste dijo:

-"Sé que me afecta la buena figura, pero muerto nadie tiene buena figura."

Se refería a que podrían asesinarlo en cualquier momento si lo descubrieran, por ser el Jefe de la organización clandestina del Partido, OA, de la que la policía ya tenía conocimiento.

Poco después de la imposición del toque de queda de 6 p.m. a 5 a.m. se acortó, hasta quedar de 9 p.m. a 5 a.m., luego de 12 de la noche a 5 a.m., y después de 2 de la madrugada a 5 a.m.

Un día en el que se le hizo de noche a Carlos, con sus entrevistas, al irse, para lo que lo esperaba un automóvil manejado por un chofer, también auténtico, nos pareció tan peligroso que fuera sin acompañantes, que decidimos ir con él. Yo iba sentada entre Tony y Carlos en los asientos posteriores. Aunque se permitía transitar de noche fuera de las horas de queda, tan pocas personas lo hacian que la vigilancia era extrema y cualquiera que se hiciera sospechoso era detenido y registrado.

Ibamos por la calle de Malecón, en dirección a la Habana Vieja cuando un automóvil de la policía se nos emparejó y nos observó con insistencia.

El ver a una mujer dentro del carro parece que les dio confianza y después de un tiempo se alejaron de nosotros.

La persecución se hizo mas fuerte sobre todos nosotros, el cerco se cerraba, y Carlos consideró necesario tomar el camino del exilio y dejar a Tony como Jefe de la OA.

CAPITULO XVII

La Organización Auténtica (OA) continúa trabajando en Cuba. Segundo exilio de la generación de 1930.

La Organización Auténtica se inició poco después de la fundación del Partido Revolucionario Cubano (Auténtico) cuyo Comité Gestor quedó establecido en la reunión del 8 de febrero de 1934.

Desde la fundación del Partido Auténtico, que como partido político debía actuar publicamente, se vió la necesidad de crear un organismo clandestino para actividades de tipo revolucionario, en contra de un régimen que desde la huelga izquierdista de principios de 1934, había empezado a usar la represión y el terror.

Durante gran parte del año 1934 la OA estuvo en lucha contra un sistema que se hacía cada vez más militarista y ajeno a la tranquilidad y seguridad de la población.

Y durante todo el año 1935 la Organización Auténtica siguió funcionando activamente.

Al partir Carlos Prío al exilio, un tiempo después de la huelga de marzo, y quedar Tony de Varona, Jefe de la Organización, nuestra casa siguió siendo la sede del cuartel general.

Grau San Martín había decidido irse al exilio en septiembre del 34 en vista de la peligrosa situación. Carlos se fue dos meses después de la huelga de marzo de 1935. Empezaba el segundo exilio de la generación del 30, pero todavía en mayo de 1935, quedaban en La Habana gran parte de los miembros de la Organización, de la que fué Jefe Varona hasta su detención en diciembre 26 de 1935.

José Julio Fernández que estaba encargado de la Organización entre los obreros de los Omnibus iba diariamente a rendirle informes a Tony.

Alberto Cruz, Luis de Almagro e Inocente Alvarez, con frecuencia acudían, junto con muchos otros, a intercambiar reportes sobre las distintas actividades.

Tantas personas pasaron por nuestra casa durante los meses en que

Tony Varona ocupó la Jefatura de la OA, que al acercarse el final del año, me pareció que aquella casa de la calle de Infanta debía de no ser ya tan segura, como considerábamos a principios de año, para continuar como el cuartel general de la gran organización clandestina que ya era la OA.

Queríamos trasladarnos para algún lugar, que estuviera cercano, como aquella en la que habíamos pasado más de un año, a la loma de Universidad.

Nos mudamos, ya en diciembre para un primer piso en la calle Jovellar. En la nueva dirección, Tony Varona se había propuesto salir para los contactos necesarios de la lucha, en lugar de recibir tanto en la casa, con idea de proteger, hasta donde fuera posible, mi seguridad.

Una de las personas que luchaba al lado de la OA era Lolo Villalobos, al que Tony le prestó el carro que usaba para trasladarse dentro de la ciudad.

Lolo necesitaba la máquina para hacer un transporte de armas de un lugar a otro que creía más seguro.

Contaba con la ayuda de dos compañeros que habían conseguido trajes de soldados, para, disfrazados, poder hacer menos riesgoso el traslado de las armas.

Alguno de los subalternos de Pedraza pudo darse cuenta de la operación y reconoció a los vestidos de soldados como personas ajenas al ejército. El número de la chapa del automovil llegó a poder del Jefe de la Policía, quién ordenó la detención del que transitara en el.

Unos días después detuvieron a Tony al timón del auto. Descubrieron que el detenido era el Director y, Jefe de la Organización Auténtica.

Yo ni siquiera estaba enterada de que el carro había sido usado por Lolo para el transporte de las armas, ya que conservábamos la discreción mayor, y sólo conocían las actividades revolucionarias los que tenían que participar en ellas.

La Organización Auténtica había logrado mantenerse libre de la persecución del régimen hasta diciembre de 1935.

El 26 de diciembre cuando esperaba la vuelta de Tony, que desde temprano había salido, empecé a preocuparme. Y ya cerca de las dos de la tarde estaba interiormente segura de que si no había llegado era porque había sido detenido por la policía.

Llamé por teléfono a distintos lugares donde creía que podrían saber de él, y Luis Almagro me informó que había tenido conocimiento de que el automóvil en que andaba Tony estaba en el patio de la Jefatura de Policía, en la calle Monserrate esquina a Empedrado.

Saber que estaba en manos de Pedraza me dio la medida del peligro en que se encontraba.

Félix Granados (de la familia de José Miguel Gómez, ex-Presidente cubano) cuya oficina estaba en la calle Cuarteles, cerca de la Avenida de las Misiones y de la residencia de la Embajada Americana y del embajador Caffery, del que era muy amigo, me ofreció, a petición mía, llevarme a ver al Embajador.

Desde hacía algún tiempo Félix Granados era muy amigo de Tony y mío y se tomó verdadero interés en la seguridad de Tony.

Poco después de mi llamada me contestó que ya había hablado con el Embajador, que le había prometido comunicarse inmediatamente con Batista para pedirle garantías para el detenido Varona y que nos recibiría al día siguiente a las once de la mañana.

Más tarde supe que varios policías estaban golpeando fuertemente a Tony para que diera el nombre de sus compañeros en la organización y hablara de sus planes.

Cuando llevaban un tiempo dándole golpes sin obtener resultado, sonó el timbre del teléfono cercano, según mas tarde me contó Tony, y desde ese momento detuvieron el maltrato físico.

De entonces en adelante lo amenazaban con armas que le acercaban, apuntándole a la cabeza y con interrogatorios interminables.

Por la madrugada seguían interrogándolo mientras le daban un paseo en la perseguidora.

Al ver que no podían obtener información de clase alguna, y que tenían que respetar su vida y su integridad física por la intervención del Embajador Caffery, lo remitieron al Castillo del Príncipe donde lo mantuvieron preso hasta agosto de 1936.

Salí de mi casa y me dirigí a la casa de mi hermano en cuanto supe que habían detenido a Tony, para estar mas cerca de la Jefatura de Policía donde éste pasó los primeros días de prisión. No volví a nuestra residencia porque no sabía si podrían tener nuestra nueva dirección. Un hermano de Tony se encargó de llevar los muebles para un almacén y de entregar la llave de la casa.

Como podía ser arriesgado volver a mi hogar, residí en distintos lugares hasta la salida de Tony de la cárcel.

En casa de nuestros familiares era peligroso estar. Pedraza, creyendo que en algún momento yo podría visitar a la única hermana de Tony que vivía en La Habana, situó permanentemente a dos hombres de su servicio secreto frente a la casa de ella.

Una tarde una joven camagüeyana, amiga de la familia, visitó a esa hermana y al salir la detuvieron. La llevaron a la Jefatura de Policía y allí la interrogaban repetidamente. Ella insistía en que no era Inés Segura Bustamante, pero no la creían. Ya en la noche un abuelo de la muchacha, un conocido mambí, Coronel de la Guerra de Independencia, acudió para reclamar a su nieta. Sólo entonces accedió Pedraza a dejarla en libertad, convencido de que no era ella la persona a quién buscaba.

La frustación de Pedraza, al no haber podido interrogar a Tony en la forma en que hubiera querido, lo hizo intentar interrogarme, pensando que era mas facil cualquier método de intimidación conmigo que con Tony.

Amigos, lo mismo durante la época del Directorio que en la lucha contra Batista y su régimen, me ofrecieron refugio seguro.

Estuve un tiempo en casa de mi amiga Angelina Gavilán, compañera de estudios universitarios, después en la del Dr. Durán Quevedo, ayudante de Cátedra del Dr. Ramón Grau San Martín.

Después de pasar unos meses en la residencia de amigos, decidí mudarme, con nombre cambiado, al Hotel Bristol, en Amistad y San Rafael, en los altos de la tienda Woolworth que en ese tiempo ocupaba un piso bajo de esa esquina.

Por razones de seguridad la OA estimó que ya llevaba mucho tiempo en el Bristol, (unos tres meses) por lo que decidí cambiar de hotel. Con nombre cambiado también, me inscribí como huésped en el hotel Lincoln, en la misma área comercial en que estaba el Bristol.

Después de la huelga de marzo de 1935, Batista, al contar con el respaldo de Caffery, se había convertido en el hombre fuerte de Cuba. Era el que tomaba las medidas importantes del gobierno y en Columbia se decidían los destinos de la nación, no en el Palacio Presidencial.

La Universidad que apenas había estado abierta durante un año a la caída de Machado, había vuelto a suspender las clases durante los gobiernos de Mendieta y de Barnet, sometidos a Batista.

El 18 de diciembre de 1935 el Secretario de Estado José A. Barnet había ocupado, al renunciar Mendieta, la Presidencia de la República.

De acuerdo con la política del Departamento de Estado de los Estados Unidos, Batista se dispuso a celebrar elecciones el 10 de enero de 1936, y apoyaba para la presidencia a Miguel Mariano Gómez, el que se presentaba como candidato de los Partidos "Acción Republicana", "Liberal", y "Unión Nacionalista".

El 20 de mayo de ese año tomó posesión de su cargo de Presidente de la República, como aparente resultado de una elección popular.

Rodolfo Méndez Peñate, en su caracter de abogado se ocupaba de conseguir la libertad de Tony, y después de muchas gestiones con un gobierno que deseaba una apariencia de legalidad, consiguió que Tony Varona fuera puesto en libertad en agosto de 1936.

En ese mismo mes nos dirigimos al exilio, para reunirnos con la gran cantidad de miembros de la Organización Auténtica que ya estaba en Miami.

Carlos Prío había ido primero a México, donde nació su hija Rocío. Ya tenía unos meses cuando nosotros la vimos en Miami.

Nos habíamos reunido varias veces los miembros del Partido y Grau. En el extranjero la OA -organización para la clandestinidad, necesaria ante la persecución- continuaba los planes insurreccionales.

Y como Partido nos reuníamos para la dirección del movimiento auténtico.

En octubre, al empezar el Otoño y esperar al turismo que venía del Norte, los hoteles y casas de apartamentos subían exhorbitantemente los precios y llegaba la hora de abandonar Miami.

Tony y yo acordamos trasladarnos a Nueva York, pero antes de irnos en noviembre, participamos en una reunión borrascosa de los miembros del Partido.

Batista había tratado de entrar en contacto con los combativos auténticos y entre éstos, Rubén León trató de establecer la teoría del "Realismo" que propugnaba la vuelta a Cuba para contribuir a normalizar la situación política, con vista a la posibilidad de llegar en el futuro a una contienda electoral.

Aún producía un fuerte efecto en la memoria de muchos miembros del Partido el terror desarrollado por Batista, que había dejado tantas bajas en nuestras filas.

Fue en esta reunión en la que ante la protesta de Tony por el intento de acudir a la llamada de Batista, Grau dijo: -"Lo que le pasa a Tony es que él dice alto lo que todo el mundo piensa bajito."

En la Presidencia estaba Miguel Mariano Gómez y ya en octubre y noviembre Batista, que seguía dueño de los destinos de la República, no se sentía muy conforme en sus relaciones con el Presidente, el que abandonó el poder el 24 de diciembre. Esta situación fue la que lo hizo acercarse a elementos auténticos con el deseo de atraerlos a una nueva lucha electoral.

Grau participó de la idea de volver a Cuba si se hacían primero elecciones para una Convención Constituyente. Una mayoría de los auténticos que habían sido miembros de la OA con gran exposición de sus vidas, consideraron precipitada la aceptación de reintegrarse a la política en Cuba y la retirada de las labores insurreccionales contra Batista; Carlos Prío, Tony Varona, Ramiro Capablanca, Emilio Laurent, y otros que quedaban en el exilio, una gran parte en Tampa, ante la situación, decidieron la separación de Grau del Partido.

Tony y yo nos dirigimos en noviembre hacia el Norte, y fijamos nuestra residencia en un pequeño apartamento de la calle 110 y avenida de las Américas, a unas seis cuadras de la Universidad de Columbia, donde me matriculé para tomar varios cursos de Filosofía y de Psicología. Durante repetidos veranos volví a completar un número de asignaturas de Psicología en distintas especialidades.

Recuerdo en ese invierno del 36 al 37 las caminatas sobre la nieve que a veces me llegaba hasta cerca de la rodilla, protegida por unas botas que se enterraban en la helada y gruesa franja blanca que cubría el paisaje.

Como siempre he sufrido demasiado por el frío, recuerdo que todos los viernes me enfermaba por los cinco días sufriéndolo. Pero mi interés por mis estudios en la Universidad de Columbia, en 116 calle y Broadway, era tanto, que el lunes ya me sentía bien.

Al llegar Semana Santa recibí un telegrama del Presidente Federico Laredo Bru, -que había tomado posesión de la Presidencia el 24 de diciembre al ser destituido Miguel Mariano Gómez por el Congreso que seguía órdenes de Batista- invitándome a almorzar en Palacio el jueves a las 12 m.

Al llegar me enteré de que el Dr. Carlos de la Torre (1), muy amigo de todos nosotros, los miembros del Directorio, y especialmente amigo mío, porque había sido mi profesor de Biología en la Universidad de La Habana, le había pedido a Laredo Bru, una de las cátedras de Letras de los recién creados Institutos de 2a Enseñanza, adicionales a los de las capitales de provincia, que eran los únicos que hasta entonces habían impartido la enseñanza del Bachillerato en Cuba.

Almorcé con Laredo Bru y con su esposa Monona y tomé posesión de la cátedra en el Instituto del Vedado.(2)

---

(1) El universalmente conocido Malacólogo.
(2) Más tarde pasé al Instituto de la Víbora.

Volví inmediatamente a Nueva York, donde Tony trabajaba con los grupos auténticos de la ciudad. Habíamos encontrado en esa ciudad al hermano de Casimiro Menéndez, compañero nuestro, asesinado durante la lucha. Menéndez estaba recibiendo lo que entonces era llamado el "relief", que era una ayuda para los miles de desempleados que tenía la ciudad de Nueva York, después de la quiebra de los bancos de 1929 y de la profunda situación de pobreza económica que le siguió.

Menéndez, un dedicado lector, nos regaló la novela de Samuel Johnson "The Way of all Flesh", que como tesoro guardé en mi pequeña biblioteca, hasta mi salida de Cuba en 1960.

Al llegar el verano de 193 muchos auténticos retornaron poco a poco a Cuba, y nosotros, Tony y yo, también decidimos volver.

Ya Emilio Laurent, Carlos Prío, Enrique C. Henríquez y muchos otros auténticos estaban allí.

El Partido Revolucionario Cubano (Auténtico) reanudó sus actividades, pero sin el Dr. Ramón Grau San Martín, que seguía viviendo en Miami en "La Veeda Apartments".

La división dentro del Partido nos debilitaba y además sentíamos la necesidad de reunirnos con el profesor valiente que nos había apoyado en nuestra posición contra Machado y que después unido al Directorio, aceptó la Presidencia de Cuba para regir junto con nosotros los destinos de la República; en aquel Gobierno Provisional de los 100 días, en el que tantas de las aspiraciones del pueblo cubano fueron plasmadas en leyes que llevaban su firma.

Desde principios de la lucha lo mismo Grau que Paulina, su cuñada, me habían mostrado una especial amistad, tanto que el día de Noche buena de 1933, en el que vivía la familia Grau en Palacio, Tony Varona y yo habíamos sido los únicos invitados entre los miembros del Directorio, a la cena habitual.

Había seguido yo cultivando estrechamente su amistad a pesar de todos los vaivenes políticos, por lo que Emilio Laurent, Carlos Prío y Tony pensaron que sería una buena representante del grupo ante Grau y fuí a Miami a visitarlo en el apartamento donde vivía en un segundo piso de la parte antigua de la playa de Miami.

El resultado de la conversación con Grau no fue claro. Grau, como siempre, se volvía incomprensible cuando quería hacer esperar a alguien, y aunque no fuera más que por un ligero sentimiento de venganza, no me dejó saber su pensamiento definitivo.

Volví un poco defraudada a La Habana, pero Laurent, Prío y Tony no estaban tan desilusionados como yo. En realidad Grau no se había mostrado negativo, no se expresó con resentimiento de la situación y ellos parece que tomaron eso por buena señal.

Efectivamente las relaciones se desenvolvieron sin mayores problemas. Cuando Grau decidió volver del exilio en 1938, todos los auténticos fueron bien recibidos en la vieja casa de J y 17, en el Vedado.

CAPITULO XVIII

Gobierno de Federico Laredo Bru. La Asamblea Constituyente de 1940.

Federico Laredo Bru, Abogado integrante del Partido Unión Nacionalista, Coronel del Ejército Libertador y hombre de inteligencia y memoria extraordinarias, había aceptado ir de candidato a la Vicepresidencia en las elecciones de enero de 1936, en las que iba de candidato presidencial Miguel Mariano Gómez, hijo del que había sido Presidente de la República, General José Miguel Gómez.

Las elecciones estaban completamente dominadas por Batista, que en esos momentos era, o se sentía, el amo de Cuba.

Ni la personalidad de Miguel Mariano Gómez, ni la de Laredo Bru eran propicias a someterse a un dictador militar.

Después de la toma de posesión de Miguel Mariano Gómez, el 20 de mayo de 1936, las desavenencias entre el poder civil y el poder militar que dominaba la Isla en aquellos momentos, culminaron en el resultado final de que el Congreso, manejado por Batista, acordara destituir al Presidente Gómez.

A Laredo Bru, como Vicepresidente, le correspondió asumir la primera magistratura de la nación, la que recibió como un reto..

Con muchos más años, mas experiencia, y mayor habilidad política que Miguel Mariano, Laredo Bru aceptó el cargo. Se sabía con capacidad suficiente para sortear las dificultades. Su gran preparación lo colocaba a bastante distancia del ex-sargento-taquígrafo con limitada capacidad académica. Aunque trataba de suplir sus deficiencias con astucia, al exsargento no le sería fácil dominar a un Presidente avezado a las líïdes políticas, capaz de leer la intención de Batista antes de que éste se la expresara.

Pudo mantener al Jefe del Ejército dentro del respeto debido a su dignidad presidencial.

El haber logrado convertirse en hábil consejero de Batista, le permitió completar el período presidencial que le correspondía; pudo llevarlo hasta las elecciones de delegados para la proyectada Asamblea Constituyente, lo que tan infructuosamente se había intentado en años anteriores.

Batista se encontró a un Presidente con el que tenía que medirse, y el que después de un tiempo logró persuadir su voluntad.

Laredo Bru pudo realizar su función presidencial, con el indispensable poder que necesitaba para no ser como sus predecesores un completo seguidor de la voluntad y el capricho del Jefe de las Fuerzas Armadas.

Juró la Presidencia en los tiempos difíciles en que ya Batista se había apoderado, como dueño absoluto, de todos los poderes de la República.

Sin la intervención de otros poderes del Estado, sólo con la ayuda de algunos técnicos había creado una serie de instituciones, que si en cierta forma beneficiaban a una parte del pueblo, al mismo tiempo le permitían el control único sobre aquellas entidades que abarcaban la casi totalidad de las actividades de la Isla.

Entre estas estaban el Instituto Cívico Militar, las Escuelas Rurales Cívico Militares, la Escuela Normal Rural, el Patronato Nacional de Colonias Infantiles, el Centro de Orientación Infantil, los Hogares Infantiles Campesinos, el Patronato de la Profilaxis de la Lepra, Piel y Sífilis, la Comisión Nacional de Transportes, la Dirección Nacional de Deportes, el Consejo Nacional de Tuberculosis y otras.

La inconformidad de gran parte del pueblo y de diversos grupos ante el poder omnímodo de Batista que acababa de dar una demostración de su falta de respeto hacia los poderes de la República, cuando consiguió que el Congreso destituyera al Presidente, era cada vez mayor.

Al asumir Laredo Bru la Presidencia, uno de sus primeros propósitos fue lograr la estabilidad y la tranquilidad de los habitantes de la Isla.

La combativa Asociación Estudiantil Universitaria vio desaparecer un motivo para mostrar su inconformidad, al aprobarse por el Congreso una Ley Docente que reorganizaba la Universidad y que le otorgaba la Autonomía, que había desaparecido durante los turbulentos años posteriores al Gobierno Provisional del Dr. Grau, y que complacía un deseo largamente sustentado por estudiantes y profesores.

Se crearon también por el gobierno de Laredo los 21 nuevos Institutos de Segunda Enseñanza, que permitió integrarse a las aulas a mucha juventud ociosa, lo que la ayudaba a encauzarse en actividades de superación.

Durante este gobierno también se embarcaron para su país unos 50,000 haitianos y jamaicanos, lo que había constituido otra de las leyes del gobierno de los 100 días. Al poder realizar los cubanos el trabajo que desempeñaban esos extranjeros, también se quitaba de las calles tumultuosas a hombres que entonces se dedicaron a su trabajo.

Ante los intentos de normalizar al país mediante elecciones Miguel Mariano Gómez, con su Partido Acción Republicana, y Menocal con el recién fundado Partido Demócrata Republicano, se declararon en la oposición y combatieron el proyecto de Código Electoral, que a pesar de su oposición la Cámara aprobó.

Batista que aspiraba a ser elegido Presidente en la supuesta contienda elctoral, en contra del Partido Revolucionario Cubano (Auténtico) que era en extremo popular, trató de entrar en negocioaciones con los comunistas a fin de procurarse el apoyo que necesitaba, y en septiembre de 1938 permitió la inscripción oficial del Partido Comunista en el Gobierno Provincial de La Habana, al que siguió su inscripción en la mayoría de los Gobiernos Provinciales de la Isla.

En ese año de 1938 se constituyó la Confederación de Trabajadores de Cuba (C.T.C.), entonces totalmente dominada por comunistas. Al contar con ellos, Batista pensó oponer un conjunto de fuerzas a la popularidad innegable del Partido Auténtico, el partido que era considerado por Batista como su gran adversario.

Todas sus alianzas con los comunistas, las que realizaba a espaldas del gobierno de Laredo Bru, eran parte de su armamento político, el que trató de completar atrayendo a algunos miembros del Partido que tanto le preocupaba.

En ese intento consiguió la colaboración de varios "llamados auténticos" y le dio a Aurelio Fernández Concheso la Secretaría de Educación (el que irritó años más tarde a los auténticos al enviarle desde Alemania, donde era Embajador, una ametralladora). A Edgardo Buttari le dió la Secretaría de Comercio, (el que volvió a entrar en el autenticismo y llegó a tener influencias preponderantes en el gobierno de Prío). A Manuel Costales Latatú, le entregó la Secretaría de Sanidad y Beneficiencia.

Los "auténticos" que en esos momentos estaban separados del autenticismo pretendían ante el Tribunal Superior Electoral, que les otorgaran la propiedad del Partido Revolucionario Cubano (Auténtico), pero el litigio fué remitido al Tribunal Supremo que dió su fallo en contra.

Al lograr un grado de estabilidad la situación cubana, empezaron algunos partidos políticos a dedicarse a labores preparatorias para el esperado proceso electoral.

El Dr. Ramón Grau San Martín, que había decidido volver a Cuba en ese mismo año, presenció un recibimiento que fué una espontánea manifestación popular. Un mar de seres humanos querían estrechar la mano de su indiscutido mentor.

En la contienda entre los Partidos, es famoso el debate entre auténticos y comunistas en la Sociedad de Torcedores, en la que los auténticos denunciaron a los comunistas como agentes antinacionalistas. En el debate se distinguieron: Carlos Prío, Eduardo Chibás e Inocente Alvarez.

Las elecciones parciales de marzo de 1938 se habían celebrado sin la concurrencia de uno de los grupos auténticos.

Después de estas elecciones controvertidas se preparó un proyecto de Código Electoral para realizar nuevas elecciones generales, que el Presidente Laredo Bru vetó, porque en su lugar proyectaba unas elecciones de delegados a la Asamblea Constituyente, para la que se permitiría la creación de nuevos partidos.

La oposición pedía que se celebrara primero la Asamblea Constituyente, mientras los sectores del gobierno pretendían que se realizaran primero las elecciones generales.

Se consideró un triunfo del Dr. Laredo Bru el que se lograra un acuerdo entre oposición y gobierno para efectuar primero las elecciones de delegados a la Asamblea Constituyente.

Una obra anterior del Presidente Laredo Bru en favor del progreso de la República fue la creación del Código de Defensa Social, en el año 1936, que sustituiría al antigüo Código Penal de 1870. El nuevo Código recogía innovaciones de la época.

Laredo Bru trató de mantener buenas relaciones con los auténticos y con los estudiantes. Cuando se pretendió disminuir el número de matrículas gratis para los estudiantes necesitados, el Presidente envió su respuesta ante la petición de los estudiantes: no se disminuiría el número de matrículas gratis.

Otro hecho que demostró su interés por tener cerca la juventud auténtica, fue el nombrar a mi hermano, que era Secretario de Juzgado, para que actuara, en carácter honorario, como el Secretario del Consejo que redactaría el Código de Defensa Social. Mi hermano Angel Segura Bustamante, al terminar su labor en el Consejo, publicó un libro sobre el "Código de Defensa Social y su Legislación Complementaria" a través de la "Cultural, S.A." de la Habana, año 1939.

Durante los primeros meses de 1939 el Tribunal Superior Electoral convocó a elecciones extraordinarias para elegir delegados a la Asamblea Constituyente.

Después de varias dificultades que se presentaron por desacuerdos del gobierno y la oposición, fueron elegidos los delegados, integrantes de la Asamblea que redactaría la Ley Fundamental.

El día antes de la elección de los delegados ocurrió un hecho curioso que mostraba el interés por la notoriedad, y la capacidad de pagarla a cualquier precio, de Eduardo Chibás.

Se había hecho un disparo a sedal cuando nadie lo presenciaba, y al procurar que el médico le curara la herida lo instó a que dijera que "moría por Cuba y por el triunfo del Dr. Ramón Grau San Martín". Olvidadizo, no se acordaba de cuando había marchado al frente de una manifestación en contra del Gobierno Provisional del Presidente Grau, en la que con un grupo de comunistas vociferaba: -¡Kin Kon, que se vaya Ramón!.

Por supuesto el tiro no sólo le proporcionó notoriedad sinó que le dió un número de votos. En filas de votantes frente a los colegios electorales se oía a algunas señoras impresionadas decir: -"Voy a votar por ese del tirito".

Las elecciones a Constituyente, tantas veces aplazadas, se pueden mostrar como el importante logro del Gobierno de Laredo Bru, que a pesar de haberse iniciado en un momento en que el poder del Estado estaba concentrado en manos de Batista, se pudo manejar la situación política en forma que durante su período se logró encauzar los intentos dictatoriales de Fulgencio Batista hacia la realización final de la Constituyente.

En la obra de gobierno de Laredo Bru hay leyes que significan un progreso para la marcha de la República, como la ley de Coordinación Azucarera, la Ley de Arrendamiento y Aparcería, la Ley de Comercio Libre en los bateyes de los ingenios.

Muchas leyes, iniciadas en el Gobierno Provisional del Dr. Grau y del Directorio, fueron puesta en práctica por los gobiernos que lo sucedieron y más tarde formaron parte de la Constitución de 1940.

Se podría trazar una línea en la transformación política, económica y social de Cuba que partiera del Programa para un Gobierno Provisional del Directorio de 1930, publicado en agosto 22 de 1933, y pasara por el Gobierno de los 127 días; después por los gobiernos provisionales, en los que se ponían en vigor algunas de las leyes pormulgadas con la firma del Dr. Grau, hasta llegar a la Convención

Constituyente que recoge en sus artículos todas estas medidas progresistas, para nuestra República y nuestro pueblo.

Después de 1940, los gobiernos que siguieron, aprobaron muchas leyes complementarias que en forma definida llevaban a la práctica los enunciados de la Constitución.

Los delegados electos para la Asamblea que proveería a Cuba de una avanzada Constitución se reunieron por primera vez en febrero de 1940. La Asamblea quedó solemnemente inaugurada por el Presidente de la República Dr. Federico Laredo Bru. A mediados de febrero de 1940 quedó integrada la Mesa de la Asamblea, de la que fue Presidente el Dr. Ramón Grau San Martín.

Poco después los que seguían al Mayor General Menocal, se sumaron a la oposición y el Dr. Grau San Martín presentó su renuncia a la Presidencia de la Asamblea, cuya mayoría en las elecciones había sido ganada por el conjunto de fuerzas agrupadas bajo el Partido Auténtico.

Carlos Márquez Sterling pasó entonces a ocupar la Presidencia de la Convención.

La Constitución del 1940 tuvo en cuenta los derechos del individuo en la forma mas avanzada hasta entonces.

Se abolió la pena de muerte, se declaró libre todo lo referente a la cultura, se hizo al Estado responsable de una más alta educación para el ciudadano, se aumentaron los presupuestos para todos los niveles de la enseñanza, se terminó con la época de los sueldos miserables para los maestros y en el campo obrero y del campesinado se alcanzaron los standards más elevados para su época y en general se establecía la necesidad de protección para los problemas de las clases de precaria situación económica.

La Constitución mostraba en sus postulados una tendencia a igualar hasta su mayor posibilidad a los distintos estratos del poder social y económico, para lo que se establecerían leyes complementarias que lograrían que los ciudadanos se beneficiaran de las aspiraciones de progreso político y personal expuestas a lo largo del articulado.

La Constitución del 40 fue la culminación de un proceso de luchas ciudadanas, iniciadas por el grupo estudiantil de la Generación de 1930.

Los Gobiernos Constitucionales, principalmente los Gobiernos Auténticos del Dr. Grau San Martín y del Dr. Prío Socarrás, -el que tuvo como Presidente del Congreso al Dr. Manuel Antonio de Varona Loredo, representativos éstos dos de la Generación del 30-

promulgarían una gran cantidad de leyes que harían efectiva la nueva Constitución, la que fué firmada en la ciudad de Guáimaro el día primero de julio de 1940, y promulgada el cinco de julio en un acto solemne en el Capitolio Nacional de La Habana y publicada en la Gaceta Oficial con el No. 646 de 8 de julio.

Entró en vigor el 10 de octubre de 1940.

CAPITULO XIX

Primer Gobierno Constitucional después de la Constitución del 40.
Federico Laredo Brú entrega el mando a Fulgencio Batista
y Zaldívar.

Federico Laredo Bru, que había tomado posesión de la Presidencia
de la República el 24 de diciembre de 1936, entregó el poder a su
sucesor, Fulgencio Batista y Zaldívar el 10 de octubre de 1940, día en
que el Presidente entrante puso en vigor la Constitución de ese año.

Batista se había presentado en las elecciones como candidato de la
Coalición Socialista Popular, conjunto de seis partidos políticos, uno
de los cuales era el Comunista. Los seis partidos que lo apoyaban eran
el Partido Demócrata Republicano, que dirigía Menocal, el Liberal, el
de Unión Revolucionaria, que así se llamaban los comunistas entonces, con Juan Marinello al frente; el Nacional Revolucionario
(Realista) que formaron Santiago Alvarez y Aurelio Fernández Concheso, los dos, en épocas anteriores pertenecientes al Partido Auténtico; el Conjunto Nacional Democrático, de Santiago Verdeja y el
Partido Popular Cubano, que impulsaba José Rafael Barceló.

Con esta multiplicidad de Partidos, Fulgencio Batista se enfrentaba a
Grau San Martín, un candidato extraordinariamente popular, respaldado por el Partido Revolucionario Cubano (Auténtico), partido
nuevo de grandes masas populares que se estrenaba como partido
político, novato en unas elecciones generales. Unido en el apoyo a
Grau y a su Vice, Carlos M. de la Cruz, estaba el Partido Acción
Republicana.

En esta contienda la forma de elección determinó el triunfo de
Batista: los candidatos al Poder Legislativo, que controlaban un
gran número de votantes, sumarían esos votos personales al candidato
Presidencial de ese partido.

De ese modo grandes grupos de votantes, seguidores de un legislador, le daban, al votar por el legislador, su voto al Presidente del Partido que el legislador representaba, fuera o no, ese candidato presidencial de la preferencia del votante.

La maquinaria política de los Partidos de la Coalición Social Demócrata era superior a la maquinaria política electoral de los partidos que apoyaban al Dr. Grau San Martín.

Los auténticos confiaban tanto en la fuerza popular del Partido y de su candidato que esperaban la victoria.

Se tuvieron que rendir a la evidencia: Fulgencio Batista sería el próximo Presidente de la República, a pesar de la inmensa popularidad del Partido Auténtico y de su candidato Ramón Grau San Martín.

En estas elecciones un número de auténticos fueron electos senadores y representantes por las distintas provincias.

El Partido Auténtico, que podía considerarse como la continuación del grupo y la ideología del 30, tenía entre sus integrantes a fuertes auténticos de generaciones anteriores, que desde las épocas estudiantiles, compartían las aspiraciones nacionalistas.

Del Partido Auténtico en 1940, fueron electos los senadores, Carlos Prío Socarrás, por la Provincia de Pinar del Río; Félix Lancís, por la de La Habana; Gustavo Moreno por la de Matanzas; Miguel Suárez Fernández, por Las Villas; Aurelio Alvarez y Manuel Rogelio Alvarez Bacallao, por Camagüey; y Emilio (Millo) Ochoa por Oriente.

Para Representantes a la Cámara, fueron electos los auténticos: Eduardo Chibás, Alfredo Nogueira, Alejo Cossío del Pino, Santiago Rodríguez (hermano de Primitivo), Inocente Alvarez, Félix Martín, José González Rubiera, José Antonio Casariego, Luis de Almagro, y Virgilio Pérez por la Habana; Diego V. Tejera y Carlos Maristany por Matanzas; Porfirio Pendás y Ramiro Capablanca por Santa Clara; Manuel Antonio de Varona Loredo, Manuel Parrado, Terina Porro y Alejandro Armengol por Camagüey; Salvador Romaní, Luis Ochoa, Eusebio Mujal, Lincoln Rodón por la provincia de Oriente.

Durante los cuatro años de gobierno constitucional del Presidente Batista se aprobaron leyes progresistas que seguían la tendencia iniciada desde el poder por el Gobierno Provisional de los 100 días.

Entre estas leyes de un Congreso formado con representación de todos los partidos, el Partido Auténtico a propuesta del Senador

Suárez Fernández logró la aprobación de un Código Electoral que separaba la elección de los legisladores de la elección presidencial.

Los electores podían votar por su representante o su senador, perteneciente a un partido, y votar por cualquiera de los candidatos presidenciales, fuera o no del mismo partido que su legislador.

Al aprobarse esa ley, ya la maquinaria política no podría sobreponerse a la popularidad de un candidato presidencial.

Esto permitiría el triunfo rotundo del Presidente auténtico en la "jornada gloriosa" como la había llamado el controversial político y ex-lider estudiantil Eduardo Chibás.

En el gobierno de Fulgencio Batista se inicia, con la Constitución de 1940, el sistema semi-parlamentario.

Fulgencio Batista puso en vigor la Constitución, después de tomar posesión de su cargo de Presidente de la República y nombró como Primer Ministro al Dr. Carlos Saladrigas.

El gobierno presidencial de Batista, a pesar de ser de origen constitucional y por elección, mantenía la preeminencia del Ejército, seguía asentándose sobre base militar.

Batista trató de darle un aspecto civilista a su régimen pero no era fácil darle una apariencia civil a lo que era un gobierno militar.

Igual que los inmediatamente anteriores, este gobierno dictó medidas favorables al pueblo como, la Caja de Retiro para los obreros del azúcar, lo que fue parte de una beneficiosa política laboral. Le prestó atención al aumento de las escuelas y los hospitales. Se mostró mucho más liberal para las decisiones del Congreso que en años precedentes y trató de respetar hasta el mayor grado posible -en un régimen de tendencia castrense- las Leyes y la Constitución de la República.

El acontecimiento más favorable que le atribuye la Historia al Presidente de este período de gobierno es su capacidad de poner en práctica limpiamente las leyes electorales para la sucesión de su cargo.

Su candidato a la Presidencia para sucederlo era el Dr. Carlos Saladrigas, quien se enfrentaría al popul123ísimo candidato del Partido Revolucionario Cubano (Auténtico), Dr. Ramón Grau San Martín. La alta sociedad creía que el próximo presidente sería Carlos Saladrigas.

En el Havana Yacht Club, una de las importantes sociedades de la ciudad habanera, le ofrecieron un almuerzo, que más que de propaganda, parecía de celebración del triunfo electoral: todos contaban con el fraude.

Leí con pena el nombre de algunos compañeros de lucha —dos eran del Directorio— entre los asistentes a aquel almuerzo. No sé que me dolía más, si su falta de firmeza o su falta de fé. Supe después que abordaron el llamado "Tren de la Victoria", en un recorrido organizado por el gobierno de Batista a favor de su candidato.

En la esfera politica los verdaderos auténticos, que éramos la inmensa mayoría del pueblo, y la casi totalidad de la generación del 30, contábamos con el triunfo de nuestro partido y más que de nuestro partido, de nuestra causa.

Fueron escasos los que de nuestras filas se unieron al candidato del régimen, creo que en total no llegaron a diez.

Todavía, hoy, después de tantos años, lo recuerdo. Al triunfar Grau San Martín, sus gestiones para reincorporarse a nosotros me hacían sentir pena por su flaqueza al sumarse a adversarios sin ideología.

Dos de los que nos abandonaron se reintegraron a nuestras filas hasta llegar a ocupar uno de ellos, Justo Carrillo, la Presidencia del BANFAIC, y el otro, Felipe Pazos, la del Banco Nacional durante el gobierno de Prío Socarrás.

Los partidarios del gobierno aquel día de Junio de 1944 sentían extraordinario asombro, no podían creer que Batista hubiera permitido unas elecciones legales. Aquella fué la que Chibás llamó "la jornada gloriosa".

Y lo que para algunos de ellos se volvió inexplicable fue que se negara Batista a cometer el fraude electoral que le sugerían muchos de sus compañeros oficiales del Ejército.

Batista recibió el reconocimiento de sus antiguos adversarios los auténticos: había cumplido con su deber.

En la casa de 17 y J, en el Vedado, residencia de Grau, no cabían los auténticos. El pueblo jubiloso celebraba el acontecimiento. La Habana, y el resto de la Isla estaban de fiesta.

PARTE QUINTA

Los gobiernos auténticos. La Generación del 30 llega al poder por elección popular. (1944-1952

CAPITULO XX

**El gobierno por elección del Dr. Ramón Grau San Martín.
Nuevas leyes favorecen la prosperidad cubana. Los sucesos de Orfila.
El intento de Cayo Confite.**

El Dr. Ramón Grau San Martín, Presidente del Partido Revolucionario Cubano (Auténtico) tomó posesión el 10 de octubre de 1944, después de ser electo por una abrumadora mayoría.

Entre sus ideas para un gobierno -en el que proyectaba continuar su labor de cubanía de 1933- estaba como objetivo fundamental la austeridad en lo referente al poder.

Acorde con esta idea de austeridad, el nuevo Presidente hizo una declaración jurada de todas sus pertenencias, tanto en dinero efectivo como en préstamos hipotecarios y propiedades inmuebles.

Esta actitud de Grau, en contradicción con acontecimientos ocurridos durante su gobierno, se irá comprendiendo a medida que pasemos a través de sus años en la Presidencia. Sólo podemos afirmar que desde entonces el Dr. Ramón Grau San Martín, al hacer ante el pueblo el recuento de sus riquezas familiares y personales, obedecía a una intención recta y a un propósito real.

Los bienes declarados el día 7 de octubre de 1944, tres días antes de su toma de posesión fueron: $70,642.53 en efectivo, créditos hipotecarios por $180,870.00, siete casas en La Habana, una casa en Miami, y una finca en Consolación del Norte, en la que vivía su familia cuando él nació.

Al tomar posesión del cargo, hizo una visita a los Estados Unidos, por invitación del Presidente Roosevelt, de quién se dice que comentó con Grau "lo equivocado que había estado cuando no quiso reconocer su gobierno de diez años antes."

El interés del Dr. Grau San Martín en retornar al gobierno estaba impulsado por el deseo de seguir realizando las obras a favor del pueblo que, en el periodo provisional de 1933, se habían iniciado.

Una de las primeras medidas del gobierno de 1944 fue prohibir los despidos laborales sin la debida justificación y sin previo expediente. Otra de estas primeras medidas fue suprimir varios impuestos al contribuyente, los que habían sido establecidos por el gobierno anterior.

Otra de sus disposiciones fue el pago del diferencial de la zafra azucarera, que aportaría millones de pesos para los trabajadores del sector.

Por otra ley aumentó en 20% el salario y los jornales de los obreros azucareros.

Por acuerdo de los gobiernos se estableció el trueque de azúcar por sebo, arroz y garbanzos con países suramericanos, como un modo de solventar las deficiencias debidas a la II Guerra Mundial.

Se celebró en La Habana la Conferencia Internacional de Empleo y Comercio. Ordenó la incorporación de la Escuela Normal de Maestros Rurales al Ministerio de Educación.

Se efectuó el censo agrícola de 1946, que fue el mejor realizado durante los años de la República.

Se crearon escuelas rurales con cargo a los ingresos por el diferencial azucarero.

Se realizaron obras públicas de gran importancia como los locales para los Mercados Libres, la Vía Blanca que iba de la ciudad de La Habana a la de Matanzas.

Se creó el Instituto Politécnico de Cangrejeras y la Carretera de Puerto Padre a Victoria de las Tunas.

Se deteminó en 1947 la ilegalización de la Confederación de Trabajadores de Cuba, (C.T.C.) en ese tiempo dominada por los comunistas.

La cuota azucarera de Cuba para el mercado de los Estados Unidos fue grandemente aumentada.

Se canceló la bandera del 4 de septiembre que hasta este gobierno y desde 1934 se hacía ondear al lado de la bandera cubana.

Se inauguró el Palacio de los Trabajadores.

Se estableció un turno laboral de 6 horas con pago de 8, para los trabajadores en los ómnibus

Se concedió la jornada de verano para los empleados del comercio.

Se prohibieron los desalojos urbanos.

El gobierno compró $75 millones de oro físico para fortalecer la moneda nacional.

Se establecieron nuevas leyes de retiro y de seguros para las clases profesionales y laborales.

La popularidad masiva del gobierno, no impidió que ocurrieran desórdenes que constituían luchas fratricidas en las calles. La juventud que en los previos gobiernos dominados por los militares, vivía en rebelión contra el estado de cosas, no se pudo tranquilizar lo suficiente al empezar un gobierno por el que la mayoría de ellos había expuesto su vida. El hábito guerrerista se había arraigado tanto en aquellos jóvenes que crecieron bajo el ruido frecuente de disparos de armas, que no se sentían inclinados a abandonar la costumbre que los impulsaba a la acción, la que si antes era contra un gobierno considerado ilegal, ahora se vertía en la animosidad de un grupo contra otro. En estas luchas intestinas, unos pretendían alcanzar más liderazgo que otros.

Esta guerra entre grupos sólo podía detenerse a través de una fuerte represión policíaca con arrestos y condenas que podrían agravar la tensión y convertir la hostilidad entre los grupos en ataques hacia un gobierno represor.

El respeto a la libertad y el sentimiento democrático de Grau, igual que el del Dr. Prío, no permitieron a estos gobernantes el uso de la fuerza represiva, aún cuando los ataques fueran dirigidos contra el gobierno, mucho menos si lo que ocurría eran combates entre dos bandos. Se hicieron leyes para prevenirlos, como cuando en el gobierno de Grau se limitó la venta de armas a los ciudadanos, pero estos grupos no estaban muy dispuestos a respetar las leyes contrarias a sus intentos de resolver entre ellos sus personales agravios.

La culminación de esta lucha de grupos constituyó lo que se conoce como la batalla de Orfila.

Orfila era un barrio de Marianao donde se encontraba Emilio Tró, Comandante Instructor de Disciplina y Entrenamiento de la Policía, en entrevista con el también Comandante Antonio Morín Dopico.

El Comandante de la Policía Nacional, Mario Salabarría Aguiar, sospechaba de Emilio Tró como el autor del asesinato de uno de su grupo, Rafael Avila, y consiguió una orden de arrestro contra Tró como culpable de aquel hecho.

En la mañana del 14 de septiembre de 1947 ordenó a los policías bajo su mando sitiar la casa del Comandante Antonio Morín Dopico, para detener a Emilio Tró que había acudido con varios amigos.

Rodeada la casa por las fuerzas a sus órdenes , requirió de los que estaban en su interior que se rindieran.

Lejos de rendirse, Tró, Morín Dopico y sus amigos abrieron fuego contra Salabarría y su grupo, lo que empezó un tiroteo que se convirtió en una verdadera batalla campal, la que duró prolongadas horas.

Durante esas horas se recibía a través de la radio, información de los sucesivos incidentes, y el pueblo se preguntaba ¿qué ocurre que el Dr.

Grau no envía fuerzas para impedir este desorden?

El Dr. Grau, un hombre de salud precaria durante toda su vida, padecía del tipo de epilepsia conocido como "petit mal" y ese día estuvo sufriendo uno de sus espaciados ataques. No estaba en condiciones de enterarse de lo que ocurría y mucho menos de dar órdenes para detenerlo.

Después de continuadas horas el Jefe del Ejército, Genovevo Pérez Dámera, dió órdenes al cuerpo de tanques, al mando del Comandante Landeiras, de terminar el combate.

A la llegada del cuerpo del ejército, ya los sitiados se habían rendido y unos momentos después salían, con las manos en alto, Tró y sus demás compañeros, cuya rendición no fué respetada.

Tró y otros de su grupo fueron ultimados a balazos por el grupo de Salabarría.

El Teniente Coronel del Ejército, Oscar Díaz y Martínez, arrestó a Salabarría y a algunos de sus oficiales, los que fueron juzgados y condenados el 8 de marzo de 1948.

Salabarría fue condenado a 30 años de prisión.

En mayo de 1961, trece años después, fue libertado por el régimen de Castro, el que en junio de 1965 le impuso 30 años de prisión por "delito contra los poderes del Estado y contra la integridad y estabilidad de la nación."

Así terminó una de las mas sangrientas luchas de grupos durante uno de los gobiernos auténticos, que siempre respetaron la libertad y la vida como su primordial objetivo.

Durante este período de gobierno se determinó un cambio en las mandos de la Policía Nacional y la destitución de un número de oficiales. Al mismo tiempo fue nombrado el Coronel Gregorio Querejeta, Jefe de la Fortaleza de la Cabaña, y designado Jefe del Estado Mayor del Ejército el anterior Jefe de los Ayudantes del Presidente, Genovevo Pérez Damera.

Se ordenó el arresto del ex-coronel José Eleuterio Pedraza responsable de los asesinatos efectuados durante la huelga de marzo 8 de 1935.

En abril de 1945 al renunciar a la Cartera de Obras Públicas Gustavo Moreno, el Dr. Grau nombró a su sobrino José Ramón San Martín, quien despues fue uno de los fuertes aspirantes a la candidatura presidencial del Partido Auténtico, para las elecciones de 1948.

Otro episodio destacado durante el gobierno del Dr. Ramón Grau San Martín, fue el llamado de "Cayo Confite."

En la República dominicana, alcanzaba casi 30 años la oprobiosa dictadura de Rafael Leónidas Trujillo, el que sin la menor preocupación eliminaba físicamente a cuantos se le oponían, lo mismo dentro que fuera de la República.

En su país ordenaba la muerte de grupos enteros de campesinos cuando recibía informes de alguna posible conspiración. Había nombrado General a su hijo de pocos años, cuyo retrato con el uniforme se había trasmitido al mundo entero. La permanencia de su sangrienta y humillante dictadura era considerada insultante para el pueblo cubano, que tan estrecha relación durante toda su historia había sostenido con grandes dominicanos, entre ellos el jefe de las dos gueras nuestras de liberación de la metropoli española, Generalisimo Máximo Gómez.

Grau, encarnando el sentimiento de una parte de nuestro pueblo estaba dispuesto a contribuir a una proyectada invasión de Santo Domingo, con intención de liberar a la hermana república de los caprichos de la tiranía.

En consecuencia, puso el poder del gobierno al servicio de la invasión.

El apoyo del Dr. Grau San Martín no se debía sólo a su decisión y a sus sentimientos; esta disposición estaba en el pensamiento de los hombres y mujeres de la generación del 30, que participaban en el proyecto, y con el que, desde los inicios de los grandes cambios sociales del 30 al 34, estaban estrechamente relacionados.

No es sorprendente que el poder del gobierno estuviera detrás de un movimiento armado liberador, como no es extraño que la joven generación del 30 considerara la ayuda a ese pueblo amigo como un compromiso ineludible.

Desde 1930 los estudiantes que luchaban contra Machado habían establecido relaciones con los exiliados dominicanos, los que al ver triunfar a sus compañeros en Cuba, esperaron de ellos la ayuda necesaria.

El líder estudiantil Manolo Castro y Eufemio Fernández, Jefe de la Policía Secreta de Cuba, fueron los máximos responsables en los preparativos de la invasión.

Entre los dominicanos que se dieron cita en La Habana, o que residían desde tiempo antes en la ciudad, y que colaboraban con la invasión, estaba Enrique Cotubanama Henríquez, cuñado de Carlos Prío Socarrás, y luchador al lado de nosotros desde 1930, primero contra el gobierno de Machado y después contra los excesos de la dictadura militar de Batista.

Los dominicanos concentrados en Cayo Confite, al Norte de la provincia de Camagüey, en 1947 contaban, además de con el apoyo del gobierno cubano, con el de "Acción Democrática" de Caracas.

El grupo había acumulado gran cantidad de armamentos y municiones.

En Cuba por orden del gobierno recibieron la ayuda del Ministro de Educación José Manuel Alemán. En la nómina del Ministerio figuraron muchos de los expedicionarios.

Manolo Castro, Director de Deportes, también favorecía el movimiento.

La demora en efectuar la invasión fue motivo de que la expedición fracasara. No se pudo guardar el suficiente grado de privacidad en las informaciones y en la comunicación entre los exiliados dominicanos y los cubanos que los acompañaban en su empeño de liberar a su pueblo de Trujillo. Este logró de su cuerpo de espionaje, fotografías, desde el aire, de los pertrechos, y denunció la invasión armada de la que iba a ser objeto.

El doctor Grau frente a esta situación no pudo seguir apoyando el proyecto y cuando la orden de partir se dio, el gobierno cubano ordenaba detener la salida de los barcos con lo que finalizó en septiembre de 1947 el esfuerzo encaminado a ayudar a una hermana República.

CAPITULO XXI

La prosperidad sigue en aumento. Los grupos en lucha no cumplen leyes del gobierno. Actuación de la Primera Dama.

Durante el gobierno del Dr. Ramón Grau San Martín la multitud de leyes beneficiosas para el pueblo que se promulgaban contribuían a aumentar la prosperidad del país, la que se había iniciado como consecuencia de los decretos-leyes revolucionarios del Gobierno Provisional, desde 1933.

La oposición era débil ante un gobierno popular.

Ni el Congreso, ni la Prensa, ni la población en general, tenían grandes temas de discusión o debate sobre los problemas públicos, en un tiempo en el que bajo el predominio de las ideas democráticas, cualquier posición, favorable o contraria al ejercicio del poder, hubiera tenido la más libre posibilidad de expresión.

Dos hechos alteraban el completo desarrollo apacible de este popular período de gobierno.

El primero totalmente ajeno, y contrario a los objetivos y a las leyes del gobierno: la lucha entre grupos.

El segundo, menos susceptible de ser previsto en una ley, por su calidad de subrepticio: la actuación de la Primera Dama.

Pero ninguno de estos dos hechos, reprobables en sí, podían ser suficientes para anular el impulso hacia el progreso y la realización de los propósitos fundamentales de la República.

El 22 de febrero de 1948, la lucha de grupos produjo otra víctima, Manolo Castro, estudiante de ingeniería y ex-presidente de la Federación Estudiantil Universitaria (FEU), donde dificultaba la aspiración a ese cargo del estudiante de derecho Fidel Castro. Este, de la agrupación UIR (Unión Insurreccional Revolucionaria) logró que cayera abatido a balazos por miembros de su grupo.

Manolo Castro entre sus muchas actividades había contribuído grandemente con Enrique Cotubanamá Henríquez a crear e impulsar la

"Confederación Campesina de Cuba", que trabajaba para mejorar al campesinado cubano, al propugnar leyes protectoras que se sumaran a las que el Gobierno había decretado para parte de esa población rural, la perteneciente al sector azucarero.

Ya en 1948, con la proximidad de las elecciones para un nuevo período, empezaba a agitarse la esfera política, y desde algún tiempo antes se consideraban algunas de las aspiraciones al cargo presidencial.

En 1946 comenzaba un Senador, Eduardo Chibás a buscar posibles o imposibles acusaciones contra el gobierno desde su hora radial de los Domingos. El sabía difícil la posibilidad de convertirse en el candidato del Partido Auténtico y, tan temprano como en el día marzo 16 de 1946, procuró, para distinguirse, un altercado con el senador Manuel Antonio de Varona, aunque sabía que cualquier acusación resultaría en un fracaso para Chibás, por la personal integridad de este Senador.

Continuó sus acusaciones como pudo, ya que toda oposición a un gobierno logra -como es conocido- gran impacto en la población.

Entre otras muchas imputaciones al gobierno, le hizo la absurda acusación de que se gestaba una aspiración reeleccionista para el Presidente Grau, cuando él, bien sabía que la Constitución del 40, por la que tanto habíamos luchado, no permitía la reelección presidencial.

La única explicación de sus singulares alegatos era que quería formarse una aureola de vindicador de todo lo malo que pudiera haber en el gobierno, para que ese halo de pulcritud pudiera empujarlo a la Presidencia, ya que él no podía ofrecer otras virtudes.

Su cargo de Senador, por su conducta errática, y despreocupada de sus obligaciones como legislador, (nunca presentó una ley) no le ofrecía plataforma desde la cual aspirar a tan alto cargo. Y su sueldo se convertía en lo que en Cuba llamábamos "una botella".

Sólo podía presentar algo parecido a una plataforma atacando, atacando los pequeños o grandes errores que todo gobierno tiene, en cualquier parte del mundo.

Basado en esos ataques, funda la Ortodoxia, pero aún le llama "ortodoxia auténtica". Esperaba todavía alguna oportunidad de ser el candidato presidencial del Partido.

En mayo ya sabe que no tiene apoyo para su aspiración y funda definitivamente (lo que antes había sido un tanteo) el Partido del Pueblo Cubano (Ortodoxo).

Para formarlo trató de conseguir algunas de las figuras del Partido

Auténtico. Recibí su llamada ofreciéndome una Senaduría en su recién inaugurado Partido, ofrecimiento que decliné. Siempre lo había considerado un buen agitador, con mucho narcisismo. Agitaba para hacerse notar y engrandecer su personalidad o su nombre, no perseguía una ideología, que no concebía, en su mente no del todo bien ajustada.

No lo consideré un buen político ni un buen legislador, mucho menos podía aceptarlo como aspirante a dirigir los destinos de mi patria.

Logró agrupar a personas de distintos partidos. Fue un grupo heterogéneo sin algo positivo que ofrecer. Tuvo como símbolo "la escoba" para barrer lo existente. ¿Y en su lugar qué? Se convertía así en un partido muy atractivo para los super-revolucionarios grupos, mal llamados de izquierda, y para algunos jóvenes bien intencionados y no suficientemente informados acerca de la personalidad de su jefe y de su pobre actuación política como Senador.

Fidel Castro, un mal estudiante en esa época, ingresó en el nuevo Partido que favorecía sus propósitos, destructivos a largo plazo.

El Ortodoxo, como Partido de oposición con una hora radial que trataba de exaltar los ánimos populares, proclives en todo momento a la protesta, logró un número de seguidores entre el pueblo.

A medida que se acercaban las elecciones se iban determinando las posibilidades de los aspirantes. Se esfumaban las aspiraciones del sobrino de Grau.

Al terminar las afiliaciones pre-electorales el Partido Auténtico quedó en primer lugar, muy lejos de los que le seguían, entre ellos el Partido Ortodoxo, con Eduardo Chibás como presunto candidato Presidencial.

Los Senadores Carlos Prío Socarrás y Miguel Suárez Fernández eran los dos candidatos todavía aspirando a suceder a Grau, en tiempo bien cerca de las elecciones.

Batían los dos sus fuerzas dentro del Partido en la lucha por el voto de las Asambleas Provinciales.

El Dr. Suárez Fernández tenía bajo su control a la Provincia de Las Villas y pretendía la de Camagüey. Con estas dos en sus manos confiaba en completar las necesarias para su candidatura.

Pero el también Senador Manuel Antonio de Varona, jefe político de los auténticos en Camagüey, ante la situación, movió sus fuerzas en la provincia de modo que la Asamblea Provincial de Camagüey votara por Carlos Prío como su candidato presidencial. La lucha era fuerte, ya que Miguel Suárez un político procedente de los partidos tradicionales luchaba usando cualquier medio, y había secuestrado a Brice, alcalde de Nuevitas que sabía contrario a su postulación.

Varona pudo resolver la situación de Brice y al ganar la Asamblea de Camagüey le asestaba un fuerte golpe a la candidatura presidencial de Miguel Suárez, del que no pudo reponerse.

Carlos Prío Socarrás el 18 de mayo de 1948 proclamaba su candidatura presidencial para el período 1948-1952 en el Teatro Nacional de La Habana, al que asistieron, además de muchos auténticos, la mayoría de sus compañeros del Directorio Estudiantil Universitario de 1930.

El gobierno de Grau al acercarse a su fin, seguía teniendo una inmensa popularidad. Y al mismo tiempo se le señalaban serias máculas.

El Dr. Ramón Grau San Martín, nacido y mantenido en la riqueza había albergado entre sus muchos propósitos el realizar un gobierno de honestidad administrativa.

Con la gran inteligencia de que estaba dotado, el Dr. Grau era, en cambio, de carácter en extremo apasionado, hasta cegarse cuando de amigos o familiares se trataba.

No procuramos disminuir la gravedad de las fallas administrativas de las que se acusa a este gobierno con motivo de lo que se llamó el BAGA, sólo queremos exponer como ocurrieron los hechos.

Enrique Lumen, el escritor mejicano y luchador contra los regímenes despóticos de América, que nos visitó, durante el Gobierno Provisional del 33 al 34, dice refiriéndose a la personalidad de Grau en su libro: "La Revolución Cubana", Ediciones Botas, Méjico, 1934 p.p. 104 y 105.

"Rico, por los ingresos cuantiosos de su profesión; médico de las familias más notables de La Habana, Grau San Martín era un burgués cabal; un burgués sencillo, modesto, enemigo de atropellos y de injusticias. Un burgués-quijote, enamorado de su patria. Un patriota evolucionista. Le repugnaban los procedimientos políticos históricos. Hombre sentimental, bajaba de su alto estrado a revolverse con el pueblo, dispuesto al sacrificio. En esto había una gran moralidad, después de todo. Porque hasta entonces, en Cuba como en los otros países hispano-americanos, había sucedido todo lo contrario."

Palco del Directorio en el Teatro Nacional de La Habana, la noche del 18 de Mayo de 1948 en el acto de proclamación del candidato Presidencial por el Partido Revolucionario Cubano (Auténtico), Dr. Carlos Prío Socarrás. En la foto se ven de izquierda a derecha: Raúl Oms, Nena Segura Bustamante, Leonor Ferreira, Agustín Guitart, Carlos Guerrero, el chofer del Dr. Prío y Fernando González.

"Ramón Grau San Martín era un romántico. Pensaba que se podría hacer un gobierno honrado y respetuoso de la libertad...No se daba cuenta de que estamos viviendo una etapa de transición histórica; que mientras un sector de la sociedad se empeña en mantener sus privilegios a costa de todas las injusticias, el otro llega hasta el sacrificio por realizar plenamente la justicia humana."

Grau, con figura y ánimo de Quijote, tuvo también su contrafigura femenina en Paulina, su cuñada.

Un ama de casa, ingenua, incapaz de medir el alcance de sus actos, a pesar de las comodidades con que vivía, contaba los centavos, tal vez recordando épocas difíciles. Paulina Alsina, Primera Dama en el gobierno del Dr. Grau, viuda de su hermano Francisco, que había perdido toda su fortuna, y con el que había llegado a pasar grandes necesidades junto con sus cuatro hijos, no podía dejar pasar la oportunidad de obtener algun provecho personal. Hasta entonces había vivido holgadamente con el producto de los bienes heredados de la familia de su generoso cuñado. No concebía que con una tradición política en la que los Presidentes salían usualmente con mayor riqueza que la que tenían al tomar posesión, ella fuera a pasar a través de la posición de Primera Dama sin una parte de los beneficios y las oportunidades del poder.

Después del Primer Presidente de la República, Don Tomás Estrada Palma, riguroso en el manejo de los bienes del Estado, los que le siguieron, en mayor o menor grado aprovecharon las ventajas de su posición para aumentar en algún grado su peculio personal.

De espaldas a Grau, nuestra Primera Dama tuvo una entrevista con el honorable Ministro de Educación, Dr. Luis Pérez Espinós, al que le sugirió que le consiguiera algunas nóminas de entre los empleos de su Ministerio para unos familiares.

El Ministro no podía acceder a las sugerencias de la dama y regresó de la entrevista a su despacho.

Altos funcionarios subalternos tuvieron noticias de lo que le había ocurrido al Ministro en su visita a Palacio, la que había preocupado extraordinariamente al estricto funcionario.

José Manuel Alemán, hábil en el manejo de los fondos, conocía bien el engranaje general del Ministerio y solicitó una entrevista con la dama, para informarle que él sí podía hacer lo que el Ministro había negado.

Ese fue el origen del **BAGA** (Bloque Alemán, Grau Alsina).

El nombre de Grau, representado en esta sigla, estuvo en ella por deducción popular, pero muchos hechos posteriores lo niegan.

Parte de estos hechos se refieren a situaciones observadas en esta ciudad de Miami.

Al llegar al exilio en la Nochebuena de 1960 me encontré un grupo de exiliados en condiciones extremas de pobreza. Todavía no existía el Programa de Emergencia para los Cubanos Refugiados.

En febrero de 1961, enviado por el Presidente Kennedy, el Sr. Ribicoff inauguró el Programa de auxilio en la llamada "Torre de la Libertad" en Biscayne Blvd. y calle 6a del Northeast, donde estaban las agencias religiosas e internacionales que hacian la primera selección de los que deberían recibir ayuda.

Después de una segunda investigación, el "Welfare" del Estado de la Florida, situado en la 5a. Avenida y 1a. calle del Northeast, se concedía la ayuda económica, con fondos suministrados por el Gobierno Federal.

Unos dos o tres años después de llegar me encontré con el sobrino-nieto del Presidente Grau, Monchy Agüero Grau, hijo de Polita Grau y de Pepe Agüero, en una precaria situación.

Trabajó duramente para mantenerse durante varios años. Alrededor de 1966 o 67 inició con un pequeño ahorro y con otro socio, en iguales condiciones, una tienda de venta de material de oficina. La laboriosidad de Monchy logró levantar el negocio después de varios contratiempos y al fin alcanzó como cualquier otro joven luchador en este país la estabilización económica.

Pepe Agüero, su padre, trabajaba en la confección de collares con cuentas de cristal que le suministraba una tienda y vendía esos collares para lograr su subsistencia. Agotado, con mas de 70 años, trabajó después en una Ferretería de Coral Way, en el Southwest de Miami y al terminar a las 5 p.m., cuando cualquier trabajo extra estaba mas allá de sus fuerzas, obtenía éstas de no sé que interior impulso y se dedicaba en su automovil, un viejo "transportation", a llevar a quienes no tenían transporte a realizar algunas diligencias, mediante un pago muy inferior al que cobraría un chofer de alquiler.

Al llegar Polita, después de 14 años de prisión en Cuba comunista tuvo que apelar a la Caridad del Padre Walsh, a fin de que le consiguiera apartamento para ella, Pepe y su hermana Tata.

Esta pobreza, mas que pobreza, miseria, observada por todo el exilio, no indica que hubiera dinero en algún oculto banco del mundo para esta familia.

A esta pobre situación de la familia **Grau, no** eran ajenos Pancho Grau, el hermano de Polita, su esposa y la esposa de Mongo, el otro hermano, preso plantado todavía en la cárcel de Boniato, en la provincia de Oriente en Cuba.

A principios del exilio parece que les quedaba alguna pequeña cantidad que había podido conservar Francisco Grau como senador de la República durante un tiempo. Pancho podía haber ahorrado lo poco que trajo de Cuba. Pero en unos años se les vio vivir en la pobreza, con la falta de los recursos más necesarios.

El ex-Senador Suárez Rivas pagó a una compañía de Investigaciones Privadas por el servicio de informarle si en algún banco ignorado, podia estar la supuesta fortuna de Grau San Martín o de Paulina Alsina.

La respuesta de la compañía fue negativa. No existía fortuna bajo estos nombres ni familiares de ellos en banco alguno de los existentes.

La explicación de esta incongruencia entre los desmanes de Alemán y la pobreza de la familia sólo se explica por el resto de lo que he podido alcanzar a conocer.

Paulina, la Primera Dama, debido a su ingenuidad, ponía su confianza en quienes la lograban y les entregaba a éstos, que ella creía amigos fieles, el dinero que recibía de Alemán. Los "amigos fieles" se iban, con la confianza de Paulina, a depositarlo a nombre de ellos y de sus propios familiares, en los bancos extranjeros.

Este delegar en amigos "leales" se debía, a que ella tenía que esconder muy bien del Presidente Grau, sus manejos, los que le proporcionaron, al parecer, una pequeña parte· de lo que sus protegidos adquirían.

También se escondía de sus hijos- los que se daban cuenta de lo que ocurría- por miedo a una indiscreción con su tío. el Presidente Grau.

Un dato más, agregado a mi indagación, fue la intranquilidad y el desasosiego que produjo en el anciano ex-Presidente el encontrar en el closet de Paulina, después de su muerte, un fajo de billetes de $80.000.

Mongo y Polita, sus sobrinos, todavía con él en su casa de la 5ta. Avenida de Miramar, en Cuba, tuvieron que tranquilizarlo diciéndole que aquellos $80,000 no eran de ella, sino de un amigo -le nombraron uno de aquellos "amigos leales"- que se los había entregado a ella para que se los guardara.

Después de la piadosa explicación de sus sobrinos, recobró Grau su perdida estabilidad emocional por el incidente.

Se ha dicho que nadie va a creer esto que escribo. No importa, es lo que yo conozco y se ofrecen datos que otros han podido observar.

Grau quiso hacer un gobierno de honestidad pública, y a su creer lo logró en el grado posible.

El Dr. Grau había sido siempre un hombre de claustro universitario y de claustro del hogar. A pesar de su gran inteligencia, al no haber tenido necesidad de luchar por la vida, el concepto del mundo que él había adquirido no era el mas apropiado para distinguir a los malversadores de su gobierno. Grau se apasionaba por sus amigos y por sus seguidores en política. Lo mismo se apasionaba a favor que en contra de alguien. Su pasión por su familia no le permitía ver los extraños manejos de la Primera Dama, que por otra parte recibía migajas de los suculentos cortes al presupuesto público de sus presupuestos amigos, a los que con su amistad protegía de las posibles sospechas de Grau.

En relación con los Activos Monetarios Internacionales, cuando Grau tomó posesión, eran de $178.7 millones y al término de su mandato la suma había aumentado hasta $399.3 millones, con lo que la cantidad inicial quedó duplicada.

La Historia deberá esclarecer cuál fue la intervención o el desconocimiento del Dr. Grau San Martín acerca de lo que significó el BAGA en su gobierno.

En este Capítulo he seguido distintas fuentes. Todas señalan a Grau como ignorante de las nada aceptables relaciones entre su cuñada, Paulina Alsina y el Ministro de Educación. Con referencia al inciso K, sección de ese Ministerio, tenía ingresos incalculables, que enriquecieron grandemente al Ministro José Manuel Alemán que compartió, según parece, una muy pequeña parte de aquellos ingresos con la Primera Dama, Paulina.

El conocimiento, que muchos aseguran que el Presidente debía de tener, de estas malversaciones, es algo que necesita mayor investigación. La actitud del Dr. Grau ante el régimen comunista de Cuba, su permanencia en su casa de la calle catorce y Avenida 5a. en Miramar, y su intención, claramente expresada por él, en diversas ocasiones, de no abandonar la Isla, no es conducta congruente con un Presidente que se hubiera apropiado de fondos que no le pertenecían.

El que le roba al fisco, roba para disfrutarlo en algún momento. Grau siguió la forma de vida que había llevado siempre. Sus sobrinos han pasado y siguen pasando necesidades en este exilio.

¿Dónde está la explicación de estas situaciones, incompatibles con la adquisición indebida de una fortuna?

Una parte de los cubanos discute este desacuerdo entre las dos clases de acontecimientos.

Una gran parte de los datos que aparecen en este Capítulo han sido ofrecidos por Leopoldina Grau de Agüero (Polita). Estos datos liberan al Dr. Grau de la responsabilidad que recaería sobre su siempre querida madre, lo que sólo se explica por la comprobada honestidad de Polita y por su amor inquebrantable a la verdad.

Como final de este Capítulo, me refiero a lo que el Dr. Suárez Rivas, en su libro "Un Pueblo Crucificado" expone sobre la referida acusación, la que dio lugar a la Causa 82. p.274.

"La denuncia que dio origen a esta ruidosa causa la realizó Pelayo Cuervo, que militaba entonces en la ortodoxia. El debate sobre los hechos imputados comenzó en la Alta Cámara. El Senador Santiago Rey defendiendo al extinguido gobierno del Dr. Grau, en el calor del debate invitó al denunciante a materializar sus pruebas ante los jueces. El propio Pelayo Cuervo comento: "Me han conducido a los Tribunales." Es sabido que con motivo de la interpelación que realizó el Senado sobre la concesión de los Autobuses Modernos, el autor de la iniciativa fue citado a declarar por el Juez Instructor del Cerro. En esa oportunidad el Senador Suárez Rivas se concretó a expresar que su función fiscalizadora era política, remitiéndose al Diario de Sesiones. Que la censura no implicaba acusación de delito alguno."

La causa 82 se genera por motivos políticos. Había que destruir al líder nacional del autenticismo, que equivalía a agrietar electoralmente al Partido Revolucionario Cubano."

"Sus dirigentes no lo comprendieron al principio. La información para la denuncia, según se asevera, surgió de los archivos de la Politécnica. Ocurrió hasta el insólito caso de que un Ministro del Dr. Prío cuya elección implicaba la continuidad programática en el poder, habló en una sesión rotaria de los desmanes del inciso "K"."

El resto lo hizo la propaganda, la hora dominical chibasista, que tanto había exaltado al viejo líder revolucionario."

"El Presidente Grau y diversos Ministros fueron encausados. Todos, con excepción del Dr. Grau, han sido excluídos del sumario. **Persiste contra él la única acusación de haber dictado por Decreto, en vez de realizarlo por una Ley, la captación del Diferencial Azucarero, que permitió el reparto de millones a los trabajadores.** La Causa se mantiene por el acusador privado en nombre de una empresa propietaria de un Ingenio, que se considera perjudicada."

"**Grau no era responsable legalmente de los actos de sus Ministros. El Presidente no maneja fondos públicos. La Constitución hace al Primer Ministro y al Consejo de Ministros responsables ante el Tribunal Supremo de los delitos comunes que cometieren en el ejercicio de su cargo.**

Sin embargo, la implacable censura se concentró contra Grau, más que contra sus Ministros inculpados."

Varios años después de publicar este libro, el Dr. Suárez Rivas le encargó a la Compañía de Investigación Internacional las indagaciones a las que nos hemos referido.

Los cuatro sobrinos del Dr. Grau viven en Miami, o lo visitan con frecuencia, incluyendo a Ramón Grau Alsina, preso plantado en "Boniato" por 22 años, quien acaba de llegar al exilio. Los cuatro son testigos vivientes de lo que este libro informa. Septiembre de 1986.

CAPITULO XXII

El Gobierno del Dr. Carlos Prío Socarrás. Los miembros de la Generación del 30 llegan en persona al poder.

La generación de 1930 había tomado, desde las primeras elecciones constitucionales, en 1940, parte en el Poder Legislativo como Representantes o Senadores, pero es en 1948 cuando llega al Poder Ejecutivo en persona.

Carlos Prío y muchos de sus Ministros del Gabinete pertenecían al Directorio Estudiantil Universitario de 1930 o a alguno de los organismos estrechamente ligados a éste, en la lucha del 30 al 33 contra el gobierno de Machado y contra el estado semi-colonial de la República hasta entonces.

Ya la Constitución de 1940 había recogido en sus enunciados las reformas sociales y económicas a favor del pueblo cubano.

Pero es en el gobierno de Carlos Prío como Presidente, cuando esta generación tiene la oportunidad de plasmar en leyes complementarias muchas de las medidas por las que desde 18 años atrás venía luchando.

Carlos Prío Socarrás concurre a las elecciones, al igual que Grau, en 1944, con una alianza entre los Auténticos y el Partido Republicano.

Carlos, con su personalidad carismática, entusiasmaba a las multitudes durante las grandes reuniones de su campaña electoral.

Osvaldo Farrés, el compositor de música popular cubana creó para él: "La Aplanadora"; -"Ahí viene la aplanadora, con Prío alante y el pueblo atrás." Al son de esta tonada llegó Carlos a ser electo

Presidente de la República en Junio 1ro. de 1948, para tomar posesión de la Presidencia el 10 de octubre de ese año.

Durante el tiempo en que fue Presidente Electo, Carlo Prío usó las oficinas de abogado que tenía en 5a. y A en el Vedado, suburbio elegante de la ciudad de La Habana. Todos los días, caras desde largo tiempo conocidas pasaban por la oficina; por supuesto eran los compañeros nuestros desde 1930.

Solemne como todas, sería la toma de posesión. Pronto se empezó a preparar el baile inaugural en el Salón del 2do. piso de Palacio, al que daban acceso las dos simétricas y amplias escaleras de mármol.

Tanto en las oficinas del Presidente Electo como en la lista de invitados al baile intervine directa y voluntariamente.

Carlos era mi compañero de estudios desde las aulas universitarias, cuando él además de Derecho, estudiaba Filosofía y Letras. Fue después mi compañero del Directorio Estudiantil Universitario de 1930, y compañero inseparable de Manuel Antonio de Varona, mi esposo durante largos años. Llegó a ser además, mi compadre. En 1941, cuando nació mi único hijo Carlos Manuel, el 20 de junio, tanto Tony como yo lo designamos a él padrino del nuevo auténtico, que se llamó Carlos por su padrino y Manuel por el primer nombre de su padre.

En el bautizo de Carlos Manuel, al que después continuamos llamando sólo Carlitos, estuvieron presentes, por supuesto, su padrino, en esa época Senador por Pinar del Río y el Dr. Roberto Agramonte, el que 10 años después sería el candidato Presidencial Ortodoxo y decidido adversario de la política auténtica.

El Dr. Roberto Agramonte fue el jefe de la Cátedra Universitaria en la que entré como Profesor Agregado en 1939, y con el que permanecí más de 21 años, como auxiliar cuando era necesario sustituirlo, a pesar de haber llegado yo a ser Profesora Titular de Psicología de la Personalidad y de Psicología Experimental en la Facultad de Filosofía y Letras de la Universidad de La Habana.

Mis relaciones personales con el Dr. Agramonte y con Concha su esposa, que había sido mi compañera de estudios, fueron y son todavía muy afectuosas, aunque nunca entre nosotros surgió la conversación sobre política, porque tanto él como yo nos sabíamos antagónicos en este terreno.

La bella Primera Dama María Tarrero de Prío Socarrás me había encomendado la lista de las invitaciones al baile inaugural, lo que

Abrazo de Ramón Grau San Martín y Carlos Prío Socarrás el 10 de Octubre de 1948 en la toma de posesión de la Presidencia del Dr. Prío.

convirtió mi casa, del Reparto Kohly, en un hervidero de personas que solicitaban ser invitadas.

La belleza de María Prío era admirada por todos. En un viaje que el Presidente Electo había hecho a México, al pasar nuestra Primera Dama por las calles, el pueblo mejicano la llamó "María Superbonita". La consideraba con ventaja al lado de la musa inspiradora de la canción de Agustín Lara: "María Bonita".

El día del baile, al llegar a Palacio, me quedé sorprendida por el gentío. A medida que subía las escaleras, y ya en el 2do. piso vi muchas caras que no estaban invitadas.

Al encontrarme con Mary y Carlos les dije: -"Esto no es obra mía"- -"Ya lo sabemos", me contestaron y seguí adelante, a confundirme con la multitud.

Alguien, no supe quién, había hecho una cantidad extra de invitaciones y las había repartido a su arbitrio. No se volvió a hablar del incidente.

Ya en pleno trabajo, nuestro Presidente leyó personalmente su Mensaje al Congreso, que abriría un período de leyes complementarias sobre las que el Congreso estaría trabajando durante años.

El Gabinete del Ejecutivo al tomar posesión quedó formado por: Manuel Antonio de Varona Loredo, Primer Ministro; Aureliano Sánchez Arango, Ministro de Educación; José R. Andreu, Ministro de Comercio; Manuel Febles Valdés, de Obras Públicas; Rubén León García, de Gobernación; Carlos Hevia, de Estado; Ramón Corona, de Justicia; Antonio Prío Socarrás, de Hacienda; Francisco Grau Alsina, de Agricultura; Edgardo Buttari, de Trabajo; Alberto Oteiza, de Salubridad; Román Nodal, de Defensa; Virgilio Pérez, de Comunicaciones; Orlando Puente, Secretaría de la Presidencia; y Ramón Vasconcelos, Primitivo Rodríguez, y Mariblanca Sabas Alomá, Ministros sin cartera.

El Gobierno del Presidente Prío Socarrás se distinguió por la cantidad de leyes compelmentarias que preparaban al país para continuar en avance ascendente hasta llegar a eliminar en lo posible las imperfecciones de la libre empresa. A través de leyes equilibrantes y restrictivas se trataba de alcanzar una libertad controlada que comprendiera y favoreciera a las distintas esferas sociales, y que impedirían para el futuro los caprichos de los funcionarios.

Uno de sus más importantes logros fue la creación del Tribunal de Cuentas -que supervisaría los ingresos y los gastos de los distintos departamentos del gobierno- el que complementaría la Ley de Contabilidad del Estado, de las Provincias, de los Municipios y de los organismos autónomos.

Aunque hubo fallas en su administración, Prío trató de preparar una República futura con la menor cantidad de lacras posibles, la que por infausta suerte para Cuba no llegó a pleno funcionamiento por la interrupción sorpresiva del ritmo constitucional.

Entre las leyes del Gobierno de Prío muchas se refieren a distintos sectores laborales y profesionales, especialmente para la protección de la industria tabacalera, que era la segunda del país; se fijó un precio mínimo, y se creó el Fondo de Estabilización del Tabaco.

Se dictaron varias leyes regulando los alquileres urbanos y los de las fincas rústicas; además de una Ley sobre Cultivo Obligatorio.

En su gobierno también Prío promulgó leyes complementarias para la industria del azúcar que aún faltaban; industria que había recibido gran atención por los gobiernos que le habían precedido, después de la dictadura de Machado. Algunas de estas leyes eran referentes a las zafras de esos cuatro años del 48 al 52. Por otra ley se aumentaba el sueldo a los empleados bancarios, se reglamentó la Ley para la Construcción de la Casa de los Tribunales; se ordenaba para la Policía Nacional, un servicio de 6 horas por 18 de descanso. Esta fue una de las leyes encaminadas a lograr la desaparición del "gansterismo" y la lucha de grupos, que todavía perturbaba el orden necesario para el pleno desenvolvimiento de la República.

Después de la creación de la Banca Nacional se le otorgó a ésta la alta inspección de los bancos existentes o que se fundaran en el futuro; funciones que hasta entonces habían pertenecido al Ministro de Hacienda. Esta fue una de las principales leyes del gobierno, dirigida a fortalecer la economía y la buena administración de los bancos de la República, con lo que se favorecía la conservación de las Reservas Monetarias, la regulación del crédito y la actuación como agente financiero del Banco de Estabilización de la Moneda.

Por otra ley se aprobaron los Estatutos de la Comisión Cubana de la Unesco.

En enero de 1950 se concedió por un Decreto el derecho de réplica a las personas que consideraran que en una información pública se les atacaba o se desfiguraban hechos que pudieran afectarlos personalmente.

Se autorizaron los gastos necesarios para que se fijara la fotografía del votante en la tarjeta de identificación que lo acreditaba para votar, en cumplimiento del precepto establecido en la Constitución de 1940.

Entre la multitud de leyes necesarias, aprobadas por este gobierno están además de las ya mencionadas, la que establece los préstamos a los Veteranos y jubilados del Servicio Civil; la Terminal de los Omnibus de La Habana; la que convierte en doble vía la calle 26 del Vedado, que dió lugar a la aparición del barrio del Nuevo Vedado; la que promovía la fundación del Hospital Nacional de Alta Habana; la que dispuso la obra del Tunel bajo el río Almendares que unía a la ciudad de La Habana con la de Marianao.

El impulso hacia el progreso que en este período se le dió al país se puede considerar como el que sentó las bases para el ordenamiento jurídico e institucional de la República; continuando la obra del gobierno provisional del 33 al 34, que significó una reforma completa social y económica que siguió a la lucha revolucionaria antimachadista de los estudiantes y de su Directorio Estudiantil Universitario.

Y es explicable que así fuera ya que este gobierno ocurre cuando aquella generación del 30 alcanza la madurez suficiente para llegar directamente a la gobernación, sin intermediarios de mayor edad.

En este período de grandes avances sociales se distinguieron dos de los integrantes de aquel Directorio: Carlos Prío, como Presidente Constitucional de la República y Manuel Antonio de Varona, en sus inicios Primer Ministro, y durante los últimos años, Presidente del Senado y por tanto del Congreso.

Carlos Prío Socarrás, con mucho interés por darle a la República las leyes complementarias a la Constitución más importantes, requirió a Tony Varona como Presidente del Congreso, para que más directamente que como Primer Ministro, pudiera impulsar en los Cuerpos Legislativos las leyes que el Poder Ejecutivo necesitaba para realizar la obra de gobierno propuesta en beneficio de la República

La capacidad de esfuerzo del Senador Varona era una garantía para el Presidente en su propósito de que las leyes fueran aprobadas en el tiempo indispensable para el inicio de su funcionamiento.

Carlos Prío y Tony Varona habían representado un "team" dentro del Directorio del 30 y en la lucha posterior del Partido y de la clandestina Organización Auténtica. Seguían trabajando en la misma forma en sus respectivas posiciones dentro de la ordenación de la República.

El gobierno de Carlos Prío Socarrás, seguía arrastrando las pugnas entre grupos que habían quedado como continuación de los hábitos adquiridos durante la lucha antimachadista y más tarde antibastitiana de la década del 1930 a 1940 a la que por contagio se unieron algunos elementos más jóvenes.

Entre los incidentes que alteraban la tranquilidad pública durante estos cuatro años se cuenta como el primero de ellos el de los ómnibus que habían sido tomados por los estudiantes y mantenidos dentro del campo universitario hasta que después de tres días devolvieron parte de ellos. Unos días después el Coronel Caramés consiguió que le entregaran los restantes.

Durante su gobierno a pesar de las leyes destinadas a detener las luchas de grupos, hacia el fin de su período ocurrió uno de los hechos que más conmovieron a la ciudadanía; el asesinato del Representante Alejo Cossío del Pino.

Una de las decisiones más importantes del Dr. Prío, que compartía con su Primer Ministro, después Presidente del Congreso, Dr. Varona, era la de combatir fuertemente el movimiento comunista de Cuba. Entre las resoluciones dictadas a ese efecto está la que dispone la intervención del periódico "Hoy", dominado por una minoría comunista a pesar de haberse integrado su capital social por los obreros y sindicatos cubanos, en su inmensa mayoría de tendencia nacionalista.

Reproducimos a continuación, tomados del libro del Dr. Antonio Otero Dalmau: "Los años de mentiras bajo el Imperialismo Soviético", los siguientes datos sobre la itervención del periódico, que se exponen en las páginas 39 a 63 del mencionado libro.

"La lucha en Cuba contra los Comunistas"

"Es un hecho histórico, que al asumir el poder en Cuba, el Dr. Carlos Prío Socarrás, los Auténticos (miembros del Partido Revolucionario Cubano), comenzaron la lucha abierta contra los comunistas. Esta no fue una riña política, como muchos quisieran verla, aliándose a los enemigos del pueblo, ésta fue una lucha ideológica entre un grupo de los que

querían la prosperidad de Cuba, sin ninguna injerencia extranjera y los que luchaban por sumirla en el caos y colocar los destinos de la Patria, en manos de una potencia extranjera, como ha sucedido."

. . . .

La intervención de los periódicos comunistas en Cuba, tuvo resonancia internacional.

Aunque mucho se ha escrito sobre Cuba en los últimos años, ese hecho debe darse a conocer, ya que los acontecimientos posteriores, así lo amerita. La intervención de esos periódicos, fue efectuada en la madrugada del día 25 de agosto de 1950. En la Cuba democrática, regía la Constitución del año 1940.

. . . .

Hemos querido destacar estos fundamentos de derecho, como garantía que los usufructuarios de los libelos comunistas tenían a su favor, al amparo de una Constitución democrática.

No vamos a discutir el aspecto legal de la medida dictada por el Gobierno democrático entonces vigente en Cuba al decretarse la clausura de "Hoy" y "América Deportiva" que no fueron adquiridos por los comunistas con su propio dinero, sino mediante la aportación pública del pueblo cubano, para que los trabajadores cubanos tuvieran sus propios órganos de publicidad. Por ello, la intención del Gobierno cubano en aquella oportunidad, fue encaminada a entregar esos órganos de publicidad a sus legítimos propietarios y asimismo a frenar la campaña subversiva anti-democrática de los comunistas contra los intereses patrios.

La medida fue la sana intención del Gobierno que regía los destinos de Cuba, de tratar de contener la campaña aviesa de órganos publicitarios al servicio del Comunismo Internacional, cuyo objetivo era socavar los cimientos de nuestras instituciones democráticas, bajo el disfraz de un órgano que se auto-titulaba "defensor de los derechos de los trabajadores cubanos".

RESOLUCION DE INTERVENCION DEL PERIODICO "HOY"

En la Resolución de Intervención del periódico Hoy publicada en la Gaceta Oficial de la República, en una edición extraordinaria del día 24 de agosto de 1950, se hizo constar lo siguiente:

"Por Cuanto: el capital social de la empresa editora del periódico Hoy se ha constituído mediante las contribuciones económicas directas y voluntarias de los trabajadores y de numerosos sindicatos, con el fin de mantener un órgano diario de opinión representativo de los legítimos intereses generales de todos los trabajadores por igual, sin distinción de credos políticos o agrupaciones sindicales e inspirado en los ideales democráticos y con participación en la administración y gobierno del mismo, de las representaciones de todos los sectores de trabajo contribuyentes a su sostenimiento.

Por Cuanto: La Ley No. 91 de 1935, Orgánica del Ministerio del Trabajo, atribuye al Ministro del Trabajo la superior vigilancia y aplicación de la legislación social vigente, así como la fiscalización y cumplimiento de la misma, y resulta función esencial de este Ministerio, dentro del actual ordenamiento jurídico en materia social, velar porque el derecho de los trabajadores, tanto en el orden sindical, como en el personal, esté debidamente salvaguardado. Asimismo le compete tanto la tutela de la vida interior de las organizaciones sindicales, como la fiscalización adecuada, para que los fondos sindicales y los aportes económicos de todas clases que realicen los trabajadores, se apliquen a sus verdaderos y legítimos fines.

Por Cuanto: Vista la denuncia formulada y las investigaciones practicadas por el Ministerio de Trabajo, corroboradas por lo publicado en el periódico Hoy que se califica como "diario al servicio del pueblo editado en los talleres que el pueblo adquirió a ese objeto" es procedente en ejercicio de la acción tutelar que confieren al Ministerio del Trabajo las leyes vigentes en el orden sindical, adoptar las medidas pertinentes para impedir que el órgano de publicidad de la clase trabajadora de Cuba, creado y sostenido para la misma, continúe controlado por un pequeño grupo sectario que lo hizo suyo ilegítimamente, en la oportunidad en que ocupaba la dirigencia de la central sindical cubana y que lo viene utilizando en beneficio propio indebidamente.

Por Cuanto: El periódico Hoy viene realizando una propaganda contraria a las aspiraciones de democracia y unidad que inspiran a los trabajadores cubanos, encaminada a fomentar la idea de la traición a la Patria; de la proyección de grupos sociales los unos contra los otros dentro del marco de la sociedad cubana y aventajando una conciencia de odios y rencores y una peligrosísima tarea de división y confusionismo que envuelve serios peligros para la estabilidad política y social del país.

. . . .

RESUELVO:

PRIMERO: Designar al Dr. Antonio Otero Dalmau, para que como Delegado del Ministerio de Trabajo, intervenga y tome posesión del periódico Hoy, su dirección, administración, redacción, talleres, maquinarias y todas sus pertenencias, radicado en la calle Desagüe números 108 y 110, en esta Capital, así como la empresa editora de dicho órgano de publicidad y la ocupación de los libros de contabilidad , libros de actas y cuantos documentos fueren necesarios para la mejor realización de funciones.

SEGUNDO: El Delegado del Ministerio del Trabajo en el periódico Hoy y su empresa editora, una vez que tome posesión del cargo, procederá de inmediato a realizar el inventario y las investigaciones pertinentes a fin de determinar la forma y condiciones en que se encuentran representados en la empresa editora del periódico Hoy y en la dirección y administración del mismo, los trabajadores y organizaciones sindicales que contribuyeron a integrar el capital social que permitió su instalación.

TERCERO: El Delegado del Ministro del Trabajo propondrá a este Ministerio, las medidas que deben adoptarse para la reorganización de dicha empresa, estableciendo los legítimos derechos que en la misma corresponden a los sindicatos y a los trabajadores y la participación que en las funciones de administración y dirección deben dárseles, a fin de que quede en aptitud de cumplir sus fines propios y a publicar un periódico que sea órgano de expresión de la clase obrera cubana, sin distinción de credos políticos o de agrupaciones impropias de los intereses generales de la misma asegurando la debida inversión y aplicación de los fondos aportados por los trabajadores y los sindicatos legalmente constituídos.

Dada en La Habana, Ministerio del Trabajo, a los veinticuatro días del mes de Agosto de mil novecientos cincuenta.

Dr. Manuel A. de Varona
Ministro del Trabajo

El Dr. Varona, que era el Primer Ministro del Gobierno del Dr. Prío, fue nombrado por éste para ocupar además, el Ministerio del Trabajo por un corto tiempo, con el objeto de que se hiciera cargo de la clausura del periódico "Hoy", del que se habían apoderado los comunistas.

CLAUSURA DEL PERIODICO "HOY"

En la madrugada del día 24 de agosto de 1950 en una reunión sostenida entre el Primer Ministro, el Jefe de la Policía General Uría y el autor de este libro, se señaló la hora en que sería ocupado el periódico Hoy. Al efecto se tomaron las medidas necesarias por tenerse noticias que dentro del local en que se editaba el periódico, miembros del partido comunistas portaban armas de fuego para repeler cualquier ataque contra el local donde se imprimía el órgano publicitario comunista. A las cinco de la mañana de ese mismo día, procedían los tres mencionados funcionarios a personarse en el local de la calle Desagüe, acompañados por una unidad de la Radiomotorizada. Las personas que se encontraban en el local fueron tomadas por sorpresa, produciéndose inmediatamente a la ocupación del periódico. El Delegado-Interventor procedió a levantar la correspondiente Acta a presencia del Primer Ministro y del Congresista comunista Aníbal Escalante, Director del periódico. Ninguna de las personas sorprendidas dentro del local fue molestada ni detenida, entregándoseles todas sus pertenencias personales, mediante el correspondiente inventario. El Jefe de la Radiomotorizada Comandante Rafael Casal se constituyó posteriormente con varios carros en el rotativo de Desagüe al objeto de no permitir la aglomeración del público que venía conociendo de los acontecimientos.

El General Uría, Jefe de la Policía, dio las órdenes oportunas al Comandante Casal de ponerse a las órdenes del Delegado-Interventor en la adopción de medidas que fueron necesarias para la ejecución de la clausura del rotativo en cuestión.

ABSOLUTA INDEPENDENCIA DE LA PRENSA CUBANA

Con motivo de la intervención del periódico Hoy los periodistas cubanos abordaron al Primer Ministro y Ministro del Trabajo Dr. Tony Varona, el cual expresó: "He conocido que una gran parte de la redacción y administración del periódico Hoy ha sido sacada del órgano publicitario rojo antes que se produjera la intervención oficial." Expresó también el Primer Ministro que otro semanario comunista América Deportiva se estaba imprimiendo diariamente. Hizo hincapié el Dr. Varona que tenía interés en manifestar, que se proseguía manteniendo absoluta y total independencia de la prensa cubana y la libertad más completa en la libre expresión del pensamiento, ajustada a las doctrinas y principios de la más alta y sana Democracia.

¿ERA "HOY" UN PERIODICO?

"Aquellos que en Cuba se indignaron por la intervención de Hoy esgrimiendo principios mantenidos en la Constitución Democrática vigente, le hicieron un mal servicio a la Patria, pues Hoy no era un periódico representativo de la opinión pública, sino una publicación diaria de propaganda al servicio de Rusia; un vehículo de publicidad escrita del Partido Comunista de Cuba; un instrumento encaminado a producir la caída del régimen democrático por cualquier medio. El concepto de libertad no puede llegar al extremo de ser utilizado para zapar las instituciones nacionales y destruir la soberanía. No es extraño que en la redacción del periódico Hoy se hubieran encontrado dos banderas extranjeras soviéticas y sendos retratos de Lenin y Stalin. No había allí banderas cubanas, ni retratos del Apóstol Martí, de Maceo ni de otros patriotas cubanos. A los comunistas no les importaba la Patria. Lo que les interesaba era Rusia. El día que Cuba fuera un estado satélite (y al fin lo consiguieron), se sentirían eufóricos y festejarían el acontecimiento con vivo entusiasmo. Aquellos que se opusieron a la medida de intervención se les olvidó preguntarse: ¿pueden invocar la libertad de prensa, quienes son sus máximos, sus sistemáticos negadores? ¿Son Pravda, Izvestia, la Estrella Roja de Moscú, Gramma etc., periódicos, en la acepción estricta de la palabra? Es decir ¿órganos independientes y veraces de información y orientación de la opinión pública? No, de ninguna manera, son simples voceros del Kremlin. Y vaya otra preguntita tonta: ¿Que le pasaría al ingenuo periodista que diese en la humorada de editar en Moscú un periódico, no ya de oposición, sino sutilmente discrepante del criterio oficial? Si así actúan los "camaradas" ¿cómo pueden quejarse de que en las democracias se les apliquen las mismas medidas?

CAPITULO XXIII

Intento de descentralización de las Fuerzas Armadas. Cambios en el Ministerio de Hacienda dirigidos a rectificar su administración. Los ataques a la Presidencia y a la República.

Desde hacía algún tiempo, las relaciones entre el Presidente de la República, Dr. Carlos Prío Socarrás y el Jefe del Ejército, Genovevo Pérez Dámera no funcionaban con el suficiente buen entendimiento.

El General Genovevo Pérez Dámera ha declarado que él le había pedido al Presidente Prío, en varias ocasiones, su retiro del Ejército.

Durante su gobierno, el Presidente se quejaba de que el Jefe del Ejército quería imponer su voluntad sobre la de él.

Segundo Curti, Secretario de Gobernación, participaba del recelo del Presidente acerca de la actuación de Pérez Dámera y lo acompañó una noche al Campamento de Columbia con Eufemio Fernández, para efectuar la destitución, y nombrar como Jefe del Ejército al General Ruperto Cabrera.

La noche de la destitución el General Pérez Dámera estaba en la Provincia de Camagüey.

El Primer Ministro Manuel Antonio de Varona que había propuesto citar a Palacio a Pérez Dámera con otros altos oficiales para efectuar allí el cambio de mando, había ido a Miami a la develación de un busto de Carlos Finlay en Miami Beach, donde recibió noticias de lo ocurrido.

Menores disensiones continuaban sucediendo dentro del Ejército, donde algunos objetaban la personalidad de Cabrera y su capacidad para ocupar el cargo de Jefe.

En la República de Cuba la organización de las Fuerzas Armadas favorecía la agrupación de las tres clases de fuerza en una sola mano: la del Jefe del Ejército.

El Presidente de la República que era el jefe de todas las fuerzas de aire, mar y tierra, de acuerdo con el uso en Cuba, unicamente decidía el nombramiento del Jefe del Ejército.

Este era el que le sugería al Presidente, quien debía ser el Jefe de la Marina y el de la Aviación.

Esta forma de decidir el Poder Ejecutivo sólo el nombramiento del Jefe del Ejército y el dejar que éste se ocupara de sugerir los otros Jefes de cada clasificación, es fácil de explicar en una República joven como Cuba. En vista de lo que había ocurrido después del 4 de Septiembre, que el poder de las fuerzas armadas, totalmente en manos de Batista, había sido un obstáculo para el libre ejercicio de los Poderes civiles de la República, se hacía necesario un cambio.

En 1934, el poder militar había impedido la continuación del Gobierno Provisional que decretó tantas leyes indispensables para el pueblo de Cuba. Este mismo poder militar después de 1934 había sometido a Cuba a días de terror, alrededor de la huelga de marzo 8 de 1935. Sólo bajo el Gobierno de Laredo Bru, se logró convertir en menos agresivo el régimen dictatorial de Batista. Como consecuencia de la dependencia del Ejército, la Aviación no podía disponer vuelo alguno sin la autorización del Ejército para abastecer los tanques del combustible necesario.

En las conversaciones de los integrantes del Poder Ejecutivo (los Ministros del Gabinete) con sus ayudantes, que eran oficiales de distintos cuerpos de las fuerzas armadas, éstos se quejaban de la situación.

El Primer Ministro, Dr. Varona, ante las quejas de los oficiales de las Fuerzas de Aire y Mar, hizo un estudio de la situación, que acumulaba en Columbia todo el poder militar de la República.

Al tratar de descentralizar el poder militar, le presentó al Presidente Prío, a mediados del año 1950 -después de haberle comunicado que haría ese estudio-, un Decreto en el que se distribuían las fuerzas en diferentes localizaciones y a lo largo de la Isla.

Todo el personal de La Cabaña, donde estaba la artillería y una de las dos Baterías de Tanques (la otra estaba en Columbia), se repartiría entre los Regimientos del interior de la Isla.

Para la Cabaña se pasaría la Jefatura de la Marina. Se conservaría una parte de las fuerzas navales en el Mariel, ya que en la Bahía de La Habana no había facilidad para el movimiento de las unidades marítimas.

En Columbia, donde estaba la infantería del Ejército junto con la Aviación, se realizaría un cambio por el que se relocalizarían las fuerzas de modo que no estuvieran dentro de un mismo perímetro y serían distribuídas en extensiones de terrenos separadas y distantes. Las fuerzas armadas, cuyos jefes se nombrarían en forma directa por el Presidente de la Republica, tendrían, cada una, su propia autonomía. El terreno del Campamento de Columbia quedaría dividido en pequeñas parcelas para residencia de los militares.

Esta redistribución del poder militar tendía a disminuir la posibilidad de un golpe de Estado, el que se favorecía por la concentración de fuerzas existente hasta entonces.

El Decreto, ya redactado -para no aumentar el trabajo del Primer Magistrado- fue recibido con falta de interés por el Presidente, quien contestó a su Primer Ministro: -¿Para qué, si ellos están tranquilos ahora?"

-"Están tranquilos ahora, -contestó el Primer Ministro-, la redistribución no se hace para sólo un momento".

El Primer Ministro no pudo convencer al Presidente. Se retiró, preocupado por el futuro, con su decreto sin firmar.

El Presidente cordial acababa de cometer uno de sus graves errores.

La dedicación del austero Primer Ministro a los asuntos de gobierno estaba más allá de la capacidad de preocupación del Presidente cordial.

Eran dos personalidades por completo diferentes, a los que unía la devoción a una doctrina, a la doctrina auténtica, la de la democracia, la de la libertad. Esta devoción cimentó una amistad que sólo pudo quebrantar la traición a Cuba de los usurpadores totalitarios que no respetaron ni la democracia, ni la libertad, ni la vida.

La credulidad del Presidente confió en el disfrazado sistema comunista un poco más de tiempo que su Primer Ministro de entonces, y chocaron con un escollo por sus divergentes puntos de vista durante un tiempo, que al fin, ya en el exilio, se logró subsanar.

Los regímenes auténticos no sólo fueron renuentes a toda forma de represión para detener los hechos delictivos que ocurrían entre las distintas agrupaciones de jóvenes que se llamaban a sí mismos "revolucionarios", sino que tampoco reprimían los ataques directos hacia las figuras del poder.

El Partido Ortodoxo, impulsado por el Senador Eduardo R. Chibás, usó como método para atraerse popularidad una fustigación constante a la obra de gobierno auténtica.

Algo que acaparó la atención del público fue la discusión provocada por Chibás, con el Ministro de Educación, Aureliano Sánchez

Arango, al que no se le puede achacar manejo turbio en su Ministerio.
Chibás entre sus indiscriminados ataques al gobierno, acusó al Dr.
Aureliano Sánchez Arango de usar indebidamente los fondos del
Ministerio de Educación.

Aureliano, que por formación y carácter no estaba dispuesto a
dejarse atacar sin razón, paró el ataque. Poseía gran capacidad
dialéctica y retó a Chibás a que presentara las pruebas de lo que decía.

El pueblo vió a Chibás con un maletín en la mano, decir a gritos: -
-"Aquí, aquí tengo las pruebas-". Y ante la insistencia de Sánchez
Arango para que mostrara esas pruebas, que en realidad no tenía, y
que no pudo ofrecer, encontró como único recurso para salir de la
trampa que él mismo se había creado, el usar la táctica que durante su
aspiración de delegado a la Constituyente le había dado gran
resultado.

Delante del micrófono de la estación de radio, a la que acudía todos
los Domingos a gritar sus acometidas, al decir que ese era "el último
aldabonazo para despertar al pueblo", se dio un tiro de revólver a nivel
del vientre.

Como los patrones de conducta se repiten, y son los que permiten
conocer y hasta predecir la conducta de una determinada
personalidad, el juicio acerca del movil que lo impulsaba, inclina a
decidir que lo que pretendía era darse otro tiro a sedal.

Creyó que, como en la vez anterior, sobreviviría, pero el no bien
calculado ángulo de su mano determinó una lesión que resultaría mortal.

Chibás había sido un ególatra, destructor de lo que con esfuerzo se
construía. Era su medio de sobresalir. Fue desafortunado para el
desenvolvimiento de nuestra Patria. No sabía medir el alcance de sus
ataques. No calculaba las heridas que le infligía a la República,
queriendo herir a los que la personificaban. Su personalidad
desajustada, era irresponsable del mal que hacía. Ni siquiera se le
puede considerar culpable.

Las críticas constantes de Chibás hicieron mella en el gobierno de
Carlos Prío, el que representaba una parte de la ideología de la
generación del 30.

El ablandamiento permanente a que lo sometió Chibás y que
continuaron después de su muerte sus seguidores, parecía darle una
fuerza moral -que nunca tuvo- al militarismo que preparó el golpe del
10 de marzo de 1952. A la muerte de Chibás el 16 de agosto de 1951 se
nombró rapidamente a su sustituto, el Dr. Roberto Agramonte,
Profesor de la Universidad de La Habana, quien fue mi inmediato

superior académico desde que entré como Profesora de Psicología por oposición, en Febrero de 1939 hasta mi partida definitiva de Cuba en Diciembre de 1960. La discreción del Dr. Agramonte no le permitía entrar en el maratón de insultos de sus compañeros de Partido. El Dr. Agramonte y su familia salieron hacia el exilio también en 1960. Entre diversas críticas que recibió el gobierno de Prío estaba la de haber postulado a su hermano Antonio para Alcalde de La Habana. El pueblo contempló con disgusto el hecho, en forma tal que su aspiración fue derrotada en las elecciones, las que fueron ganadas por Nicolás Castellanos.

La derrota electoral de un familiar tan cercano del Presidente, si es cierto que demostró el desagrado del pueblo, denotó también la calidad democrática indiscutible del Dr. Carlos Prío Socarrás. Frente a muchas presiones para que alterara el resultado de las elecciones, el Presidente mantuvo su fiel adscripción a los principios democráticos que mantuvo durante su vida.

Otra acción del Gobierno del Dr. Prío que había recibido críticas desfavorables fue -al inicio del gobierno-, el nombramiento de Antonio Prío Socarrás para el cargo de Ministro de Hacienda. El descontento del pueblo ante esta determinación culminó con la acusación popular referente a la no incineración del papel moneda deteriorado.

Del libro "Un Pueblo Crucificado", del Dr. Eduardo Suárez Rivas transcribimos los siguientes párrafos sobre el tema de la falsa incineración de papel moneda. Página 275 (Ver Bibliografía).

Este fue otro tema de combate y escándalo contra el Gobierno del Dr. Prío. Los billetes recogidos en mal estado se cambiaban por nuevos y se destruían por el fuego en la Tesorería de la República, en el Ministerio de Hacienda. No era una nueva regla implantada.

Se habían realizado quemas en otros períodos presidenciales anteriores, sin señalarse la serie y los números de los billetes. La función la realizaba el Tesorero con los Claveros, que eran representativos de diversas organizaciones ajenas al Gobierno.

La Ley que creó la Banca Nacional en el Gobierno de Prío dispuso la recogida de la emisión de billetes y su reemplazo.

Apareció el problema. La oposición inculpó al gobierno de turno con el argumento de que la incineración no se había efectuado.

El sistema bancario puesto en vigor establecía fotografiar en microfilms los billetes retirados, antes de su incineración. La norma daba la mayor garantía al sistema monetario en lo que a este aspecto se refiere.

La causa fue sobreseída al derrocamiento del régimen de Batista.

El Presidente Prío, en 1950 nombró Ministro de Hacienda a José Bosch, de conocida pulcritud financiera. Después nombró a José Alvarez Díaz, también baluarte de moral administrativa.

Preocupaciones como esta en relación con el peculado, -mal endémico de nuestras Repúblicas latinoamericanas- no volverían a ocurrir dentro de gobiernos constitucionales como consecuencia de las leyes que este gobierno había promulgado para garantizar en lo sucesivo una limpia y correcta administración.

El futuro de Cuba era prometedor. La ambición personal que se alzaba detrás de un golpe militar hizo caer tanto esfuerzo. Los pecados veniales de algunos transgresores por alto que fueran sus cargos no impedirían la decisión de austeridad de la República.

El régimen de facto, producto del golpe militar de marzo de 1952 se desentendió de las recientemente creadas leyes complementarias de la Constitución; y el peculado de 1952 a 1959 llegó a grados no alcanzados antes, por gobierno alguno de la República.

El Presidente Prío y su Congreso habían dotado a Cuba de una serie de leyes que prometían un porvenir floreciente dentro de nuestro futuro constitucional.

En enero de 1952 el fin del período presidencial se acercaba. Se movían los partidos preparando sus candidaturas.

En el Partido Revolucionario Cubano (Auténtico) el candidato natural parecía ser el Senador y Presidente del Congreso, Dr. Manuel Antonio de Varona Loredo, quien tanto había ayudado a la legislación de ese período; y el que había sustituído, en la época de lucha a Prío Socarrás como Director de la clandestina Organización Auténtica en Cuba y quien además había formado en todo momento "team" con el Presidente, del que había sido durante tantos años su amigo leal.

Varias Asambleas Provinciales lo llevaban como su candidato y contaba con gran parte de los miembros de las restantes Asambleas.

El Senador Varona, trabajador infatigable, incorruptible luchador por el bienestar y la libertad de su patria, además de atender a 'a profusa labor legislativa, había dedicado un tiempo en hacer contactos tendientes a alcanzar la postulación como candidato presidencial para las cercanas elecciones. No esperaba obstáculo en su aspiración dentro del Partido.

Carlos, de voluntad más bien débil, hecho reconocido por él mismo, tuvo entonces capacidad de esfuerzo suficiente (no sé cuales serían las presiones a las que no tuvo poder de resistir) para hacer que las Asambleas, ya inclinadas a Varona, dieran el viraje insospechado: las Asambleas postularían al Ingeniero Carlos Hevia.

Fue una prueba para la lealtad de Tony Varona a su amigo Carlos Prío. Tony, pese a la frustrante ocurrencia, aceptó la decisión presidencial.

A mí me costó más trabajo comprenderlo y aceptarlo, aunque no iba a afectarme personalmente. Unos años antes por causas triviales y, a instancias de mi parte, Tony y yo nos habíamos divorciado. Pero había crecido desde mi adolescencia en el medio en el que se desarrollaban los acontecimientos, y conocía suficientemente a Varona para saber lo que su previsión política, su voluntad inagotable y su desinterés personal, podrían haber logrado para Cuba en la Presidencia de la República.

Por la mente de Tony no pasó la idea de formar tienda aparte. Era y es, un hombre de Partido, de disciplina, de principios irrenunciables, de carácter ajeno al halago fácil y mentiroso, amante de la verdad escueta, amable o áspera. Fué un cubano al que Cuba, y Prío con Cuba, no conoció bien en su capacidad de servir únicamente a su patria. Ante las circunstancias, fiel a los principios de la Generación del 30: "los ideales son más importantes que el hombre", pactó con Hevia para ayudarlo.

Las multitudes no conocen a sus hombres, los siguen cuando forman el escándalo suficiente.

Vamos a ofrecer algunos datos numéricos de este período Presidencial: Carlos Prío Socarrás había recibido la República en 1948 con $399.3 millones en Activos Monetarios Internacionales. El

10 de marzo de 1952 había en Activos $597.7 millones. Al irse Batista, el 31 de diciembre de 1958 quedaban en Activos Monetarios Internacionales: $77.4 millones.(1)

Ante los rumores de que Batista proyectaba un golpe militar algunos de los políticos y amigos de Carlos se acercaron a él para decírselo.

El Dr. Carlos Prío no podía creer que un hombre como Batista, al que le había permitido volver a Cuba y hasta elegir su guardia personal, pudiera hacer semejante atentado contra él y contra Cuba.

Los rumores persistentes acerca de un golpe que según se decía preparaban los militares, decidió al Presidente a visitar Columbia y preguntarles a los altos oficiales si tenían alguna queja contra él.

Varios de ellos pronunciaron discursos altisonantes, asegurándole su lealtad; y Carlos, Presidente de la República, se sintió tranquilo referente a los comentarios acerca de un golpe militar.

El día 9 de marzo de 1952 yo había abandonado el Tercer piso de Palacio a las 6 de la tarde para ir a prepararme para la proclamación, esa noche a las 10 por la Radioemisora CMQ, del Ingeniero Carlos Hevia como candidato presidencial del Partido Auténtico.

Fulgencio Batista había hecho conexiones políticas para lograr ser electo, en ausencia, Senador por Las Villas. En 1948, al llegar a Cuba le fué permitido por el Primer Magistrado, seleccionar su guardia militar.

Durante el gobierno del Dr. Grau, del 44 al 48 Batista había demostrado su intención de volver a la Isla. Grau, un buen demócrata no se lo impidió, pero, como correpondía, su guardia personal sería elegida por el propio Presidente Grau. Batista retiró, frente a la advertencia, su intento de retornar.

Carlos, el Presidente cordial, sí le permitió elegir su guardia, lo que aprovechó Batista para conspirar contra aquel gobierno.

Carlos tenía una incapacidad grande para conocer algo más allá de la piel, a las personas a quienes trataba, lo que lo hizo equivocarse en la selección de aquellos en los que ponía su confianza. Con razón se sintió traicionado por la ambición de Fulgencio Batista.

Gastó gran parte de su capital, durante su exilio, en su afán de

---

Todos los datos acerca de las cantidades de Activos Monetarios Internacionales al final de cada gobierno han sido obtenidos de los Archivos Personales del Dr. Antonio Jorge, Profesor de la Universidad Internacional de la Florida.

derrocar al régimen del hombre que tan inconcebiblemente lo había engañado.

Mientras estábamos en la Radioemisora CMQ a las 10 de la noche del 9 de marzo de 1952, alguien me contó que uno de los asistentes se había acercado a otro y muy alarmado le había dicho: ¡Batista va a dar un golpe militar esta noche! Dicen que aquel le contestó con un chiste: -"Sí, y a ti te van a hacer coronel".

A las cuatro de la madrugada estaban en Palacio el Presidente, que había llegado rápidamente de su finca "La Chata". Manuel Antonio de Varona, Diego Tejera, los dos hermanos Prío y algunos más de los cercanos colaboradores del Ejecutivo llegaron a un tiempo al conocer la asonada militar en Columbia.

Al aclarar el día salió Carlos Prío Socarrás, en un carro con Diego V. Tejera, Senador por Matanzas a su lado, rumbo a la capital de esta Provincia para desde allá contrarrestar el golpe. El Senador Manuel Antonio de Varona salió en otro automóvil y al llegar a Matanzas encontró, destituído por la tropa, al Coronel Martín Elena.

Todavía el Presidente Carlos Prío y el Senador Tejera no habían llegado. Al ver Varona que Matanzas se había perdido para el gobierno, continuó rápidamente hacia Las Villas.

En Las Villas, donde también la guarnición se había sumado a los sublevados, conoció que ya Camagüey había seguido la misma suerte, lo que lo hizo retornar a la Habana. Durante unos días permaneció en el hogar del Representante Arnaldo Aguilera, con el que había vuelto de Las Villas.

El Presidente al llegar con Tejera a Matanzas, decidió volver para La Habana. Tejera se despidió de Carlos en la Embajada de Méjico donde permaneció en calidad de asilado hasta su salida de Cuba.

Así se rompió el ritmo constitucional de la República de Cuba, a sólo unos meses de las elecciones, para las que el número de afiliaciones al Partido Auténtico era abrumador.

La dictadura militar que se implantó dio lugar a una lucha por retornar al estado de derecho, que fue aprovechada por los comunistas para apoderarse del gobierno, fingiendo estar al lado del pueblo.

Un injustificado ataque, que recibió el Dr. Prío Socarrás fue el que suponía que en la noche del golpe de Estado, en la madrugada del 9 al 10 de marzo, había estado bajo el efecto de drogas.

Aparte de que personas cercanas a él puedan haber padecido de esta desdichada costumbre, todo el que lo conocía bien sabe que el

Presidente Prío no fue adicto en período alguno de su vida, a las llamadas drogas heroicas, o drogas adictivas.

Había muchas razones por las que esto se puede asegurar a pesar de los criterios en contra de muchos de sus detractores.

Carlos era hombre de intereses artísticos, históricos, humanitarios, etc. Su abulia que era conocida por sus amigos, era más que psicológica, una abulia física, constitutiva. De él, aunque no enfermizo, no se podía decir que fuera de salud robusta, como la de sus dos hermanos. Fue más bien un joven delicado que debía cuidar su alimentación y que durante un período de su juventud tuvo tendencias a sufrir de una anemia ligera. No bebía ni intentó someterse a excesos de clase alguna.

Con todas las objeciones que pudieran hacérsele, fue el Presidente de la República de nuestra generación en linea con nuestros objetivos nacionalistas y de verdadera justicia social.

Además, desde la Presidencia de Cuba auxilió a pueblos hermanos, Sur y Centroamericanos en sus intentos de liberarse de los gobiernos opresores que algunos sufrían durante esa época.

El Dr. Prío Socarrás fue demócrata, liberal, en el verdadero sentido de la palabra liberal, no sólo para su pueblo sino para todos los pueblos que necesitaron su ayuda.

Las virtudes como gobernante de Carlos Prío Socarrás, fueron notables, entre ellas se destacaban su amor por la democracia, su respeto por la vida y su devoción por la libertad; virtudes presentes en todos los altos gobernantes del Partido Revolucionario Cubano (Auténtico), el que surgió como la continuación de la ideología del Directorio Estudiantil Universitario de 1930, grupo directriz de la "Generación de 1930".

Entre las ventajas que la ideología —fuertemente nacionalista— de la Generación del 30 alcanzó para Cuba a lo largo de la segunda parte de la República, podemos señalar el hecho de que en 1933 la mayoría de los ingenios azucareros estaban en posesión de extranjeros y en 1958 la casi totalidad de los ingenios pertenecían a propietarios cubanos.

CAPITULO XXIV

Ruptura del ritmo constitucional por el golpe militar del 10 de marzo de 1952. Intentos del Congreso para retornar a un estado de derecho. La Carta de Montreal.

El 10 de Marzo de 1952 —a menos de tres meses de las proyectadas elecciones generales que se celebrarían el primero de junio de ese año— ocurrió el golpe de Estado de Fulgencio Batista, el que ya en 1933 había tratado repetidamente de derrocar el Gobierno Provisional, de Grau y de los estudiantes, con el Embajador Norteamericano, Sumner Welles, que no llegó a atender sus múltiples proposiciones. (En la parte III de este trabajo se copian los informes del Embajador norteamericano al gobierno de los Estados Unidos, en los que se leen los intentos de Batista de hacer caer al gobierno, lo que logró con Jefferson Caffery en Enero de 1934).

Consumado el golpe militar, de 1952 quiso Batista darle visos de legalidad a su régimen ilegítimo.

Un grupo de Senadores trató de servir de intermediario y visitó al Presidente depuesto, Dr. Carlos Prío Socarrás, en la Embajada de Méjico. El Dr. Prío dijo: "No soy obstáculo para normalizar la vida institucional cubana" según escribe Eduardo Suárez Rivas en su libro "Un pueblo crucificado", pag. 291.

Batista pretendía que la comisión de senadores consiguiera las renuncias de Guillermo Alonso Pujol, Vice-Presidente, y de Manuel Antonio de Varona, Presidente del Congreso, que era el segundo en la sucesión, para convertirse en Presidente Constitucional -a través de su elección como Presidente del Senado-, puesto que ostentaba el cargo de Senador.

La renuncia del Vice-Presidente Alonso Pujol ya estaba en manos de los comisionados para la gestión. Faltaba la renuncia, del Dr. Varona. El también Senador Dr. José R. Andreu visitó al Dr. Varona en la casa de su amigo el Representante Arnaldo Aguilera, que el día 10 se unió al Dr. Varona en Santa Clara cuando este retornaba a la capital. Era el 11 de Marzo. El Dr. José R. Andreu recibió una decidida negativa de Varona, quien le expresó que no estaba dispuesto a convalidar el golpe de Estado, con su renuncia.

Batista tuvo que asumir la Presidencia como producto de un cuartelazo, de la violación de la legalidad. El ritmo constitucional estaba roto y no lo repararía la apariencia de una sucesión constitucional, para la que no encontró la colaboración necesaria.

Los prolongados y repetidos ataques del Senador Chibás, y de sus seguidores del partido Ortodoxo, contra el gobierno habían precedido a la asonada militar, y alentaron a los que se presentaban como rectificadores.

El golpe del 10 de Marzo había sido realizado de acuerdo con Salas Cañizares, Jefe del Cuerpo de Perseguidoras de la Policía de La Habana. A las dos de la madrugada, entraron por la posta 6, que custodiaba el complotado jefe de la guardia del día del Campamento de Columbia. Tenían previos contactos con distintos grupos del interior de la Isla. Tomada Columbia, las perseguidoras de Salas Cañizares se hicieron dueñas de las calles de La Habana. Un tanque de Columbia fue enviado a atacar el Palacio Presidencial, lo que fué contraatacado por la guardia de Palacio al mando del bravo Capitán Vicente León.

Eduardo Suárez Rivas en su libro "UN PUEBLO CRUCIFICADO" página 322 dice: "Sin la asonada militar del 10 de Marzo no hubiera existido el trampolín impulsador para Fidel Castro. Sin su triunfo no estaría comunizada Cuba, ni América bajo la subversión castrista".

En el semanario "Prensa Libre" apareció con fecha 13 de Marzo una declaración del Presidente del Congreso, Dr. Manuel Antonio de Varona, de la que transcribimos los siguientes párrafos:

"**A mi regreso de la provincia de Las Villas, a donde concurrí a defender el régimen legalmente constituído, en mi caracter de Presidente del Congreso, que constituye la expresión cabal y absoluta de la soberanía popular legítima, rechazamos, por ilegal y espurio, el golpe de estado que se realizó en la madrugada del 10 de Marzo, que quiebra el ritmo institucional y legal de la República.**"

"**Cualquier fórmula de tipo transaccional significaría una** traición a la soberanía del pueblo y a las instituciones democráticas de la República, y cualquier medida que signifique menoscabo para el decoro y la dignidad del cuerpo que presido, no merece de nuestra parte más que condena y reprobación."

"El deber del Congreso de la República en este instante, no es más que uno: luchar sin tregua por obtener el retorno y el restablecimiento constitucional, única fórmula aceptada."

"Estoy haciendo una citación a los líderes de los Comités Parlamentarios de los distintos Partidos Políticos representados en el Congreso, para que consideren, como representativos de uno de los Poderes del Estado, la presente situación."

"Quiero asimismo anunciar al pueblo de Cuba que como Presidente del Partido Revolucionario Cubano (Auténtico) reuniré al Comité Ejecutivo de nuestro Partido para adoptar la medida política que corresponde en las actuales circunstancias."

En el periódico "El Mundo" de fecha 14 de Marzo de 1952 el Ejecutivo Nacional del Partido Revolucionario Cubano (Auténtico) publicó los acuerdos adoptados con respecto al golpe de Estado militar de los cuales reproducimos los siguientes acuerdos.

"I- Rechaza y condena el golpe de estado militar realizado por Fulgencio Batista, subvirtiendo para ello todas las jerarquías dentro de los institutos armados de la Nación, destruyendo su disciplina y replanteando al país el viejo conflicto que había superado mediante largos e ingentes esfuerzos y sacrificios de la supremacía del poder militar sobre la Constitución."

"II- Rechaza y condena fundamentalmente la violación consumada del régimen constitucional cubano y declara, que el Presidente Constitucional de Cuba es el Dr. Carlos Prío Socarrás, electo por la voluntad popular y cuyo gobierno cumplía la Constitución y las Leyes."

"III- El Comité Ejecutivo Nacional de PRC (Auténtico), llama y exhorta a todos sus militantes, a sus aliados y simpatizantes al mantenimiento de una firme actitud en la defensa de la Constitución, de las instituciones civiles y del régimen democrático, nuevamente agredidos por el militarismo usurpador que representa y encarna Fulgencio Batista."

Estos acuerdos fueron firmados por: Carlos Hevia, Félix Lancis, Manuel A. de Varona, José Alvarez Díaz, Nestor Carbonell, Alicia Hernández de la Barca, Lomberto Díaz, José Manuel Casado, Rubén Mendiola, Luis Pérez Espinós, Francisco Prío, Juan A. Rubio Padilla, Emilio Sorondo, Arturo Hernández Tellaheche, Octavio Rivero, Edgardo Buttari, Concha Setién, Antonio Maceo, Diego Vicente Tejera. Los señores Rubén León, Oscar Gans, Segundo Curti y Aureliano Sánchez Arango no firman los acuerdos, por estar asilados en la embajada de México, el primero; en el extranjero los tres últimos."

Una semana después, el 17 de Marzo, se dirige a la Nación el Poder Legislativo expresando, entre otros pronunciamientos, los que aparecen en los siguientes párrafos:

"El Congreso estima deber insoslayable advertir al pueblo de Cuba y a todos los pueblos y gobiernos, que el quebrantamiento del régimen constitucional y la negativa de los hombres que se han adueñado del Poder a restaurar dicho ordenamiento, eximen y liberan a la República, de los compromisos u obligaciones interiores o internacionales, ilegalmente contraídos por esos hombres."

"El Congreso ratifica su fe inquebrantable en los destinos eternos y gloriosos de la Patria democráticamente organizada, afirma su confianza en los tradicionales valores y recursos morales del pueblo cubano y alza su voz demandando la colaboración de toda la ciudadanía y especialmente de los veteranos de las guerras de independencia Partidos Políticos, la prensa escrita y radial, y las entidades representativas de las clases trabajadoras, campesinas, profesionales, económicas y estudiantiles, para lograr el éxito de la empresa que debe ser y es hoy supremo anhelo nacional y que se resume en el inaplazable restablecimiento del régimen constitucional violentamente interrumpido y la celebración de comicios libres, a fin de que el pueblo, en ejercicio de su soberanía, elija a sus mandatarios, los cuales tomarán posesión de sus cargos en las fechas determinadas por la Constitución y las leyes.

Firman estos pronunciamientos: DR. MANUEL A. DE VARONA, Presidente del Senado. DR.LINCOLN RODON ALVAREZ, Presidente de la Cámara de Representantes. DR. NESTOR CARBONELL ANDRICAIN, Lider p.s.r. del P.R.C.(A). DR. ANTONIO MARTINEZ FRAGA, Líder del P.D.- DR. EDUARDO SUAREZ RIVAS, Líder del P.L.- DR. JOSE A. CASABUENA MIRANDA, Líder del P.N.C.- DR. PELAYO CUERVO NAVARRO, Líder del P.P.C.(O).- DR. LUIS PEREZ ESPINOS, Líder del P.R.C. (A).- DR. PASTOR DEL RIO CARRILLO, Líder del P.D.- DR. MARIO GALEOTE CARRASCO, Líder del P.N.C.- DR. JOSE SUAREZ RIVAS, Líder del P.L.- DR. MANUEL BISBE, Líder del P.P.C. (O).- ANIBAL ESCALANTE, Líder del P.S.P.-

El 4 de abril de 1952 el gobierno militar, confeccionó unos Estatutos con pretensión de Ley Constitucional en los que niegan derechos y garantías consignados en la Constitución de 1940. Creó lo que se llamaría Consejo Consultivo, con el que procuraba sustituir al Congreso que había suprimido.

Destituyó también a todos los que ocupaban cargos por elección en las Provincias y Municipios y los sustituyó con otros nombrados directamente por Batista. Un dictador que reparte prebendas a su arbitrio, siempre tiene mayor número de defensores —que lo ayudan a prolongar su poder— que un presidente demócrata. En las democracias los cargos se ganan sólo por el personal esfuerzo y la respuesta de la población.

El descontento del pueblo por las medidas arbitrarias que alteraban la voluntad popular -expresada con libertad en la constituyente- crecía por momentos. Relatamos estos hechos porque fueron historia. No quiere decir que estamos ceñidos a extremismos acusatorios en un momento en el que todos estamos afectados por una doctrina que es el enemigo común de la Humanidad. La misma actitud prevalece frente a los que —sin tener las manos manchadas de sangre- estuvieron meses o años antes de separarse del régimen que hoy esclaviza la Patria.

Días después del golpe del 10 de marzo, el Presidente del Congreso, Dr. Manuel Antonio de Varona, convocó a los integrantes del mismo a sesión en su local del Capitolio Nacional, y los que trataban de reunirse fueron disueltos a tiros.

El 10 de octubre de 1952 se vencían los términos de los miembros del Senado y de una parte de la Cámara de Representantes, por lo que como última gestión de su mandato el Presidente del Senado, Dr. Varona, convocó de nuevo al Congreso en pleno con el propósito de tomar el acuerdo de presentar una Resolución Conjunta en la que se hacía un llamado al régimen para que en interés del restablecimiento de un orden de derechos, convocara a elecciones a los distintos Partidos, con lo que se podría poner en función la voluntad popular, que nos permitiría volver a un estado de legalidad.

De la Resolución Conjunta de los Cuerpos Colegisladores, de septiembre 12 de 1952 se ofrecen a continuación los siguientes acuerdos:

"Declarar que la denominada **Ley Constitucional de 4 de abril** dictada por el gobierno de facto para sustituir al Código de 1940, no es ni puede ser el intrumento jurídico adecuado para alcanzar el restablecimiento del régimen constitucional cubano, pues la citada Ley carece de la intangibilidad indispensable a su naturaleza y aunque reproduce textualmente algunas de las pragmáticas de aquel Código, altera, recorta o suprime las realmente esenciales del mismo, como son las relativas a los Derechos Fundamentales y sus Garantías, la División de Poderes, la Independencia del Poder Judicial, el Sufragio y la Autonomía Provincial y Municipal, y en resumen, establece un gobierno dictatorial, basado en el ejercicio irresponsable, personal y absoluto de los Poderes Legislativo y Ejecutivo por el jefe de ese gobierno y en el sometimiento del Poder Judicial y de las Administraciones Provinciales y Municipales a dicho jefe, por lo que nacen viciados de nulidad cuantos actos ordene o realice y cuantos compromisos interiores o internacionales contraiga el sistema político de esa suerte organizado.

Declarar que la suspensión de las elecciones generales legítimamente convocadas para el día primero del pasado mes de junio y su aparente aplazamiento hasta el tercer domingo de noviembre de 1953; la violación flagrante y reiterada de los preceptos constitucionales relativos al ejercicio y las garantías de los derechos individuales, y principalmente, de los que definen y salvaguardan la libre emisión del pensamiento, la libertad e integridad personales, la inviolabilidad del domicilio y la reunión pacífica; la disolución de los partidos políticos y la persecución de sus dirigentes y afiliados, la destitución arbitraria de funcionarios popularmente elegidos, y otros gravísimos actos ilegales de naturaleza administrativa, presupuestal, económica, fiscal y militar, forman parte del plan a cuyo amparo pretende el gobierno de facto perpetuarse en el poder y consolidar su régimen de dictadura, y que todas esas medidas y la finalidad que las mismas propugnan, crean un estado de lucha indeclinable entre la ciudadanía fiel al credo y a las prácticas democráticas y al repetido gobierno de facto; obliga a todos los cubanos, utilizando los recursos a su alcance, a resistir cívicamente las órdenes dictadas por el referido gobierno y a combatir inexcusablemente aquella finalidad; decreta la movilización en masa de la voluntad nacional en contra y frente a los detentadores del poder e impone a cuantos amen a Cuba el deber de arrostrar los peligros y dificultades exigidos por la felicidad, el progreso y la libertad de la República.

Invocar el viril patriotismo de todos los cubanos en estas horas de bochorno y quebranto, para que fieles a su tradición y a su historia y a la realización de sus gloriosos destinos, se mantengan firmes, resueltos y unidos, frente a la desgracia que se abate sobre la Patria; resistan las amenazas, seducciones y violencias de la dictadura; condenen y rechacen los ambiciosos empeños de los detentadores del poder y opongan a esos propósitos la decisión y el coraje que tras un siglo de luchas heroicas transformaron la ergástula colonial en República libre, independiente y soberana y proclamaron en ella, como su primera ley, la del respeto a la dignidad de todos los hombres.

La Habana, a los doce días del mes de septiembre de mil novecientos cincuenta y dos

(f) Dr. Manuel A. de Varona Loredo
Presidente del Congreso
Presidente del Senado

(f) Dr. Lincoln Rodón Alvarez
Vicepresidente del Congreso
Pdte. de la Cámara de Representantes

CONGRESISTAS

SENADORES: Antonio Aguilar Recio - Manuel R. Alvarez Bacallao - José R. Andreu Martínez - Sergio H. Arce García - Alejandro Armengol Vera - Luis Baire Llópiz - José E. Bringuier Laredo -Aniceto Cabeza - Manuel Capestany Abreu - Néstor Carbonell Andricaín - Ramón Corona García - Pelayo Cuervo Navarro - Lomberto Díaz Rodríguez - Federico Fernández Casas - Simeón Ferro Martínez - Arturo Hernández Tellaheche - Félix Lancís Sánchez -Rubén de León García - Antonio Martínez Fraga - Rubén Mendiola Arana -Héctor Pagés Cantón - Octavio Pardo Machado - Porfirio Pendás Garra - Manuel Pérez Galán - Francisco Prío Socarrás -Rogelio Regalado Rodríguez - Octavio Rivero Partagás - Eduardo Suárez Rivas - Diego V. Tejera Rescalvo - Ramón Zaydín y M. Sterling - José A. Casabuena Miranda - Ricardo Campanería Valdés.-

REPRESENTANTES: Antonio Acosta Borges - Salvador Acosta Casares - Arnaldo Aguilera Martínez - Rubén Alonso Alvarez -Ramón Alvarez Rodríguez - Orestes Arenal del Castillo - Manuel Bisbé Alberni - Francisco Cairol Garrido - Miguel F. Calcines Gordillo - José R. Camejo Acosta - Antonio M. Carbonell Alsina -Luis A. Collado Díaz - Prisciliano Collot Pérez - Francisco Crespo Molina - Alberto Cruz Caso - Segundo Curti Messina - Eugenio Cusidó Torres - Buenaventura Dellundé Puyans - Antonio Dorado Ruiz - Manuel Dorta Duque - Aníbal Escalante Dellundé - Francisco Escobar

Tamayo - Salvador Esteva Lora - Antonio Fernández Macho -
Angel M. Ferro Martínez - Wilfredo D. Figueras González -
Antonio Franco Tauler - Antonio Fuentes Rodríguez - Mario
Galeote Carrasco - Salvador García Agüero - Roberto García
Ibañez - Manuel Guillot Benítez - Enrique C. Henríquez
Lauranzón - Alicia Hernández de la Barca - Arturo Illás Cuza -
Ofelia Koury Baylis - Vicente Lago Pereda - Rodrigo C.
Lominchar Piñeiro - Eduardo López Deustua - Angel G.
Llópiz Rojas - Bruno M. Martell Toledo - Luis S. Martí
Hernández - Félix Martín y G. de Mendoza - Pablo Martínez
Carvajal - Pedro Martínez Fraga - Sergio M. Mejías Pérez -
Menelao Mora Morales - Aurelio Nazario Sargén - Florencio
Nibot Navarro - Román Nodal Jiménez - José A. Núñez
Carballo - Emilio L. Ochoa Ochoa - Joaquín Ordoqui Mesa -
Manuel A. Orizondo Caraballé - Roberto Ortega Zuazo - José
Pardo Llada - Carlos M. Peláez Cossío - Lázaro Peña
González - Luis Pérez Espinós - Indalecio Pertierra Liñero -
Mario J. Pino Martínez - Noel del Pino Pérez - Regla Prío
Socarrás - Segundo Quincosa Valdés - Francisco Rabelo
Beracierto - Manuel A. Ramírez Sibello - Carlos Regalado
Rodríguez - Pastor del Río Carrillo - César Rivero Partagás -
Mario Robau Cartaya - Blas Roca Calderío - Luis. O.
Rodríguez Rodríguez - Angélica Rojas Garcés - Manuel
Romero Padilla - Esperanza Sánchez Mastrapa - Alberto
Sáchez Pérez - Alberto R. Saumell Soto - José M. Sera
Serrano - José Suárez Rivas - Teodoro M. Tejeda Setién-
José J. Trasancos Herrera - Pablo Urquiga Barberena -
Gerardo J. Vázquez Alvarado - César Vilar Aguilar.

Estas y otras gestiones dirigidas a resolver el problema político de
Cuba, no tuvieron acogida por parte del régimen, lo que llevó a los
grupos que se oponían al gobierno de facto, a la posición insurreccional.

En el exilio el **ex-Presidente** Carlos Prío impulsaba a la acción
revolucionaria.

El Presidente del Partido Revolucionario Cubano (Auténtico) en
Cuba, Dr. Manuel A. de Varona, representaba los esfuerzos del Partido por hallar una solución política.

El descontento desorganizado se manifestaba en toda la República y se producían hechos aislados contra el régimen.

Los Partidos Políticos, estudiantes universitarios y sectores culturales y políticos, empezaron a organizarse.

El Dr. Ramón Zaydín, el 3 de abril de 1953, Abogado, que había sido legislador en épocas anteriores, presentó con otros 37 ciudadanos, un Recurso de Inconstitucionalidad.

No consiguió la atención del Tribunal Supremo, el que convalidó los Estatutos que Batista había presentado como sustitutos de la Constitución, en Abril de 1952.

Pronto inició Batista su primer intento de consolidar su régimen mediante unas elecciones. El Dr. Grau acogió la idea, aunque después se vió obligado, frente a los acontecimientos, a abstenerse. El Presidente del Partido Revolucionario Cubano (Auténtico) en el territorio de Cuba, Dr. Varona, le dirigió al Dr. Grau las siguientes declaraciones: en junio de 1952.

"Afirmar que debí haber tomado posesión de la Presidencia de la República ante el Tribunal Supremo, bajo la Constitución del 40, en los momentos tormentosos de la asonada militar, del 10 de Marzo para evitar la dictadura de Batista, es algo increíble de parte del Dr. Grau San Martín."

"Cumplí con mi deber concurriendo al Congreso de la República, para reiniciar la legislatura y fuimos recibidos a tiros por el Ejército."

En Junio de 1953, los Partidos Auténtico y Ortodoxo tomaron la decisión de reunirse en Montreal, Canadá, para unir sus fuerzas en la lucha insurreccional contra el régimen, lo que ya había iniciado el Presidente Prío en la ciudad de Miami.

Los acuerdos tomados se comunicaron a la Nación cubana en documento de Julio 2 de 1953.

A continuación transcribimos esos acuerdos:

LA CARTA DE MONTREAL

"A LA NACION:

El pueblo de Cuba, con invencible voluntad, ha repudiado el régimen de la usurpación demandando la vuelta al orden constitucional y democrático a través de un gobierno capaz de celebrar unas elecciones libres. Los instrumentos cívicos llamados a lograr estos objetivos han mantenido divisiones y aislamientos, favoreciendo así la permanencia de la dictadura y restando confianza pública a sus propósitos de liberación: Ante estas realidades los partidos del Pueblo Cubano (Ortodoxo) y Revolucionario Cubano (Auténtico),interpretando con toda hondura histórica de decisión de la ciudadanía, han resuelto realizar un esfuerzo constructivo de unidad patriótica que logre el cambio reclamado y dé al gobierno provisional, para el éxito de sus fines transitorios, el apoyo popular y la garantía de responsabilidad que reclaman los grandes anhelos del País. Y en consecuencia estatuyen las siguientes bases:

PRIMERA: Reafirmar que la crisis cubana sólo puede superarse mediante el restablecimiento de la Constitución de 1940, que es producto de la libre voluntad del pueblo y asiento de las tradiciones civilistas que informaron los principios de la Revolución de Independencia contenidas en los textos de Guáimaro, Jimaguayú, la Yaya y 1901.

SEGUNDA: Ratificar las declaraciones de los Comités Ejecutivos Nacionales de ambos partidos en el sentido de que el régimen que preside el general Batista está incapacitado para llevar al pueblo a unos comicios recuperadores de sus instituciones políticas, no sólo por su origen conculcador, sino por su carácter dictatorial y las reiteradas pruebas que ha ofrecido la violación de los derechos ciudadanos.

TERCERA: Estimar indispensable la organización de un gobierno provisional que restablezca el Código Electoral de 1943, y garantice, a plenitud, la neutralidad oficial, a fin de celebrar, en término brevísimo, comicios para todas las magistraturas del Estado. Este Gobierno se ajustará en su origen y desenvolvimiento a las normas de la Constitución, y cuidará, en su función transitoria, de liberar a los sectores de la economía, del trabajo y en especial a las clases populares de los agobios de la honda crisis que hoy sufre por obra de la dictadura.

CUARTO: Los Partidos signatarios rechazan y condenan terminantemente, como forma de lucha, el atentado personal, el gansterismo y las actividades terroristas.

El Partido del Pueblo Cubano (Ortodoxo) y PARTIDO REVOLUCIONARIO CUBANO (AUTENTICO) al arribar felizmente a este concierto, encaminado el supremo bien común, nombrarán comisiones de contacto, tanto en la dirección nacional como en sus secciones funcionales, a fin de vertebrar eficazmente los esfuerzos para la consecución de estos objetivos, aunque manteniendo su individualidad orgánica y reiterando que no les animan propósitos de coaliciones o entendimientos electorales. Al propio tiempo, demandan de los Partidos y sectores nacionales "la verdadera doctrina y raíz democrática" y en general a toda la ciudadanía, el concurso solidario que amplíe y fortalezca la unidad del Pueblo por la reconquista de sus instituciones constitucionales e imprescriptibles derechos a la libertad, y prometiendo a Cuba, para el día de la resurrección democrática, una era de paz y legalidad, limpia el alma de odios y rencores, anhelante por la unión y cordialidad de todos los cubanos, e invocando el favor de Dios, firmamos esta Carta el 2 de junio de 1953 en Montreal, Canadá. (fdo) Carlos Prío Socarrás, Emilio Ochoa, Manuel A. de Varona Loredo, José Pardo Llada, Guillermo Alonso Pujol."

CAPITULO XXV

Batista pretende ofrecer una solución electoral. Fracaso de los falsos intentos conciliatorios del régimen. El ataque al Palacio Presidencial. Los asesinatos de Humboldt 7.

Semanas después de la publicación de la Carta de Montreal, el 26 de julio, se producía el ataque al Cuartel Moncada, preparado por el bien conocido por los profesores de la Universidad como mal estudiante, Fidel Castro, quien no pudo obtener el triunfo, frente a Manolo Castro, en su aspiración a ser electo Presidente de la Federación Estudiantil Universitaria.

Su nombre seguía opacado a pesar de todos sus esfuerzos. Con el ataque al Cuartel Moncada que, como era su costumbre, dirigió sin intervenir personalmente en el enfrentamiento, logró por primera vez, hacerse notar.

Lo impulsaba, además, el intento de distraer la atención de las declaraciones de Montreal y de los grupos que las formularon, en su afán de eliminar a todo otro sector contrario al régimen. Desde el principio y durante todos los años de lucha contra Batista trató de monopolizar la atención nacional.

Su discurso —el día del juicio sobre los hechos del Moncada— el 16 de octubre de 1953, (había pedido que se le permitiera asumir su propia defensa) era parte de este propósito de ir cultivando el reconocimiento a su personalidad.

Después de la Carta de Montreal, por la que quedaron unidos para la lucha armada, en el intento de derrocar al gobierno de facto, los Partidos Auténtico y Ortodoxo, el Dr. Grau San Martín se declaró partidario de una contienda electoral para vencer al régimen según sus palabras "con votos" en lugar de "con balas".

El 26 de noviembre de 1953 ya había ocurrido uno de los más repudiados asesinatos del régimen, el de Mario Fortuny, quien fue increíblemente torturado, porque sospechaban que conocía el lugar donde se escondían las armas que Prío enviaba a Cuba con su ex-Ministro de Educación, Dr.

Aureliano Sánchez Arango, Director de la organización insurreccional Triple A. Fortuny era muy querido dentro del Partido Auténtico y por todos los que lo conocían. Su muerte aumentó el descontento del pueblo contra el régimen.

No obstante éste y otros crímenes, un grupo de cubanos trataba de encontrar una solución pacífica a fín de evitar posteriores derramamientos de sangre.

El nuevo Código Electoral dispuesto por Batista, suprimía el voto libre y directo, el que había sido una conquista lograda en 1943.

Este Código obligaba a votar dentro de la columna del Partido.

La maquinaria electoral dominada por el gobierno en los sistemas dictatoriales lograba controlar la mayoría de los escaños del poder legislativo, lo que hacía que el Presidente fuera electo por los compromisos electorales de los distintos candidatos.

Un voto presidencial comprometido no ofrecía garantías a un Partido como el Auténtico, frente a los viejos amarres de los partidos de estilo tradicional, como era el P.A.U. de Batista. Y, además, la gran mayoría de los Auténticos no podía tener la menor confianza en el autor del golpe militar.

Grau, con el Partido Revolucionario Cubano (Auténtico) inscrito a su nombre, se dispuso a la reorganización, bajo las nuevas condiciones del Código Electoral, y exigía únicamente, "el conteo inmediato del sufragio, en el mismo Colegio Electoral".

El Dr. Ramón Grau San Martín, un hombre de valentía excepcional, de gran inteligencia y de un indoblegable amor a la Patria y a la Libertad, no contó con la audacia política de Batista. Aceptó concurrir a los comicios con la enorme desventaja del voto presidencial controlado y con un adversario en exceso ambicioso ocupando el Poder.

Algún historiador con una parcialidad de juicio impropia de su oficio, y debido a su filiación con Batista (y anteriormente con Machado) pone la responsabilidad de la ausencia de un arreglo electoral en hombros de los opositores que no compartían la credulidad de Grau.

La solución electoral correcta y posible no fue ofrecida en momento alguno por el régimen de Batista. Es sobre éste sobre quien recae la imposibilidad de una solución pacífica.

Batista había aspirado a la Presidencia, frente a Hevia y Agramonte en los meses anteriores al golpe del 10 de marzo. A los mítines que organizaba asistía gran número de soldados.

La primera proclamación de los candidatos fue la de Hevia —horas antes de la asonada militar— por el P.R.C. (Auténtico). Se esperaba la proclamación de Agramonte y Batista, los otros dos candidatos presidenciales.

Las elecciones estaban a dos meses y medio del día 10 de marzo, ¿habría dado el golpe para establecer un gobierno de facto, si hubiera creído en la posibilidad de ser Presidente por elección?

Conocía bien que no iba a obtener votos suficientes. El cuartelazo le permitiría reformar el Código y con el dominio del poder adquirir entonces la Presidencia a través de un aparente proceso electoral.

Prío y Varona no se permitieron caer en la trampa. El Dr. Grau, a pesar de su experiencia como profesor y como Presidente revolucionario, apoyado por el Directorio del 30, cayó en ella.

La Asamblea Nacional del Partido Revolucionario Cubano (Auténtico) se reunió después de la reorganización del Partido, propugnado por Grau, y eligió Presidente al Dr. Grau San Martín, el que sería, en los próximos comicios a celebrarse, el candidato del Partido a la Presidencia de la República.

El candidato a la Vicepresidencia fue Antonio Lancís.

El gobierno postuló el ticket Batista-Guás Inclán.

En julio de 1954, formó Grau su candidatura senatorial, la que se integraba con Arturo Hernández Tellaheche, Eduardo Súarez Rivas, Virgilio Pérez, Román Nodal, Edgardo Buttari, Alicia Hernández de la Barca y otros.

Pero al acercarse las elecciones, el atropello de la fuerza no se hizo esperar. El miedo a perder, a pesar de que se votaba bajo un Código destinado a favorecer al régimen,   hizo que éste empleara el temor en las reuniones públicas, de la campaña electoral auténtica. Se pretendía amedrentar al pueblo para detener las demostraciones de apoyo al gran partido de oposición.

Ante esta conducta gubernamental, el Dr. Grau, quien hasta entonces había querido creer en la posibilidad de una solución política, se vió obligado por los hechos, a reconocer que esa solución electoral y pacífica, que el gobierno ofrecía, ni era pacífica, ni le daría al pueblo la oportunidad de la libre decisión en las urnas.

Como consecuencia, Grau lanzó la consigna del retraimiento del Partido Revolucionario Cubano (Auténtico).

Una gran parte de los candidatos al Poder Legislativo ya habían realizado sus campañas en las respectivas provincias.

El Partido Auténtico en consecuencia obtuvo la Minoría senatorial.

En los primeros momentos post-electorales se pensó que los congresistas del P.R.C. no tomaran posesión de los cargos para los que habían sido electos.

Pero en Asamblea del 22 de Enero de 1955 se acordó que el día 28 de ese mes, tomaran posesión de sus cargos.

Batista había logrado la apariencia de un gobierno por elección popular; sólo la apariencia. El pueblo siempre supo que estaba frente a un régimen ilegítimo.

En Mayo de 1955, el Congreso aprobó una Ley de Amnistía. Por esta Ley fueron excarcelados Castro y los demás condenados por el asalto al Cuartel Moncada.

El Partido Ortodoxo le ofreció una calurosa acogida a la llegada de Castro a La Habana, el que se presentó varias veces por radio y televisión, y al que el periodista Enrique de la Osa, que mantenía oculta su filiación al Partido Comunista, le hizo una llamativa entrevista, publicada en la Revista Bohemia, ayudándolo deliberadamente en su propósito de propaganda personal. No ocupó candidatura a posición legislativa en el Partido Ortodoxo para la posible próxima contienda. No era la política, ya en estos momentos, su medio de ataque. Otro tipo de dominación sobre la Isla, sobre el continente, o quizá sobre el mundo, —exento de ideales o de filiación que sólo usa como medio— llenaba su imaginación esquizo-paranoica.

Con la Amnistía aprobada por el Congreso, además de quedar en libertad los presos políticos, retornaron al país muchos de los cubanos que se habían visto obligados a exiliarse.

Un tiempo después de la amnistía, cuando el Ex-Comandante Jorge Agostini, un distinguido auténtico, estaba gestionando que le aplicaran la Ley, para resolver una acusación en el Tribunal de Urgencia, fue arrestado por un agente del Buró de Investigaciones. A los pocos días apareció su cadáver en las calles de La Habana, lo que exacerbaba los ánimos de la oposición y del pueblo.

Entre los que habían regresado a la Isla estaba el Dr. Carlos Prío Socarrás. Desde que se exilió, inmediatamenete después del golpe del 10 de marzo, había efectuado una serie de preparativos dirigidos a derrocar al régimen usurpador.

El Dr. Aureliano Sánchez Arango, que había sido el director de la campaña política en la elección de Prío a la Presidencia de la República en 1948 y más tarde su Ministro de Educación, constituyó con el apoyo de Prío la organización Triple A, al frente de la cual logró introducir en Cuba una cantidad de armamentos destinados a la insurrección.

El Dr. Prío Socarrás hizo un alto en estas gestiones al retornar a Cuba, ante la posibilidad de una solución sin violencia.

Su compañero desde la época del Directorio, el Dr. Manuel Antonio de Varona, había permanecido en la Isla durante todo este tiempo como Presidente del Partido, reclamando del gobierno una solución constitucional para alcanzar la normalización del país.

A pesar de que no había sido posible un acuerdo hasta el momento, ante las nuevas proposiciones del gobierno y la aprobación de la amnistía, el Dr. Prío se reunió con los Auténticos que permanecieron en la República, dispuesto aun a cooperar con cualquier proyecto que pudiera realmente llevar a una solución política.

El Dr. Cosme de la Torriente formó un grupo llamado "Sociedad de Amigos de la República" (SAR) para las conversaciones entre oposición y gobierno.

Celebrados varios debates, en los que se proponía el acortamiento de los mandatos y la convocatoria en un corto término a elecciones generales, se comprobó que no era posible acuerdo con el régimen que no quería ceder las posiciones ganadas por los medios tortuosos empleados en las elecciones de 1954. Pretendía que fueran reconocidos como producto de una libre determinación del pueblo; y ante la imposición de sus métodos, desde su inicio ilegales, la posibilidad de un entendimiento desapareció.

La oposición reanudó sus propósitos insurreccionales.

El Dr. Prío, en una acción completamente inconstitucional, fue deportado de su propia Patria, de modo violento. Detenido en ausencia de previo aviso, fue puesto en un avión, sin clase alguna de equipaje.

La población frente a la violencia que había sido desplegada durante casi todo el tiempo del régimen, salvo en muy cortos períodos (en los que esperaba con sus subterfugios lograr un reconocimiento) se sentía cada vez más humillada por un gobierno del que quería salir a toda costa. Todo el pueblo se había alineado, espontáneamente, contra Batista.

Alrededor de marzo de 1956, como parte de los planes insurreccionales a los que volvió el autenticismo como consecuencia del fracaso de las conversaciones entre oposición y gobierno, sucedió el ataque al Cuartel Goicuría, en Matanzas.

Cinco camiones con un grupo de insurrectos se dirigían al cuartel. Una delación había alertado a los hombres al mando del militar Pilar García y los estaban esperando con toda clase de armamentos. Dejaron que los camiones penetraran en el recinto. Cuando se dieron cuenta de la encerrona, algunos de los atacantes lograron escapar, pero los que ya estaban en el interior recibieron una ráfaga de ametralladoras inmediatamente. Los que cayeron heridos fueron rematados y sus cadáveres se vieron, en una fotografía, regados en el patio del cuartel. El jefe de los insurrectos era Reinold García, y el segundo en el mando, Mario Vázquez, logró escapar, pero lo detuvieron antes de que pudiera alejarse. Después de muerto lo llevaron al Cuartel y lo colocaron en el patio, junto a los otros cadáveres para que apareciera como muerto en acción.

En este último período del régimen de Batista, desde mediados de 1956 hasta diciembre del 58 los hechos de sangre se sucedieron con profusión.

Se conoció la concurrencia a una reunión en México, en el otoño de 1956, de Fidel Castro, y de jefes de otros grupos que luchaban contra Batista.

Entre ellos estaba José Antonio Echevarría, Faure Chaumont, José Westbrook y otros, aparentemente para coordinar las fuerzas, pero a los que, en realidad, Castro no deseaba como colaboradores, y de los que pudo deshacerse, por distintos métodos, en tiempos posteriores.

La reunión con cualquier grupo estaba en contra de sus planes totalitarios, aún no conocidos.

Después de conseguir apoyo monetario de distintas personalidades (que creían en su intento de derrocar a Batista para retornar a un estado de derecho, como creyó el Dr. Carlos Prío que le entregó $50,000) se decidió, el 25 de Noviembre de 1956 a salir desde un puerto de Yucatán en el viejo barco "Granma" que con capacidad para llevar a bordo un grupo no mayor de 12 hombres, zarpó con 82 expedicionarios.

Dos marinos profesionales, uno de ellos el Comandante Pino dirigían la embarcación.

El fuerte mal tiempo que encontraron en alta mar hacía que el intenso oleaje moviera el barco hasta provocar que la mayoría de los 82 hombres se marearan y sufrieran incontrolables vómitos. A los cuatro días de continuo navegar se habían adaptado algo al movedizo suelo.

El temporal les hizo alterar el itinerario. El alzamiento de Santiago estaba preparado para coincidir con la llegada, el día 30 de noviembre. Pero ese día amaneció con el "Gramma" todavía en alta mar.

Continuaron viaje para dirigirse al puerto de Niquero, cuando ya cerca de las costas se vieron descubiertos por un avión.

El Comandante Pino ante el peligro se dirigió a la costa, encallando en un manglar cercano a Belice. Todos los hombres se lanzaron por la borda y con el fango llegándoles al pecho alcanzaron tierra firme, con una fracción del armamento que traían.

En tierra se encontraron dispersados los expedicionarios. La gran mayoría se dirigió hacia las ciudades y un prófugo de la justicia que se había refugiado en las inmediaciones de la Sierra Maestra, Crescencio Pérez, al entrar en contacto con algunos de ellos, les guió hasta poder reunir a un corto número de los del grupo, dos de ellos Fidel Castro y su hermano Raúl, los que lograron acomodarse con ayuda de los campesinos de la Sierra, que como todo el pueblo de Cuba, ayudaba al que luchara contra el régimen.

Mientras tanto los periodistas en busca de un acuerdo entre los dos grupos para pacificar a Cuba crearon una Comisión cuyos intentos no alcanzaron su objetivo.

El 13 de marzo de 1957 ocurre el ataque al Palacio, dirigido por Menelao Mora, un luchador por la Democracia con un grupo de seguidores, muchos de ellos estudiantes. Los que entraron en Palacio no pudieron encontrar a Batista, quien había escapado por una escalera, desconocida por los asaltantes, hacia el tercer piso. La guardia de Palacio les dio muerte a los que sólo estaban heridos. Fueron 19 los que murieron sobre el terreno.

En las calles una perseguidora se encontró con José Antonio Echevarría, el que fue asesinado cuando lo reconocieron. El Dr. Pelayo Cuervo, el que la policía creyó que sustituiría a Batista, una vez ultimado éste, fue arrestado en horas de la tarde. Después de muerto, arrojaron su cadáver en uno de los parques del reparto Country Club.

El número de hombres dispuestos para el ataque a Palacio era mucho mayor de 19 —eran aproximadamente unos 40— pero el resto pudo escapar; entre éstos, algunos levemente heridos.

Joe Westbrook, que era uno de los que proyectaba entrar en Palacio, fue encargado de escribir un documento en el que relataría el hecho. Varios de los que pudieron huir, buscaban asilo ante la persecución de que eran objeto (ya el terror se había apoderado de gran parte de los habitantes de la ciudad de La Habana) y al fín encontraron un apartamento en el edificio de Humboldt 7 en el que logran refugiarse varios de ellos. Esa tarde Joe Westbrook fue trasladado al edificio por su novia, y según parece, un supuesto amigo de él, que tuvo conocimiento de su escondite, lo delató.

Cuando el amigo de Westbrook —simpatizante comunista— fue a verlo, él todavía no había llegado. Entre los que ya estaban allí, uno de ellos, Carbó Serviá, le reprochó la imprudencia de visitar el edificio, lo que provocó una discusión. Se ha dudado si la delación se debió a la cólera del momento o al interés de la Sierra que quería permanecer como único elemento de combate antigubernamental.

Horas más tarde la policía, bajo las órdenes de Esteban Ventura, se presentó en el lugar y todos fueron impunemente asesinados.

Estos hechos conmovieron fuertemente a la sociedad cubana. Los jóvenes combatientes eran en su mayoría estudiantes universitarios pertenencientes a la Federación Estudiantil de la Universidad de La Habana.

En estos últimos tiempos de Batista, se sucedían junto a intentos de conciliación, violentos hechos de sangre por parte del gobierno.

Después del 30 de marzo, Fulgencio Batista, impresionado por el ataque que sabía que pudiera haberle alcanzado, inició nuevas gestiones conciliatorias hacia los grupos de la oposición.

El Dr. Manuel Antonio de Varona, Presidente del P.R.C. (A) en Cuba, había establecido contacto con oficiales de la Marina que estaban inconformes con el régimen.

Pero todavía en abril de 1957, el Dr. Varona estaba dispuesto a la posible conciliación. Más tarde al conocer los ofrecimientos inaceptables del régimen, dirigió al Primer Ministro, Dr. Anselmo Alliegro, en respuesta a la proposición de la Comisión Interparlamentaria y a nombre del P.R.C. (A), la carta que transcribimos:

(Esta es la primera de las tres respuestas de la oposición a las gestiones de la Comisión Interparlamentaria. La segunda fue la respuesta conjunta del Dr. Varona y el Dr. Andreu, y la tercera fue la del Frente de Oposición).

"**Dr. Anselmo Alliegro Milá**
Presidente de la Comisión Interparlamentaria

Señor:

"**Hemos recibido de manos de los comisionados, doctores Eduardo Súarez-Rivas y Facundo Hernández Pérez, el documento que, por acuerdo de la Comisión Interparlamentaria, usted me dirigiera con fecha 4 de abril.**"

"**Respeto a la amable invitación que en él se me hace para que concurra ante la Comisión al objeto de exponer los puntos de vista del Partido Revolucionario Cubano (A) Abstencionista, sobre las cuestiones propuestas a fin de viabilizar una solución nacional, cúmpleme exponerle lo que sigue:**"

"El P.R.C., con responsable preocupación, no ha escatimado esfuerzos para encauzar el país por senderos de normalidad y evitar derramamientos de sangre. A ese efecto, ofreció el 23 de agosto del año anterior, una fórmula concreta para lograr garantías y efectuar elecciones generales, llamada Plan Varona, que fue desechada radicalmente por el Gobierno. Esta fórmula, similar a las bases presentadas ahora al Congreso y acogidas con sospechosa simpatía por los voceros gubernamentales, revela a las claras que de haber sido aceptada entonces se habrían evitado los sangrientos y dolorosos sucesos que han conmovido a la ciudadanía, consecuencias lógicas del 10 de marzo de 1952 en que se rompió el ritmo constitucional y democrático del Estado".

"Tan cruentos sucesos pudieron y debieron evitarse por los hombres del régimen con sólo haber atendido el clamor de paz y de solución cívica del pueblo".

"EL P.R.C. (A) que presido, se ratifica una vez más en su inalterable decisión de seguir luchando, como hasta aquí lo ha hecho, por el restablecimiento de la normalidad institucional, y cree sinceramente que siempre es tiempo para devolver la paz y el sosiego al país mediante un acuerdo patriótico, concebido y realizado en beneficio del pueblo".

"Entiende nuestro Partido que tal acuerdo, entre Oposición y Gobierno, solo podrá alcanzarse cuando la vida, supremo bien, y la seguridad y los derechos de todos los cubanos estén plenamente garantizados por el régimen y por las diversas agencias de que éste se vale para mantenerse en el Poder".

"Ello quiere decir, que mientras se persiga indiscriminadamente a la ciudadanía; se allanen hogares en horas del día o de la noche, sin mandamientos judiciales; se mantengan detenidos e incomunicados a centenares de cubanos, sin ponerlos a la disposición de los Tribunales de Justicia; se empleen métodos de terror y torturas; se mate impunemente por represalias o por prevenciones, y luego se interfiera la actuación judicial para evitar el castigo de los responsables; no es sensato ni oportuno hablar de planes electorales, que ansía todo el país pero sobre sólidas bases de paz y de respeto a la Ley".

"Lo que de verdad interesa al pueblo —en esto coincidimos con el criterio de la Comisión, expuesto como último punto de sus planteamientos— es el "pleno ejercicio de las libertades públicas"...y que se propicie el clima de paz indispensable a toda actividad electoral y permita reintegrarse a la ciudadanía, sin exclusiones, al ejércicio a plenitud de sus derechos cívicos".

"Para ésto, mantiene nuestro Partido, no hace falta ninguna medida legislativa. Basta con que el Gobierno respete la Constitución y la Ley".

"Y reclamamos igualmente que los acusados de cualquier delito sean puestos efectivamente a la disposición de las autoridades judiciales, que son las únicas, en un estado de derecho, con facultades para sancionar".

"Comencemos, pues a la inversa, restituyendo primero la paz a los espíritus, y luego vendrá la solución política como lógica e inevitable consecuencia".

"Es la paz la gran demanda nacional, y si la Comisión Interparlamentaria lograra ese noble y elevado objetivo, merecerá la gratitud de nuestra Patria, conturbada por los sufrimientos de estos últimos cinco años.

"Las condiciones previas que reclama la nación entera, para alcanzar luego el acuerdo político, son las siguientes:"

NUMERO UNO:- Restablecimiento de las garantías constitucionales en todo el territorio nacional. Este restablecimiento no ha de limitarse, como ha ocurrido hasta ahora, a una simple declaración contenida en un Decreto Presidencial; sino que ha de ser de modo real y efectivo.

Es tan esencial esta medida, que al estar en suspenso, entre otros, el derecho de reunión me he visto impedido de convocar al Ejecutivo Nacional de mi Partido para que conozca y discuta las bases de la solución propuesta por esa Comisión.

NUMERO DOS:- Libertad de los presos políticos, civiles y militares.

NUMERO TRES:- Facilitar la reincorporación a las actividades cívicas de los exiliados políticos, y de los que, no hallando otro camino expedito, —por amor a la libertad, están alzados en armas contra el régimen.

"Estas tres bases, previas a toda discusión de tipo político, a que concurrimos tan pronto sean restablecidas firmemente, pueden resumirse en una sola:"

"Respeto, por parte del régimen, al derecho que los cubanos tenemos a vivir; a vivir dignamente; a vivir sin temores, como corresponde a ciudadanos de una patria libre".

"Al declinar, pues, la gentil invitación que me hace a nombre de la Comisión Interparlamentaria, por los fundamentos expuestos, aprovecho la oportunidad para suscribirme de usted con la mayor consideración,"

Dr. Manuel A. de Varona Loredo,
Presidente del
Comité Ejecutivo Nacional del
P.R.C. (A)"

CAPITULO XXVI

Se agudiza la lucha contra el gobierno. Continúan los esfuerzos de conciliación sin que se ofrezcan garantías necesarias. Desembarco del Corinthia. Muerte de Frank País.

En la Sierra, Fidel Castro trataba a toda costa de dar indicios de su existencia.

Su grupo, inicialmente de alrededor de doce hombres, había aumentado considerablemente gracias a la ayuda de Frank País, quien tenía gran prestigio en la población de Santiago de Cuba.

En la primavera de 1957 ya Castro había acumulado armas suficientes para hacer una fuerte demostración.

Las tropas rebeldes se movieron a través de los intrincados senderos de la Sierra, hasta situarse cerca de la costa sur de la provincia oriental frente al puesto militar de El Uvero.

Castro tenía dos de sus hombres infiltrados en el cuartel y había recibido las armas con la ayuda de los hermanos Babún, que las transportaban hasta entregarlas a Castro, en sus camiones, los que no llamaban la atención por ser ellos madereros del lugar.

Estos hermanos Babún, engañados por Castro, como tantos cubanos, fueron cuatro años más tarde integrantes de la Brigada que efectuó la Invasión de Playa Girón el 17 de abril de 1961.

Y con 126 hombres Castro pudo atacar el cuartel y obtener una resonante victoria, que la prensa divulgó, puesto que la censura no estaba funcionando, debido a la libertad que el gobierno permitía, en su interés por las gestiones conciliatorias.

En mayo de 1957 ocurrió el desembarco del Corinthia, al mando de Calixto Sánchez.

La expedición fue costeada desde Miami —de donde salió el yate— por el ex-Presidente Carlos Prío Socarrás. El grupo estaba compuesto por 27 hombres, y el viaje de Miami a la Bahía de Nipe, en el norte de la provincia oriental, había transcurrido sin contratiempos.

Pero esta expedición había sido delatada al gobierno de Batista por la ex-esposa de un funcionario del gobierno de Prío. la que los Auténticos de

Miami, por sus vinculaciones anteriores, consideraban como de confianza. Dicha señora, ya casada nuevamente con un agente de Batista, envió la información acerca de la salida de Miami del Corinthia.

Fermin Cowley, que había colaborado con los estudiantes durante los años 1930 al 33, estaba ahora al servicio del régimen y siguió de cerca el desembarco del Corinthia. Los expedicionarios se internaron desde la costa hacia Sierra Cristal. Algunos, demasiado cansados se separaron del grupo hasta que en número de 15, llegaron a las cercanías de Holguín, donde decidieron hacer un alto para descansar.

Cowley aprovechó la oportunidad para rodearlos y exigirles que se rindieran. Calixto Sánchez, como jefe de la expedición, ordenó a sus hombres rendirse para salvar la vida, pero el llamado "Chacal Cowley" los asesinó a todos. Sólo los rezagados antes de llegar a las cercanías de Holguín, quedaron con vida de entre los expedicionarios del Corinthia.

Estos sucesos aumentaban la indignación popular contra el régimen que para el pueblo seguía siendo de facto (a pesar de su disfraz electoral de 1954) y situado al margen de la Constitución y de las Leyes.

El 30 de junio, en lo que llamaban "el llano", que era la parte no montañosa de la provincia oriental, donde se extendían las ciudades, fue muerto en una emboscada, preparada por el ejército de aquella zona, Frank País y su compañero Raúl Pujol.

Frank País era el principal mantenedor de la lucha en la Sierra. Maestro y predicador evangelista, había enviado muchos hombres a unirse a las huestes castristas.

Se supo en aquellos momentos que Frank País, le había pedido repetidamente a Castro, luz verde para integrarse a la Sierra, y que en las repetidas ocasiones Castro se la había negado.

Se ha pensado que la persistente negativa había sido intencional, porque Frank País era querido y reverenciado por el pueblo como el gran patriota que era.

En La Habana las negociaciones que Batista había tratado de impulsar a través de la Comisión Interparlamentaria, llegaron a su fín, sin posibilidad de arreglo para la situación de Cuba. La lucha se desarrollaba entre dos enconados enemigos, los que perseguían la legitimación de su régimen, producto de una asonada militar y los que fueron arrojados del poder sin más razón que la fuerza, por un hombre con antecedentes de reiteradas faltas de respeto a la voluntad popular.

Esta profunda enemistad entre los dos grupos había sido provocada por la traición al Presidente que le había permitido a Batista escoger su guardia personal al volver a Cuba. La acción había enardecido a Prío a quien, como pasión primera, movía el deseo de echarle en cara la traición, traición de un hombre a otro hombre, además de a la Patria, que después de tantos altibajo había podido llegar a la normalidad con una Carta Fundamental.

Ofrecemos, sobre el resultado de la gestión Interparlamentaria, parte de las declaraciones de los Doctores Manuel Antonio de Varona, Presidente del Comité Ejecutivo Nacional de P.R.C. (A), y José R. Andreu, Presidente del Partido Demócrata (Abstencionistas). Esta es la segunda respuesta de la oposición que recibió la Comisión Interparlamentaria.

"**En presencia del fracaso absoluto de la llamada Comisión Interparlamentaria, los partidos que rehusaron participar en sus actividades creen su deber dirigirse a la Nación y, en particular a los Partidos y Sectores oposicionistas que colaboraron en la misma.**"

"**No es ocioso repetir aquí que esa Comisión Interparlamentaria surge en instantes en que la violencia represiva del régimen y la brutal repetición de crímenes impunes han creado un profundísimo desasosiego en el país. Igualmente, se ha exacerbado entonces el terrorismo, y el sabotaje amenaza al nivel económico, como si se tratara de una serpiente que se mordiera la cola, a mayores atropellos del régimen, nuevos atentados y viceversa. De tal círculo vicioso, Cuba no ha encontrado su salida aún**".

"**De ahí que pomposamente se creasen dos subcomisiones, cuyos títulos parecían explicar sus funciones: la de libertades públicas y la de legislación electoral**".

"**Toda Cuba presenció aterrada como la constitución de la primera de estas subcomisiones coincidió fatalmente con el asesinato inmisericorde de los cuatro jóvenes dirigentes de la FEU, ocurrido en la calle Humboldt**".

"**El destino final de esta subcomisión es bien conocido: no pudo reunirse, sino una sola vez, para pedir al pueblo la paz, cuando ellos y toda Cuba saben que es el Gobierno quien mantiene la guerra civil**".

"**No pudo impedir atropellos ni crímenes; ¬¬ ¬¬do restaurar las libertades públicas**".

"**La subcomisión electoral no tuvo mejor des ,no. Sólo sirvió para probar una vez más la absoluta insinceridad del Jefe del Estado respecto a las soluciones que dice patrocinar y la impotencia del Congreso para llevar adelante una solución digna y honorable**".

"Los comisionados gubernamentales —uno de ellos presidente de la Cámara de Representantes—, anunciaron un día que para ejecutar el plan electoral que se acordase no era necesario reformar la Constitución de la República, lo que, por otra parte, repudia todo el pueblo".

"Sin embargo, al siguiente día, ese mismo Congreso se reune y cumpliendo las órdenes que recibe de Palacio, reforma esa misma Constitución para prorrogar al Jefe del Ejecutivo, dando en cambio unas plazas de senadores a los que resulten minorías en los futuros comicios. Antes había ofrecido a los sectores y partidos que todos los acuerdos requerirían unanimidad; sin embargo, el Gobierno llevó adelante sus planes aún con la oposición de algunos de esos partidos"

"Esa es la conducta típica y normal del régimen que menosprecia sistemáticamente al resto del país".

II

"Todo ello conlleva, como verdades, que Gobierno y Oposición seguimos en un punto de inercia, después de cinco años de tenaz combate".

"Ni las oposiciones han logrado derribar al régimen de fuerza que nos oprime, pese a los heroicos esfuerzos realizados, ni éste ha logrado consolidarse, ni mucho menos obtener el consentimiento de los gobernados. La guerra fratricida se extiende más cada día y cada vez se reducen más las posibilidades de detener la tremenda carrera hacia el caos y la destrucción".

"Se ha dicho y repetido que la situación es dilemática para la oposición no insurreccional: o someterse a los planes electorales del Gobierno o lanzarse a la manigua heroica, representada ahora gráficamente por la Sierra Maestra".

"Nosotros hemos rechazado la existencia del dilema".

"No es exacto que el sometimiento a los designios continuistas del régimen o la guerra sean los únicos caminos".

"Nosotros nos reafirmamos en el criterio de que sólo un acuerdo honorable y digno, directo entre Gobierno y Oposición, sobre bases absolutamente limpias de todo propósito mezquino podrá traer la paz de modo permanente y así salvar a Cuba de un mayor desangramiento".

"Pero, eso sí, por sobre todos los posibles acuerdos, se requiere el previo establecimiento de las libertades públicas de parte del régimen y el respeto cierto a la dignidad plena del cubano, a su condición de hombre libre y de ciudadano".

"Y como entendemos que la intervención de varios sectores y partidos de la Oposición en esas comisiones ni ha sido útil a la causa de la paz, ni ha logrado en ninguna medida el restablecimiento de la normalidad institucional, a causa de la absoluta insinceridad del régimen, hacemos un cálido llamamiento a esos sectores y partidos oposicionistas para que juntos todos los que propugnamos la paz por vías pacíficas, nos unamos en el grandioso y patriótico empeño de exigir del Gobierno ese acuerdo honorable y digno que nos devuelva la libertad y la paz".

"Sin ventajismos electoreros para ningún grupo; sin torpes designios de hegemonía; sacrificando todo personal interés o agravio; con alteza de miras y por respeto al país que viene demandando desde hace tiempo esa unión nuestra; y respondiendo además al reclamo que nos han hecho las madres, esposas, hermanas e hijas de las víctimas de la actual dictadura, llamamos a todos los partidos y sectores, sin excepción alguna, para que, en plano de absoluta igualdad, nos demos a la tarea de integrar el gran frente cívico-político, que nos habrá de conducir forzosamente a la verdadera solución nacional".

"Esa es nuestra contribución a la paz. Este es nuestro deber".

La Habana, Julio 5 de 1957

Por el Comité Ejecutivo Nacional
del P.R.C. (A)

Dr. Manuel A. de Varona Loredo
Presidente

Por el Partido Demócrata [1]
(Abstencionistas)

Dr. José R. Andreu,
Presidente

(1) El Dr. Andreu firma por su Partido, que en ese tiempo cambió de nombre.

El 30 de julio de 1957 se dio a la publicidad un manifiesto del Frente de Oposición, que es el último documento de los que se cruzaron Gobierno y

Oposición, y que señala el final sin resultado de los muchos intentos de conciliación entre los partidos políticos y los responsables del cuartelazo del 10 de marzo de 1952. El Dr. Varona y el Dr. Andreu presentaron la siguiente respuesta del Frente de Oposición al Dr. Carlos Marquez Sterling, quien se negó a firmarla porque según sus palabras que se conocieron en aquellos momentos: "esa era su oportunidad". Unos meses después fue uno de los candidatos presidenciales apoyados por el régimen. (Tal vez pensó que él podría resolver el problema de Cuba).

DIARIO "NACIONAL"   **JULIO 30 DE 1957**

"MANIFIESTO AL PAIS DEL FRENTE DE OPOSICION"

"Sus firmantes señalan en el documento las garantías que son requeridas para la concurrencia a unas elecciones."

"Seis sectores y partidos de la Oposición suscribieron un documento anunciando al país la integración de un Frente Unido, para luchar por las garantías que estiman indispensables para concurrir a los comicios convocados por el Gobierno".

"El texto del documento es el que damos a conocer a continuación:"

"En el propósito de restablecer en nuestro país un estado de paz,de crear el clima de confianza pública necesario para el pleno desarrollo de nuestras actividades económicas y del ejercicio de los derechos constitucionales y humanos que le han sido arrebatados al pueblo, los partidos y sectores políticos que suscriben este documento, no han descansado ni un solo minuto desde el mismo día en que nuestra República fue estremecida por la subversión institucional aún latente".

"Y hoy, como una prueba más de nuestra firme decisión de producir un acuerdo digno y legal que cierre tan dramático ciclo de violencias y guerra fratricida, queremos anunciar la integración de un Frente Unido de Oposición, cuya acción política tendrá, como consignas y objetivos, las mismas por las que tan heroica, como incansablemente, viene luchando el pueblo cubano".

"Conveniente es consignar, como una justificación histórica de las dificultades confrontadas para lograr tan altos y patrióticos fines, que el régimen, inspirado en condenables afanes continuistas o porque hijo del caos ha creído prevalecer mejor en un prolongado e indefinido estado convulsivo, ha venido sistemáticamente saboteando cuantas fórmulas políticas hemos propuesto, con decisiones unilaterales que, lejos de normalizar el país, lo han perturbado aún más, como demuestran los hechos''.

"Ya esta intransigente y arrogante conducta —paradójicamente impropia de quien ha sido incapaz de fomentar o mantener, con sus propios recursos o medios, ni el orden público ni una convivencia feliz y pacífica—, ciertamente se debe la situación de arbitrariedad que lleva a la inmolación a nuestras juventudes, que afecta el patrimonio nacional, y que nos presenta, ante el hemisferio americano y ante el mundo, como un país en pleno ciclo de retroceso social".

"Las fraudulentas elecciones del 54, el frustrado Diálogo Cívico y la farsa de la Comisión Interparlamentaria, son ejemplos que por sí solos exponen el desprecio del Gobierno por aquellas soluciones que puedan obligarlo a restaurar la soberanía de la nación allí donde la usurpó: al pueblo. Y la premura y desdén con que ayer calificaba de trujillistas, y hoy, de comunistas o insurreccionales, a los que se resisten a contemplar pasivamente los tétricos episodios del drama que se debate en la tierra de José Martí, o que no aceptan mansamente que el Poder Público sea detentado a contrapelo de la voluntad popular, son actos que pueden estimarse deliberadamente proyectados a desvanecer toda esperanza de conjurar pacíficamente la grave crisis nacional".

"No obstante, los partidos y sectores políticos que integran este Frente Unido de Oposición, no nos damos por vencidos. Como representativos genuinos de la gran mayoría del pueblo cubano, confiamos que los valores morales que informan nuestra causa, de un modo u otro, se impondrán finalmente. No es posible que un régimen de gobierno por muy fuerte que aparente ser, pueda indefinidamente mantener su vigencia en una batalla a muerte contra el derecho, la ley y la justicia".

"En el pragmatismo de la historia está ya establecido que el uso de la fuerza en múltiples y continuas desorbitaciones, perturba el orden, quiebra la autoridad, exacerba la protesta, incita a la rebeldía y libera el repudio y el odio del pueblo contra los causantes de sus desventuras. Y en tales viveros, la paz —sin la cual no hay Gobierno que perdure—, nunca puede existir, porque en modo alguno puede ser fruto del miedo o de la coacción que emplea el Poder en la conquista de la incondicionalidad del ciudadano, so pena de arrojarlo al exilio o sumirlo en el cortejo de muerte que enluta a tantas familias cubanas como consecuencia del régimen de brutal represión y tortura impuesto hasta en las cárceles de la República".

"La paz que estabiliza gobiernos, ciertamente no es ésa. En cambio, es la que anhela el pueblo cubano: una paz que se nutre del postulado martiano de la dignidad plena del hombre, concretada en el efectivo ejercicio de todos los derechos políticos y humanos que establece nuestra Constitución y que proclaman tratados y convenios internacionales, y especialmente, la Carta de las Naciones Unidas".

"De ahí que, como postulado común a todos los criterios que sustentan los integrantes de este Frente Unido de Oposición, proclamamos que la paz que anhelamos puede ser alcanzada, preferiblemente, mediante el ejercicio, libre y soberano, del sufragio, tal como demandan también las instituciones cívicas, culturales y sociales que hondamente preocupadas por el sesgo incierto de los acontecimientos cubanos, han levantado la voz a lo largo de toda la Isla, junto al pueblo, reclamando soluciones dignas que nos devuelvan un régimen de garantías y libertades públicas como corresponde al país civilizado que es Cuba".

"Para esta magna empresa, la Constitución del 40 es rica en provisiones dogmáticas. Tal parece que el artículo 149 que regula la sustitución presidencial, fue concebido no sólo para evitar la implantación de regímenes de facto, sino también para impedir que la crisis del Poder Ejecutivo pueda derivar hacia una crisis del Estado. Consecuentemente en esa norma radica la mejor solución a la crisis actual por ser la legal y la que de inmediato restablecería su status jurídico a la anormal situación imperante".

"Al efecto, tan pronto como el Magistrado más antiguo del Tribunal Supremo, asumiendo las responsabilidades del Poder Ejecutivo, convoque a elecciones generales dentro de los 90 días, el pueblo se movilizaría a las urnas, confiado y seguro de que con su voto el país conquistaría el orden democrático que al faltar hace conflictiva la convivencia cubana. Sin duda alguna, con la simple aplicación de este precepto, renacería la fe y la confianza del pueblo en sus instituciones y en su destino, y se pondría término al doloroso sacrificio de civiles y soldados que periódicamente conmueve a nuestra sociedad".

"Dada la gravedad del minuto a que asistimos, objetivamente reflejado en las interminables relaciones de sucesos originados por el malestar reinante que aparecen en los periódicos, esta sería la mejor salida que pudieran patrocinar los que tienen, en razón a los cargos que ocupan, la responsabilidad de la gobernación del país. Y entre otras muchas razones, porque su autoridad en crisis ha hecho el orden social turbulento e inseguro

310

no sólo para la vida humana sino para el desarrollo económico y político de la República".

"Los componentes del 'Frente Unido de Oposición' entendemos cumplir con nuestra misión histórica, no sólo interviniendo en las decisiones del presente, sino estructurando, a la vez, un futuro que sólo podrá ser estable si sus cimientos se fraguan en moldes de derecho y justicia. Y de momento, sugiriendo o aconsejando a los ocupantes del poder, las fórmulas de paz que al contar con nuestra plena identificación, son por tanto, capaces de restablecer de inmediato la concordia entre los cubanos. Si por cálculo, interés o ambición el Gobierno las ignora, como hasta ahora ha sido su costumbre, y las actuales violencias y sufrimientos se prorrogan o aumentan, como es dable prever *será del Gobierno y no nuestra, la responsabilidad de sus lamentables consecuencias*".

"A lo más que podemos aspirar nosotros, y así lo prometemos solemnemente, es a mantenernos en la acción, unidos y expectantes, dispuestos para hacer como dijo el Maestro, 'En cada momento lo que requiera ese momento', porque sólo este Frente Unido de Oposición podrá cesar en las patrióticas tareas que se ha impuesto cuando Cuba regrese a las libertades y a las normas democráticas de vida que nos legaron los mambises y por las que hoy sucumben heroicamente las víctimas del holocausto de desastre, luto, sangre y miseria en que nos han sumido los que al subvertir el orden institucional nos han arrebatado la paz".

"La Habana, 28 de julio de 1957"

"(Fdo.) Doctor Ramón Grau San Martín, Partido Revolucionario (A); Doctor Raúl Lorenzo, Partido Social Cubano; Doctor Emilio Ochoa, Partido del Pueblo Cubano (Ortodoxo); José Pardo Llada, Partido Nacionalista Revolucionario; Doctor Manuel A. de Varona, Partido Revolucionario Cubano (A) (no inscripto); Doctor José R. Andreu, Partido Republicano". [1]

(1) Si se quiere conocer que clase de elecciones le ofrecía Batista a la oposición se debe leer el libro de Sánchez Núñez: "El Gran Culpable", (ver Bibliografía) donde expresa detalladamente como se preparaba el fraude electoral.

CAPITULO XXVII

Batista vuelve a ofrecer elecciones al mismo tiempo que continúan los hechos de sangre producidos por el régimen. El Pacto de Caracas. Conspiración de la Organización Auténtica dentro de las Fuerzas Armadas. El alzamiento de la Base Naval de Cienfuegos. Caída final del régimen. Histeria colectiva.

Los intentos insurreccionales siguieron su marcha. En el horizonte de Cuba una nueva figura se alzaba: Castro, el que procuraba contrarrestar los ataques de los demás grupos al gobierno para quedar él como único y gran libertador del pueblo de Cuba, el que solamente quería volver a un estado constitucional.

El Partido Revolucionario Cubano (Auténtico) con Manuel Antonio de Varona al frente se desenvolvía en Cuba en la clandestinidad para tratar de derrocar al régimen que no ofrecía otra solución que la de continuar atropellando los derechos del pueblo.

Desde 1955 los legisladores electos en 1954 le habían pedido elecciones parciales en 1956 y vuelta al Código Electoral de 1943. A ambas peticiones se había opuesto Batista. Ese fue sólo uno entre los repetidos intentos de solución que se le ofrecieron. Sus más cercanos partidarios decían -"tenemos Batista para 30 años"-. Y para 30 años parecía el dictador dispuesto a imponerse sobre los cubanos.

En septiembre de 1957 un avión cargado de armas y piloteado por el ex-Capitán Piloto Aviador Antonio Michel Yabor, había partido de Miami, de donde lo enviaba el Dr. Carlos Prío. Los Auténticos en La Habana trabajaban con Varona; quien llevaba varios meses bajo fuerte persecución, que lo había obligado a trasitar por las calles, (para sus necesarios contactos con el resto de los conspiradores, auténticos y oficiales, en su mayor parte, de la Marina) sin espejuelos y con una camisa de mangas cortas como la que usaban los estudiantes, o los trabajadores manuales. Con este atavío no era fácil reconocerlo.

Por la actitud violenta del régimen ya abandonados los intentos de solución política, Varona tenía que vivir en casas vacías, que alquilaba como escondite para no comprometer a familias que le ofrecían refugio.

Se alimentaba precariamente y la tensión en que se mantenía con la esperanza de derrocar al gobierno, por el proyectado golpe de las fuerzas de los distintos institutos militares le hacía difícil conciliar el sueño.

Pasó unos minutos por mi casa para ver a su hijo. Hacía tiempo que su situación clandestina no le permitía verlo. Aunque al visitarnos lo reconocimos, nos dimos cuenta de que pocas personas lo identificarían.

No supimos, por supuesto, que proyectaba un golpe al régimen por parte de las fuerzas armadas. Nos enteramos después de ocurridos los sucesos, provocados por el marino, miembro del 26 de julio, que lo hizo abortar.

La "Organización Auténtica" del Partido Revolucionario Cubano (Auténtico) que era la que se ocupaba de la parte insurreccional, había preparado un movimiento en el que trabajaban Carlos Prío y otros en Miami, aunando los recursos, y Manuel Antonio de Varona con otros auténticos en Cuba, haciendo los contactos con los oficiales de las distintas Fuerzas.

La conspiración que se extendía desde Miami hasta la Isla, aprovecharía la fecha del 3 al 4 de septiembre para, en medio de los festejos de la fecha asestar el golpe.

Según el proyectado plan, se levantaría en armas la Marina en La Habana y al mismo tiempo lo harían fuerzas en distintos lugares, entre estas, las de la Base Naval de Cienfuegos.

El piloto Antonio Michel Yabor con el avión cargado de armamentos, partía de Miami hacia La Habana. Aterrizó como estaba convenido en la Vía Monumental, unos días antes del 3 de septiembre. Varona de acuerdo con la Marina, con parte del Ejército y de la Aviación, preparaba el golpe.

Esa noche, oficiales de las fuerzas navales, entre la una y las dos de la madrugada, citaron, a través del contacto establecido, al Dr. Varona para comunicarle que la Marina había decidido posponer el movimiento.

Todos los complotados estaban en sus posiciones hasta que se dio la orden de "posición anterior", la que se trasmitió a todos los mandos, los de La Habana, de la Policía, del Tercio Táctico de Pinar del Río, de la Base Naval de Cienfuegos, de la Cabaña, y de Columbia. Todos cumplieron la orden excepto la Base Naval de Cienfuegos, cuyo levantamiento alertó al Ejército, lo que hizo abortar el movimiento.

Ha quedado en duda si el contacto de la Base Naval de Cienfuegos, no pudo transmitir la orden a tiempo o si seguía instrucciones del 26 de julio, organización castrista a la que pertenecía.

Pocos días más tarde, el Dr. de Varona, que desde el 10 de marzo del 52 se había mantenido en Cuba, fue detenido y llevado al Buró de Investigaciones, bajo las órdenes del Coronel Orlando Piedra, en la Calle 23 en el Vedado.

Allí estuvo dos días encerrado en una pequeña celda de 3 pies de ancho por 3 de largo con un servicio sanitario, sin recibir alimentos. En días subsiguientes, recibió adecuada atención.

Santiago Rey, Ministro de Gobernación y Jorge García Montes, Primer Ministro del régimen de Batista, quienes eran fuertes amigos de Varona, intervinieron inmediatamente después de conocer su detención para pedir garantías para su vida.

Después de varios días de negociaciones entre los dos ministros amigos de Varona y Batista, por el interés de éste de juzgar a los militares en Consejo de Guerra, decidió entregar al Dr. Varona a la Embajada de Chile para que saliera del país, ya que si formaba parte del grupo de los enjuiciados, al ser él un civil, todos deberían ser juzgados por la jurisdicción civil, de acuerdo con un Artículo de la Constitución.

Al llegar mi hijo Carlos, de 16 años entonces, del aeropuerto, me dijo: "Papá caminaba como si tuviera un peso sobre sus espaldas".

Tony Varona no había cumplido todavía 49 años. Eran los primeros días de noviembre de 1957.

Sentía sobre sus hombros los perdidos años de riesgosa y larga lucha por rescatar para Cuba el estado de derecho y por restablecer el ritmo constitucional, por el que tanta sangre de hombres de nuestro Partido y de nuestra generación había corrido por las calles cubanas desde antes de 1930, cuando Machado, por primera vez rompió el normal desenvolvimiento de una República que había costado un siglo de sacrificios construirla.

El vuelo del piloto Antonio Michel Yabor había sido informado a Batista por la misma señora que había delatado al Corinthia, la que contaba con un cómplice, que en aquellos momentos ocupaba un cargo en el Diario "Las Américas", el Diario que ha dado cabida en sus páginas a tantos combatientes cubanos.

El lugar de aterrizaje fue cambiado a última hora; por eso se salvaron los que iban en el avión de Yabor. Las fuerzas del gobierno los habían estado esperando en el lugar anteriormente convenido.

Gracias al repentino cambio no hubo que lamentar la pérdida de un numeroso grupo de antiguos luchadores, la gran mayoría combatientes por la libertad de Cuba desde 1930.

La OA, (Organización Auténtica) continuaba en sus esfuerzos por alcanzar una vida normal para la Patria.

En Cuba se intensificaba la violencia. El sonido de las sirenas de las perseguidoras aterrorizaba a la población que sabía que en ellas llevaban a algún prisionero a los terribles interrogatorios en las estaciones de Policía. El temor era mayor por los que caían en manos del Coronel de la Policía, Esteban Ventura Novo, o por los que eran capturados por el Jefe de la Policía uniformada, Salas Cañizares. Las torturas descubiertas en los cadáveres provocaban una tensión sin límite en la ciudadanía. Era bien conocido que aparecían jovencitos de 15 a 16 años muertos en los alrededores del lago del Country, un reparto de La Habana. Las sociedades suspendieron sus acostumbradas celebraciones y fiestas bailables; el pueblo prefería mantenerse dentro de sus casas. Las familias con hijos muy jóvenes sufrían cuando los esperaban, temiendo que algo impidiera su regreso.

La lucha no se limitaba a la Sierra, era todo un pueblo en rebeldía. El "llano" no se refería —como al principio— sólo a las ciudades de la provincia oriental, era un nombre para las ciudades de toda la Isla. La Sierra y el "llano" disfrutaban de la simpatía del pueblo, la que intensificaba la prensa norteamericana que llegaba a Cuba.

Ciertos elementos de mayor equilibrio emocional veían una amenza tanto en Batista como en Castro. En la situación en que se vivía no quedaba otra solución que librarse de Batista por el momento. Le oí a alguien decir:

—"Hay que salir de Batista ahora para después salir de Castro".
—¿Cómo?—otro preguntó...
—"Sí, Castro asesina a sus propios hombres en la Sierra porque roban una gallina o por cualquier otra menor contravención de sus leyes. Eso lo hace sólo un hombre con sed de sangre. El que hace un cesto hace un ciento—" dijo mi interlocutor, que no era un cubano; era un extranjero que conocía bien el comunismo.

Fue desconcertante el sentimiento de los que oyeron estas palabras. Pero así fue. El tiempo lo demostró.

En medio de la violenta situación que sufría la población especialmente en las ciudades, más que en cualquier otra, se sufría en La Habana.

Faustino Pérez, uno de los hombres que había llegado con Castro en el "Gramma", era el jefe del clandestinaje del 26 de julio en la capital cubana.

Por órdenes de Castro se puso en contacto con distintos grupos clandestinos, con objeto de llevar a cabo una huelga en los primeros días del més de abril de 1958, para lo que cada grupo debería tener sus armas en lugares disponibles, con el fin de atacar cuando fuera necesario durante la huelga.

El gobierno se dispuso a usar la violencia máxima, y el 9 de abril, día del inicio de la huelga, dejó en la ciudad una cantidad indeterminada de muertos, de armamentos tomados por el gobierno, y destruído gran parte del clandestinaje, cuyos cuadros quedaron deshechos por la desaparición de tantos combatientes.

Ante el desastroso resultado, los grupos en general, culparon a Faustino Pérez del fracaso de la huelga. Pérez no había actuado por sí mismo, sino obedeciendo órdenes de Castro desde la Sierra.

El consensus general alcanzado después, fue que había sido bien calculado por Castro el resultado de la huelga en aquellos momentos, lo que le proporcionó el objetivo propuesto de eliminar los grupos de combate en el llano, es decir en las ciudades, para que quedara la Sierra Maestra como el único adversario del gobierno, que pudiera, en el momento del quebrantamiento total del régimen, que ya se esperaba, convertirse en el árbitro de los destinos de Cuba.

En aquellos momentos este propósito de la Sierra no era fácil de creer. América no había sufrido en su hemisferio el atropello de un movimiento que se dirigía hacia el comunismo y la casi totalidad del pueblo creía en la buena fe de la Sierra Maestra y achacaba al azar, a la suerte, los descalabros sufridos por el clandestinaje de las ciudades.

Un fiel y firme creyente en la buena voluntad de Castro, y en sus intentos de liberar a Cuba, fue José Miró Cardona, quien tenía con él buenas relaciones y lo consideraba un luchador por la libertad de la Patria.

El Dr. Miró y el Dr. Varona en representación de grupos de La Habana y de Miami, trataron de realizar un pacto para adelantar la caída de la dictadura.

Después de muchas conversaciones con los distintos sectores, lograron un acuerdo, y en la línea telefónica desde Caracas, a través de comunicación radial con la Sierra, se alcanzaron los acuerdos del "Pacto de Caracas", con lo que esperaban establecer condiciones que deberían cumplirse después de derrocado el régimen. El acuerdo más importante, entre los aprobados, fue el Segundo:

"Conducir al país a la caída del tirano, mediante un breve gobierno provisional, a su normalidad, encauzándolo por procedimiento constitucional y democrático". Firmaron el documento:

Fidel Castro (Movimiento 26 de Junio); Dr. Carlos Prío Socarrás

(Organización Auténtica); Enrique Rodríguez Loeches (Directorio Revolucionario); David Salvador, Orlando Blanco, Pascasio Lineras, Lauro Blanco, José M. Aguilar, y Angel Cofiño (Unidad Obrera); Manuel A. de Varona (Partido Revolucionario Cubano (Auténtico); Lincoln Rodón (Partido Demócrata); José Puente y Omar Fernández (Federación Estudiantil Universitaria); Capitán Gabino Rodríguez Villaverde (Oficiales del Ejército); Justo Carrillo (Grupo Montecristi); Angel Santos Bush (Movimiento Resistencia Cívica), y José Miró Cardona (Coordinador).

Firmado el Pacto de Caracas el 20 de julio de 1958, el régimen que desde hacía tiempo hablaba de un acuerdo electoral entre gobierno y oposición, decidió efectuar las elecciones, en un momento en el que ya no había solución posible; por el estado de devastación de las fuerzas del régimen, por la situación de un pueblo desesperado por librarse de aquel gobierno que tanto infortunio había costado, y por el empuje que la propaganda le había dado a los grupos de la Sierra, ya difíciles de detener.

Unas elecciones con capacidad de cambiar el estado de violencia existente no era posible.

No obstante, el régimen llevó la farsa adelante. Los votantes que ya no esperaban una salida de aquel caos a través de elecciones, no fueron a votar salvo en escasísimo número, y el resultado fue el que se esperaba.

El candidato del régimen era el único que podía aparecer como ganador, en un pueblo desinteresado, sin fe, ni en las elecciones, ni en los que contribuyeron a su precaria consumación.

Los contendientes fueron Andrés Rivero Agüero, el candidato del régimen, el Dr. Ramón Grau San Martín, que acudió en contra de la voluntad de grandes hombres de su Partido; Carlos Márquez Sterling, por el hasta entonces desconocido "Partido del Pueblo Libre", que recibía alguna ayuda del gobierno, y Alberto Salas Amaro por el creado al efecto "Partido Unión Cubana", también adicto al régimen.

Unas elecciones de naturaleza tan ajenas al sentimiento popular no podían ofrecer solución alguna. En nada cambió la situación de la República.

La lucha de los grupos de la Sierra se había ido extendiendo a las Provincias de Camagüey y Las Villas, hasta llegar a organizar cerca de fin de año, "la marcha sobre La Habana".

El ejército del régimen por distintas razones había llegado a un profundo grado de desmoralización. Las últimas batallas con las huestes de la Sierra parecían tener lugar casi sin resistencia de parte de las Fuerzas Armadas hasta que el 31 de diciembre de 1958 se desplomó el gobierno.

Batista con un número de partidarios, huyó en un avión hacia Santo Domingo, y Castro se pudo apoderar como único dueño de todas las posesiones cubanas.

El pueblo, en el que se había desarrollado un culto a Fidel Castro, a través de la prensa extranjera, le rindió honores de salvador de la República. La población estaba en frenesí ante el "héroe", quien había preparado la victoria deliberadamente en esos términos.

Las multitudes se mostraban desbordadas por la pasión que los medios de propaganda habían logrado promover.

Los más serenos no podían ir contra ese impresionante río de entusiasmo y se dejaban llevar.

Los rosarios en los cuellos de los rebeldes ayudaban a consumar el engaño facilitado por la necesidad de la población de librarse de una dictadura cuyas raíces estaban situadas largos años atrás.

Batista había sido desde 1930 un ingenuo ambicioso que en un vuelco del azar y sin entender el impulso hacia la libertad del pueblo cubano se vió convertido en dueño de un Ejército.

No tuvo "idea clara" (como escribió el Embajador Welles en su informe a Washington del 5 de septiembre de 1933) de lo que el movimiento en el que estaba envuelto representaba. Batista visitó la Embajada para preguntar si los Estados Unidos aceptarían al gobierno que él había apoyado unas horas antes. Welles comprendió que el sargento estaba ajeno a lo que significaba la revolución de la noche anterior. En consecuencia el sargento continuaría su actuación como un agente extraño, que no entendía los ideales de la juventud cubana. El grupo de estudiantes del Directorio aspiraba a la independencia económica de su país. Norteamérica y otras naciones tenían grandes intereses en la Isla, los que se superimponían al legítimo derecho del cubano en su tierra.

El 5 de septiembre de 1933, en el amanecer del triunfo de la bautizada por el pueblo "revolución auténtica", se alzaba la sombra de la traición engendrada por la ignorancia.

Por venir —sin la madera del genio— de tan humildes medios sociales, Batista sufrió el vértigo frente a las altas esferas del poder, lo que lo llevó, ya en 1952, a crear una dictadura (para ventaja del comunismo) que a la larga, lo convertiría en un pobre peregrino desterrado.

A pesar de su gran fortuna material llegó a ver su asilo rechazado por distintos países, hasta que le concedieron un refugio en Funchal, Islas Canarias, desde donde al fin consiguió pasar al Sur de España. Allí lo sorprendió la muerte, que lo liberaría de sus costosos errores.

Su estrecho personalismo, no le permitió concebir una más alta aspiración nacional, la que hervía en el corazón de un pueblo al que su inconciencia política precipitaba en la nueva barbarie que lo destruyó.

Poseía gran audacia, no conoció la modestia, y su imaginación se deslizaba a ras de tierra. No percibía la profundidad de los abismos ni la urdimbre ascendente de los sueños.

En su afán de grandezas creyó que el poder y el dinero le abrirían todos los caminos; no supo que no le daban acceso a las regiones supremas donde habitan los que viven y mueren por un ideal.

PARTE SEPTIMA

**Se cierra la noche sobre Cuba
(Enero 1ro. de 1959)**

CAPITULO XXVIII

El asalto al poder de aparentes legiones católicas dirigidas por Castro. Los métodos comunistas para tomar el poder. La realidad del llamado marxismo-leninismo. La N.E.P. El marxismo-stalinismo.

Bajaban de las Sierras, la Maestra y la del Escambray, con las barbas crecidas y rosarios en el cuello, los soldados rebeldes, muchos de los cuales fueron tan engañados como el resto de la población, que no necesitaba una revolución, (ya esta había sido conquistada por los hombres y mujeres de 1930), sino sólo un movimiento de vuelta al estado de derecho, interrumpido por la asonada militar del 10 de marzo.

Se ha dicho que el comunismo llega por la inconformidad del pueblo con un estado de miseria económica del que no sabe como salir.

Los pueblos por huir de la pobreza excesiva de sus masas de población pueden creer que un régimen marxista es capaz de resolver su problema. Y, a consecuencia de lo que la propaganda les hace creer, caen en una miseria mayor.

Ya es de sobra conocido que el hambre es la fiel compañera del marxismo.

Es necesario dejar bien aclarado que Cuba nunca hubiera llegado al comunismo por hambre. Nuestra Isla tenía gran riqueza agrícola y comercial, por su fértil suelo y por su situación geográfica y esa riqueza, desde 1930, se distribuía cada vez con mayor equidad a pesar de algunos problemas administrativos.

En Cuba una sola razón permitió la llegada del marxismo: el engaño sufrido por el pueblo que solo había visto el comunismo de muy lejos y que no sospechó que la traición pudiera sorprenderlo de tan trágica manera. Este es el por qué en Cuba no hubo guerra civil. El pueblo no sintió la amenaza, sino la devoción, por el fraudalento héroe.

Ocurrió una invasión, que al ser respaldada por grupos apostados en Cuba, iniciarían la guerra civil, pero fue traicionada por un Presidente que era falso amigo.

Suramérica, engañada también, admiró a Castro durante años mientras era hostil para los cubanos exiliados.

Castro no engañó sólo a Cuba, engañó a un continente. Estas condiciones de sumisión emocional al que fue considerado un David frente al Goliat norteamericano, hicieron que no fuera posible el organizar desde el principio, una masiva protesta armada.

La ignorancia, la sorpresa y la fascinación de las masas cubanas y latinoamericanas por un farsante, es lo que explica la pasividad del pueblo en los primeros momentos. Y ésto, sin tener en cuenta que cualquier clase de arma fue confiscada de inmediato después de tomar el poder. Hay que recordar la frase: "Armas ¿para qué?".

Es una falla de la memoria el encontrar razones para nuestra actual tragedia en supuestos culpables fuera del engaño y de la sangrienta dictadura que lo propició.

La República cubana podía mostrarse como ejemplo a las hermanas Repúblicas de América antes del golpe de estado de 1952.

Por librarse de él, nuestro pueblo se abrazó a los que aparentaron ser libertadores. La mentira nos hizo caer detrás de la cortina llamada en Cuba "de bagazo".

La obra de George Orwell, "La Rebelión de la Granja" muestra bien como el comunismo va subrepticiamente apoderándose de todos los sectores de una sociedad.

Examinando la historia y nuestra caída insensible en el marxismo, vemos repetirse una serie de acontecimientos ya acaecidos en los inicios de la Rusia Soviética.

El pueblo ruso en 1917, resentido por las injusticias de los Zares, se abrazaba al impulso de una fuerza popular que le ofrecía renovación.

El proceso fue similar al que los cubanos conocemos. Mientras el pueblo se libraba del oprobio del régimen, Lenin, con la fórmula marxista, que él se encargó de completar, logró apoderarse del movimiento de liberación, en manos de Kerensky.

Vamos a referirnos en este capítulo a aspectos ya conocidos de las discrepancias con el marxismo, dentro del comunismo de Lenin, y mostrados en el Decreto sobre la NEP (New Economic Politics)

En el poder desde 1917 hasta cerca de 1921 vivió Lenin propagando la doctrina marxista, a la que agregaba una serie de lemas de factura puramente leninista. Trataba de conseguir seguidores de su teoría en Rusia desde 1906, con sus conocidas afirmaciones, "el fin justifica los medios", "los pactos se hacen para no cumplirse", "la religión es el opio de los pueblos". Sus antinaturales pronunciamientos se añadieron a los de Marx y Engels para integrar el inmenso pulpo comunista.

Pero su inteligencia práctica al servicio de su afán imperialista, ante el hambre del campesinado, y del pueblo en general, en la primavera de 1921 —mayor que la de cualquier tiempo durante el dominio de los Zares— llegó a hacerle percibir la magnitud del fracaso de la impuesta teoría marxista. Desde entonces ya Lenin había aparentemente hecho una distinción —que hoy parece hacer China— entre marxismo y comunismo.

Creó rápidamente la Nueva Política Económica, (NEP), que empezó a funcionar en 1921. Esta decisión de Lenin fue la que hizo a Winston Churchill decir que la segunda gran desgracia que afligía a la humanidad del presente, después del nacimiento de Lenin, fue su muerte, la que no lo dejó seguir adelante con la NEP.

Una fanática, Fanny Kaplan, que lo consideró traidor a las ideas marxistas, atentó contra él; y el tiro del revólver, que le alcanzó en agosto 30 de 1918, le produjo la muerte en 1924. Desde fines de 1921 empezaron a aparecer los síntomas de su larga enfermedad, causada por la lesión cerebral.

Las doctrinas marxistas que se extienden por el mundo desde Stalin en adelante oscurecen el cambio del pensamiento de Lenin durante sus últimos años.

Distintas monografías presentan en forma diferente a Lenin y a Rusia. La Enciclopedia Británica compara los reportes personales entre sí y éstos con el decreto del 9 de agosto de 1921, que confirmaba la NEP, y con sus propias investigaciones. Al ofrecer los principales aspectos de la Nueva Política Económica y su influencia sobre las condiciones de vida del pueblo ruso en los años subsiguientes, seguimos esta fuente respetada.

De la Enciclopedia Británica de 1964 (1), Tomo 19, páginas 714 a 716, copiamos textualmente y traducimos, lo que sigue:

(1) Me refiero a la Enciclopedia de 1964, porque es la que tengo en mi poder, ya que en ese año, por primera vez desde mi llegada de Cuba, pude comprar algo a plazos. Lo primero que adquirí fue esta Enciclopedia para suplir en algo la biblioteca personal que dejé allá.

"LA NUEVA POLITICA ECONOMICA. Es costumbre el referirse a la Nueva política Económica instituída por Lenin en la primavera de 1921 como a un más o menos temporal abandono de las ideas comunistas para aplacar a los campesinos. Sin duda alguna un sector influyente del Partido Comunista lo veía en esa forma. Lenín no parecía compartir este punto de vista. El fue por encima de todo un realista que se daba cuenta de las necesidades prácticas del pueblo. Demostró estar bien consciente de la anomalía de una revolución proletaria industrial en un país compuesto por un 85% de atrasados campesinos. Forzado por las circunstancias y las exigencias de la guerra, Lenin se vió obligado a adoptar un programa de centralización socialista, el cual fue muy bien acogido, por muchos de sus seguidores, como la política natural y correcta de un estado socialista".

"Pero antes de que el Partido Comunista llegara a una nueva decisión, en sus prolongadas discusiones, sobre la política agraria en 1920 y 1921, Lenin creyó necesario atender no tanto a la requisa y el monopolio de los granos, sino a un reajuste general del cuadro económico. Las reformas de las industrias hacia propósitos de paz, requería esfuerzos y gastos que el Estado era incapaz de proveer; al mismo tiempo las finanzas y el transporte se encontraban también en una situación desesperada".

"La influencia y la persistencia de Lenin triunfaron. Sus críticos no tenían una alternativa válida que ofrecer".

"La Nueva Política Económica, llamada N.E.P., fue confirmada por un decreto publicado el 9 de agosto de 1921. El decreto permitía libertad de comercio dentro del país, aprobaba el pago de tiempo suplementario y el pago a destajo para los trabajadores; estimulaba a los capitalistas extranjeros a los que se les hacía concesiones con las que por implicación se les reconocía el derecho a la propiedad privada, la que Lenin había abolido durante la guerra".

"El Estado continuaba su monopolio del comercio extranjero durante el primer período de la Nueva Polítca Económica, pero más tarde a un gran número de los distintos conglomerados en los que estaban divididas las industrias soviéticas, les fue permitido comerciar con el exterior directamente".

"Durante el período de la guerra civil y de la Guerra Comunista las instituciones de los estados capitalistas se habían descartado, incluyendo, entre otros, bancos privados, cheques y garantías de préstamos. El dinero se depreciaba rápidamente a medida que el presupuesto nacional era afectado por la inflación. El 85% del presupuesto de 1920 fue completado por una emisión de bonos".

"**Para** que la Nueva Política Económica pudiera tener buen éxito era evidente que necesitaría tener facilidades bancarias y un medio más conveniente de intercambio. El cambio de política se efectuó rápidamente. El banco del Estado fue establecido en el otoño de 1921, y se le dio autoridad para emitir notas bancarias, así como también servir como institución de crédito. En noviembre 16 de 1921, empezaron las operaciones de crédito. Al año de esta fecha lo esencial para la reforma monetaria había sido efectuado, y el banco comenzaba a emitir bonos".

"La reforma de la moneda requería a su vez el establecimiento de un presupuesto del Estado sobre fundamentos sólidos, ya que el gobierno no podía por más tiempo seguir emitiendo bonos para resolver el déficit. Los impuestos sobre la agricultura los que habían sido sustituídos por la requisa de granos en 1921, fueron de nuevo revisados. En mayo de 1922 un único impuesto en especie fue establecido por decreto y a los campesinos se les permitió pagar con determinados productos, los graduales impuestos establecidos".

"En mayo de 1923 se hizo una reforma más extensa. Los dificultosos impuestos misceláneos fueron dejados a un lado, un solo impuesto sobre la agricultura fue establecido, y el pago en moneda gradualmente reemplazó al pago en productos. Mientras tanto los impuestos en las ciudades habían ido desarrollándose a través de impuestos indirectos e impuestos sobre el ingreso y la propiedad de modo que los campesinos, en lugar de constituir la entrada, por impuestos, más importante del Estado llegaron a ser una pequeña fracción de los ingresos estatales".

"El cambio más radical de la Nueva Política Económica fue la restauración de la total economía doméstica del país, en el comercio, en el transporte, en la vivienda y en el empleo hacia una base de pago estrictamente monetaria. En vez del vago sistema de cuentas prevaleciente durante la Guerra Comunista, cada empresa del Estado estaba obligada a ofrecer un estado de cuentas donde se comprobara el balance regular, mostrando las ganancias y las pérdidas según la forma en la que se hacía antiguamente".

"Los empleados recibían un sueldo regular pagado en efectivo. Los comités encargados de las viviendas fueron autorizados a cobrar renta en una escala gradual de acuerdo con la posición social y los ingresos de los inquilinos. Se les permitió a los ferrocarriles y a las compañías de transporte cobrar por el pasaje personal y por la cantidad de la carga".

"Los críticos de la Nueva Política Económica aferrados al comunismo tal vez estaban justificados al denunciarla como una vuelta a los métodos capitalistas. En cualquier caso el gobierno soviético no podía evitar el proceso de descentralización, el que fue necesario, para la reconstrucción de post-guerra, en todos los países que habían entrado en la Primera Guerra Mundial. Para esos países, sin duda, la centralización en tiempo de guerra y los organismos de control eran métodos necesarios, no de libre elección. Para los Bolcheviques la centralización era no solo necesaria sino parte de su teoría y propósito. Si la centralización fue desfavorable para los avanzados países industrializados de Occidente, ella fue todavía una más pesada carga para la poco desarrollada economía rusa''.

"Bajo la Nueva Política Económica muchas empresas que habían sido nacionalizadas, al cesar sobre ellas la intervención del Estado no fueron devueltas a sus antiguos propietarios, sino que fueron puestan en venta públicamente. El financiamiento de estas corporaciones fue realizado por el Banco Comercial e Industrial y por otros nuevos establecimientos bancarios''.

....

"El crecimiento de la exportación fue el más notable cambio después de haber puesto en práctica la Nueva Política Económica. El comercio en general se extendió y la importación después de la rígida política de control sufría grandes variaciones; pero la exportación se multiplicó dos y media veces entre los años 1922 a 1923 y fueron casi dobladas otra vez hacia el final del año fiscal que terminó en septiembre 30 de 1924''.

"El primer año de la 'Nueva Política Económica' demostró una similar ventaja en el comercio y la producción interna. Las afirmaciones de que la balanza económica había sido multiplicada por cuatro desde el verano de 1922 hasta la primavera de 1924 no estaba probablemente lejos de la verdad''.

....

"A principio de 1924 la Nueva Política Económica se había justificado a sí misma como una medida práctica. La moneda había sido restablecida a base del patrón oro, la producción estaba acercándose a las normas anteriores a la guerra y la agricultura se había recuperado de los efectos del hambre y de la guerra civil''.

....

"Durante la vida de Lenin su autoridad sirvió para resolver casi todos los problemas que aparecían; aunque durante la larga duración de su enfermedad importantes grietas que surgieron dentro del partido comunista y su muerte en enero 21 de 1924, provocaron una lucha por el poder que duró por varios años y en el curso de la cual las tendencias hacia la democracia habían desaparecido del partido tanto como desde hace tiempo había sucedido en los organismos del Estado".

Sobre la suceción de Lenín de la que no se habla tan detalladamente en la edición de 1964 de la Británica, copiamos y traducimos de la edición de 1984 (con el auxilio de las bibliotecarias mencionadas en las primeras páginas) lo que sigue:

"La Política de la Sucesión". La dirección del Partido Comunista era nominal, o, teóricamente, colectiva, a pesar de los cual Lenín había disfrutado de una fuerza personal y de un prestigio, que hizo que su voluntad fuera raramente discutida, por sus colegas. La enfermedad de Lenin y su muerte, en enero 21 de 1924, que provocó una lucha por el control de la Rusia Soviética, sometió al sistema de la dirección colectiva a una prueba que no pudo soportar. En 1928 cuando el impulso de la Nueva Política Económica llegó a su fin, la Unión Soviética ya estaba en el camino de llegar a la dictadura personal, sin restricciones, de José Stalin".

....

"En mayo de 1922, Lenin sufrió la primera de una serie de hemorragias cerebrales. Aunque Trotsky, desde temprano en el Partido, había sido una de las figuras que estaban entre los del segundo rango en prestigio, después de Lenin, se oponían a él todos los miembros del Politburó y del Comité Central, los que en su lugar apoyaban el triunvirato temporal integrado por Zinoviev, Kamenev y Stalin".

"Al recuperarse en el otoño de 1922, Lenin encontro serias faltas en los miembros del triunvirato, especialmente en Stalin. En artículos y cartas. Lenin atacó la reaparición de la burocracia y la vuelta a la política económica del sistema, especialmente en lo que se refería al comercio exterior. Le encomendó a Stalin el duro trabajo de hacer que las repúblicas no soviéticas aceptaran federarse formalmente con la República Rusa, en la Unión de Repúblicas Socialistas Soviéticas, Unión que se estableció en diciembre de 1922. Finalmente en el llamado 'Testamento de Lenin', escrito del 23 al 26 de diciembre de 1922, Lenin reconocía el poder que estaba acumulando Stalin a través del Secretariado del Partido y llegaba a la conclusión de que Stalin era demasiado rudo, y que esa deficiencia era 'tolerable entre nosotros, los Comunistas', pero que llegaba a ser intolerable en la Sociedad General. Por lo tanto yo propongo a los camaradas que piensen en algún medio de transferir o remover a Stalin de esa posición''.

"Enfermo por nuevos problemas cerebrales en diciembre, Lenin le encargó a Trotsky la dirección de los ataques a Stalin. Trotsky suavizó la situación, posiblemente porque esperaba que podría predisponer a Stalin contra Zinoviev, que hasta entonces había sido su fuerte antagonista.

"Stalin aumentaba su control al nombrar a los secretarios de los partidos locales y a los delegados al Congreso número doce del partido, en abril de 1923, lo que le daba un control efectivo al poder seleccionar a los nuevos miembros del expandido Comité Central. En estos momentos un ataque final hacía que a Lenin le fuera cada vez más difícil hablar, lo que lo retiró de la escena política. En el otoño de 1923, una coalición de los partidos de Trotsky, antes Democráticos Centralistas, comenzaron un abierto ataque contra la dirigencia del triunvirato, a los que acusaban de malos manejos económicos, de negligencia en la atención a los trabajadores industriales y de la violación de los principios democráticos dentro del partido. En la controversia de los "Nuevos Métodos", llamados así en un panfleto publicado por Trotsky, la oposición fue abrumadora por parte de la maquinaria de los organismos del partido, y Trotsky fue condenado en enero de 1924 por faccioso y por desviaciones antimarxistas. La muerte de Lenin unos pocos días después, llego como un anti-climax; el papel preponderante de Stalin en los funerales fue señal de las ventajas que ya había alcanzado en la lucha por el poder''.

"En diciembre de 1923, los esfuerzos por la sucesión habían tomado un diferente camino, cuando Kamenev y Zinoviev, alarmados por el acrecentamiento del poder de Stalin, trataron de quitarle su posición en el Congreso número catorce del Partido. Stalin devolvió fácilmente el reto, y removió a los seguidores de Zinoviev de su base de poder en Leningrado''.

"A principios de 1926 Zinoviev y Trotsky finalmente juntaron sus fuerzas en la "Oposición Unida" y llevaron a efecto una batalla desesperada, que duró año y medio, con los dirigentes del partido''.

La lucha entre unos y otros continuó hasta el triunfo absoluto de Stalin en 1941.

Stalin, a quien Lenín odiaba y temía, desconoció desde los primeros tiempos del Partido la preocupación de Lenín por la falta de sentido práctico de la doctrina. A Stalin sólo le interesó el poder personal, no si el marxismo era o no practicable; le ofrecía una base para el poder omnímodo personal, y eso fue todo para él, y lo es para los que lo imitan, tantos años después.

Stalin tuvo 30 años —que se inician con la muerte de Lenín— para impulsar las ideas de las que se valió para propagar su régimen sangriento, apoyado sobre las ideas de Marx.

Disfrazado de abanderado de un ideal tuvo tres décadas para racionalizar la rapacidad de su imperio.

Lenín sólo tuvo unos pocos años, acortados por su mortal enfermedad, para tratar de trasmitir a su pueblo la realidad que iba descubriendo detrás del experimento marxista.

La inteligencia de segunda clase de Stalin supo aprovecharse del fervor que Lenín, desde su primer año, de 1917 a 1918, había logrado inculcar en la mente de la población rusa.

Muy temprano, Fanny Kaplan percibió la preocupación y las dudas de Lenin sobre la teoría por la que había estado abogando, y en 1918 se adelantó a los ataques que hubiera recibido años después —por los que como ella lo considerarían traidor— al disponer el cambio hacia la NEP.

Lenín no declaró la razón del cambio de su política. Su convicción del fracaso del marxismo sólo podía comprobarse por la política radicalmente opuesta que puso en práctica durante unos escasos años, después del Decreto del 9 de agosto de 1921 sobre la NEP.

Stalin solo, hubiera sido incapaz de propagar el marxismo, pero tuvo el impulso de Lenin; y su oportuna muerte (antes de que pudiera haber hecho retroceder lo que había impulsado) favoreció su ascenso al poder. Lenin no pudo desprenderse de las redes que él mismo había creado y en las que quedó atrapado, como castigo al error que no pudo subsanar, y que ha dejado su sangrienta estela sobre la humanidad.

El cambio que Lenín había propuesto con la NEP, después de los primeros ensayos de la "economía marxista", fue tan radical que no permite decir, de esa fundamental divergencia política, que seguía el famoso decir de los comunistas - "dar un paso atrás para después dar dos hacia adelante".

La NEP no era "un paso" atrás, era: "incontables" pasos atrás.

Esa nueva política económica, para cualquier observador desapasionado, significa la declaración más evidente de la desilusión marxista.

Lenin fue el político con sagacidad suficiente para descubrir desde muy temprano, en la práctica, el fracaso marxista. El era también el único, que tenía la capacidad e influencia personal suficiente sobre sus contemporáneos, para hacer retroceder los métodos económicos que llevarían al caos, con la más profunda diferencia de clases, la que existe hoy en cualquier pueblo marxista, pequeño o grande.

Lenin, creó el "monstruo" con su apariencia de un ideal, que buscaba un mundo mejor distribuído.

Ante el error, su fuerte personalidad logró hacerlo retroceder hacia estilos de libre empresa con la NEP.

Es verdad que el pueblo, fascinado por su convincente, anterior oratoria, había llegado a creer en ese marxismo idealizado que resolvería todos los problemas humanos.

Desde la muerte de Lenín, en 1924, hasta la dominación absoluta de Stalin, gran parte de ese mismo pueblo impidió a Trotsky, a Zinoviev, a Kamenev y a otros, mantener cierta forma de gobierno reminiscente de la Nueva Política Económica.

La oposición entre los hombres de la NEP y la parte del pueblo que perseguía su ilusoria idea marxista de una vida mejor, se resolvió con el triunfo y el control de Stalin del poder sobre las Repúblicas Socialistas Soviéticas.

Desde entonces el mundo ha conocido y sufrido los irrazonables y absurdos atentados a la vida y a la libertad.

Lenin abjuró, si no de palabra, de hecho, de sus primeras ideas; pero admitirlo para los stalinistas sería perder el motor de su propaganda, la apariencia de idealismo con lo que conquistan adeptos y con lo que justifican su dominación a fuego y sangre, sobre los pueblos débiles o susceptibles al engaño.

No han sido comunistas Stalin, Breznev, Castro u Ortega: comunismo es sólo el régimen que permite, en nombre de una "dictadura del proletariado", gobernar sin leyes.

Sólo hay comunistas en algún lugar del mundo libre, porque una gran parte del mundo libre no sabe lo que es el comunismo.

En suma, Lenín fue el primer antimarxista, el que precisamente impulsó la teoría sobre los postulados de Marx, y el que pudo ponerla en práctica al apoderarse de la revolución del pueblo ruso contra la dominación de los Zares.

Lenín y su pueblo esperaron de la nueva teoría, que se estrenaba en 1917, la desaparición del hambre, signo de la extrema miseria; y fue bien distinto lo que encontraron.

Igual que Lenin en su época, los dirigentes chinos aparentan haber hecho una diferenciación entre comunismo y marxismo, el que no sabemos si obedece a un cambio teórico o a un interés táctico para imponer mejor el comunismo imperialista que auspiciaba Lenín, sin el lastre destructor del marxismo.

Acontecimientos futuros determinarán a que estilo de gobierno se dirige China.

La irreal esperanza del inasequible sueño de una igualdad económica superimpuesta sobre la desigualdad natural de la capacidad de esfuerzo, de la iniciativa de la voluntad, del grado de inteligencia, del impulso de creatividad, que el hipnotismo de Lenin inculcó en las masas, llevó a un menor esfuerzo individual en la producción, con los resultados inevitables: si se trabaja para el Estado y el Estado va a distribuir a partes iguales ¿para qué esforzarse?

La psicología rusa puede sentirse orgullosa del "reflejo acondicionado" de Pavlov y Bechterev, del anti-humano "lavado de cerebro", copiado de los chinos, de la Neuropsicología y los tests neuropsicológicos de Luria. Pero es la psicología norteamericana la que sitúa en el lugar que le corresponde a la "motivación", la que la psicología rusa desconoce, con lo que destruye al hombre, y, en consecuencia, destruye a los pueblos.

La motivación toma su nombre de "motor", es la tendencia, el impulso, por el que el mundo se mantiene en pie. Al desaparecerla de las actividades humanas, la sociedad se derrumba como un cuerpo cónico en movimiento alrededor de su eje, que se detiene. Lenín presenció y entendió este proceso y no tuvo el tiempo necesario para introducir de nuevo la motivación en la sociedad rusa de su época. El sueño marxista de las masas, de un bienestar sin esfuerzo, que les llegaría de un Estado proveedor, en el que Lenín mismo por poco tiempo había creído —y les había hecho creer— no pudo ser borrado de sus mentes y vive todavía en las de ilusos capaces de creer en el cuento feliz ·

El pseudo-ideal marxista, en función, esperanza de los que no lo han sufrido, se vuelve pesadilla para los mismos rusos, que, cuando pueden piden asilo a Occidente.

No hay corriente de fugitivos de Occidente hacia los países comunizados. Es incontenible, en cambio, la fuga de los habitantes de esos países, hacia el mundo libre de la democracia. No bastan aterrorizantes barreras como el muro de Berlín, o el Canal de la Muerte —entre Cuba y los Estados Unidos— para detenerla.

No huyen del marxismo-leninismo, el que desapareció poco después de puesto en práctica; huyen de los regímenes superdespóticos actuales, cuyo nombre apropiado es y debe ser marxismo-stalinismo. Este es el que trata de perdurar en el presente. El primero, del que Stalin fue su espurio heredero, ya no existe, murió al nacer, y hoy es sólo un objeto de la Historia.

Ofrecemos las 10 medidas que proponía Marx en su "Manifiesto Comunista de 1848''.

1. Expropiación de la propiedad territorial y empleo de la renta de la tierra para los gastos del Estado.
2. Fuerte impuesto progresivo.
3. Abolición del derecho de herencia.
4. Confiscación de la propiedad de todos los emigrados y sediciosos.
5. Centralización del crédito en manos del Estado por medio de un Banco nacional con capital del Estado y monopolio exclusivo.
6. Centralización en manos del Estado de todos los medios de transporte.
7. Multiplicación de las empresas fabriles pertenecientes al Estado y de los instrumentos de producción, roturación de los terrenos incultos y mejoramiento de las tierras, según un plan general.
8. Obligación de trabajar para todos; organización de ejércitos industriales, particularmente para la agricultura.
9. Combinación de la agricultura y la industria; medidas encaminadas a hacer desaparecer gradualmente la oposición entre la ciudad y el campo.
10. Educación pública y gratuita de todos los niños; abolición del trabajo de éstos en las fábricas tal como se practica hoy; régimen de educación combinado con la producción material, etc.

CAPITULO XXIX

De la Sierra Maestra a las ciudades. La orden de huelga general. Larga caravana atraviesa la Isla hasta llegar a La Habana. Distintos puntos de vista de dos destacados miembros de la Generación del 30 sobre la situación cubana.

En Santiago de Cuba pronunció Castro su primer discurso, trasmitido por televisión y por radioemisoras a todas las provincias.

Ese primer discurso fue comentado con desagrado y temor por algunos. Esto fue la excepción. La casi totalidad de las ciudades de nuestra República rugían en una euforia arrasadora. "Fidel esta es tu casa", se leía en letreros fijados en casi todas las puertas. Una revista, algún tiempo después, publicó el retrato del "héroe" con un halo divino. Ofender a Castro en aquellos momentos, para gran parte de la población, era como ofender a Dios.

Esta actitud de las multitudes obedecía a la bien calculada propaganda y al consistente método de eliminación de cuantos pudieran —como libertadores del régimen dictatorial de Batista— haber participado en la lucha.

El Partido Comunista, "maestro de la propaganda y el engaño", estaba oculto detrás de Castro, y la huelga general decretada, tenía por objetivo excluir a los otros sectores oposicionistas, para quedar dueño único del poder, y no tener que cumplir el Pacto de Caracas.

La caravana se detenía en cada pueblo por el que pasaba, y Castro pronunciaba su discurso, acogido con la locura colectiva que se había apoderado del pueblo cubano. En los primeros días de la marcha llegaron noticias a todas partes de la República, de los asesinatos en masa que había realizado Raúl Castro, el hermano menor, en los alrededores de Santiago de Cuba.

Este había obligado a un grupo de unos 60 hombres —a los que acusaba de aliados del gobierno anterior— a cavar una zanja de muchos metros de largo. Luego les ordenó pararse al borde de la misma y allí los atravesó con ráfagas de ametralladoras que hacían caer sus cuerpos en la zanja preparada para servirles de tumba.

Ofrecemos el manifiesto de Dusseldorf, tomado de los archivos de Judicatura Cubana en el que pueden apreciarse los métodos comunistas que hemos visto en función sobre la juventud y el pueblo norteamericano.

Communist Rules

(Captured in Du
by the A

Corrupt the young, get them away from religion.
Get them interested in sex. Make them superficial,
destroy their ruggedness.

Get control of all means of publicity and thereby:

1. Get people's minds off their government by
   focusing their attention on athletics, sexy
   books and plays and other trivialities.

2. Divide the people into hostile groups by con-
   stantly harping on controversial matters of
   no importance.

3. Destroy the people's faith in their natural
   leaders by holding the latter up to contempt,
   ridicule and obloquy.

4. Always preach true democracy, but seize
   power as fast and as ruthlessly as possible.

5. By encouraging government extravagance,
   destroy its credit produce fear of inflation
   with rising prices and general discontent.

6. Foment unnecessary strikes in vital industries,
   encourage civil disorders and foster a lenient
   and soft attitude on the part of government
   toward such disorders.

JUDICATURA CUBANA DEMOCRATICA an organization
in exile has received the above printed copy of
is self-explanatory, so this organization agree
fully known by the american people. Miami, Flor

7. By specious argument cause the breakdown
of the old moral virtues, honesty, sobriety,
continence, faith in the pledged word. ruggedness.

Cause the registration of all firearms on some pre-
text, with a view to confiscating them and leaving
the population helpless.

"NOTE: The above "Rules for Revolu-
tion" were secured by the State Attorney's Office from a known mem-
ber of the Communist Party, who ac-
knowledged it to be still a part of the
Communist program for overthrow-
ing our Government."

George A. Brautigam

State Attorney
State of Florida

of Justices, Judges and General Prosecutors
let signed by Mr. Brautigam. Its importance
nd copies to the press and other media to be
ch, 1970

Manuel Navas.
President.

Estos asesinatos conmovieron a parte del pueblo, pero la enloquecida multitud no reaccionaba a un hecho tan indicativo de la sed de sangre que animaba a la jefatura de la impropiamente llamada "revolución".

Lo que se necesitaba era volver al régimen constitucional establecido en 1940, no una revolución. En leyes Cuba estaba a la cabeza de los estados de mayor avance de su época, y hoy, 27 años después nuestra República estaría en consonancia con los tiempos. El peculado, del que se acusaba a los gobiernos cubanos como su principal defecto, se hubiera hecho mucho más difícil después de las leyes de Contabilidad del Estado, del Tribunal de Cuentas y, la Ley Orgánica de los Presupuestos, promulgados por el último gobierno constitucional, el de el Dr. Carlos Prío Socarrás.

Los dirigentes del exilio no pretenden la vuelta al 59; ni aún al 52, y no piensan ni siquiera en volver en persona, porque los años pasan, y lo que procuran es la liberación de la Isla para sus hermanos o sus hijos, con las leyes más avanzadas a las que se pudiera llegar en el momento del retorno.

He oído declaraciones de jóvenes, que vienen intoxicados por el adoctrinamiento persistente a que han estado sometidos durante toda o casi toda su vida, los que han expresado las más inusitadas ideas sobre la democracia, como por ejemplo una democracia sin partidos políticos.

Un régimen futuro en nuestra Patria, no podrá aceptarse sin el respeto a la libertad que la democracia representativa sí garantiza. Democracia no es sólo la norteamericana; el término incluye las democracias de grandes avances sociales, monárquicas o republicanas, de Europa. A éstas se puede añadir la democracia cubana de protección a los obreros, a los campesinos y a las clases necesitadas en general, del Gobierno Provisional del Dr. Grau San Martín y del Directorio Estudiantil, de 1933 a 1934. Esa política de justicia social fue continuada, a pesar del peculado de unos pocos, durante los gobiernos constitucionales y auténticos de 1944 a 1952. El Partido Auténtico, que se considera a sí mismo de centro-izquierda, por sus medidas sociales y económicas, que proveían una mejor distribución de la riqueza, llegó a ser el más certero enemigo de la esclavitud comunista que convierte en siervos, a todos los que no pertenecen a la oligárquica nueva clase, y a los que puede impunemente enviar, como carne de cañón, a integrar ejércitos en guerras extrañas. En la doctrina comunista se presenta como ultra izquierda lo que es en realidad ultra derecha; lleva al extremo lo que aparenta combatir.

En Cuba, el régimen que desde hace años oprime al país, declaró al tomar el poder: "los cuarteles se van a convertir en escuelas"; la verdad ha sido que las escuelas se han convertido en cuarteles a través del adoctrinamiento marxista de los niños, de la inducción a los escolares a delatar a sus propios padres si se expresaban en contra del gobierno, y por último al preparar ejércitos de niños a los que se les imparte instrucción militar. En Nicaragua marxista secuestran a los niños para forzarlos a pelear en sus filas.

En los primeros discursos de Castro, se escucharon las frases que recuerdan todos los cubanos. La primera fue "armas ¿para qué?, si no van a haber cuarteles"; después "elecciones ¿para qué?, si éste es el gobierno del pueblo y en cuanto uno me mire con mala cara me iré".

Sabe que la inmensa mayoría de los cubanos desde hace tiempo lo mira con rencor, y vive cambiando siempre de ruta, de lugar donde pasar las noches, para evitar el atentado que no ignora que en cualquier momento podría realizarse contra él.

A su llegada a la capital habanera, Castro tuvo conocimiento de la actuación del Comandante Víctor Mora, nombrado por él, jefe de la provincia de Camagüey. El Comandante Mora, que en la ocupación de su cargo ya se acercaba a la mitad de enero, no había efectuado un sólo fusilamiento dentro de su jurisdicción. Esta conducta, que no era del agrado de Castro, hizo que fuera sustituído por el Comandante Huber Matos, nombrado jefe de Camagüey hacia mediados de ese mes. Esperaba el antiguo inquilino de las cuevas de la Sierra Maestra que Matos llenara el requisito indispensable del desprecio por la vida humana.

Uno o dos días después de tomar el mando de Camagüey el Comandante Matos había fusilado a 19 prisioneros, entre los que estaba el Capitán Castellón, que conspiraba con los auténticos contra el régimen.

Hay en el exilio un pequeño grupo de desterrados que acoge a Matos como dirigente de un desmembrado grupo que se dice anti-castrista. En realidad el Sr. Matos ha podido hacerse notar más en otros países que entre los cubanos. Pero la pequeña cantidad de compatriotas que lo apoyan nos hace pensar en la razón que tenía Aldo Baroni cuando nos llamó "país de poca memoria". Una carta-renuncia, cuyo motivo real se presta a conjeturas, y veinte años de deferente cautiverio no le devuelven la vida a los hombres que, bajo su mando, cayeron, sin justicia, abatidos ante el paredón.

Manuel Antonio de Varona, presidente del PRC auténtico, es una de las figuras de la política cubana que con más tesón, firmeza y sin claudicaciones de ningún género ocupó en todo momento —en la lucha por los derechos del Congreso, de cuya presidencia fue despojado en 1952 por el golpe marcista; en los diversos intentos de unidad oposicionista contra la dictadura y, finalmente, en el acopio de elementos para la insurrección en la postrera etapa de Batista—, la primera línea del deber. Ocupa por derecho propio un lugar en la ... revolucionaria del momento.

Retrato del Dr. Varona con el pie de grabado con el que apareció en la revista Bohemia durante los primeros días del año 1959.

En Las Villas, los que bajaron de la Sierra del Escambray, entre ellos Faure Chaumont, fusilaron a Cornelio Rojas, jefe de la policía del régimen anterior. Otro gran número de acusados fue fusilado en Las Villas por el jefe rebelde de la plaza, el Comandante Torres.

Mientras ésto sucedía en las provincias, en La Habana se celebraban juicios a los que muchos llamaron "circos romanos".

El libro "Diario de una Traición", de Leovigildo Ruiz, recoge en varios tomos un extenso número de acontecimientos acaecidos durante los primeros años del régimen comunista cubano, y se refiere a las distintas posiciones frente a estos acontecimientos de dos destacados miembros de la generación cubana de 1930: Carlos Prío Socarrás y Manuel Antonio de Varona.

Desde febrero de 1959 en un programa televisado, el Dr. Varona había mostrado su inconformidad con el régimen, lo que aparece en el libro mencionado, cuya primera referencia al tema es la que sigue:

En la página 113 a la 114 del Tomo de 1959, Florida Typesetting of Miami, Inc. Miami, 1965, leemos:

(Junio 12 de 1959)

"Compareció" el Dr. Antonio de Varona ante el programa de televisión del canal 12".

"El panel de periodistas que interrogó al visitante estaba integrado por Mario Rodríguez Alemán, Nicolás Bravo, Eduardo Héctor Alonso y Jorge Mañach. A la pregunta de los periodistas sobre las elecciones, el Dr. Antonio de Varona respondió":

"Parece que es temprano para hablar de los comicios. Quiza eso asuste un poco a los miembros del ejército rebelde y a la juventud cubana, aunque nosotros creemos que uno de los fundamentos de la Revolución fue el regreso a la normalidad institucional y democrática del país".

"No creo que la Revolución deba estar en el poder sin el mandato del pueblo mas del tiempo necesario para normalizar el país y convocar a elecciones libres y democráticas, para que el pueblo se dé los gobernantes que crea".

"Creo necesario que el gobierno empiece a dar los pasos conducentes a la convocatoria de elecciones, haciendo un censo electoral y la reorganización de los partidos políticos. Entonces, encauzada la vida democrática del país, cada cual ofrecerá su criterio en cuanto a las transformaciones sociales y económicas que considere más convenientes para la patria. Entiendo que nadie debe oponerse a las elecciones y el que se oponga es que tiene mentalidad fascista, nazista o comunista. Desde luego, creo que es hora de señalar el término del mandato provisional para lo que previamente deberán celebrarse elecciones".[1]

"Estimo que el Instituto Nacional de la Reforma Agraria se ha ido por arriba del Estado, y que manda más que el Presidente de la República y que el Consejo de Ministros".

"También manifestó que era falso que no se puede hacer una Reforma Agraria por medio del Congreso".

"La Reforma Agraria por sí sola no termina con el problema del desempleo en Cuba".

De la página 116, del mismo libro, transcribimos:

(Junio 17 de 1959)

"El doctor Carlos Prío Socarrás, ex-presidente de la República, concurrió al programa 'Telemundo Pregunta', ante el staff de periodistas integrado por Alfredo Nuñez Pascual, José L. Martí, Carlos Robreño y Manuel de J. Zamora".

"El doctor Prío se manifestó así:"

"Sobre las objeciones hechas por el doctor Antonio de Varona a la Ley de Reforma Agraria, no es esa la opinión del Partido Revolucionario Cubano (Auténtico), sino de Tony Varona".

"Los que pudieran ser errores o injusticias de la Ley pueden ser rectificados sobre la marcha, por el Instituto Nacional de Reforma Agraria".

"Pidió que terminara la polémica entre el doctor Manuel Antonio de Varona y el doctor Castro y dirigió a todos una emotiva exhortación a la unidad, con el fin de preservar la Revolución de los peligros que la amenazan".

---

(1) El pronunciamiento del Dr. Varona sobre la celebración de elecciones, en cumplimiento del Pacto de Caracas, desde su primera comparecencia televisada, en febrero de 1939, fue contestada con el discurso en que Castro decía: "elecciones ¿para que?

"Afirmó el doctor Prío: Ha llegado la hora de mi retirada; quiero apartarme de la política; creo que la República ha tomado un camino que la llevará a buen fin; por eso abandono las luchas políticas, después de 33 años. Creo que tengo derecho a retirarme; si la soberanía peligra, volveré a la lucha".

"Manifestó posteriormente: pido a los que hasta ahora me han seguido se mantengan unidos a Fidel Castro mi amigo, que termine la polémica pública sobre la Reforma Agraria, con Varona; y a Tony le recomiendo lo mismo".

Del Tomo II, año 1960, página 148, transcribimos las declaraciones del Dr. Varona siguientes:

"En Caracas, República de Venezuela, el doctor Antonio de Varona declaró: Un triunvirato formado por Fidel Castro, Raúl Castro y Ernesto Guevara controlan en sus manos todos los resortes del Estado cubano; el poder legislativo, ejecutivo, judicial, militar, sindical, económico, social e informativo, resultando en un gobierno totalitario comunista y enemigo del mundo democrático occidental".

"Enterados de las declaraciones del doctor Antonio de Varona, los periodistas se dirigieron a entrevistar al ex-presidente de la República, doctor Carlos Prío Socarrás, el cual les manifestó: Ignoraba que el doctor Antonio de Varona estuviera asilado".

"Por otra parte expuso: -No considero ciertas las afirmaciones en cuanto a la ubicación política del doctor Fidel Castro y los comandantes Raúl Castro y Ernesto Guevara. Estimo que tratan de instaurar en Cuba un REGIMEN NACIONALISTA, INDEPENDIENTE DE TODA OTRA INFLUENCIA".

Ya se verá por estas declaraciones de los dos altos representantes de la ideología auténtica, la grieta profunda que se abrió en la amistad de estos hombres, unidos en la persecución de la Democracia y la Libertad durante tan largos años.

En una oportunidad le pregunté a mi viejo amigo:
—¿Carlos, por qué sigues al lado de este gobierno, como leo en tus declaraciones? ¿Tú no crees que se dirigen hacia un régimen comunista?

"—Mira Nena, yo sí lo creo, pero también creo que este régimen va a durar unos diez años y quiero ver si me es posible pasarlos aquí. En el exilio no se vive, se está siempre pensando en la vuelta, viviendo en el futuro. No hay presente, todo lo que haces es con vista a cuando puedas volver a vivir aquí. Quiero ver si puedo escapar de eso''.

La depresión y la tristeza se le atravesaban en la garganta tan sólo de pensar en abandonar la Patria una vez más. Empezaba el cuarto exilio de la Generación del 30.

La intensidad de sus sentimientos le debilitaba: la voluntad, la fuerza necesaria para partir.

Por eso había surgido aquella discrepancia entre los pronunciamientos de Manuel Antonio de Varona y de Carlos Prío Socarrás.

Tony, resuelto y cortante, desde el primer momento había dejado ver su desaprobación hacia el gobierno. En abril de 1960, abandonó la Patria, con el dolor con el que todos la abandonamos, pero sin vacilación. Lo impulsaba el cumplimiento del deber ante el ofrecimiento de ayuda —para liberar al pueblo de Cuba— de nuestro poderoso aliado del Norte.

Carlos no podía entender la resolución de Tony; Tony no podía entender la vacilación de Carlos. Era lo que en inglés se llama ''un clash de personalidades''.

Una amistad y un compañerismo de toda la vida frente a los déspotas cubanos se rompería por un tiempo.

Carlos Prío Socarrás, mi amigo desde mi temprana juventud en las aulas universitarias, con el que había mantenido una amistad ininterrumpida por los vaivenes de la política o del sufrimiento de Cuba, me demostró su confianza de siempre, dándome a conocer sus verdaderos sentimientos.

Nuestra amistad duró hasta el día aciago de su muerte. Y si tuvo errores que no compartí, a los hermanos se les quiere con sus virtudes y con sus errores.

CAPITULO XXX

El ofrecimiento del gobierno de los Estados Unidos al Dr. Varona para ayudarlo a luchar contra el régimen comunista de Castro. "El Drama de Cuba", folleto del Dr. Varona presentado al "Congreso Mundial por la Democracia y la Libertad", un documento de referencia para la Historia.

En mayo de 1960 se celebraba en Maracay, Venezuela, el Congreso para el que el Dr. Manuel Antonio de Varona Loredo había sido invitado por la Secretaria del Congreso, Sra. Francis Grant y por el Ministro de Relaciones Exteriores, Sr. Falcon Briceño.

El Dr. Varona presentó un folleto que la organización "Pro-rescate Democrático Revolucionario", de Miami, publicó en los idiomas inglés y español.

El folleto presenta el problema de Cuba que ya en esos momentos había mostrado, además de su crueldad para el conjunto del pueblo, la alineación que el régimen llevaba hacia un estilo totalitario.

No eran sólo presagios, eran los hechos que ocurrían los que daban base suficiente para tomar posición en contra de aquellos, y frente a los cuales asombraba la indiferencia de muchos cubanos, que un tiempo después se vieron obligados a marchar al exilio. Por su capacidad de expresar el drama de Cuba, condensado en un pequeño folleto, hemos decidido incorporar a este trabajo sus aspectos más importantes.

A mi llegada a esta tierra acogedora, procedente de Cuba, donde dejé los esfuerzos de toda mi vida, recibí este folleto que contiene una serie de datos significativos e inestimables, sobre el régimen que oprime a Cuba.

Después de terminado el Congreso fue entregada a los periodistas de Caracas, Venezuela, copia del folleto, por lo que aparece fechado en "Caracas, Mayo de 1960".

Los pronunciamientos del Dr. Varona en el folleto "El Drama de Cuba", y sus anteriores declaraciones por televisión en La Habana desde principios del año 1959, eran expresión pública de lo que clandestinamente el ex-Presidente del Congreso, organizaba en Cuba desde junio de ese año.

En ese mes de junio empezó la publicación del Semanario "Opinión Nacional", en el que escribían artículos el ex-senador Lomberto Díaz, el periodista Fernando Alloza, el ex-representante Alejandro Armengol, y los también periodistas, Mario Rodríguez y Gerardo Alvarez Gallegos. Colaboraban además, el Dr. José Alvarez Díaz, Félix Lancís, y el Director del Semanario, Manolo Rivero Setién. En este Semanario se protestó por la detención de Huber Matos. El Semanario, que se tiraba en una imprenta de la Habana Vieja, se vendía a $1.00 y siempre había más pedido del que se podía ofrecer, lo que demostraba como el pueblo ya estaba reaccionando contra las medidas del régimen.

Conjuntamente con el Semanario el Dr. Varona empezaba a formar los cuadros de la organización clandestina a la que llamó "Rescate Democrático Revolucionario", ya que no podía llamarlo "Organización Auténtica" porque Castro conocía a sus integrantes.

Ya había quedado organizado el cuadro clandestino en la provincia de Oriente. Después ocurrió un fuerte choque en la carretera de Las Villas, que tuvo al Dr. Varona en el hospital por un tiempo, recuperándose de múltiples y serias fracturas óseas.

A nombre del PRC (A), Varona, Armengol y Lomberto Díaz redactaron un documento, pidiéndole al gobierno que celebrara elecciones en cumplimiento del "Pacto de Caracas", del que habían sido signatarios tanto el Partido Auténtico como el 26 de julio. Pero un gran número de auténticos se negó a firmar, ya que todavía creía en Castro.

Vemos que no fue sólo el Dr. Prío el que sufrió el engaño castrista.

Las actividades del Dr. Varona en Cuba contra el régimen desde épocas tan tempranas fueron conocidas por el gobierno norteamericano, por lo que se decidieron a invitarlo a salir de Cuba con el fin de derrocar al régimen para lo que prometieron ofrecerle ayuda. Estos ofrecimientos de la administración de Eisenhower se convirtieron en lo que fue el proyecto de invasión de Bahía de Cochinos o Playa Girón.

En enero de 1961, el Dr. Prío abandonó definitivamente la Isla para asistir a un Congreso en Brasil. De allí vino al exilio en la ciudad de Miami.

El libro de Leovigildo Ruiz fue confeccionado enteramente con noticias publicadas en los periódicos del día.

Al recordar algunas declaraciones de Prío, pensé en ese rasgo de la personalidad del que fue nuestro Presidente: la capacidad de subordinar temporalmente propósitos por los que él había expuesto su vida, al ruego de amigos, lo que, por su debilidad afectiva retardó su posición en contra de un gobierno que atropellaba lo que el siempre había defendido.

Foto del Dr. Manuel A. de Varona, que aparece en el folleto "El Drama de Cuba", tomada en la época en que era Presidente del Congreso.

En las páginas que siguen presentamos parte de las declaraciones del folleto del Dr. Varona, "El Drama de Cuba".
(Algunos documentos que se expondrán en las páginas siguientes se copiarán fotostáticamente por razones de tiempo).

EXPOSICION

*C*OMPAREZCO ante América, fiel al deber inexcusable de manter la causa de la soberanía e independencia de mi patria, y en defensa de una filosofía basada en la dignidad, el progreso y el bienestar del Hombre. Esa es la meta señalada por la civilización cristiana y occidental, en ascensión eterna de los principios democráticos, fundamento y razón de ser de todas las patrias americanas.

Ninguna voz es débil para proclamar la verdad, denunciar el crimen, advertir peligros y llamar a la lucha. Soy hijo de América y a Cuba todo lo debo. Desde lo profundo del dolor de mi patria, y aunque reconozco mi pequeñez, no quiero retrasar una decisión imperativa: el grito de alerta y la convocatoria a los pueblos del Continente para emprender la cruzada contra las fuerzas del mal que han tomado su asiento en Cuba.

Mi pueblo ha sido privado de sus derechos y libertades. Por eso inicio en esta Caracas generosa el duro camino del destierro, más firmes que nunca mis convicciones democráticas, y prosigo la acción revolucionaria que el 1 de enero de 1959 derrocó la afrentosa tiranía de Fulgencio Batista.

Me cabe la honra de haber sido gestor del pacto de unidad que se firmó en Caracas en julio de 1958 para integrar el *Frente Cívico Revolucionario* y rescatar la libertad y la democracia y para restaurar la Carta Constitucional de 1940.

Hoy denuncio ANTE AMERICA, desde el propio escenario de las gloriosas hazañas del Libertador Simón Bolívar, que existe en Cuba un régimen dictatorial tipo comunista, que no sólo ha enajenado la soberanía nacional sino que pone en peligro la civilización occidental.

Ya en el ámbito universal, el Drama de Cuba afecta a todos los hombres libres. Se hace necesario, pues, adoptar una actitud beligerante en defensa de los eternos valores humanos, porque las fuerzas chino-soviéticas han tomado a Cuba como cabeza de playa y se aprestan a dar la batalla contra las democracias.

Desde allí, desde la tierra de Martí, los vendepatrias autóctonos al servicio del marxismo internacional pretenden engañar vilmente a los pueblos de América, azuzando desconfianzas hacia los regímenes democráticos, mixtificando los valores de la verdadera justicia social y hollando la dignidad humana para abrirle paso al materialismo.

Desde allí, desde la tierra de Martí, el *Gran Mentiroso* proclamó la *Gran Mentira* de "la neutralidad" entre Oriente y Occidente para tender una cortina de humo sobre sus verdaderos y siniestros planes de sovietizar a Cuba. Frente a esa gran mentira oponemos una gran verdad: la causa de Occidente es la causa de América Latina.

I

ANTECEDENTES HISTORICOS

1.—10 de marzo de 1952
a 1o. de enero de 1959.

El golpe militar de Fulgencio Batista, en marzo 10 de 1952, interrumpió el ordenamiento político y jurídico de Cuba, vulneró la Constitución y suplantó un Gobierno de Jure por un sistema personal y tiránico. La mayoría abrumadora de la Nación manifestó inmediatamente su inconformidad y protesta. Casi todos los partidos políticos, las universidades, los organismos estudiantiles, instituciones cívicas y culturales se produjeron severamente contra aquel incalificable atentado. El Congreso fue impedido de ejercer sus legítimos derechos de reunión por una acción de fuerza: la toma del Capitolio Nacional por contingentes militares, pese a lo cual hizo patente su repudio en una sesión memorable. Poco después, la ciudadanía, convencida de la inutilidad de esos esfuerzos cívicos, inició la conspiración para organizar la lucha que después de siete años de dolorosos sacrificios derrocaría aquel régimen de opresión.

2.—El Partido Revolucionario
Cubano (Auténtico).

Antes de consumarse el golpe de Estado, el Gobierno Constitucional de la República había librado la oportuna convocatoria para elecciones generales, que debieron haberse efectuado el 1o. de junio del propio año de 1952. Al llevarse adelante la cuartelada, el *Partido Revolucionario Cubano* (*Auténtico*) asumió la jefatura de la revolución y junto a los miembros de otras militancias combatió tesoneramente la dictadura. Dentro y fuera de Cuba se conspiró sin cesar para organizar la lucha armada, inevitable, y debemos reconocer que contamos con el apoyo de militares pundonorosos, fieles a su juramento de defensa institucional de la República.

Respaldado por la opinión general del país, el PRC (A) alzó frente a Batista la bandera de la Constitución de 1940 y se fijó como meta inmediata dos deberes indivisibles:

a) *El derrocamiento del régimen de usurpación.*

b) *La restauración de la Ley de Leyes.*

En aquella hora decisiva quedaron aplazadas todas las aspiraciones programáticas, y el PRC (A), con absoluto desinterés, se dió sin descanso a la tarea de instar a los partidos, sectores o agrupaciones opuestos a la dictadura para unirse en un frente común y organizar la urgente e indispensable unidad de acción. Nuestra cooperación no tuvo límites. Cuantos la solicitaron para servir a la patria, pudieron contar con ella. Y por último, cuando después de generosos esfuerzos los partidos, sectores y agrupaciones revolucionarias convinieron en asociarse y coordinar sus gestiones, nuestro partido depuso su jerarquía histórica y sus legítimos e indiscutibles derechos en favor de las supremas finalidades de la Revolución.

El *PRC* (*A*) mantuvo esa línea de conducta en leal obediencia a su origen y principios programáticos; en atención a su responsabilidad natural por haber sido, desde su fundación, el máximo propulsor de la constitucionalidad, coronada por el éxito al instalarse la Asamblea Constituyente y redactar la Ley Básica, de la cual el Autenticismo fue factor primordial en su adopción, y finalmente, conforme a su ejecutoria de partido de Gobierno, inspirado siempre en el fervoroso acatamiento de las pragmáticas constitucionales y en la protección y defensa de las garantías individuales y garantías públicas.

En efecto, el partido político legatario del glorioso *Directorio Estudiantil Universitario* de 1930 —núcleo revolucionario de la lucha contra la dictadura de Gerardo Machado— aportaba no sólo el arraigo popular obtenido después de una firme campaña revolucionaria y cívica en favor de un ordenamiento constitucional, progresista y democrático, sino también su fecunda actuación administrativa, tanto en su primer período de gobierno revolucionario como durante las constitucionales. Allí estaba una obra resplandeciente: las directrices para redimir la soberanía nacional, rehacer la economía y liberar a las clases populares del abandono en que hasta entonces habían estado sumidas, mediante disposiciones sobre jornada máxima de trabajo, jornal mínimo, rebaja de flúido eléctrico y supervisión de los servicios públicos, nacionalización del trabajo (Ley del Cincuenta por Ciento) e incorporación de los cubanos a las actividades de la banca, la industria y el comercio. Desde el primer momento propugnamos una Reforma Agraria ajustada a las reales necesidades del país y normada jurídicamente.

Años más tarde, desde 1948 a 1952, el propio *PRC (A)* dotó a la República de eficaces instrumentos jurídicos, políticos, sociales y económicos, tales como el Régimen de Predios Rústicos y Aparcerías, el Tribunal de Garantías Constitucionales y Sociales, la Ley Orgánica de los Presupuestos, la Capacitación Civil de la Mujer, el Banco Nacional y el de Fomento Agrícola Industrial, la Ley Orgánica de las Provincias, la Oficialización de las Universidades Privadas y la creación de las universidades de Las Villas y Oriente, las Garantías Electorales (entre ellas el carnet del elector), la aportación de Fondos especiales para adquirir, repartir y fomentar tierras para los pequeños campesinos y el comercio libre en los bateyes de los ingenios azucareros.

Nuestro partido, durante el primer período de gobierno revolucionario tuvo el honor y gloria de llevar a la Conferencia de las Repúblicas Americanas efectuada en Montevideo en 1933, una moción condenando la intervención en los asuntos internos de otros países y logró la derogación en principio de la Enmienda Platt y tuvo participación directa en el sistema de no agresión económica. Después, en sus períodos constitucionales, afirmó su respeto a los organismos internacionales y aportó su más entusiasta adhesión a los lineamientos de la solidaridad americana.

En 1951, el *PRC (A)*, por acuerdo del Congreso Nacional, reafirmó su posición en la esfera de las relaciones sociales, con una declaración que hoy tiene alta significación histórica:

"*...que no ha pretendido nunca convertirse en el instrumento exclusivo de una clase y no pone el acento en la libertad política con detrimento de la justicia social, al igual que no hace alardes de justicia social con detrimento de la libertad política; que libertad política y justicia social se hermanan en el Autenticismo para la defensa de la persona humana. Así, se ufana de haber defendido históricamente la función del Estado, a nombre del bien común, con el logro de la Justicia Social.*

"*Capital y Trabajo, para el Partido, no son clases antagónicas, sino factores fundamentales en lo económico y social, que han de armonizarse con miras al beneficio total de la sociedad.*"

Leal a su historia, el Partido Revolucionario Cubano (Auténtico) abonó con la sangre de sus mártires la lucha revolucionaria contra Batista y colmó las prisiones y los campos de exilio con una gran cantidad de afiliados opuestos al régimen tiránico de Usurpación.

3.—El proceso de unificación revolucionaria.

A mediados de 1953, después del fracasado y sangriento asalto al cuartel Moncada, en la ciudad de Santiago de Cuba, una nueva agrupación revolucionaria se sumó a las distintas organizaciones que, desde el mismo 10 de marzo de 1952, luchaban contra Batista. Su jefe era el doctor Fidel Castro Ruz, y su organización se denominaba *Movimiento 26 de Julio*.

Porque no resultaron inútiles los esfuerzos unificadores del *PRC (A)*, en los últimos meses de 1957 se logró constituir en Miami la *Junta de Liberación Cubana*, integrada por delegados de todas las agrupaciones revolucionarias existentes. Dicha Junta, establecida el 15 de octubre, acordó en su base IV:

"Constitución de un gobierno provisional que presida las elecciones que habrán de convocarse en el más breve plazo posible. La gestión del gobierno provisional en ningún caso podrá exceder del término de dieciocho meses."

Y en su Base VI:

"Acordar el programa mínimo del gobierno provisional en su tarea de restablecer el régimen democrático y la normalidad institucional, en estricto cumplimiento de la Constitución de 1940."

Desgraciadamente, el doctor Fidel Castro, jefe del *Movimiento 26 de Julio*, representado en la *Junta de Liberación*, el 14 de diciembre del citado año de 1957 denunció el *Pacto de Unidad Revolucionaria*, obligándola a disolverse. Los móviles de esa conducta fueron simplemente los de eximirse de todo compromiso colectivo capaz de limitar su mando absoluto, y tal decisión representó un retraso de un año para el logro de la victoria. También significó el sacrificio de más de cinco mil vidas de cubanos.

4.—El Frente Cívico
Revolucionario de Cuba.

A pesar de tan grave dificultad, el *PRC (A)* no cejó en sus empeños unificadores y continuó sin desmayos la tarea empezada, desde 1952, en las ciudades de México y Miami y continuada al siguiente año en Montreal y New York. La coyuntura del terrible fracaso sufrido por la tentativa de huelga general organizada por el *Movimiento 26 de Julio*, el 9 de abril de 1958, facilitó notablemente el propósito de unidad y Fidel Castro, decidido siempre a traicionar sus compromisos —la Historia lo demuestra— accedió, mediante el *Pacto de Caracas*, firmado por él el 20 de julio de 1958, a constituir el *Frente Cívico Revolucionario de Cuba*, que en su base segunda dice:

"*Conducir al país, a la caída del tirano, mediante un breve gobierno constitucional, a su normalidad, encauzándolo por el procedimiento constitucional y democrático.*"

5.—Los compromisos contraidos por la
Revolución con el pueblo de Cuba.

La revolución cubana tuvo como principal objetivo de la lucha contra Batista y el derrocamiento de su régimen, la constitución de un gobierno provisional que, *en un breve plazo,* devolviera al pueblo cubano el ejercicio de su soberanía, mediante elecciones generales y el restablecimiento de la Carta Magna de 1940. Este anhelo nacional fue reiteradamente proclamado por los sectores responsables del país y por todos los partidos de oposición y con mayor énfasis aún por el comandante Fidel Castro.

En el discurso (*La historia me absolverá*) pronunciado por el doctor Fidel Castro durante el juicio seguido por los sucesos del Cuartel Moncada, celebrado el 16 de octubre de 1953, se afirma:

"La primera ley revolucionaria devolvía al pueblo la soberanía y proclamaba la Constitución de 1940 como la verdadera Ley suprema del Estado, en tanto el pueblo decidiese modificarla o cambiarla, y a los efectos de su implantación y castigo ejemplar todos los que la habían traicionado, no existiendo órganos de elección popular para llevarlo a cabo, el movimiento revolucionario, como encarnación momentánea de esa soberanía, única fuente de Poder legítimo, asumía todas las facultades que le son inherentes a ella, excepto la de modificar la propia Constitución: facultad de legislar, facultad de ejecutar y facultad de juzgar."

En el llamamiento firmado en la Sierra Maestra el 12 de julio de 1957, los doctores Fidel Castro, Raúl Chibás y Felipe Pazos afirmaban:,

"Porque nos privaron de esos derechos, hemos luchado... Desde el 10 de marzo, por desearlo más que nadie, estamos aquí... Para demostrarlo, ahí están nuestros combatientes muertos en la Sierra... Las elecciones deben ser presididas por un gobierno provisional, neutral, con el respaldo de todos, para propiciar la paz y conducir al país a la normalidad democrática y constitucional..."

Y añadían en la Base VII de ese documento suscrito en el propio campamento de la Sierra Maestra:

"...Declarar bajo formal promesa, que el gobierno provisional celebrará elecciones generales para todos los cargos del Estado, las Provincias y los Municipios, en el término de un año, bajo las normas de la Constitución del

*40 y el Código Electoral del 42, y entregará el poder inme-
diatamente al candidato que resulte electo.*"

**6.—Desde el 1o. de enero de
1959 hasta el presente.**

La revolución que el 1o. de enero de 1959 derrocó a Batista —iniciada el mismo día que aquel usurpó el poder—
fue una obra larga y dolorosa. En ella participaron activa
y valerosamente todas las clases integrantes de la sociedad
cubana, las cuales estaban representadas por los partidos políticos, sectores revolucionarios y estudiantiles, instituciones cívicas y dirigentes obreros, finalmente unificados todos en el
Frente Cívico Revolucionario a partir del 20 de julio de 1958.

Teóricamente la revolución tuvo una jefatura civil cons-
tituida por el *Frente Cívico Revolucionario* y, de hecho, un
jefe militar: el comandante Fidel Castro. Al desplomarse la
tiranía, el país los dirigentes de los partidos y sectores aceptaron sin reservas las guías del *Movimiento 26 de Julio* y la
jefatura civil del propio doctor Fidel Castro, quien en el
primer momento no desempeñó cargo oficial alguno en el gobierno provisional.

Las observaciones, y hasta los augurios, de cuantos por haber sido compañeros suyos en las aulas universitarias y de
sus primeras actividades públicas contemplaban con preocupación el ascenso del Caudillo de la Sierra Maestra, fueron olvi-
dados en la hora emocionada de la victoria. Por otra parte,
una propaganda sin precedentes, universal, a la que contribuyeron y aún contribuyen las agencias informativas, tan castigadas por él, sirvió para entusiasmar a un pueblo que creyó
vivir su hora histórica.

El 8 de enero de 1959, al hacer su entrada triunfal en la
Habana, el doctor Fidel Castro reiteró pública y solemnemente,
en el Campamento Libertad, su promesa de celebrar eleccio-

nes. Dos días después, al comparecer en el programa de tele-
viisón *Ante la Prensa,* afirmó que:

> *"Las elecciones se celebrarán en un plazo de diez y ocho
> meses y los partidos políticos se reorganizarán entre ocho
> y diez meses."*

Los citados pronunciamientos fueron los primeros, después
del derrocamiento de Batista, formulados por Fidel Castro,
quien también anunció que cumpliría los compromisos contraidos por el país y con la revolución. Después provocó una
crisis en el gobierno y sustituyó al doctor José Miró Cardona
como Primer Ministro.

Durante el viaje que hizo a Estados Unidos y algunos
países suramericanos repitió sus promesas de respetar la Constitución y los lineamientos democráticos del movimiento revolucionario, pero a medida que consolidaba su poder iniciaba
la primera purga de oficiales, clases y soldados del Ejército
Rebelde que se habían pronunciado contra la penetración comunista. Esta purga provocó una serie de dificultades e incidentes que produjo una crisis y un distanciamiento entre los
comandantes Raúl Castro y Camilo Cienfuegos. Más tarde,
apenas dictada la llamada Ley de Reforma Agraria —modifi-
cada en tres ocasiones sucesivas— estableció una dictadura
totalitaria, unipersonal, y en un gesto de audacia increíble
preparó la sucesión en el poder, designando como heredero
a su propio hermano Raúl, y puso en práctica un risible sistema de "democracia funcional" con espectaculares movimientos de masas, al estilo de Hitler, Mussolini y Stalin, para sin-
tetizar su pensamiento y decisión en una frase que por sí sola
lo califica: *Elecciones, ¿para qué?*

II

LA TRAICION DE FIDEL CASTRO

7.—Contenido y efectos políticos,
sociales y económicos, nacionales
e internacionales de la política
del régimen de facto.

Reiteramos que Fidel Castro ha impuesto en Cuba un sistema de gobierno totalitario y unipersonal. Así lo demuestran las actividades que, desde el mes de mayo de 1959, caracterizan sus actuaciones. He aquí las principales:

a) Dictadura ejercida por un triunvirato integrado por Fidel Castro, Raúl Castro y Ernesto Guevara, la cual tiene en sus manos todos los poderes del Estado: Legislativo, Ejecutivo, Judicial, Militar, Sindical y Económico y, al propio tiempo, se atribuye poderes constituyentes para modificar arbitrariamente la Constitución de 1940.

b) Despojos sistemáticos; procedimientos arbitrarios, confiscaciones huérfanas de toda intervención oficial; leyes penales con efectos retroactivos en perjuicio del reo; leyes civiles retroactivas sin la correspondiente indemnización por los daños causados a derechos legítimamente adquiridos; alteración de las obligaciones nacidas de los contratos; tribunales de excepción para conocer de delitos políticos; suspensión del procedimiento de *Habeas Corpus*, recursos de inconstitucionalidad y derecho del detenido a ser puesto a disposición de autoridad judicial competente dentro de las veinticuatro horas siguientes a la detención; prisiones preventivas, sin límite de tiempo, por nuevas figuras de delito político, como el de "contrarrevolucionario"; maltratos, torturas físicas y morales y todo género de vejaciones a los presos políticos y sus familiares; violación del secreto de correspondencia; desconocimiento de la inviolabilidad del domicilio; organización de cuerpos especiales armados para castigar, espiar y delatar; control estatal de todos los medios de publicidad, ausencia total de la libertad de información y de prensa y control de las actividades de los periodistas hasta el extremo de que sólo se les permite salir del país "en misión oficial del gobierno"; suspensión permanente de los derechos humanos y ausencia de respeto para los derechos cívicos individuales, incluso para los religiosos; limitación de la libertad para entrar o salir del territorio nacional; ausencia total de respeto para la inviolabilidad de la persona humana y la libre emisión del pensamiento.

c) Control por el Estado de las actividades obrero-patronales; designación y despido de los obreros o trabajadores de toda empresa a cargo del Ministro del Trabajo, quien también deja a su arbitrio la privación de los derechos de ascenso, cambio de empleo y abolición del derecho al descanso retribuido; eliminación de la libertad sindical para elegir sus dirigentes y transformación de los sindicatos obreros en agencias políticas de la dictadura; pagos en vales, fichas o mercancías a los campesinos que laboran en las llamadas Cooperativas del Estado; creación de impuestos, constantes y crecientes, en forma de las llamadas "contribuciones voluntarias" y rebajas, también "voluntarias", de los salarios de los trabajadores de empresas manipuladas por el gobierno.

d) Imposición de un Plan de Enseñanza encaminado a uniformar los planes de estudio, oficializar todo tipo de enseñanza; infiltrar, dominar y destruir la enseñanza privada y, de modo particular, la religiosa; designación de militares para dirigir las organizaciones estudiantiles; destrucción de la autonomía y militarización de las Universidades.

e) Derroche de la riqueza nacional y devaluación criminal de la misma en más de diez mil millones de pesos ($ 10.000,000.00) al depreciarse el valor de las tierras durante la aplicación de la llamada Reforma Agraria, la caballería o unidad lineal cubana (134,202 metros cuadrados) de un valor promedio, según la provincia, de $ 20,000 $ 5,000 y $ 3,000, a un valor máximo de trescientos pesos moneda nacional, y al rebajarse el valor de la propiedad urbana de $ 50, $ 20 y $ 10 o $ 6 el metro cuadrado a un precio máximo de cuatro pesos moneda nacional el metro cuadrado; la devaluación constante de la moneda nacional —el peso— tradicional e invariablemente de valor igual al dólar de los Estados Unidos, como una consecuencia inevitable de los continuos disparates económicos y de las sucesivas emisiones de papel moneda. Esa devaluación alcanza hoy, por primera vez en la Historia de la República, la cotización extraoficial de tres y cuatro pesos cubanos por dólar.

f) Malversación masiva y creciente del erario público, respecto al cual no existe control alguno fuera de la voluntad personal de la dictadura del triunvirato, pues no se rinden cuentas al Tribunal encargado de ellas, ni al pueblo, de las enormes sumas de dinero recibidas constantemente por conceptos de tributaciones, descuentos, "colectas voluntarias" y días de haber descontados de los sueldos y jornales de empleados y trabajadores.

g) La creación del Instituto Nacional de Reforma Agraria (INRA), organismo superestatal, independiente de toda fiscalización por parte del Tribunal de Cuentas y de la Ley de Contabilidad del Estado, cuyos presupuestos se desconocen y cuyos ingresos se depositan y extraen en una cuenta personal y privada del doctor Fidel Castro, quien, a su vez, satisface los gastos de dicho Instituto librando cheques personales o entregando sumas en efectivo. (Debe recordarse que el INRA es, hoy en día, el dueño en plena propiedad de todas las tierras confiscadas, los ganados, las industrias, los aperos, edificios e implementos incautados por el Estado, y que entre esas vastas pertenencias figuran ingenios o centrales de moler caña de azúcar, arroceras, cafetales, fincas de ganados y hasta viviendas, para poder comprender la cuantía de los dineros abonados y manejados por Fidel Castro a través de esa cuenta particular). La confiscación progresiva disfrazada de colectivización de las fincas, los medios de producción y las empresas privadas, por la vía del despojo, impuestos, salarios incosteables, persecuciones políticas y supuestos o reales conflictos laborales; invocación del mentido "reparto de tierras a los campesinos" para ocupar, *manu militari*, haciendas, fincas, fábricas y todo género de propiedades, incluso bancos y empresas periodísticas; el establecimiento de un burdo sistema de cooperativas que somete al trabajador del campo a la esclavitud, porque el campesino, lejos de ser el verdadero dueño de las tierras objeto de despojos o confiscaciones, es sólo un asalariado del INRA, el cual puede privarlo del usufructo aparente que le otorga y sin apelación o recurso alguno; el desquiciamiento de la producción agrícola y de la riqueza ganadera merced a los errores técnicos.

(*La improvisación, los privilegios, abusos y hasta crímenes tipifican al omnipotente INRA.*)

h) La difusión oficial, forzosa e inexcusable, de las doctrinas marxistas, principalmente en las escuelas o cursos de alfabetización militares y campesinas; la preponderancia, influencia y poder otorgados a cuantos, cubanos o extranjeros, inscriptos o no en el *Partido Socialista Popular (Comunista)*, manifiestan su lealtad al comunismo internacional y cooperen a sus fines; el funcionamiento intensivo, a través del control oficial de todos los medios de publicidad, de una campaña incansable de consignas encaminadas a crear un creciente estado de histeria colectiva, fomentar la xenofobia y, especialmente, el odio a los regímenes democráticos, sobre todo al de los Estados Unidos de América. En síntesis: una campaña que tiende a alejar a Cuba de la órbita continental americana e incorporarla, en calidad de un satélite más, a la del imperialismo Sinosoviético.

8.—La dictadura de Castro es
típicamente comunista.

El régimen de Fidel Castro es comunista y enemigo del mundo democrático occidental. Hacemos esta afirmación porque los rasgos salientes de la revolución soviética coinciden plenamente con los del movimiento de Castro. Veamos:

Primero: La revolución comienza con la toma del Poder, que se utiliza para destruir la estructura económica y para organizar la soviética.

Segunda: Se constituye una nueva economía socialista por medio de la dictadura, destruyéndose la propiedad privada y la libertad empresarial, ya que ambas son consideradas como instrumentos de la burguesía que impiden la transformación del régimen marxista.

Hagamos un ligero análisis comparativo entre los conceptos y tácticas marxistas de Lenin y Stalin y la dialéctica y procedimientos soviéticos del régimen de Castro:

a) *El poder socialista es ilimitado, no restringido por ninguna Ley. El poder que se apoya en la violencia, en la fuerza y no en la Ley.* (Lenin).

En Cuba, el INRA, al igual que el Soviet Supremo, es el dueño único de todas las cosas: toda la tierra, toda la producción y todo el comercio. El INRA se incauta de todos los negocios, de todas las industrias y de toda la riqueza de la Nación. Ha desvalorizado la propiedad inmueble y el patrimonio nacional.

El régimen de Castro alienta la lucha de clases, estimula la delación y la división de la familia, apoyando su poder en el odio y el resentimiento de las masas fanatizadas. Al igual que el régimen soviético ha cambiado la vida, la economía y todos los sistemas sociales del país.

b) El sistema soviético suprime todos los poderes del Estado, implanta la dictadura y crea el partido único.

El régimen de Castro no repeta la Ley, destruye las instituciones democráticas y rehusa convocar a elecciones.

Controla el poder y prohibe las actividades políticas. El partido comunista es la única organización con derechos reconocidos por el gobierno.

Elimina a la oposición mediante el terror, la confiscación de bienes y la difamación. (Enmienda Constitucional, diciembre 20 de 1959). Los puestos más destacados del gobierno y el ejército están en manos de militantes comunistas.

c) El régimen soviético controla la prensa y todos los medios de información y propaganda.

El gobierno de Castro ha confiscado todas las empresas periodísticas: "Diario Nacional", "El Mundo", "Avance", "Havana Post", "Excélsior", "El País", "Diario de la Marina" y "Prensa Libre", en la ciudad de la Habana; "Diario de Cuba" y "Prensa Universal", en Santiago de Cuba; "El Camagüeyano" y "El Noticiero", en Camagüey; "El Comercio", en Cienfuegos; "El Avileño", en Ciego de Avila, y "Vocero Occidental", en Pinar del Río.

(Posteriormente también fue intervenido "El Crisol", de la Habana a "Información" de la propia capital, se le limitó el número de páginas).

Castro ha intervenido la mayoría de las plantas de radio y otras han tenido que ingresar en el FIEL (Frente Independiente de Emisoras Libres, con el lema *Fiel a Cuba, Fiel a la Revolución, Fiel a Fidel*). Los canales de Televisión 2, 4, 10 y 12, han sido ocupados.

(Ultimamente fue intervenida la CMQ, así como sus noticieros informativos y los canales 6 y 7).

d) El régimen soviético elimina la propiedad privada y controla los medios de producción. Todo pasa a ser poder del Estado. Elimina al patrón o empresario y crea al burócrata privilegiado.

El gobierno de Castro destruye el régimen de la propiedad privada y la libre empresa, y conduce al pueblo al hambre y al desempleo para asegurar el dominio estatal. Controla los servicios públicos y los instrumentos y medio de producción. Obliga a las compañías de seguros a entregar al gobierno los valores en efectivo de las pólizas de vida de las personas acusadas de delitos contrarrevolucionarios.

e) El régimen soviético monopoliza el comercio.

El gobierno de Castro monopoliza el comercio a través del control de las divisas y los permisos de importación y exportación.

f) El régimen soviético proscribe el derecho a la huelga y esclaviza al trabajador.

El gobierno de Castro se convierte en patrón único, militariza a los trabajadores, obligándolos incluso a comprar por sí mismos uniformes y equipos y niega tanto el derecho de huelga o paro como obliga a la congelación de salarios. (En muchas empresas se han decretado "rebajas voluntarias" de sueldos, con mayor número de horas de trabajo).

Por la nueva Ley Orgánica del Ministerio del Trabajo y en virtud del censo laboral, ha sido abolida la contratación independiente. En lo sucesivo, todos los cargos de las empresas comerciales e industriales —inclusive del servicio doméstico—, se cubrirán con personas designadas por el Buró de Empleos de dicho ministerio, quitando sus facultades a los sindicatos y a los patronos.

g) El régimen soviético somete a los jueces y los obliga a actuar parcialmente.

El gobierno de Castro no acepta la separación de poderes ni respeta los fallos de los tribunales, interfiriendo la independencia e imparcialidad del Poder Judicial "depurando" a los magistrados que no interpreten fielmente la voluntad de los gobernantes. Además ha organizado tribunales militares revolucionarios y se impone la pena de muerte por delitos políticos o sociales, conforme a la Reforma Constitucional de octubre 29 de 1959.

(*Ultimamente se ha creado la milicia para el Poder Judicial, obligándose a sus integrantes a asistir uniformados a los desfiles o concentracionest ante la tribuna de Castro*).

En Cuba se ha violado el principio de la retroactividad de la Ley Penal para confiscar bienes y sancionar hechos presuntamente delictivos por leyes dictadas con posterioridad. Ha sido también suspendido el procedimiento de *Habeas Corpus* que garantiza a los detenidos el ser puestos a disposición de tribunal competente. (Enmienda Constitucional de octubre 29 de 1959).

h) El régimen soviético infringe todas las leyes normales y difama, persigue, encarcela o fusila a quien lo critica. Califica de "contrarrevolucionario" todo gesto de oposición.

El gobierno de Castro condena por "contrarrevolucionario" a todo el que combata al partido comunista o discrepe del gobierno. (Ley 425 de julio 7/59). Buen ejemplo de ello es la destitución del presidente del gobierno provisional, doctor Manuel Urrutia Lleó, después de haber hecho unas declaraciones en una entrevista periodística sobre la infiltración comunista. Por la misma razón han sido condenados a 20 años de cárcel el comandante Hubert Matos y el capitán Jorge Sotú, y a penas menores un grupo de oficiales del Ejército Rebelde. A esos casos de *justicia sumarísima* debemos agregar la desaparición del comandante y jefe del Ejército Rebelde, Camilo Cienfuegos, el asesinato de su ayudante comandante Naranjo y tres miembros de su escolta, y la evasión, aparición en la Sierra y, posterior fusilamiento del capitán Beatón y su hermano, acusados por esos hechos.

(Al entrar en prensa este folleto el mundo civilizado se ha conmovido con la noticia del fusilamiento de trece prisioneros, muchos de ellos oficiales del Ejército Rebelde).

i) El régimen soviético suprime todas las garantías y derechos ciudadanos.

El gobierno de Castro viola la Carta de los Derechos Humanos de las Naciones Unidos, impide la libre expresión del pensamiento y suprime el derecho de reunión. Ha limitado la libertad de salir del territorio nacional por la Ley 18/59 y el acuerdo 365 del Fondo de Estabilización de la Moneda. Ha creado el "delito de opinión" y las personas pueden ser detenidas indefinidamente sin dar cuenta a los tribunales. (Enmienda Constitucional de 29 de octubre de 1959).

j) El régimen soviético controla la enseñanza.

El gobierno de Castro ha implantado un sistema de adoctrinamiento por medio del control de la enseñanza, conforme a la concepción marxista.

k) El régimen soviético se apoya en el llamado ejército popular.

El gobierno de Castro ha militarizado las ·masas y organiza milicias obreras, estudiantiles, campesinas y de profesionales, todas con un comisario político comunista. Además se han creado las patrullas juveniles.

l) El régimen soviético impone el materialismo ateo.

El gobierno de Castro suprimió de la Ley Fundamental la invocación a Dios, recogida en el Preámbulo de
la Constitución de 1940, y ·la frase *Así Dios me ayude*,
en la fórmula del juramento de funcionarios públicos.

*(Posteriormente la Jerarquía de la Iglesia Cató-
lica ha hecho severos planteamientos sobre la situación religiosa en Cuba).*

9.-–La conducta de Castro en el orden internacional y la consigna de Stalin.

La conducta de Castro en el orden internacional denuncia
su plan expansionista, siguiendo la consigna soviética expuesta por Stalin:

*"El proletariado del país victorioso no debe considerarse
como algo que se basta a sí mismo, sino como un puntal,
como un medio de acelerar el triunfo del proletariado en
los demás países cercanos."*

De ahí la estridente y simulada posición nacionalista de
Castro y su violenta campaña antimperialista. En realidad,
se trata de traer a estas tierras de libertad, al continente de
Martí y Lincoln, de Bolívar, Wáshington y San Martín, la
maquinaria totalitaria de Lenin y Stalin, de Krushchev y de
Mao Tse-tung. Veamos:

a) El régimen de Castro ha tomado decididamente posición junto al bloque soviético distanciándose cada vez
más de la política continental americana. En el convenio comercial suscrito con Rusia se compromete el
voto de Cuba en favor del bloque comunista, como se
expresa de una de sus cláusulas: "...*en interés de am-*

bos gobiernos colaborar *activamente en la Organización de las Naciones Unidas.*"

(Esta *colaboración* quedó plenamente confirmado durante las últimas reuniones de la ONU, los abrazos públicos de Castro y Khrushchev y la votación de los delegados cubanos en todos los comités).

b) El régimen de Castro practica la agresión internacional y organiza expediciones armadas: Santo Domingo, Panamá, Nicaragua y Haití.

(*Guatemala ha denunciado oficialmente a Cuba en la ONU y cerró un acuerdo con El Salvador por idénticos motivos*).

c) El régimen de Castro ha constituido y subvenciona la agencia internacional de noticias "Prensa Latina" para difundir las consignas comunistas en toda América y organiza la *Imprenta Nacional* —compuesta con talleres de periódicos ocupados— para editar libros, folletos y publicaciones de literatura marxista y distribuirlos gratuitamente en Hispano América.

(*Informadores periodísticos han denunciado que a Cuba están llegando cargamentos de papel procedentes de la URSS para esos efectos*).

d) Las embajadas representativas del gobierno de Castro se han convertido en agencias donde se subvenciona a los partidos como sucede en México, Perú, Uruguay, Chile, Venezuela, El Salvador y Panamá. En esas embajadas se ayuda económicamente a grupos de extrema izquierda de los partidos democráticos nacionales, como ha sucedido en Perú dentro del Aprismo, en Venezuela con Acción Democrática, etc...

e) El régimen de Castro repudia los tratados del sistema Interamericano y provoca conflictos con los gobiernos del Caribe y del Continente Americano, argumentando que la unidad que debe buscar Cuba es con los pueblos y no con los gobiernos.

(Después de hecha esta exposición la actuación de la delegación de Cuba en la Conferencia de Cancilleres de Costa Rica estuvo el designio de producir una crisis en la OEA, y la llamada *Carta de la Habana* fue un simple pretexto para ofender gravemente a distintos gobierno de América, produciéndose fricciones diplomáticas en ese sentido. También ha sido acusada la delegación de Cuba en la Junta de Defensa Continental de "no ofrecer garantías" para los países integrantes, dada su filiación comunista).

f) El régimen de Castro promueve en el pueblo cubano sentimientos de hostilidad hacia los Estados Unidos de América, situando a Cuba en "la tercera posición neutralista", favoreciendo así los objetivos soviéticos que nos conducen a una franca deserción de nuestro destino histórico.

g) El régimen de Castro mantiene un constante intercambio de misiones diplomáticas, comerciales, culturales y sindicales entre Cuba, la China Comunista, Rusia y los países-satélites, habiendo también celebrado convenios comerciales con países de tan distinta idiosincracia como la República Arabe Unida, Checoeslovaquia, Polonia, etc., elevándose al rango de embajadas sus representaciones diplomáticas.

Con vistas a estos antecedentes podemos afirmar que en Cuba se ha implantado violentamente un sistema de gobierno contrario a la Constitución de 1940 y a los verdaderos postulados de la Revolución. El gobierno del doctor Fidel Castro reune todas las características del régimen totalitario comunista. Asimismo sostenemos que las relaciones políticas, económicas y militares con la Unión Soviética y sus satélites, inclusive las relaciones personales entre Castro y Khrushchev, permiten aseverar que Cuba se ha convertido en la plataforma del comunismo en América.

Para expresarlo bastaría una sola frase de Mikoyan: *La revolución cubana irá evolucionando hasta implantarse como consecuencia lógica el sistema comunista.*

Varios fugitivos del régimen de terror en Cuba que atraviesan en una balsa, hecha con goma de camiones, el "Canal de la Muerte" que separa a Cuba de Estados Unidos.

Por este documento del Dr. Varona puede conocerse la situación de Cuba desde el año 1960.

El régimen de Castro ya había subvertido todos los valores establecidos por la Generación de 1930 a favor de los cubanos en su patria. El cubano había llegado después del triunfo de la ideología de esa generación, y por primera vez, a ser dueño de la riqueza, y a alcanzar el status social de un ciudadano del país donde nace.

Bajo el gobierno comunista de Cuba, vuelve a quedar relegado a ciudadano de segunda categoría, como lo era durante la colonia y las tres primeras décadas de la República, aunque con una gran diferencia, ya que en aquellas épocas no perdía como en ésta todos sus derechos humanos. Los de primera son los rusos y extranjeros de países comunistas, los que entre otros privilegios pueden comprar en mercados bien surtidos, cerrados para los ciudadanos comunes de la Isla.

En los restaurantes los invasores son bien servidos de lo que a los cubanos se les niega en la mesa de al lado.

El cubano común es hoy un paria en su tierra, tanto como el ciudadano común, proletario o campesino, en cualquier país dominado por la llamada "dictadura del proletariado". En Cuba dispone para su alimentación sólo lo que le permite la tarjeta de racionamiento, con la que puede comprar una muy limitada cantidad de los productos de la tierra y del mar que son generalmente de grado inferior, puesto que los de mejor calidad son reservados para las clases gobernantes y para la exportación, con lo que se paga los armamentos enviados por Rusia o se obtienen divisas para sufragar la expansión comunista.

Tampoco se gastan las pocas divisas que se obtienen, en fabricar viviendas para el pueblo, el que con el aumento natural de la población se ve obligado a vivir en hacinamiento. Para resolver en parte este problema se ha empezado recientemente a fabricar barbacoas donde el puntal alto de las casas antiguas lo permite.

Ha habido casos en los que el matrimonio que tenía una vivienda, al divorciarse, ha. tenido que seguir viviendo en la misma con los nuevos cónyuges. La falta de interés y de respeto por el ciudadano se manifiesta, entre muchas otras medidas, en el allanamiento de los hogares para llevarse las máquinas de coser a fin de que no se pueda confeccionar privadamente prenda de vestir como servicio remunerado.

Cuba, llamada durante mucho tiempo "la azucarera del mundo" empezó —como ocurre bajo los regímenes marxistas— desde 1959 a disminuir en capacidad de producción hasta quedar convertida años despúes en lo que es hoy: un Estado parásito de la Unión Soviética para la que nuestra isla es una avanzada estratégica en el nuevo continente. Rusia tampoco encuentra fácil cubrir las necesidades de su pueblo. Tiene que importar granos para su alimentación y la riqueza del subsuelo de las Repúblicas bajo su dominio junto con la vida miserable de la gran masa de ciudadanos comunes es lo que le ha permitido mantener su posición de 2da. potencia mundial.

PARTE OCTAVA

El Frente Revolucionario Democrático
Un cambio de Presidente en los
Estados Unidos condena a Cuba
en Bahía de Cochinos (Abril de 1961)

CAPITULO XXXI

El Frente Revolucionario Democrático. Reclutamiento de
los cubanos para los campos de entrenamiento en Guatemala. El grupo del Escambrary. Invasión de Playa Girón o
Bahía de Cochinos. Falta a su compromiso el Presidente
Kennedy. Las declaraciones del Almirante Burke.

El gobierno del Presidente Eisenhower y del Vice-Presidente Richard
Nixon ante el problema de Cuba concibió el proyecto de un movimiento para rescatar la Isla del régimen de Castro, del que ya tenían
noticias de que se inclinaba a Rusia para convertirse en el primer país
comunista de América.

Enviados del gobierno de esta nación visitaron al Presidente del Congreso del último gobierno constitucional, Dr. Manuel Antonio de
Varona, al que —por haber adoptado una posición contraria a Castro
desde el primer momento— le ofrecieron ayuda para luchar contra la imposición del comunismo en Cuba. Después de varias entrevistas del Dr.
Varona con la administración de Eisenhower, se acordó preparar varios
"teams" de infiltración, integrados exclusivamente por cubanos, que se
entrenarían en Centroamérica como parte del propósito de derrocar al
régimen esclavista de Cuba.

En junio de 1960 comenzaron las funciones del organismo proyectado,
con el nombre de Frente Revolucionario Democrático.

Ofrecemos de las declaraciones del Frente en México, los siguientes
parráfos. (No se pudo establecer el centro de operaciones en ese país por
lo que a este pronunciamiento siguió el de la ciudad de Miami).

"Al hacer este llamamiento el F.R.D. trata de incorporar a todos
los cubanos dignos y de buena voluntad. Todo cubano sincero tiene
su puesto de avanzada en esta cruzada de rescate nacional que hoy
emprendemos. Y exhortamos a los pueblos de América al cumpli-

miento de su insoslayable deber en esta hora frente a la actual crisis histórica que ha dejado de ser un problema exclusivo de Cuba para afectar y poner en peligro a todo el Continente, amenazando los principios fundamentales de la Civilización Occidental''.

''En la gran contienda que emprendemos contra la acción destructora del Comunismo en Cuba y en América estamos resueltos a acometer las transformaciones raigales demandadas por la época que vivimos, haciéndolas descansar sobre bases esencialmente democráticas y fortaleciendo los lazos y las relaciones de solidaridad entre los hombre y los pueblos.

México, 22 de Junio de 1960''.

(fdo.): Dr. Manuel A. de Varona Loredo
Dr. Manuel Artime Buesa
Dr. José Ignacio Rasco Bermúdez
Dr. Aureliano Sánchez Arango
Dr. Justo Carrillo Hernández''.

De las declaraciones del Frente al constituirse en Miami transcribimos los párrafos que siguen. (Además de los que firman estas declaraciones, formaron también durante un tiempo, parte del Frente, como suplentes Ricardo Sardiñas y Antonio Maceo).

''Esta Revolución ha sido secuestrada y vilmente traicionada por una minoría comunista, con el deliberado propósito de incorporar nuestra patria a la órbita soviética''.

''Para consumar este crimen contra Cuba y la conciencia libre de América, se ha valido esta minoría traidora de los conocidos métodos marxistas-leninistas: confundir con la mentira, ablandar con el despojo, dividir con la lucha de clases y subyugar con el terror y la muerte''.

''Esta situación de fuerza, se sustenta en el apoyo económico, técnico y militar de la Unión Soviética''.

''Preciso es, pues, que nuestra voz se alce vigorosa en defensa de los postulados fundamentales de la verdadera Revolución cubana, violados, falsificados y traicionados por quienes hoy se presentan como redentores, sin ser más que vulgares delincuentes al servicio del comunismo internacional''.

LA VERDADERA REVOLUCION

''A partir del golpe militar del 10 de marzo de 1952, que interrumpió nuestro proceso de consolidación democrática y constitucional, los sectores responsables del país abogaron por el restablecimiento de la Carta Magna de 1940 y la celebración de elecciones libres''.

''Al incorporarse a la lucha contra la dictadura de Batista, Fidel Castro se hizo eco de estas demandas y sobre ellas hizo descansar su programa revolucionario, que incluía, como medida complementaria, la realización de una reforma agraria de las propias normas constitucionales''.

''LA GRAN TRAICION''

''Al producirse el derrocamiento de la dictadura de Batista, Fidel Castro se apoderó de todos los resortes del Poder y comenzó a desarrollar un programa de gobierno cuyos objetivos fundamentales han sido, en lo interno, la sustitución violenta y arbitraria de nuestro tradicional sistema democrático y de libre empresa, por un régimen totalitario comunista; y en lo internacional, servirle de instrumento al imperialismo soviético para la subversión del orden interamericano''.

''Las medidas adoptadas por el Gobierno de Castro no pueden considerarse como hechos aislados, producto de la confusión o de la inexperiencia, sino como resultado de un plan preconcebido que ha sido ejecutado aplicando tácticas netamente marxistas-leninistas''.

''El poderoso aparato propagandístico de la internacional comunista ha desfigurado de tal forma las realidades cubanas, que durante más de un año y medio se ha estado presentando como movimiento nacionalista y de avance social, lo que no pasa de ser una trágica y monumental estafa. Se ha rodeado a Cuba de una cortina de mentiras que es preciso perforar con la verdad de los hechos''.

"Por el Comité Ejecutivo del

FRENTE REVOLUCIONARIO DEMOCRATICO

Dr. Manuel A. de Varona Loredo
(Ex Primer Ministro y Ex Presidente del Senado, Presidente de 'Rescate Democrático y Constitucional').

Dr. Manuel Artime Buesa
(Ex Teniente del Ejército Rebelde, Secretario General del 'Movimiento de Recuperación Revolucionaria').

Dr. José I. Rasco Bermúdez
(Profesor de la Universidad Católica de Santo Tomás de Villanueva, Presidente del 'Movimiento Demócrata Cristiano').

Dr. Aureliano Sánchez Arango
(Ex Ministro de Estado y Educación, Presidente del 'Frente Nacional Democrático Triple A').

Dr. Justo Carrillo Hernández
(Ex Presidente del Banco de Fomento Agrícola e Industrial de Cuba, Secretario General de la Agrupación Revolucionaria 'Montecristi')''.

Los "teams" de infiltración habían sido ideados por la administración de Eisenhower. Hacia fines de 1960, empezó a sentirse la influencia del Presidente Electo, John F. Kennedy, quien decidió organizar una invasión, lo que representaba cambiar la lucha subrepticia por una lucha frontal, con la que después el mismo Presidente expresó que no quería aparecer envuelto: en próximas páginas expondremos el relato del Almirante Burke sobre esta actitud de Kennedy.

Desde hacía algún tiempo en la Sierra del Escambray, en la Provincia de Las Villas, un grupo de cubanos estableció un Frente contra el gobierno de Castro.

Carlos Rodríguez, "Carlay", No. 2506 de la Brigada. Resbaló por un precipicio en los campamentos donde se entrenaba. En su recuerdo, el grupo de combatientes acordó llamarse Brigada 2506.

Los hombres del "Frente del Escambray" no tuvieron la ayuda de los campesinos que había tenido el grupo de la Sierra Maestra. Todavía tanto en las ciudades como en el campo muchos se sentían desorientados acerca de la dirección que el gobierno seguiría. Los valientes del Escambray carecían de recursos frente a los ataques castristas. Aquel foco de rebeldía, poco después de la fallida invasión, desapareció.

El Frente Revolucionario Democrático se instaló en una antigua casa de la calle 17 del Noreste, casi en la esquina de Biscayne Boulevard, en la ciudad de Miami, Florida.

A la llegada del Dr. Prío Socarrás, procedente de Suramérica a Miami, a fines de enero de 1961, el Dr. Guillermo Alonso Pujol, Vicepresidente durante el gobierno del Dr. Prío, quiso reunir en su residencia de Fort Lauderdale a Carlos Prío Socarrás y a Manuel Antonio de Varona, para tratar de salvar las profundas disensiones que existían entre ellos, por la diferente posición que cada uno había adoptado frente al régimen totalitario que se había apoderado de Cuba.

La entrevista tuvo caracteres de agresividad verbal, según me informaron asistentes que, ante el ímpetu de las dos partes, quedaron sólo como espectadores.

Tony de Varona expresó su disgusto por la situación en la que mientras él preparaba una invasión para tratar de derrocar al régimen de Castro, Carlos en Europa y en Suramérica declarabla que los asaltantes del Poder en Cuba, "no eran comunistas" y que "él los apoyaba".

-Los altos funcionarios del gobierno norteamericano que nos ayudan, —protestó Varona— me han dicho:-"Su Presidente ha declarado, en reiteradas ocasiones, que el gobierno de Cuba no se inclina al comunismo, y que él apoya su Revolución".

Aquella agria discusión aumentó la distancia entre Prío y Varona. El encuentro en la residencia de Alonso Pujol había decidido el alejamiento temporal de dos compañeros de lucha que, en ocasiones, habían arrostrado juntos grandes peligros.

Desde junio de 1960 empezó el Frente Revolucionario Democrático, el reclutamiento de los cubanos dispuestos a integrar militarmente la Brigada que tomó el nombre de Brigada 2506, porque ese era el número que le correspondía a Carlos Rodríguez, "Carlay", un querido compañero que murió accidentalmente en los campamentos.

En mis vacaciones de verano de la Universidad La Habana, en septiembre de 1960, vine a visitar a mi hijo a Miami.

Supe que se preparaba la invasión contra el régimen de Castro.

CARLOS de VARONA, 19, son of an anti-Castro leader. When Castro put the prisoners on TV last year, young De Varona was defiant, taunted Castro with demands for elections.

—UPI

JOSE A. MIRO is a son of the president of the Cuban Revolutionary Council, in exile. But in the invasion, he had no position of command, served in a communications unit,

U. S. NEWS &

Dos de los prisioneros hijos de dirigentes de la invasión, Carlos de Varona y José Miró, aparecen aquí con el precio que se pedía por su libertad (fotos y pies de grabado tomados de la revista U.S. News & World Report'').

Carlos, mi hijo, ante mis intentos de disuadirlo, cuando me informó que se reclutaría, me contestó que el primero que tenía que ir a la invasión era él, porque era su padre el que reclutaba a los jóvenes cubanos.

Me dí cuenta de que perdía el tiempo y sólo le pedí que me llamara cuando dejara Miami hacia los campamentos.

El día de su partida me llamó a La Habana,

—Mami, ya me voy".

Como sabía que ese era su deseo ferviente le pregunté:

—¿Estás contento?

—Sí, Mami, ¿y tú?

—Yo también— tuve que decirle, porque no le podía estropear aquel momento.

No oí de nuevo su voz hasta abril de 1961, una semana después de la fallida invasión, cuando en la presentación de algunos prisioneros por la televisión cubana, que se oía en Miami a través de la radio, le contestaba a Luis Gómez Wanguemert, moderador del panel (1), al preguntarle su nombre:

—Carlos de Varona.

Lo dijo con tanta fuerza que comprendí que estaba en completo dominio de sí mismo.

—¿Usted es hijo del Dr. Manuel Antonio de Varona?

—Sí, yo soy su hijo.

—¿Cuál era el cuerpo al que pertenecía? —volvió a preguntar Wanguemert.

—Paracaidista— contestó resueltamente.

—¿En qué lugar de ese cuerpo Usted venía?

—Cuarto batallón aerotransportado. (el que debía caer detrás de las líneas enemigas, según me informaron, y al que sólo se pertenece por la voluntad expresa de un integrante, porque es el batallón que tiene mayor número de bajas, el 50%, entre todos los del ejército).

Los hermanos Manolo, Antonio y David Rivero Setién; que estaban conmigo escuchándolo comentaron:

(1) El panel estaba integrado por Carlos Franqui, Raúl Valdés Vivó, Carlos Rafael Rodríguez, Teniente Sitroc Ramos, Jorge Ricardo Masseti, (Prensa Latina), Leonel Soto, Mario Kuchilán, Guillermo Ortega, Comandante Gregorio Jiménez y Enrique de la Osa.

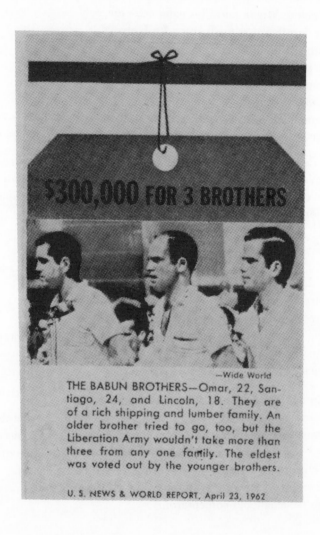

THE BABUN BROTHERS—Omar, 22, Santiago, 24, and Lincoln, 18. They are of a rich shipping and lumber family. An older brother tried to go, too, but the Liberation Army wouldn't take more than three from any one family. The eldest was voted out by the younger brothers.

U. S. NEWS & WORLD REPORT, April 23, 1962

Los tres hermanos Babun con el precio de su liberación.

—¿No te dijimos que él se mostraría fuerte?

—Sí, eso esperaba a pesar de su juventud— (Tenía entonces 19 años).

Contestó negando todos los asertos de Carlos Rafael Rodríguez y de Kuchilán, los dos miembros del panel que con mayor interés querían arrancarle alguna declaración que les favoreciera. No lo lograron.

Afirmó que había ido a la invasión porque estaba en contra de su gobierno que era comunista, y que si tenían al pueblo como ellos decían, ¿porqué no hacían elecciones?

Amigos y conocidos todavía me hablan de esa comparecencia de mi hijo, prisionero del régimen comunista de Cuba y aun en traje de fatiga.

Pero solamente por sus amigos sé algo de aquellos episodios, él no ha mencionado un sólo aspecto de su participación ni en los campamentos, ni en las ciénagas de aterrizaje en paracaídas, en los pantanos de Zapata, ni de la prisión.

A él se puede aplicar —tanto como a su padre— aquel verso de Kipling,

"Si del mérito propio no te sabes jactar",

que es uno de los requisitos que, para cada hombre, el poeta exige en su poesía "If..." Esta gran obra de la poética universal cuya traducción recibí de Federico Laredo Bru, se ofrece al final de este capítulo. (1)

El Frente Revolucionario Democrático, en marzo 20 de 1961, un mes antes de la invasión, se convirtió en el Consejo Revolucionario de Cuba. Para presidirlo el Dr. Varona propuso al Dr. José Miró Cardona, quien estuvo en funciones ese mes anterior al desembarco.

El Consejo tenía conexiones con fuerzas cubanas que respaldarían la invasión.

Pero el gobierno de Norteamérica había pasado de las manos de Eisenhower a las de John F. Kennedy, quien no se sentía atraído por el proyecto, e hizo fracasar la invasión, dejando morir la única oportunidad, durante todos estos años, de liberar a Cuba de la opresión totalitaria.

Unos días antes del 17 de Abril fueron trasladados los miembros del Consejo Revolucionario Cubano, a Opa Locka, de donde se esperaba que irían para Cuba. Estaban custodiados por soldados con armas largas.

El Dr. Antonio Maceo, en la mañana del 17 de abril, escuchó en la radio que paracaidistas de la Brigada caían sobre la tierra cubana. Varios enviados de la Casa Blanca llegaron a Opa Locka para informarles sobre el curso de la invasión.

—Wide World

THE "TRIAL." The mass trial, in the open courtyard of Principe Prison in Havana, was quick—only four days—and secret. The accused sat in the hot sun, before five military judges. No defense was made. It was in the verdict that Red Cuba set ransom terms.

Vista de los prisioneros de guerra durante el juicio que se celebró para imponerles largas condenas y para determinar el precio que por cada uno se pedía por su liberación.

El Consejo sería trasladado a Washington para entrevistarse con el Presidente Kennedy.

El miércoles por la noche, dos días después de iniciada la invasión el 17 de abril de 1961, tuvo efecto la entrevista en la que Kennedy expresó que había tenido temor de que se produjera una reacción en Europa, que desatara una guerra mundial, y que por eso no había podido cumplir los compromisos de apoyo a la invasión que había contraído en previas conversaciones con el Frente y con el Consejo.

Había sido suspendida la cobertura aérea, tanto como los bombardeos —en días anteriores— a las bases aéreas de Castro.

La acción del Presidente Kennedy sólo merece un nombre: traición, traición a Cuba y a América.

En aras de "la Paz", Kennedy repitió el error de Chamberlain en 1939, y fue ejemplo, 24 años después, para Thomas O'Neil, Presidente de la Cámara de Representantes, quien logró la votación en contra de la ayuda a los patriotas nicaragüenses en 1983, y en posteriores discusiones del proyecto.

El culto incondicional a la paz es el signo de la perfidia comunista, que no intenta, porque no podría, ganar terreno con fuego en las fronteras, sino que logra someter países con su insidiosa propaganda sobre la frágil mente humana, huérfana de protección en campo abierto.

Del libro "Operación Puma", de Eduardo Ferrer, aviador de la Brigada 2506, versión en inglés [1] (ver Bibliografía) transcribimos y traducimos, de las páginas 163 y 164, lo que sigue:

"16 de abril 1961": "En Washington, el Almirante Burke llamó al oficial del día en el departamento de la Armada".

"Preguntó si había algun mensaje y recibió la siguiente respuesta: —Todo está tranquilo alrededor del mundo".

"Entonces preguntó específicamente sobre la situación en Cuba. El oficial le dijo que nada sabía sobre el asunto. El Almirante preguntó al oficial de guardia que estaba al tanto de los asuntos cubanos: —¿tienen ustedes alguna noticia?"

—"Yo sólo he recibido un reporte, señor. Todos los ataques aéreos han sido cancelados".

—"What?"

[1] Transcribimos los datos de la versión en inglés porque después de publicarse el libro en español, al conocerlo el Almirante Burke, le hizo estas declaraciones al autor para su versión en inglés.

—"Los ataques aéreos fueron cancelados ayer, señor".

—"Bueno, voy para allá. No me diga más. Voy ahora mismo".

"El Almirante se vistió rápidamente y se dirigió hacia las oficinas del Estado Mayor Conjunto, a las que llegó a las 07.00. El General Lemnitzer, jefe del Estado Mayor Conjunto, había llegado antes que él. También había recibido alarmantes noticias. Ambos se quejaron de que ni la C.I.A. ni el Presidente les hubieran notificado la cancelación de los ataques aéreos. El General Lemnitzer llamó a la Casa Blanca y pidió una inmediata audiencia para discutir la crítica situación. Desde aquel momento hasta el final de la confrontación, los jefes del Estado Mayor Conjunto estuvieron en la Casa Blanca varias veces cada día, y se mantuvieron bien informados sobre el desarrollo de la operación en Bahía de Cochinos".

"En Happy Valley todos hablábamos sobre las misiones canceladas. La cantidad de especulaciones fue increíble. Los optimistas, que estaban con los ojos vendados, creían que los americanos sabían lo que estaban haciendo; decían que la retirada era temporal y que en cualquier momento todas las fuerzas serían lanzadas dentro de la batalla. Los pesimistas, quienes pensaban que sus peores temores se habían confirmado, decidieron que todo había sido suspendido desde el primer día de la operación. Y el tercer grupo, el de los que, por nuestro rango, estábamos más cerca de los asesores americanos, queríamos creer, pero no sabíamos qué creer. Se me había asegurado en conversaciones privadas con los asesores que la invasión no fracasaría...que las fuerzas armadas americanas estarían listas para intervenir. De hecho, la última vez que yo oí aquella clase de promesa fue de Wade Gray [1], cuando veíamos los barcos de la Brigada zarpar hacia Cuba".

"Los sucesos de los días siguientes revelarían o una total incapacidad de entender lo que él quería, o una total estupidez de parte del 'sabio estratega' John F. Kennedy, quien destruyó en horas los meses de duro trabajo y entrenamiento. No importa cuál fuera la razón, el precio era el mismo: la vergüenza y la frustración de los americanos, y la pérdida de la libertad y de las vidas de hombres que fueron al combate confiados ciegamente en su gran aliado".

(1) Wade Gray fue uno de los asesores que murieron en un último y personal esfuerzo por proteger a sus compañeros de la Brigada que estaban en tierra.

"La historia será el último juez".

"Los ataques aéreos planeados —seis misiones con diez y seis B-26's durante tres días— ya reducidos a la mitad, fueron de nuevo reducidos. Las incursiones estaban destinadas a destruir los aeropuertos y las instalaciones militares. El plan había sido golpear al enemigo con el poder destructivo de 125,000 libras de T.N.T., casi 400 cohetes, y cerca de 140,000 balas calibre O.50. En la primera incursión aérea usando sólo ocho de los diez y seis aviones que se habían proyectado destruímos más de la mitad de la fuerza aérea de Castro. De habernos permitido llevar a cabo el resto de las misiones programadas, hubiéramos reducido a chatarra todos los aviones del enemigo, más las instalaciones militares, sus armamentos y equipos".

....

"Cuando las siguientes incursiones aéreas fueron suspendidas el 15 de abril, por el Presidente John F. Kennedy, éste condenó a muerte la liberación de Cuba".

De la página 210 ofrecemos lo que sigue:

"En la Casa Blanca el Estado Mayor Conjunto, —en presencia del Secretario de Defensa Robert McNamara, el Embajador Adlai Stevenson, el "Attorney General" Robert Kennedy y otros —el Almirante Burke le pidió al Presidente Kennedy que permitiera que un destroyer de Estados Unidos se acercara a la Bahía de Cochinos y bombardeara al enemigo. El destroyer podría hacer fuego efectivo desde un alcance tan largo como 15,000 yardas. McNamara y el Presidente se opusieron al plan".

"El Almirante Burke sugirió que había tiempo para enviar unos pocos aviones de combate desde el porta-aviones Essex, para limpiar el espacio aéreo de los aviones de Castro, de manera que los B-26's de la Brigada pudieran proveer apropiado apoyo a las tropas de tierra. El Presidente Kennedy denegó la petición, diciendo que cualquier participación directa de fuerzas de Estados Unidos en la invasión tenía que ser evitada. El Almirante insistió otra vez".

"De nuevo, el Presidente Kennedy fue enfático. ¡Ninguna fuerza de Estados Unidos debe estar envuelta con la invasión!

"El Almirante Arleigh Burke, un bravo guerrero, héroe de la Segunda Guerra Mundial, y del conflicto de Korea, un brillante estratega, contestó al Presidente Kennedy en emocionadas palabras repetidas tantas veces que han llegado a ser famosas".

—"Maldición!, Presidente, sí estamos envueltos, no hay manera de esconderlo. ¡Ya estamos envueltos!".

"Como último recurso, el Almirante pidió dos aviones de combate de la Armada sin insignias ni armamentos. Estos aviones cruzarían el área sobre la Bahía de Cochinos en un esfuerzo por hacer que los aviones de combate de Castro se alejasen atemorizados. Esta petición fue denegada también. Después de alguna discusión el Presidente Kennedy dijo:"

—"Le diré lo que voy a hacer...Usted puede dar cobertura aérea por una hora...y sólo por una hora".

"La hora fue acordada finalmente para el próximo día 19 de 06.30 a 07.30, hora de Cuba".

Después de alguna discusión el Presidente permitió al Almirante Burke llevar a cabo su plan durante la hora de 06.30 a 07.30 del miércoles 19, fijado de acuerdo con la hora de Cuba y de Washington.

Nicaragua tenía una hora de atraso. Cuando, de acuerdo con la hora de Nicaragua eran las 06.30, en Girón y en Washington eran las 07.30. El tiempo concedido había pasado, la acción no se pudo realizar.

Durante los preparativos de la invasión de Bahía de Cochinos ocurrieron disensiones originadas por la ambición personal de uno de los miembros del Consejo.

Ya hemos explicado como el gobierno del presidente Eisenhower se había acercado al Dr. Varona —quien desde junio de 1959 organizaba un grupo clandestino contra el gobierno— para ofrecerle ayuda con el fin de continuar aquella lucha fuera de Cuba para derrocar al régimen de Castro. Creados el "Frente Revolucionario Democrático" y más tarde el "Consejo Revolucionario de Cuba", un miembro del ejecutivo de este organismo, Manuel Artime, en el mes de marzo de 1961, logró hacer pasar la jefatura militar de la proyectada invasión, del estricto Coronel Martín Elena,(dispuesto a enfrentar el golpe del 10 de marzo a José San Román. Artime, en sus relaciones con la CIA (Central Intelligence Agency) se mostró en disposición de actuar bajo su influencia si era nombrado Jefe Civil, con vistas a ocupar después el poder en Cuba.

Ya el Consejo no sería la Jefatura Civil de la invasión. Fue lo que, en los campamentos, se llamó el "golpe de Estado" de Artime al Consejo; el que dejó una cantidad de prisioneros dentro de los campamentos, entre ellos Rodolfo Nodal Tarafa, Fernando Trespalacios y otros, que fueron libertados antes de la invasión. La serena personalidad de Trespalacios ofrece un completo y mesurado informe sobre "el golpe de Estado".

La Agencia de EE.UU. sabía que los otros miembros del Frente y del Consejo tenían una tradición democrática de independencia para la República sin tutela extranjera de clase alguna. La posibilidad de tener un gobierno incondicional en Cuba, no sería rechazada.

Los representantes del gobierno norteamericano en contacto con Artime, llamaron a éste "the golden boy".

El Consejo sabía que en el esperado evento de una invasión triunfante, la lucha contra el flamante dictador y la nación que lo respaldaría iba a ser mucho más fácil, y decidió continuar los preparativos de la invasión cuyo resultado, por la determinación del Presidente Kennedy el 16 de Abril, ya se conoce.

(1)   Si..., (If...)

Rudyard Kipling -

(Sentimos no conocer el nombre del traductor)

"Si fiel a tu destino conservas la entereza,
cuando todo a tu lado desfallece en temor,
si perdonando en otros la duda y la tibieza
confías en tí mismo como en propio hacedor".

"Si conoces la ciencia de esperar sin fatiga,
si al verte calumniado no sabes calumniar,
si al odio no respondes ni con odio ni intriga,
si del mérito propio no te sabes jactar".

"Si sueñas, más soñando tu voluntad no agotas,
si piensas, más pensando no amenguas tu ideal,
si sabes enfrentarte al triunfo y la derrota
y cual dos impostores los miras por igual".

"Si la verdad que dices es tal que repetida,
nunca pueda el malvado trocarla al deshonor,
si al mirar destrozada la ilusión de tu vida,
con mellados cinceles revives su esplendor".

"Si haciendo un solo acervo con todos tus tesoros,
los arriesgas a un golpe de fortuna o de azar
y al perderlos, sereno, sin inútiles lloros
con esfuerzos valientes sabes recomenzar".

"Si eres bravo hasta el punto de que rindan jornada
tus músculos y nervios vencidos en la lid
cuando ya en tí no quede, en carne fatigada,
sino el querer invicto que grita: -Proseguid-"

"Si convives con chusma sin mengua ni desdoro,
si departir con reyes no te hace envanecer,
si no hay rival ni amigo que hiera tu decoro,
si, bueno para todos, te sabes retraer".

"Y si el febril minuto para tí siempre fuera
sesenta victoriosos segundos en un haz,
¡Hijo, hijo! -, del mundo la conquista te espera,
pero más todavía: todo un Hombre serás".

CAPITULO XXXII

La Brigada 2506 en las arenas de Girón. Aumenta el éxodo de los cubanos después de la fallida invasión. Nuevas organizaciones en el exilio. Reunificación del Partido Auténtico. Nuestro Presidente nos dice adiós.

En las arenas de Playa Girón y en los pantanos de Zapata, mil hombres se vieron abandonados por el gobierno más poderoso del mundo.

Norteamérica es nuestra amiga, y lo fue siempre, pero el hombre que en cada momento dirige sus destinos es tan capaz de la traición como de la ayuda sin límite. Un Presidente puede estar tan lejos de otro, en este país en que hemos sido acogidos, como Kennedy de Reagan.

Abril de 1961 fue el momento relativamente fácil de rescatar a Cuba del imperialismo soviético. El día 1 de enero de 1986 se cumplieron 27 años de aquel en el que un poder extra-continental estableció una tiranía que viola todos los tratados inter-hemisféricos.

En el mar murieron de hambre y sed un grupo de brigadistas que escaparon de la metralla de los aviones de Castro en una embarcación, que no encontró quien los auxiliara.

No se enviaron unidades navales a los mares cercanos a Bahía de Cochinos para la posibilidad de rescate.

El abandono de aquel grupo de más de mil hombres, fue absoluto y sin piedad.

Sólo el destino salvó a la gran mayoría, los que no fueron ultimados para poder venderlos al gobierno de la rica nación que los había abandonado.

Veinte meses transcurrieron con numerosos incidentes, antes de que los prisioneros fueran cambiados por drogas y alimentos que enviaba este generoso país y pueblo norteamericano.

Se formaron comisiones de familiares de los presos, encargadas de los trámites, tanto en Estados Unidos como en Cuba.

En dos ocasiones vino un comité de 10 prisioneros a Miami, al principio de las negociaciones, después que el tirano de nuestra Isla anunció que los cambiaría por tractores.

En la comisión de familiares de los presos de esta ciudad, se distinguieron por su labor constante, Ernesto Freyre y Enrique Llaca. En la que trabajaba en La Habana, tratando de mantener unas buenas relaciones con los carceleros del Castillo del Príncipe, estaban Delia Reyes de Díaz, la viuda de Pelayo Cuervo, Conchita Mendieta, Berta Barreto, y otras, todas ellas madres de prisioneros de guerra.

Desde Miami teníamos contacto bastante directo con el Comité de Cuba, que nos ofrecía información sobre nuestros hijos.

En la situación económica precaria en la que la mayoría de los cubanos exiliados nos encontrábamos, el Dr. José Manuel Gutiérrez, Decano de la Escuela de Pedagogía —quien había preparado una lista de las credenciales de los Profesores de la Universidad de La Habana que vivíamos en esta ciudad— me trasmitió un ofrecimiento de una de las Universidades del Estado de Georgia que necesitaba un profesor de Psicología con $900 de sueldo mensual, lo que rechacé por no abandonar Miami, donde todas las madres nos sentíamos más cerca de nuestros hijos.

En algunos períodos durante los veinte meses de prisión, el gobierno de Cuba permitía correspondencia, censurada por supuesto, que en otros períodos suspendía.

En una ocasión me llegaron noticias de Elia Lemes de Varona y de Victoria de Caturla Bru, las que visitaban a los prisioneros, de que Carlos, mi hijo, estaba castigado en bartolina desde hacía unas semanas.

Días después supe que tendrían visita y llamé a La Habana a Delia Reyes de Díaz, para que tratara de ver lo que podía hacer por mi hijo.

Me prometió hacer lo que estuviera a su alcance.

Por la noche volví a llamarla y me informó que el jefe de la prisión le había ofrecido terminar el castigo y dejarlo salir de la bartolina hacia el salón de visitas. Me contó mi amiga como llegó al local, donde, entre otros muchos visitantes, estaba ella esperándolo. Lo vió sucio de las semanas sin aseo, ya que las bartolinas son habitaciones pequeñitas, oscuras, a las que pasan por una ventanilla la comida y sin más utensilio que un retrete; ni una cama, ni un mueble, ni una llave de agua.

Desde Miami pude saber algo de mi hijo ese día, desde Georgia no hubiera podido.

Varios meses antes de ser libertados, algunos de los prisioneros fueron trasladados a Isla de Pinos. En Miami estuvimos unos meses sin una sola noticia. Llegó a decirse que se los habían llevado a Rusia. Por eso hubo madres que cuando llegaron sus hijos, en Diciembre de 1962, eran sólo un esqueleto sufriente, como la madre de Uría, hijo del que había sido jefe de Policía bajo el gobierno del Dr. Prío.

A mí me ayudó bastante, durante esos meses de angustia, el estar trabajando para el "Welfare" del Estado de la Florida, directamente conectado con el "Emergency Center for Cuban Refugees" creado en febrero de 1961.

En 1962 se celebró dentro del Castillo del Príncipe un juicio por el que a la mayoría de los presos les impusieron 30 años de cautiverio. Cada uno tenía un precio, los que sumados ascendían a 64 millones de dólares.

Como en otros acontecimientos dentro de la prisión, hubo luchas entre los prinsioneros y los milicianos que los custodiaban, y también hubo algún miliciano que se sintió amigo y alguna vez pasó una carta evadiendo la censura.

La comida se reducía a espaguetis sin sazonar, y los alimentos en jabas que los familiares les enviaban, a veces les llegaban, otras por retardada su entrega, se corrompían, y en ocasiones suspendían todo envío de alimentos y de objetos de limpieza. Hubo un tiempo en el que hacían requisas con frecuencia y en las que les quitaban cuantos objetos tenían, provistos por sus familiares.

Con todo, ellos fueron el grupo mejor tratado entre los presos del régimen. No es comparable aquella prisión con las de tiempos más recientes, relatados en los versos de Armando Valladares o en las cartas que alguna vez se reciben a través de canales clandestinos.

A fines de diciembre llegaron los prisioneros de guerra de la Brigada 2506.

Cuando faltaban uno 100 de ellos, el tirano de Cuba dijo que esos no llegarían si no le enviaban un millón de dólares en efectivo. El Cardenal Cushing, de Boston, reunió en 24 horas el dinero.

Y los últimos prisioneros llegaron el día de Nochebuena, 24 de diciembre de 1962. A las once de la noche arribaron a Dinner Key. Entre éstos llegó mi hijo, al que hacía más de dos años que no veía; físicamente delgado como todos, mental y emocionalmente alerta y sereno como cuando dos años antes lo había dejado de ver.

Aquellos hombres, junto con tantos otros que ya estaban aquí, empezaron a luchar por el retorno a Cuba. A ellos y a los demás cubanos que con el tiempo han ido llegando, todavía los sostiene la esperanza del retorno a una nueva Cuba, libre y feliz.

El año siguiente ocurrió la crisis de los "missiles" de lo que tanto se ha hablado en el mundo entero, que es de todos conocida y la que, según se ha repetido, produjo un pacto, llamado Kennedy-Kruschev, el que, suponen muchos, ha sido más un fantasma que una real obligación contraída por los Estados Unidos, ya que en esta grande y poderosa nación, donde reina la democracia, un hombre solo, aunque sea el Presidente de la República, no puede inconsultamente comprometer a todo su pueblo. El Presidente Reagan ha declarado este pacto "informal y sin base legal".

El pacto ha sido aprovechado por los gobernantes que no han querido, o que han temido, enfrentarse a un enemigo que trata de someter a las democracias con sus audaces ataques para asustarlas con una fortaleza que no existe. Y es perder el tiempo pretender que se derogue un pacto que no tiene existencia legal.

Muchos actos destinados a debilitar el régimen castrista fueron impedidos por el gobierno de este país, pero no por un pacto, sino porque esa ha sido una política internacional permanente con la única excepción de Bahía de Cochinos.

Nuevas organizaciones, para combatir el poder de Castro, se crearon. Entre ellas una de las que ha tratado de realizar ataques comandos a la Isla en distintas ocasiones ha sido Alfa 66. Junto con ésta, la organización de jóvenes "Abdala", que ya no son tan jóvenes, representó un papel importante durante la década del 70. Y poco a poco, con la llegada cada año de mayor cantidad de cubanos, al volverse numeroso este exilio, se hicieron también numerosas las organizaciones combatientes.

Durante largo tiempo se trató de gestionar la unificación de ellas. Entre los intentos de coordinación estuvo el proyectado por la organización RECE, junto con multitud de otros intentos.

El ex-Senador Eduardo Súarez Rivas, que ingresó en el autenticismo en sus años finales como Partido en Cuba, se esforzaba por lograr alguna clase de unidad.

Súarez Rivas fue el impulsor de lo que él llamó "la batalla de Washington", puesto que, de acuerdo con su punto de vista y con el de gran número de los cubanos, la situación en Cuba se ha convertido en una pieza del ajedrez internacional, la que los cubanos solos no pueden mover.

Entre las gestiones más importantes emprendidas por el Dr. Súarez Rivas estuvo la de reunificar el Partido Auténtico, con el retorno de Manuel Antonio de Varona y de Carlos Prío Socarrás al Partido, cuyos cuadros quedaron deshechos con la ruptura entre estos dos altos representantes del autenticismo.

En el exilio, usaban el nombre de Partido Revolucionario Cubano (Auténtico) tres diferentes grupos, cuyos jefes habían ostentado cargos dentro del Partido en Cuba.

Estos grupos eran dirigidos por César Lancis, líder de los obreros; por Lomberto Díaz, ex-Senador de Pinar del Río; y por el ex-Representante Mejías, de la provincia de Matanzas.

Suárez Rivas se entrevistó con cada uno de estos grupos y con el Presidente Prío. El acuerdo de reunificación fue unánime. Faltaba entonces la decisión de Manuel Antonio de Varona.

Varona, quien a principios de 1964 se había trasladado a Nueva York, mantenía la organización formada por él, desde que llegó al exilio, nombrada "Rescate Democrático Revolucionario", la que se mantenía funcionando en Miami y en Nueva York, bajo su dirección. En Miami la representaba Mario del Cañal, creador de la Organización de los Municipios de Cuba.

El Dr. Suárez Rivas junto con el Dr. Prío y con César Lancis se dirigieron a Nueva York.

La entrevista de los tres con el Dr. Varona se efectuó en el local de "Rescate".

La reunificación quedó acordada, para realizarse en el "Congreso de Unidad Auténtica", que se celebraría en Miami en junio de 1970.

El Dr. Suárez Rivas vió por fin, el resultado de sus esfuerzos: el Dr. Varona y el Dr. Prío aparecieron saludándose en los periódicos del área.

El Congreso acordó darle al Partido una forma diferente a la anterior, y en lugar de Presidente se nombró Secretario General a Prío, y Secretario del Area Norte a Varona, el que sustituiría al Secretario General en su ausencia.

En el Congreso se reunieron los fundadores del Partido por el que algunos de sus hombres habían expuesto sus vidas en muchas ocasiones desde su fundación en La Habana en 1934.

Años después el Dr. Eduardo Suárez Rivas nos dejó para siempre. El autenticismo del exilio había perdido a un gran luchador.

El Partido Auténtico y la generación del 30 iban a sufrir durante esta década del 70 otra dolorosa desaparición.

En abril 5 de 1977, Carlos Prío Socarrás, nuestro compañero del Directorio Estudiantil Universitario de 1930, del Partido Revolucionario Cubano (Auténtico) y de la clandestina Organización Auténtica, el que en 1948 llegara a la Presidencia de la República de Cuba, decidió, por propia voluntad, decirnos adiós.

Una mañana de primavera en el piso bajo de su casa de Alton Road, en Miami Beach, tomó un revólver dirigido contra su corazón para atentar contra su vida.

La familia, esposa y cuñados, estaban en el piso alto y no oyeron el disparo.

Un jardinero que pasó frente al garaje abierto fue el que acudió, y al ver lo que sucedía llamó de un teléfono cercano al "Rescue" de la ciudad.

Antes de tres minutos la ambulancia llegaba. La familia sintió el ruido de algo que ocurría en la calle, o debajo del primer piso. No imaginaron que se trataba de algo en su propia casa. Se demoraron unos momentos arreglando su atuendo, ya que acababan de levantarse, alrededor de las ocho de la mañana.

Cuando entraron en el garaje por la puerta que daba al piso bajo vieron que una ambulancia salía.

Sin entrar de nuevo en la casa, al darse cuenta de que era Carlos a quien se llevaban, tomaron la máquina de la familia para seguirlo. Por eso no tenían la llave de la casa al volver del Hospital (como fue publicado por la prensa).

La noticia corrió inmediatamente por todo Miami.

Primero se creyó en un atentado, después se supo la verdad.

Sus amigos, reunidos en el lugar donde iba a reposar nuestro compañero para siempre nos preguntábamos ¿cómo ha ocurrido?

Tony de Varona, pronunció un emocionado discurso de despedida a nombre de todos los que habíamos atravesado juntos tantas situaciones.

La familia había acordado que además de Tony, dijera Rafael Rubio Padilla —hermano de Juan Antonio y el que había estado en los últimos días de Carlos, más asiduamente a su lado— unas primeras palabras en nombre de la esposa y las hijas.

Al terminarse el acto, después del corto discurso de despedida de Tony, sus compañeros tuvieron que atenderlo sobre el césped, por la intensidad con que lo había afectado la pérdida de aquel amigo de toda la vida, separados durante pocos años por los efectos de la doctrina comunista, que no sólo ha roto amistades sino profundos lazos familiares, como los que existen entre hermanos y hasta en los estrechos nexos entre padres e hijos.

Los que estuvimos siempre junto a Carlos pensamos que nuestro Presidente había huído de un mundo en el que, su depresión ante acontecimientos incontrolables, le hacía ver cerradas todas las salidas; sólo veía abierta una, y se decidió a salir por ella.

Entre estos acontecimientos incontrolables, estaba sobre todo su profundo sentimiento de disgusto y de impotencia frente a un régimen opresor que parecía eternizarse sobre la Patria.

Carlos quiso realizar mucho más de lo que alcanzó. Vivió deplorando su falta de voluntad, que lo llevó a situaciones políticas, y de diverso orden, en las que él no se hubiera querido encontrar.

Aspiraba desde joven a la humildad, a la austeridad, al esfuerzo continuado, a personificar al hombre intachable, en todos los aspectos, que vivía en sus sueños. Tenía un afán de gloria que su frágil voluntad no le permitió cumplir.

No se hallaba lejos de muchos que, si no por su misma causa, por otra u otras, no logran lo que desde tempranos años quisieron alcanzar.

Al separarse Carlos de nosotros, al abandonarnos para siempre, imaginé que la Tierra le decía en palabras de Walt Whitman: —**"Parte ya, viajero, en pos de los anhelos callados, que nunca satisfacen ni el mundo ni la vida"**. [1]

---

(1) La muerte del ex-Presidente Carlos Prío Socarrá ocurrió el 5 de abril de 1977.

CAPITULO XXXIII

Continúan los esfuerzos por unificar al exilio, los que culminan con la creación de la "Junta Patriótica Cubana". Problemas de la América Central. Los acontecimientos de la Embajada del Perú en La Habana. El éxodo del Mariel. Allanamiento de la Embajada del Ecuador. Cubanos en terceros países. La última reunión del Directorio de 1930 en 1980.

Después de la desaparición del Dr. Carlos Prío Socarrás, los miembros del Ejecutivo y la masa auténtica invitaron al Dr. Manuel Antonio de Varona a trasladarse desde Nueva York a Miami para asumir el cargo de Presidente del Partido Revolucionario Cubano (Auténtico), como estaba previsto en el Acta de Constitución del Partido en el exilio, en el año 1970.

Varona ante la posibilidad de aumentar la intensidad de la lucha por la libertad de Cuba desde Miami, se trasladó a esta ciudad y comenzó la labor de buscar un entendimiento entre las muchas y distintas organizaciones que se habían ido formando para tratar de derrocar al régimen comunista que oprime a Cuba.

El prestigio del Dr. Varona, el respeto por su actividad esforzada y sin tacha a través de los gobiernos en los que había ocupado altos cargos, contribuyó a la creación de la Junta Patriótica Cubana, bajo la que se agruparon la mayoría de las organizaciones del exilio.

Durante la segunda parte del gobierno de James Carter en Estados Unidos, se había favorecido la entrada en Nicaragua, vía Costa Rica, de elementos que con el pretexto de terminar con el gobierno dictatorial de Anastasio Somoza, establecieron, —ayudados por Rusia y Cuba— un régimen totalitario que amenaza toda la América Central, en el afán expansionista y de dominación mundial, que los comunistas no ocultan.

A través de Cuba y Nicaragua extiende la Unión Soviética sus tentáculos hacia el Salvador, donde las guerrillas se mantienen en ataque contra los defensores de la Democracia.

En un documento que ofreceremos en próximas páginas, se expone con mayor detalle el proceso de la subversión en América Central.

El pueblo cubano, al darse cuenta de que había caído bajo el terror de un régimen de opresión comunista, trata de huir de la Isla.

El canal que separa la costa Norte de Cuba del extremo Sur de los Estados Unidos, en Key West, ha sido cruzado millares de veces en barcas o en balsas improvisadas. A este tramo del mar se le llama el "Canal de la Muerte" por tantos cubanos que han perecido en su empeño de llegar a tierras de libertad. Muchas de las balsas han estado formadas por un conjunto de tablas, o por gomas de ruedas de camión. Se supone que la mayoría de los que así huyeron han llegado. Pero no se conoce el número de los que han muerto.

En diversas ocasiones se han encontrado flotando en el canal, balsas vacías, como prueba muda de la tragedia.

Las embajadas de los países que mantenían o mantienen relaciones con Cuba eran y son asediadas por los aterrorizados habitantes de la Isla.

Enfurecido Castro porque algunos lograban su intento de asilarse en una Embajada, le advirtió a la del Perú, en abril de 1980, que le quitaría la guardia que impide la entrada de los cubanos que quieren huir; de los que no es exagerado decir que constituyen más del 95% de la población.

Cuando el pueblo conoció la noticia de la retirada de la guardia, se precipitó dentro de la Embajada del Perú, hasta colmarla mucho más allá de su capacidad de albergue.

Diez mil ochocientos cubanos ocuparon sus habitaciones y jardines. Había asilados hasta en la copa de los árboles.

El mundo entero creyó que ese número era una exageración. Cuando el personal de la Embajada hizo el censo, los números sorprendieron al mundo. Efectivamente había diez mil ochocientos cubanos aglomerados en aquellos pocos metros cuadrados de terreno.

"Los cubanos habían votado con los pies", se dijo. Habían demostrado su repudio hacia el régimen que traicionó a Cuba, a la que convirtió en una colonia del totalitarismo soviético.

En los Estados Unidos el Presidente Carter, al que no sabemos como juzgar, no tomó acción ante la repulsa evidente del pueblo, y permitió el subsiguiente éxodo dirigido por Castro, quien envió a través el puente Mariel-Key West a los individuos que quiso.

Se convirtió —decían muchos cubanos— con el asentimiento del Presidente, en el Departamento de Inmigración de los Estados Unidos.

Vació las cárceles de los presos comunes más peligrosos, los manicomios, los sanatorios de tuberculosos, y los anormales de las instituciones de Cuba, sobre los barcos que iban en busca de familiares, y al hacerlo tuvo buen cuidado de enviar padres sin sus esposas y sus hijos y madres sin el resto de su familia. Dió el ejemplo de sadismo social más grande de la Historia. Todavía gimen muchos su impotencia para reunirse con sus seres queridos. Además de librarse de cuanto elemento indeseable había en la Isla, pretendió hacer aparecer que esa clase de cubanos eran los que habían llenado la Embajada de Perú, y no el inmenso grupo de cubanos valiosos, amantes de la Democracia y de la Libertad que en realidad la invadió.

Algún tiempo después, otro hecho audaz, que desconoció el consagrado derecho internacional de asilo, ocurrió en la Embajada del Ecuador.

Cuando todavía en la ciudad de La Habana quedaban (y aún quedan) asilados de la Embajada del Perú, que salieron con promesas de salvoconductos hacia sus hogares, y a los que no se les ha permitido abandonar Cuba, Castro escenificó el hecho del allanamiento de una Embajada, la del Ecuador.

Había en ella 35 asilados entre hombres, mujeres y niños. Las listas del gobierno ofrecieron 14 asilados. ¿Qué ocurrió con los 21 que faltaban? Todavía no se sabe. Como dice Armando Valladares: ''el cielo sigue azul e indiferente''. Ya el mundo olvidó aquel suceso.

Los que lograron salir de Cuba sin venir directamente a los Estados Unidos y sobreviven en Perú, Costa Rica, España y otros países, encuentran difícil el reunirse con familiares que en algún momento habían logrado entrar y mantenerse en Norteamérica.

La situación de muchos de ellos es desesperada. Los esfuerzos de la Junta Patriótica por traerlos a esta nación donde familiares se ofrecen a hacerse cargo de ellos, han sido poco acogidos por el gobierno y son escasos los que el esfuerzo del Presidente de la Junta ha conseguido traer a esta tierra de Libertad.

Se ha dado el caso de que grupos, después de pisar suelo norteamericano han sido devueltos a los países de donde procedían. Y a un cubano, que hoy vive en la muerte que son las cárceles castristas, se le devolvió al llegar a esta tierra. La inmigración se ha convertido en un departamento cerrado a la libertad.

En medio de estos problemas, tuvo lugar la última reunión del Directorio Estudiantil Universitario de 1930. En septiembre 30 de 1980, quisimos volvernos a ver, después de 50 años, antes de algún día despedirnos para siempre.

Cincuenta años atrás estábamos todos alrededor de los 20, en este momento rondamos los 70. Después de un receso de 47 años, celebramos nuestra última reunión. Dejamos de reunirnos en noviembre de 1933.

Fui la encargada de citar directamente a los que pudiera y a través de algun compañero, a los demás que habían hecho de esta ciudad su residencia permanente.

En aquel momento escribí las páginas que a continuación acompaño.

27 de septiembre de 1980.

"Cincuenta años después, podría pensarse que los actores de aquel drama revolucionario, estudiantil, político, habrían desaparecido."

No. La juventud, excesiva juventud, de los personajes de esa época ha hecho posible que no solo todavía vivamos, sino que gran parte de nosotros todavía luchamos por Cuba, como entonces, como siempre...

Hemos acordado, el grupo de los que vivimos en Miami, reunirnos el 30 de septiembre, martes, a la una, en un restaurante de la calle 7 del North West de esta ciudad."

30 de septiembre de 1980. Restaurante "La Hacienda", una de la tarde.

"Cuando llegué estaban ya muchos de mis antiguos compañeros del Directorio, Justo Carrillo, Polo Valdés Miranda, Antonio Viego, Silvia Martel, Fernando González, el ultimo del 2do. Directorio, es decir, de los no firmantes, como se explica en el Capítulo I."

Estaban además Lincoln Rodón, que era cercano colaborador del Directorio en la Provincia de Oriente, Millo Ochoa, que también trabajaba estrechamente con el organismo y Alberto Saumel, que estuvo siempre luchando junto a nosotros. Saumel fue apaleado junto con Díaz Baldoquín, Tony de Varona y otros que como él necesitaron atención médica el 30 de septiembre de 1930. Estaban cerca de Rafael Trejo, herido de muerte. Alberto Segrera asistió también. No era del Directorio, se había graduado antes del 30 y fue miembro del ABC, el grupo que participaba en la lucha anti machadista."

"La razón de Segrera para estar allí fue una invitación mía, con permiso de los demás, por ser Segrera quien me ayuda en la lectura de estas líneas, que escribo, pero que no puedo leer, para las rectificaciones necesarias. Es un ayudante sin el cual este relato, en parte biográfico, de nosotros los miembros del Directorio del 30, no podría realizarse. Yo creí que era justo que participara de nuestra reunión. Mis compañeros lo aceptaron.

Con mi llegada éramos 10. Faltaba Benigno Recarey, que se disculpó por no poder asistir. Manuel Antonio de Varona, ("Tony" para nosotros), y Juan Antonio Rubio Padilla, llegaron minutos después.

A cincuenta años de aquel 30 de septiembre de 1930, toda la mesa estaba rodeada de hombres y mujeres en desarrollo constante de energía. De ninguno se podía decir que estaba retirado. Alrededor de los 70 años realizábamos actividades sin tregua, algunas al parecer agotadoras, como la de Tony Varona, quien había llegado tarde la noche anterior de su visita, como Presidente de la Junta Patriótica Cubana, a los refugiados y al gobierno de Costa Rica; o la de Juan Antonio Rubio que consulta, a pleno interés médico, seis pacientes por día en el "Veterans Hospital".

"Ninguno se veía cansado, todos, en desafío al tiempo, eran luchadores de poco menos o poco más de 70 años."

"Faltaban por supuesto, muchos de nuestros compañeros; en primer lugar los caídos en la lucha que menciono en otra parte es este trabajo; y después los caídos en la vida, en esa vida, a la que al fin daremos cuenta también nosotros."

" Y aún faltaba uno más, no caído durante la lucha, ni caído en la vida, sino escapado de ésta por la puerta trágica del suicidio: Carlos Prío Socarrás, aquel de nosotros que llegó a ocupar la Presidencia de la República."

"En logros materiales fue él quien llegó más alto, en logros de otra clase, sólo cada uno puede juzgar dentro de sí mismo."

" El encuentro de ese día 30 de septiembre de 1980 se desenvolvió en conversación animada e incesante desde que llegamos alrededor de la una, hasta que tuvimos que separarnos para atender a nuestras personales obligaciones, poco después de las tres de la tarde."

" Nuestra hermandad ha durado más de cincuenta años y nos encontramos hoy, de nuevo luchando por la libertad de la brillante, heroica isla, más sometida que nunca, mientras perseguimos el irrenunciable ideal de una República de Cuba, libre, soberana e independiente.[1]

Ofrecemos una lista de los miembros del Directorio Estudiantil Universitario de 1930, que aún el 30 de septiembre de 1980, poblamos este planeta. "

"Manuel A. de Varona Loredo
Augusto Valdés Miranda
Justo Carrillo Hernández
José Morell Romero
Felipe Martínez Arango
Felipe Pazos Roque
Juan A. Rubio Padilla
Clara Luz Durán Guerrero
Luis Barreras López del Castillo
Fernando González Pérez
Antonio Viego Delgado
Inés Segura Bustamante
Silvia Martel Bracho
Agustín Guitart Campuzano
Benigno Recarey Corona
Sara de Llano Clavijo
Guillermo M. Cancio y Sánchez (2)
Guillermo Barrientos Schweyer (2)
Salvador Vilaseca y Fornés "

(1) Esta fraternal reunión tuvo efecto cinco años antes de que a uno de los reunidos se le ocurriera publicar un libro con grandes inexactitudes y juicios peyorativos de todos sus compañeros.

(2) Desde esta reunión se han despedido de nosotros, Guillermo McKinley Cancio y Sánchez, "Maco" y Guillermo Barrientos Schweyer, "Willy".

CAPITULO XXXIV

Actividades de la Junta Patriótica Cubana. Trasmisión radial a Cuba desde fuera de suelo norteamericano. Boletín mensual "Presencia". Artículos del Presidente de la Junta y el discurso del Dr. Varona ante el VII Congreso Médico Internacional sobre las implicaciones del problema cubano en Asia, Africa y América. [1]

La Junta Patriótica Cubana es una organización que no recibe subsidio de país u organismo extraño alguno. Se sostiene sólo con la ayuda económica, o en servicios, del pueblo cubano en el exilio. La integran muchos cubanos y organizaciones que luchan por la libertad de Cuba. Entre éstos se encuentran hombres y mujeres de la generación del 30.

La Junta publica mensualmente su Boletín "Presencia" el que es también subvencionado exclusivamente con la contribución del exilio. En el Boletín se dan a conocer las actividades de la Junta y el manejo de las contribuciones que recibe, las que están más detalladamente expuestas en libros a disposición pública, y las que en ocasiones se dan a conocer a través de estaciones de radio, escuchadas en gran parte del Estado de la Florida y en la Isla de Cuba.

El Presidente de la Junta, Dr. Manuel Antonio de Varona, publica con frecuencia en el "Diario Las Américas" y en "El Herald en español" artículos en los que enfrenta la situación política y la posición de los Presidentes y funcionarios de países de América que consciente o inconscientemente favorecen el fortalecimiento de la dominación comunista. Uno de sus más comentados artículos fue el titulado "Cuidado con los Pacifistas", publicado en el "Diario Las Américas" del 8 de marzo de 1983 que reproducimos a continuación:

(1) La Junta Patriótica Cubana celebra elecciones cada año y su Presidente Dr. Manuel Antonio de Varona pone su cargo, en cada elección, a disposición de la Asamblea, de acuerdo con la tradición democrática de la Generación del 30 y de los gobiernos Auténticos.

¡CUIDADO CON LOS PACIFISTAS!

Por el Dr. Manuel A. de Varona

"Hay que tener cuidado con los falsos predicadores de la paz, los cuales no son otra cosa que intermediarios del comunismo, encargados de una función precisa dentro del cuadro del monstruoso plan soviético de esclavizar al mundo".

"Estos "pacifistas" contumaces actúan de una manera extraña: ellos, indignados inculpan a Occidente y especialmente a los Estados Unidos de supuestas agresiones o actividades guerreristas, pero jamás se les escucha la inculpación contra Moscú u otros satélites comunistas por reales y graves atentados contra las normas de convivencia internacionales, y contra la paz".

"Esos sospechosos "pacifistas" condenaban lo que llamaban "la agresión norteamericana en Corea, mientras callaban la ocupación de Corea del Norte por la China comunista".

"Lo mismo sucedió en Viet-Nam: se condenaba a los Estados Unidos por ayudar a Viet-Nam del Sur pero guardaban silencio ante la agresión de Ho-Chi-Mih hasta que lograron que se concertara el Pacto de París que facilitó a los comunistas el dominio total de Viet-Nam y la invasión posterior de Cambodia. No protestaron nunca los "pacifistas" por la matanza de poblaciones enteras en ese país, ni por los millares de hombres, mujeres y niños que se ahogaron en el mar al tratar de escaparse del terror rojo implantado en Viet-Nam".

"Estos "pacifistas" que disfrutan de las comodidades de Occidente y de garantías para sus actividades, piden la retirada de las tropas americanas de Europa, pero no se incomodan por la presencia de divisiones soviéticas estacionadas sobre el río Elba".

"Los "pacifistas" advierten airados las supuestas agresiones americanas contra el régimen sandino-comunista establecido en

Nicaragua y el embargo económico a la Cuba castrista, al mismo tiempo que aprueban con escandalosa publicidad a las guerrillas que arma y entrena el tirano Castro y la Junta Sandinista en Centro América, específicamente en el Salvador, Guatemala y en casi todos los países del Pacto Andino que apoyaron al Frente Sandinista".

"Los "pacifistas" organizan demostraciones para que se reduzcan los armamentos nucleares...pero de un solo lado. Jamás se refieren a los que el imperio ruso tiene ya instalados amenazando a Europa. Agitan a las juventudes de este Continente para que protesten de la instalación de reactores nucleares americanos en su territorio pero les ocultan taimadamente a esa misma juventud la amenaza que es para ellos la instalación de los cohetes nucleares rusos que ya apuntan a sus países".

"Los soviéticos insisten en mantener los misiles nucleares SS-20 mientras acusan a los Estados Unidos, Francia, Alemania, Inglaterra, etc., porque tratan de equilibrar el poderío nuclear ruso y siguen acusando a la OTAN de guerrerista a pesar de que es la Unión Soviética la que se niega a aceptar la "Opción O" que ha propuesto el Presidente Reagan y que es la verdadera garantía de paz".

"La misión de los "pacifistas" es la de amortiguar, con sus insidiosas demostraciones ante la opinión pública, las agresiones de los comunistas contra los pueblos libres. Ellos gritan: "¡He aquí el agresor!" y señalan a la OTAN y a los norteamericanos para que pueda escapar el verdadero agresor, que es Rusia, con una presa más, un nuevo pedazo de tierra arrancado al Mundo Libre".

"Así los "pacifistas" son 'CRIMINALES DE PAZ', título de la obra del rumano-Crisus Axente. Allí él expresa que no sólo existen criminales de guerra, sino que hay igualmente criminales de paz; aquellos hombres, políticos e intelectuales de las democracias occidentales, quienes, ocultan la verdad a sus pueblos, les pregonan la paz y los instan a la negociación con sus futuros asesinos".

"Hay que pactar con los guerrilleros", como ahora se pide al gobierno de El Salvador, para que luego los guerrilleros les corten la cabeza como sucedió en Viet-Nam a virtud del Pacto de París".

"Estos hombres le hacen el juego al comunismo y preparan la tumba de sus naciones. Ellos son criminales, más peligrosos que los criminales de guerra juzgados en Nüremberg".

"Para hablar de paz, de negociaciones, de coexistencia, de controlar armamentos nucleares, los que han invadido y esclavizado a tantos pueblos tienen primero que restituir la presa robada y luego será cuando podrán sentarse para considerar el control de armamentos con la debida inspección, y establecer las bases de una paz verdadera".

"Los "pacifistas" son verdaderos conspiradores contra la paz. Los agresores permanentes contra la paz, contra la independencia y la libertad de otros pueblos se encuentran en Moscú y en sus satélites. Esta es la razón por la que de esos "pacifistas", agentes encubiertos del comunismo, no presenten una nota de protesta por la masacre de los tanques soviéticos sobre el pueblo húngaro ni por la invasión de Checoeslovaquia ni por la más reciente ocupación de Afghanistán, ni por la implantación en Polonia del estado de emergencia para despojar a los trabajadores polacos de sus derechos a constituirse en sindicatos independientes. Ese es "el paraíso comunista de los trabajadores".

"En definitiva, el "pacifista" no quiere la paz, quiere que el mundo se desarme para que sea más fácil a la metrópoli marxista esclavizar a todos los habitantes del Globo Terráqueo".

Dr. Manuel A. de Varona
Miami, 7 de marzo de 1983
(Publicado en el DIARIO LAS AMERICAS
el miércoles 9 de marzo de 1983 y
en el MIAMI HERALD -(PALESTRA)- el sábado 19 de marzo de 1983)"

Acto de clausura del Congreso de la Junta Patriótica Cubana al que asistieron delegados de distintos Estados de esta nación y de Centro y Suramérica. Mayo de 1985.

Otra de las contribuciones de la Junta Patriótica Cubana y de su Presidente a la difusión del intento de dominio mundial del comunismo que se impone sobre Cuba, el Caribe y América Central, ha sido el discurso pronunciado ante el VII Congreso Médico Internacional el 2 de junio de 1983, celebrado bajo la dirección del "Colegio Médico Cubano en el exilio", que tanto lucha, con su Presidente Enrique Huertas, por dar a conocer los problemas de Cuba, y por conseguir ayuda para su liberación.

Ofrecemos aspectos importantes de este discurso en las páginas que siguen, en las que se destaca la situación de Centroamérica y de países de Asia y Africa cuya grave situación ha sido intensificada u originada como consecuencia del establecimiento de la base soviética en Cuba.

"Cuba era un país agrícola-industrial muy avanzado, con una enorme riqueza en explotación, con un comercio internacional de alrededor de mil millones de dólares anuales, lo cual le permitía abastecerse de todo cuanto la humanidad producía, para satisfacer holgadamente la totalidad de las necesidades de su población, con una moneda a la par que el dólar. Tenía tres veces más líneas de ferrocarril por kilómetro cuadrado que esta gran nación y el gobierno de Washington describía al cubano como uno de los pueblos mejor alimentados del Mundo".

"En esta Sesión del Colegio Médico debemos recordar que en sanidad e higiene Cuba era probablemente el primero del orbe. Teníamos, de acuerdo al tamaño, el doble número de médicos, dentistas y maestros que los Estados Unidos y una tasa de mortalidad infantil y general inferior de la de este país. Y para conocer el estado de la medicina y de la sanidad es necesario leer la exposición del Dr. Joao Baptista Aguiar Sequeira, brasileño, que dice: "De los 6,500 facultativos que ejercían en Cuba, más de cuatro mil salieron, por lo que se precipitaron los cursos de medicina y se graduaron médicos sólo en tres años de estudios".

"No se pueden calcular los casos de hepatitis. Los campesinos sufren el ataque del parásito "Necatur Americanus" que se introduce por los pies. Al parasitismo se une la anemia y la falta de defensas orgánicas".

"La gastroenteritis se eleva a doscientos por cada cien mil habitantes. Otra grave epidemia es la disentería que había dejado de existir en Cuba desde 1935.

"La industria farmacéutica, que llegó a exportar productos en 1957 por valor de más de un millón de dólares, (dato del libro de geografía de Núñez Jiménez, funcionario comunista), está totalmente destruída; como consecuencia la escasez de medicamentos es notable y se ve suplida en parte por los exiliados que envían a Cuba más de tres millones de dólares en medicamentos a sus familiares, y de la mitad de estos son despojados en las aduanas".

"El Dr. Aguiar Sequeira, opinó como resumen de lo observado en su visita —que "la salubridad pública cubana bajo el comunismo está en precario por falta de recursos, por carencia de técnicos y por negligencia culpable de las autoridades".

"El periodista Richard G. Capen, Jr., Editor de EL MIAMI HERALD, que acaba de regresar de Cuba, nos describe la desesperada situación de la Isla Esclava; y no es un cubano "apasionado" el que lo dice. Es un autorizado periodista norteamericano. "La Habana actual está deteriorada". "Toda la ciudad necesita desesperadamente un ejército de reparadores". "Las que fueron hermosas residencias han sido transformadas en llamados hogares de niños, o escuelas destruídas por el abandono. Hay una incalculable desesperada escasez de viviendas. Toda Cuba está semi-destruída".

"La represión de los Comités de Defensa de la Revolución (C.D.R.), la comprobó por el control sobre la población y el terror en que vive el individuo".

"La educación que reciben los niños en forma de adoctrinamiento lo dejaron abismado. La educación es gratuita, pero los jóvenes estudiantes tienen que pagar sus estudios recogiendo cosechas y las escuelas rurales incluyen treinta horas a la semana de clases y quince horas de trabajo en los campos. La enseñanza llega hasta el sexto grado; para los estudios superiores el estudiante debe ganarse informes de disciplina política y la asistencia a la iglesia descalifica al joven. Luego, la educación no es libre ni gratuita".

"En cuanto a la economía, Rusia subvenciona a Cuba en cuatro mil millones de dólares al año, pero Cuba debe pagar comprando petróleo, armamentos y otros productos rusos por el mismo valor".

410

"El contraste entre la miseria allí y los impresionantes logros de los cubano-americanos en el Sur de la Florida fue abrumador".

"Regresé con un orgullo y un aprecio por los éxitos alcanzados por casi un millón de cubanos venidos a este país en los últimos veinticinco años. Son un maravilloso ejemplo de todo lo que este país ha representado por más de doscientos años".

"El millón de cubanos en los Estados Unidos genera más del doble que el producto nacional bruto del imperante sistema castrista con diez millones de cubanos".

"Cuba es hoy una nación bajo el neo-colonialismo de la Unión Soviética ocupada militarmente por un ejército de tres mil a cuatro mil asesores militares y ocho mil técnicos civiles".

"Cuba es una Isla subyugada por una potencia extracontinental que tiene al pueblo sometido a una implacable tiranía que le hace padecer terror y hambre, con el consentimiento y la complicidad de América, cuyos gobiernos desconocen y violan los Tratados Regionales que los obligan. Mantienen relaciones diplomáticas y comerciales con el tirano, profanando el Acuerdo de Punta del Este, Uruguay, 1962, y cohonestan toda clase de desafueros y violaciones internacionales como es su comprobada conexión con el tráfico de DROGAS, que inyecta millones de dólares a la precaria economía cubana y forma parte del plan general de la Unión Soviética que trata de destruir la moral y la voluntad del pueblo americano, que es el único capaz de oponerse frontalmente al Kremlin en su amenaza de dominio mundial".

"En cuanto a los derechos humanos, allí no se violan, simplemente: NO EXISTEN. En Cuba los derechos humanos fueron arbitrariamente suprimidos en la propia Ley Constitucional que el sistema se ha dado para regirse. Los campos de concentración, los paredones de fusilamiento, los métodos siquiátricos para destruir la personalidad del disidente, las torturas, las vejaciones, los desmanes de los carceleros en el sistema más degradante que conoce la humanidad".

"En este acto que dedicamos a Cuba subyugada, pero no perdida, demandamos la libertad de los presos políticos —que agonizan en las ergástulas comunistas— de inmediato y sin condiciones. Y también la de todos los que están presos en los Estados

Unidos, Venezuela y México".

"Sobre la reunificación familiar, tan justificada, pero de la que abusan muchos aprovechados, declaramos que sólo se logrará la unión de las familias dispersas con la expulsión de los servidores de Moscú de la Isla esclava".

"Las llamadas agencias que se dedican al trasiego de viajeros exiliados entre Cuba y los Estados Unidos y otros países, no pueden resolver la tragedia de la separación familiar que promueve el tirano y de la que bien se aprovecha después".

"Los viajes que se realizan, con el consentimiento de las autoridades americanas, constituyen una explotación por los precios excesivos que cobran, de los cuales recibe el sátrapa participación. Es un negocio sucio que abusa de los sentimientos más nobles del amor filial de buenos cubanos que no se dan cuenta de que ayudan a que continúe el sistema de terror dentro del que viven sus familiares. Los que se dedican a este trato vergonzoso son informantes y agentes del gobierno esclavista".

"Coincide este día, dedicado a Cuba por el Séptimo Congreso Médico Cubano Internacional, con la celebración este próximo lunes de la Declaración de Independencia de los Estados Unidos: el 4 de julio de 1776, Fiesta Nacional en que se recuerda con orgullo y fervor patriótico la gesta emancipadora donde tantos norteamericanos demostraron su amor a la libertad que culminó en el establecimiento de esta gran nación, líder del Occidente Democrático".

"La conspiración internacional comunista contra los Estados Unidos de América, a través de diabólicos recursos de carácter psicológico y propagandísticos, se ha infiltrado en variados sectores de la actividad nacional por lo que hay gran cantidad de individuos confundidos y a veces traidores que le hacen el juego a esta gran conspiración en contra de su Patria. De ahí que Uds. encuentren a tantos funcionarios del gobierno y a tantos legisladores, llamados "liberales" que se autotitulan "pacifistas" y que se oponen al incremento de las armas nucleares EN LOS ESTADOS UNIDOS, mientras Rusia SIGUE AUMENTANDO LAS SUYAS y consolidando su posición, la que constituye una real amenaza para todo el Planeta".

"En este aspecto de la competencia armamentista, nosotros afirmamos que Rusia no está dispuesta a una confrontación sino que usa el chantaje para tener al Mundo preocupado y distraído, mientras avanza y expansiona su radio de acción por medio del terror y las guerrillas en Africa, Asia y la propia América. Ha encontrado que le es más fácil, a sus planes, avanzar mientras los otros discuten qué hacer".

"El sátrapa sirve a sus amos del Kremlin como brazo armado para agredir a otros pueblos, violar su soberanía e intervenirlos como hace en Africa, llevando a la juventud cubana a trabajar como esclavos y a morir por una causa que les es ajena, invocando el internacionalismo proletario para beneficio de la Unión Soviética. Lo mismo que prepara guerrilleros y terroristas para agredir y desestabilizar la economía y el sistema político de los países de América Latina, para después incorporarlos al hegemónico Imperio Ruso".

"Es lamentable la falta de visión de las grandes potencias occidentales que permiten el aventurismo del títere caribeño que exporta y fomenta revoluciones por doquier. Con este propósito tiene organizada en Isla de Pinos —la llamada "Isla de la Juventud" un centro de adoctrinamiento marxista-leninista y de entrenamiento de espías, terroristas y guerrilleros. Allí se han establecido diferentes centros de enseñanza y hasta una Universidad "Patricio Lumumba". Asisten a estas escuelas millares de jóvenes llevados de todos los países, con los gastos pagados por becas que concede el régimen, mientras el pueblo carece de lo más elemental para atender a sus necesidades básicas. Estos jóvenes ya formados, convertidos en delincuentes, regresan a sus países de origen o a otros para fomentar la subversión y esperar el momento en que les den la orden de comenzar su labor destructiva. Al principio serán actos de protesta por cualquier motivo, después sabotajes y cuando el terreno esté propicio se organizan las guerrillas urbanas o rurales, según sean las condiciones y peculiaridades del país".

"El imperialismo ruso necesita el caos para triunfar y eso es lo que está preparando su sirviente en la "Isla de la Juventud". PREGUNTAMOS: ¿No hay reglas o disposiciones en la O.E.A. o en la O.N.U. que impidan estas criminales actividades? ¿Hasta cuándo se va a permitir esta labor aventurera contra la estabilidad y la paz del Mundo? ¿Por qué no se ocupan de esta amenaza para la paz de Centro y Sur América los flamantes Ministros del Grupo Contadora?"

"La grave situación que está estremeciendo al Caribe, a Centro y Sur América, la advertimos hace más de veinte años, nosotros los cubanos, y la hemos seguido advirtiendo, pero nadie nos prestó atención. No quisieron entender el problema de Cuba y las implicaciones que traería para Hispanoamérica. Eran exageraciones de los cubanos. Ya esas exageraciones son una sangrienta realidad y la generalidad de los países sufren en su territorio y en su economía lo que prevenimos a tiempo".

"Ahora nos darán la razón aunque algunos demagogos ocultan la cabeza como el avestruz y sigan haciéndole el juego al verdugo de un pueblo amigo como cobardes marionetas".

"Mientras advertíamos el peligro, en 1961, se produjo la invasión de Bahía de Cochinos por la Brigada de Asalto 2506, que resultó derrotada porque fue abandonada a su suerte —en acto criminal y cobarde— suprimiéndole la cobertura aérea prometida. Fue grave error de la administración del Presidente Kennedy. Muchos lo califican de traición. Yo personalmente lo atribuyo a una debilidad dada la inexperiencia de un Presidente demasiado joven y en estreno; hacía tres meses que había tomado posesión. Ese error se volvió a cometer en la crisis de los misiles en Octubre de 1962. Los cubanos fuimos los primeros en detectarlos y denunciar su presencia en la Isla. Comprobada por el Gobierno de los Estados Unidos, el Presidente Kennedy amenazó con un bloqueo. Nosotros recomendamos la confrontación para destruir las bases de los misiles, pero los asesores del presidente aconsejaron la negociación y se intercambiaron las cartas Kennedy-Kruschev. Rusia se comprometió a retirar los misiles, sin cumplir después con la inspección sobre el terreno, y Kennedy se comprometió a garantizar la permanencia de la base rusa que se convertía en real amenaza para el Continente".

"El gobierno de los Estados Unidos se mostró eufórico, en su miopía, había ganado el incidente, pero Rusia fue la que salió victoriosa. Norteamérica cedió un vital territorio al Kremlin, que pasaría a ser santuario del aventurerismo paranoico para la invasión metódica y gradual de Centro y Sur América, mientras se comprometió a impedir a los cubanos libres cualquier acción que pudiera disgustar a la nueva metrópoli".

"Después de estos fracasos, los forjadores de la política Norte-Americana concibieron la idea de la "VITRINA". Cuba serviría para mostrarla a los pueblos del Continente, para curarlos de la epidemia roja, lo que representaba en realidad el comunismo y que como en Cuba los ejércitos serían destruidos, los pueblos perderían su libertad y los obreros y campesinos pasarían a ser esclavos y siervos del Estado".

"Pero la VITRINA resultó todo lo contrario. No mostraría lo pernicioso del marxismo-leninismo, sino que la situación que padecían los pueblos bajo arbitrarios regímenes políticos, económicos y sociales, les hizo creer en la aparición de un reivindicador de sus males, que iba a vengar la política explotadora del gigante del Norte. Y esa tesis, desplegada por los comunistas, fue bien acogida por la demagogia de los políticos, por los resentidos y frustrados de la sociedad, por los propios gobiernos que vieron con complacencia la oportunidad de chantajear a los Estados Unidos y sacarle financiamientos para sanar sus deudas y cubrir la fuga de capitales que se producía por el miedo de los inversionistas a que pudiera repetirse en sus países otra Cuba".

"Rusia ha conseguido la impunidad de su satélite y ve satisfecha que le han abierto las puertas para conquistar lo que se llama "el traspatio de los Estados Unidos" y no desaprovecha la ocasión y ordena a su siervo —para quien la aventura es íntimo gozo— la formación de grupos guerrilleros para comenzar las acciones que han de desestabilizar la economía, destruir la credibilidad de los gobiernos, amedrentar a los empresarios, movilizar a los resentidos, estudiantes y tontos útiles, preparando así las condiciones para apoderarse de los gobiernos y conquistar nuevos territorios. Esto es lo que está sucediendo y es lo que hemos estado advirtiendo durante veinticuatro años. Hasta hay numerosos infiltrados y espías en los Estados Unidos que ya se siente amenazado. Ahora es cuando empieza a despertar el gigante dormido y se da cuenta del peligro, aunque los "liberales", haciéndole un gran servicio al comunismo, se muestran incrédulos ante la realidad. Mientras tanto otros gobiernos que ya sufren la agresión y tienen las guerrillas dentro, todavía dudan de si será mejor un mal arreglo que un buen pleito, con ingenuidad, que los hace cómplices de la traición internacional comunista. Se oponen a la intervención que autorizan los tratados para expulsar a la potencia extracontinental que sí interviene sin base legal, nuestros países, para lograr la dominación del Continente".

"Esta política expansionista cuenta en el Caribe con Grenada [1] y en el propio Continente, con Surinam, Guyana y Nicaragua. En todos hay influencia determinante del Tirano de Cuba; y Nicaragua es el instrumento, con más de seis mil cubanos, para sostener las guerrillas en El Salvador con el propósito de tomar el poder y proseguir a otros países, Honduras, Guatemala, Costa Rica, Venezuela, Colombia y Perú, porque el propósito es toda la América".

"Cuando la agresión es más grave aparece el Grupo Contadora, integrado por Colombia, Venezuela, Panamá y México, cuyos pueblos tampoco disfrutan de seguridad, proponiendo negociaciones y un plan de PAZ, que no dicen en qué consiste, pero que a todas luces se infiere que lo que pretende es dar participación a los guerrilleros en el gobierno de El Salvador, y convalidar la traición de los nueve comandantes que esclavizan Nicaragua. De aceptarse esta "PAZ" se daría lugar a que Nicaragua se fortaleciera militarmente y que los comunistas ganen tiempo para después, mejor preparados, avanzar sobre el resto de Centro América, y no ya las guerrillas, sino verdaderos ejércitos internacionalistas bien equipados para dominar toda la región; avanzar hacia el Norte por México y hacia el Sur, y a través de Panamá, por Colombia".

"Para que estos diabólicos planes —al que hacen el juego los propios países que están en la mirilla del Imperio Ruso— no prosperen confiamos en la comprensión, la decisión y el valor del Presidente Ronald Reagan, que con su tenacidad ha de vencer la resistencia de los "liberales" y del Congreso, convenciendo del peligro a la opinión pública americana y, para evitar la catástrofe, continuar la ayuda al Gobierno de El Salvador y a los combatientes de la libertad en Nicaragua y estar prevenidos y listos para entrar en

---

(1) En la fecha del discurso todavía no habían sucedido los hechos que expulsaron de allí el Comunismo.

combate si las circunstancias lo requieren porque a la intervención marxista-leninista hay que oponerle la contra-intervención establecida en los Tratados Hemisféricos, y aplicarle el de Río de Janeiro (TIAR) que da los medios para detener la agresión y expulsar a los usurpadores ya que ello no constituiría una intervención ni una merma de la soberanía, como lo declara la carta de la O.E.A. aprobada en Bogota, Colombia, 1948; y la Carta de las Naciones Unidas sobre el derecho de todos los pueblos del Mundo a su independencia y autonomía; y la Resolución de las Naciones Unidas sobre la descolonización de todos los imperios del Mundo de 1960/72; y la Resolución de las Naciones Unidas de diciembre de 1976 sobre la justificación de prestar apoyo armado a los pueblos subyugados en su lucha por liberarse del yugo colonial".

"No es un secreto que el comunismo está en evidente quiebra económica en los países que subyuga y que por una contradicción inexplicable se mantiene por financiamientos de bancos internacionales del mundo entero".

"El sistema es un absoluto fracaso, lo cual trata de ocultar con su agresividad expansionista. Su conducta de abierto desafío parece tener como propósito evitar que los pueblos bajo su dominio se subleven, lo que produciría el desplome total del marxismo-leninismo. En consecuencia hace ostentación de su poderío nuclear y de su pretendida superioridad militar respecto a los Estados Unidos y la OTAN".

"Ante las dificultades internas y la escasez que sufre el pueblo, el Buró Político les sigue sosteniendo que son transitorias, y a cambio les ofrece las conquistas que va logrando con su audacia internacional y sus descarnadas actividades intervencionistas a las que agrega una bien dirigida campaña psicológica y su mentirosa propaganda acerca de los "logros comunistas". Logros en los que incluirán la ocupación de Afghanistán y de los países del Asia, Africa y América".

"El imperio soviético ha podido ejercer un moderno y terrible colonialismo, brutal y despiadado, en Viet-Nam, Laos, Camboya, Corea del Norte, Iraq, Yemen del Sur, en Asia; Algeria, Angola, Congo, Etiopía, Libia, Mozambique, en Africa; y Cuba, Grenada, Nicaragua, Guyana y Surinam en América. Aprovechando la confusión de muchos, la traición de otros, los errores de gobiernos y la debilidad de Occidente y de los Organismos Regionales y Mundiales, se han esclavizado todos estos pueblos, lo que parece increíble que pueda ocurrir en pleno siglo XX''.

Pero para que todo no luzca tan sombrío, tenemos que señalar los movimientos de repudio en Polonia, Checoeslovaquia, Rumanía y los que ya afloraron en la propia Isla nuestra''.

''La reacción de los gobiernos de Europa es alentadora, así como la posición firme que está adoptando el gobierno del Presidente Reagan. Ellos se han dado cuenta de que es menester ejercer presión de orden político, económico y hasta militar similar o superior a la ejercida por Moscú y Cuba —como medio de detener la amenaza—''.

''También estamos en presencia de una propaganda nociva que debemos impugnar y destruir: la Propaganda del MIEDO''.

''Desde que el comunismo hizo presa de Cuba TODOS los gobiernos tienen MIEDO''.

''Esta propaganda es utilizada hábilmente con cada gobierno por todos los agentes del Kremlin:''

''MIEDO a que le llamen reaccionario.

MIEDO a que le llamen derechista.

MIEDO a que le llamen explotador.

MIEDO a que le digan intervencionista.

MIEDO a que le llamen Anti-comunista, anti-obrero, racista...''

''Tratan de infundir MIEDO al Gobierno de Venezuela por el caso del Dr. Orlando Bosch''.

''Nosotros tenemos que destruir todos los MIEDOS. Denunciar, a plena voz, que el MIEDO es parte esencial de la estrategia comunista, para provocar la inacción del individuo y lograr más fácil la desestabilización de los pueblos''.

''El MIEDO es un mal a vencer''.

"Los cubanos, en esta larga lucha de más de veinticuatro años, probamos una vez más, emulando a los fundadores que lucharon más de setenta años por la Independencia, que somos una raza que no se deja vencer por la adversidad".

"En la lucha por el regreso, no nos damos por vencidos y no cejaremos hasta expulsar a los interventores soviéticos de nuestra Patria y restablecer la paz y el sosiego en la tierra de Martí, de San Martín, de Bolívar, de Juárez y de todos los precursores que lucharon y murieron para dejarnos un Continente de libertad, de esperanza y de justicia".

"Nosotros sostenemos que no hay en todo el Universo un solo ser humano que escoja o admita voluntariamente vivir detrás de muros o de rejas, llámense "cortinas de hierro, o de bagazo" o de cualquier otra forma que signifique opresión y esclavitud".

"El ser humano nace libre y tiene derecho a vivir en libertad".

"El exilio ha sufrido muchas crisis durante estos largos años. Han sido muchas las desavenencias y los criterios encontrados y, con excepciones, se hizo un alto y después de muchos esfuerzos las organizaciones se dispusieron a juntarse, como sentenció el Apóstol. Despojados de intereses pequeños y rencores infecundos, después de tantos años de vivir separados, nos comprometimos a sumar los esfuerzos, en todo lo posible y se constituyó la JUNTA PATRIOTICA CUBANA en abril de 1980".

"En la Junta y en sus organismos rectores está presente toda la gama representativa del Exilio. Todas las edades y hombres de todas las tendencias de Cuba aparecen en sus filas, incluídos profesionales, obreros, organizaciones revolucionarias, cívicas, comerciales, sociales y patrióticas. En la Junta no está el que no ha querido estar".

"En el aspecto ideológico existen representativos de diferentes ideas y todos luchamos por una democracia económica y social en un régimen de libre empresa, con amplio sentido de justicia social, con respeto a los derechos fundamentales del hombre, sin concesiones claudicantes de la soberanía nacional y se repudian todos los sistemas unipersonales totalitarios y todas las dictaduras, ya sean de derecha o de izquierda".

"Al reunirnos este día con los médicos que han querido hacer un alto en sus actividades científicas para dedicarlo a Cuba, que sufre la peor de las ignominias, creemos necesario recordar dos hechos que muestran un cambio en la política del actual gobierno del Presidente Ronald Reagan, en contradicción con los que le han precedido, que ignoraron el peligro que amenazaba a esta gran nación, primero reafirmando su ayuda económica y militar a Centro América y después mostrando una alta comprensión y un reconocimiento a la razón de la lucha que libramos los cubanos contra la tiranía comunista que oprime a nuestra Patria".

"La actitud de este gobierno se hizo evidente en la visita que el 20 de mayo, día en que conmemoramos los cubanos la fecha de la Independencia Nacional, hiciera a Miami el Presidente Reagan para compartir con los cubanos y decirnos: "quiero asegurarles que no permitiremos que los soviéticos y los secuaces de La Habana priven a otros de su libertad". Y "algún día Cuba también será libre". No creemos que sean meras palabras y sí que reflejen una firme política puesta en práctica".

"Al propio tiempo que los cubanos recibían al Presidente en Miami, en Washington se congregaron más de tres mil cubanos y centro-americanos que desde toda la zona noroeste de los Estados Unidos concurrieron a la Capital en una demostración de apoyo a la política de Reagan y para exponer de nuevo sus anhelos de una Cuba Libre".

"Por primera vez en muchos años se abrieron las puertas de la Casa Blanca y en el Salón Roosevelt, el Vice-Presidente George Busch, recibió oficialmente a una Comisión de la JUNTA PATRIOTICA CUBANA y, además de darles las gracias por el apoyo que recibía, manifestó que los Estados Unidos veían con gran simpatía los ideales de los cubanos y de los pueblos de América Central por la libertad y la independencia".

"Pudiéramos afirmar que estos dos hechos memorables han de tener un resultado positivo y esperemos que las palabras se conviertan en actos decisivos y reales para erradicar al comunismo en América, y cumpliendo con la Enmienda Symms se ayude a los cubanos a expulsar a los rusos de la Isla para restablecer su libertad, pues a la larga poco se logrará con resolver el problema de las guerrillas en El Salvador y destruir el régimen de los Nueve Comandantes en Nicaragua, ya que MIENTRAS CUBA SEA BASE SOVIETICA NO HABRA PAZ, SEGURIDAD NI PROGRESO EN AMERICA''.

"Optimistas debemos sentirnos principalmente en las actuales circunstancias, que evidentemente señalan directrices favorables a nuestra causa. Los Estados Unidos, por primera vez desde el asiento del marxismo en Cuba, su expasión a Nicaragua y sus proyecciones continentales, establece premisas políticas y militares que se ajustan a nuestras advertencias y postulados, emanados de la propia experiencia''.

"En esta lucha por nuestra Independencia, por los derechos inalienables del individuo, para detener la expansión del comunismo, confiamos en la cooperación de los médicos para impulsar y culminar la tarea''.

"Si queremos salvarnos de la amenaza roja que es supremo mal de la humanidad, cada uno ha de realizar su máximo esfuerzo en el orden intelectual, organizativo y financiero. La ayuda y la militancia es inexcusable e indispensable en esta batalla por la democracia, por la libertad, por la supervivencia...''

"Ustedes, señores médicos, son baluarte inexpugnable en la defensa de los altos valores de la humanidad, y merecen el aplauso y reconocimiento por lo que han aportado a la ciencia, por lo que aportan y por lo que sin duda aportarán en esfuerzo, estímulo y recursos a esta lucha por la dignidad humana''.

"De nuestros amigos médicos solicitamos que desde sus regiones pasen telegrama al Presidente Reagan pidiendo que se ponga en vigor la Enmienda Symms, la que convirtió en Ley de los Estados Unidos lo que era solo una "Resolución Conjunta del Congreso'' en 1962, por la que se dispone la ayuda a los cubanos para que puedan restablecer la soberanía y la libertad en su Patria''.

"Hoy es más vital que nunca antes ayudar a los que en Cuba heroicamente resisten y han convertido la protesta sorda de años anteriores en acción, conspirativa y beligerante, como lo demuestran las últimas acciones en que incendiaron dos refinerías de petróleo: una en la provincia de La Habana y otra en la de Oriente''.

"Si nosotros disfrutamos de respeto y de libertad, ¿qué menos podemos hacer que ayudar a los que en la Isla cautiva padecen, desafían el terror y se sacrifican en holocausto!"

"Contamos con ustedes, médicos cubanos, para que arreciemos nuestra lucha hasta lograr el rescate de nuestra Patria esclava para devolverla al concierto de las naciones y pueblos libres".

"¡Convocamos al combate sin tregua para romper las cadenas, para derrotar a los enemigos de la libertad y de la dignidad plena del hombre; para eliminar a los agentes del odio y del terror, a los que esclavizan pueblos con el engaño y la mentira de que los librarán de las deficiencias y la explotación, cuando está probado que los conducen a la más infamante de las tiranías y a la más oprobiosa de las miserias".

"La guerra contra los impostores es sin límites y a toda conse-cuencia. ¡Triunfar o Morir! Esa es la consigna. ¡Libres o Esclavos!, he ahí el dilema".

"Entendamos bien que sólo en el cumplimiento triste y áspero del deber está la verdadera gloria".

Muchas Gracias

Dr. Manuel A. de Varona
Presidente
JUNTA PATRIOTICA CUBANA
Miami, 2 de julio de 1983
Hotel Sheraton Ball Harbour
Sesión dedicada a Cuba por el
VII Congreso Médico Cubano-Internacional

En la segunda mitad del siglo XX ya no basta la lucha armada; la guerra hoy se hace más que con montañas de hierro, con montañas de papel. Además, los complicados y costosos armamentos que hoy re-quiere la lucha armada necesitan, más que nunca, una capacidad económica que no tiene organización alguno en el exilio.

En Cuba las batallas de liberación contra España se habían desa-rrollado a fusil y machete en la manigua. El machete es un arma ob-soleta, y el exilio pobre es el que ofrece la ayuda que puede. No hay gran-des capitales que respalden la creación de un ejército bien equipado.

Y entonces la guerra se libraba en los campos de batalla, hoy se pelea, ante todo, en la radio, la televisión, el periódico, en el aula; y la lucha no es contra una nación, es internacional, o contra un continente, que ha establecido su cabeza de playa en el nuestro. Ahora los soldados que ganan las guerras no sólo son los que cargan el rifle, síno, en mayor grado, los que se baten en el mundo de las ideas.

Entre los soldados que batallan por Cuba en el importante campo actual del pensamiento, se destacan, al lado del Dr. Varona, en la Junta Patriótica Cubana, Jorge Esteva, Luis Casero, Vicente Lago Pereda, Polita Grau, Rosa Serrat, Virgilio Pérez, Noel del Pino, Vicente Grau Imperatori, Clemente Hernández, A. Alvarado y otros de la Generación del 30; Julio Estorino, Vicepresidente de la Junta, José Ignacio Rasco, Uva Clavijo, Ernestino Abreu, Santiago Blanco, Claudio Benedí, Lucy Boronat, Jorge Moniz y muchos más, como los hombres del Partido Auténtico, los de la Asociación de Veteranos de Playa Girón, los de Alfa 66, los de los Municipios y los de otras muchas organizaciones revolucionarias o profesionales. Soldados de la libertad son también los hombres y mujeres de la Prensa de habla hispana, radial, escrita y televisada de esta ciudad de Miami.

CAPITULO XXXV

El presidio político cubano. Miembros de la generación de 1930 en prisión. Las mujeres en el presidio político. Los versos de Armando Valladares. "La muerte se viste de verde". Carta de un preso "plantado" y "Alocución" de otro, desde las celdas tapiadas de la Cárcel de "Boniato", Oriente, Cuba.

Hasta qué grado rebaja el comunismo la naturaleza humana lo revela el tormento por el que pasan los que abandonan la enorme cárcel que constituyen los 120,000 kilómetros cuadrados de la Isla de Cuba.

Dos filas paralelas de hombres y mujeres bordean el paso de los que se van camino hacia el avión. La multitud aglomerada entra en competencia para ver quien descarga más fuertes golpes sobre la cabeza de los que pasan. Quieren demostrarle al régimen de terror qué fieles permanecen a él, muchos a los que unos meses después los vemos acogidos a la protección de esta tierra de libertad.

Da pena ver como el pánico hace comportarse a algunos hombres.

El terror se extiende de un extremo a otro de la Isla. Toda Cuba es un presidio político que tiene como paredes el mar.

No son sólo presos políticos los comunes ciudadanos cubanos, son presos políticos también, muchos que visten el uniforme de militar y de miliciano; que actúan, tan falsamente como los que descargan sus puños sobre los que huyen. Quieren demostrar lo que no sienten y para demostrarlo no los detiene el sacrificar a sus hermanos.

Hay gloriosos hombres y mujeres que no se someten a esa humillación. Ellos forman el numeroso grupo de los caídos en las prisiones o frente al paredón.

Tanto militares como milicianos tienen que dejar sus armamentos en el cuartel, cuando se retiran a sus hogares. No se permite un arma fuera de los cuarteles y fuera de las horas de servicio, ¿como hay quien puede esperar que dentro de Cuba ocurra un levantamiento? Unicamente podrían hacerlo cuarteles enteros. Y ¿qué cuartel puede contar con que no va a aflojar el miedo a alguno de sus hombres?

Dentro de esta inmensa cárcel hay otras más limitadas donde las condiciones de vida son casi imposibles de soportar. El trato en todas ellas es peor que el que recibe cualquier animal, que tiene por los menos alimentos adecuados y algún grado de higiene, del que la gran mayoría de los presos carece.

Entre éstos, los que viven en peor estado son los "plantados", que es el nombre que reciben los que se niegan a ser adoctrinados y a vestir el uniforme verde, que es símbolo de la mal llamada "Revolución." Revolución significa progreso y aquella a la que se refieren estos opresores es la del retorno a las condiciones de los hombres atados a la tierra, de la Edad Media. El grupo rebelde de los "plantados" fue trasladado a la cárcel de Boniato, en la provincia de Oriente, para mantenerlos lo más lejos posible de La Habana, por donde pasan las misiones diplomáticas y periodistas de otros países, a los que se les muestra una Cuba de teatro con escenarios especialmente preparados en lugares determinados, que presentan una imagen bien distinta de lo que Cuba en la realidad es.

Hay mercados para los extranjeros y para los grandes jerarcas, donde se venden toda clase de artículos que la población común ni siquiera conoce, y los que los mayores sólo pueden recordar de la época en la que Cuba no era la infracolonia soviética que es hoy.

En las cárceles castristas mueren, además de los que son llevados al paredón, muchos cuya naturaleza no resiste las condiciones en que viven.

Entre los que han muerto en las cárceles, están por lo menos dos integrantes de la generación del 30, uno de ellos, el Dr. Carlos Guerrero Costales, médico, especialista en vías respiratorias que murió al año y medio de prisión en la Fortaleza de La Cabaña. Carlos Guerrero, miembro del Directorio Estudiantil Universitario de 1930, fue detenido en febrero de 1965. Antes de detenerlo alguien lo había denunciado y al seguirlo, los miembros del aparato de represión del régimen descubrieron a una parte de los que con él conspiraban, entre éstos, Polita Grau, Bebo Herrera Nieto, Alberto Cruz.

Como médico, Guerrero atendía, con los pocos recursos de que disponía, a sus compañeros de prisión. Trabajó un tiempo en la enfermería de la cárcel de la Cabaña, pero su salud quebrantada por las condiciones carcelarias lo llevó a la muerte a mediados de 1966. Año y medio duró aquel inhumano cautiverio.

Alberto Cruz, también de la generación del 30, fue detenido en marzo 13 de 1965. Estuvo preso 15 años, en los que sufrió grandes torturas, entre éstas hubo una que le causó una parálisis temporal de la mitad de la cara. En la situación de debilidad física en la que todos se encontraban por la falta de alimentación adecuada y de atención médica, fue llevado al paredón de fusilamiento con un grupo de condenados a muerte. El era de los condenados a 30 años de prisión, y la impresión que le produjo lo inesperado de verse frente al paredón le causó un desmayo que lo hizo caer al suelo. Al volver a su conocimiento tenía paralizados parte de los músculos faciales.

El 25 de febrero de 1979 lo libertó la muerte de aquella torturante prisión.

Bebo Herrera Nieto, otro de nuestra generación que sobrevivió a la cárcel, fue detenido hacia mediados de 1965. Condenado a 20 años, rechazó los planes de reeducación, y por mediación de dos familiares suyos en altas posiciones en España, fue libertado a los 4 años.

Bebo había estado preso durante el tiempo en el que la totalidad del Directorio había sido arrestado en casa del periodista Rafael Suárez Solis, en enero de 1931, y fue uno de los que le dijeron a Tony de Varona que sangraba profusamente de la herida de cuchillo que había recibido en la espalda cuando Díaz Galup, el jefe de la prisión del Castillo del Príncipe, hizo entrar a un grupo de los peores presos comunes para que entablaran una trifulca con los jóvenes estudiantes. Bebo asistía con frecuencia a nuestras reuniones del Directorio, colaboraba estrechamente con nosotros.

Un preso de nuestra generación que alcanzó la libertad fue Andrés Vargas Gómez, nieto del Jefe de nuestras dos Guerras de Independencia, General Máximo Gómez.

Entre otros miembros de la generación del 30 que han sufrido prisión en Cuba comunista, está Polita Grau, quien permaneció 14 años en distintas cárceles de la Isla, entre ellas, "Guanabacoa", "Guanajay", las granjas-prisión "América Libre" y "Nuevo Amanecer", donde las presas debían realizar duros trabajos agrícolas. Polita antes de ser detenida envió una gran cantidad de niños para salvarlos del comunismo, y después a muchos padres de estos niños, para lo que se vió obligada hasta a falsificar pasaportes. Además dedicaba sus esfuerzos a buscar alojamiento seguro, en casas de familias cubanas, a los perseguidos; uno de éstos fue el heroico preso "plantado" de Boniato, Eloy Gutiérrez Menoyo.

Entre otras muchas presas estaban Sara del Toro, Margarita, su hermana, María Antonia Nickse de Masip, Esperanza Braña, Enriqueta Meoqui, todas estas de la generación del 30; además Pilar Mora, quien dirige las publicaciones del "Presidio de Mujeres de Cuba Comunista", en el periódico "Acción Masónica", Gloria Argudín, Dra. Isabel Rodríguez, Dra. Caridad Vega, Dra. Marta Frayde, Albertina O'Farril, Gloria Alvarez Medina, Vivian de Castro, Ana Lázara Rodríguez, Ester Campos, Mirian Ortega, María Amalia Fernández del Cueto, América Quesada, Juana Luz García, María Magdalena Alvarez, Lilian Correoso, Zoila Aguirre, (la niña del Escambray), María Vidal, Julia Puente, Julia Calvo, María Antonia García Rangel, Clara Alonso, Elba Denis, Nereida Polo, Xiomara Wong, Gladis Hernández, Cristina Cabezas, Clara González, Doris Delgado, Cary Roque, Ester Castellanos, Teresita Bastansuri, Aleja Sánchez Piloto, Zelma Jacin, Teresa Vidal, Gloria Solano, Araceli Rodríguez San Román, Margot Cabrera, Aida Pérez López, que había sido monja y que murió del corazón en la prisión, Berta de la Portilla, Lourdes Oms, hija de Raúl Oms, miembro del Segundo Directorio del 30, Mary Conde, a la que le habían fusilado al esposo Ramón Cubiñas, y al hijo, Berta Machado, Griselda Nogueras, Reina Peñate, Olga Marrero, Carmina Trueba, Barbara y Regla Pérez Pérez, Ilia Herrera, María Cristina Oliva, Blanca Iguanzo, que trabaja hoy en la Junta Patriótica, y muchas más cuyos nombres no han llegado a nuestro conocimiento.

Del presidio de las mujeres bajo el régimen comunista podemos decir que fue tan deshumanizado como el de los hombres.

Diferentes testimonios de mujeres y de hombres en las ergástulas comunistas de Cuba se ofrecen a continuación:

De Esther Pilar Mora transcribimos el siguiente párrafo del artículo publicado en el periódico mensual "Acción Masónica" de Miami, del mes de noviembre de 1983.

Preferimos ofrecer la copia fotostática del párrafo del artículo referido en la próxima página.

...religioso En
ese combate desigual caimos
cientos de mujeres presas. La
primera recogida masiva lo fue
cuando los invasores de Playa
Girón de Oriente a occidente se
desató desenfrenadamente la
más brutal de las represiones,
no eran hombres, eran fieras,
que hambrientas se lanzaban
hacia las inocentes víctimas; fu-
silamientos en masa,
hacinamientos en campos de
concentración, allanamientos
de morada, robo, pillaje, tiro-
teos en esos centros de acu-
mulación, en donde fueron heridos a mansalva hombres y mujeres, no respetando ni el sagrado estado de maternidad, y
así murieron varias al provo-
carles tales desmanes en estado de gestación, abortos, sin
atención médica resultaron fa-
tales convirtiéndose en sacrifi-
cadas cual el inocente cordero
que se inmola en aras de Jehová
para la ira por las afrentas in-
feridas a su sagrado nombre.

Continuará

En el número de diciembre del mismo periódico se publicó el artículo de Gloria Argudín que muestra, tanto como el párrafo anterior, el trato increíble que —en América, a unos pocos años del siglo XXI— reciben las mujeres en el presidio político de Cuba.

Pertenecí al grupo de 65 presas que fueron llevadas castigadas para Baracoa, Oriente siendo hospedadas en una pequeña cárcel de hombres, en la cual la suciedad era mucha y las chinches caminaban por las paredes, eran tres galeras donde muy mal, cabían sólo 20 personas con dos patines, o sea un hueco para poder hacer nuestras necesidades. Le pusimos patines porque era el piso donde se ponían los pies, y una ducha si así es que se le podía llamar, porque lo que echaba era una gota de agua. Durante seis meses seguidos nos dieron de comer carne rusa con plátano verde, tan duros que si se le tiraba a alguna persona le rompía la cabeza. Me enfermé de avitaminosis, y el llamado doctor Octavio de la Concepción se negó a asistirme pero él la pagó pues murió en las guerrillas de Bolivia, junto con el Ché Guevara.

En Baracoa, pasamos la crisis de octubre, imposible es describirles el despliegue de milicianos que nos custodiaban. A continuacion voy a relatarles un hecho que sucedió cuando Manolo Martínez fue jefe de todas las prisiones de Cuba. Dicho señor...diabólico, con porte de nazi, fue el que nos trajo de Baracoa, nuevamente para Guanajay Cuando nos bajaron del camión cerrado en que veníamos como sardinas en latas, me tomó entre varios hombres y cual una pelota me lanzaron por el aire y caí dentro del pabellón D y a golpes a diestra y siniestra me metieron dentro de una celda; junto conmigo se encontraba Isabel Morgado la cual recibió tremenda paliza, cuando lograba una de las dos levantarse para dar algún piñazo la otra caía al suelo; por primera vez en mi vida dije una mala palabra, tremenda y fea a Manolo Martínez, eres...entonces él dijo a qué no lo vuelves a decir contestándole yo, eres muy doble...En otra celda estaban Reina Peñate que le habían quitado la ropa, dejándole un blumer y ajustador sólamente Cuando Gilberto Ramos fue Director del Reclusorio sanguinario hasta más no poder sacó de Guanajay castigada para el pabellón de las comunes locas en Mazorra, allí estuve con la hiena social más grande, con asesinas, prostitutas llenas de

Continuación del artículo de Gloria Argudín.

enfermedades venéreas, que se desnudaban ante nosotras. Ante esa clase de ente uno no puede achicarse sino coger fuerza, teniendo que enfrentarme a situaciones muy difíciles de explicar pero mi moral me hizo vencer aunque ésto para siempre ha dejado cicatrices imborrables en mi corazón. Al cabo del mes y medio me enviaron otra vez a Guanajay, las muchachitas como nosotras llamamos a nuestras hermanas de prisión me gritaban por las ventanas: GLORITA...GLORITA... Contentas porque yo regresaba aún estas viva.

Una vez comenzamos una protesta, tocábamos con unas latas los barrotes de las ventanas trepadas en ellas, entonces una ola de milicianos llenaron el patio del reclusorio, era de noche y unas voces de los miembros del G.2 que allí se encontraban comenzaron a decir

GLORIA ARGUDIN te vamos a fusilar inmediatamente, las demás muchachas dejaron de hacer bulla pero yo les rogué que siguieran haciéndolo, y esta vez si eran balas verdaderas, tiraron muy cerca, pero las otras hermanas de mi celda me bajaron

rapidamente de la ventana, en fin, que Dios no quiso que ese dia me mataran. En otra ocasión nos sacaron a puntapié del pabellón E. para llevarnos a la oficina, metiéndonos de dos en dos en un camión, dejándome para la última, solita y me dieron tanto que me llenaron el cuerpo de morados, las demás recibieron también su paliza. Al regreso de la oficina me dormi en ese piso duro y frio, como si estuviera en un colchón de plumas simplemente porque estaba molida por los golpes.

Si ustedes desean que les siga narrando hechos veridicos siempre estaré a la disposición de la Federación de Masones Cubanos, que tan gentilmente ha proporcionado el medio para que las ex-Presas Políticas cubanas podamos gritarle al mundo como fue y es el presidio político de mujeres bajo el régimen comunista de Fidel Castro. Son mis mayores deseos que estos recuerdos que se les seguirá enviando los escriban en su oportunidad en inglés, para que los americanos despierten y se den cuenta del peligro comunista que se encuentra a las puertas de esta gran nación, poniéndola en peligro

Y la prisión en el G2, de algunas mujeres cubanas, es impresionante. La Dra. Edmunda Serrat, abogado, asumía la defensa de acusados por el régimen. Su modo apasionado de defenderlos determinó su inclusión en la lista de los enemigos del gobierno. El ser mujer no la eximió de ser despiadadamente apaleada durante las semanas de permanencia en las celdas del G2, el cuerpo represivo del Castrato.

Al salir no hablaba con los que trataban de conversar con ella, miraba extrañamente lo que la rodeaba, y antes de dos días murió de modo súbito. Algún método mortífero es posible que fuera usado, según la opinión de anteriores integrantes del aparato represivo cubano. Su eliminación al estilo indirecto de la Unión Soviética obedecía probablemente a que eludían usar otra forma más evidente de asesinato.

El horror del presidio político de los hombres puede mostrarse en las propias palabras de los presos. De los poemas de Armando Valladares, ofrecemos, uno tomado de su libro "El Corazón con que Vivo" y otro, del titulado "Desde Mi Silla de Ruedas".

NOCHE INTERMINABLE

La celda era oscura
como toda la cárcel
el castigo rompía el cerebro
y la piel.
Sus pocas fuerzas eran indoblegables.
De tarde en tarde
las sesiones de golpes.
Era todo su cuerpo
un increíble mapa
de amoratadas costas.
Y pasaban los días
entre torturas y gritos.
Afuera había cielo
y hacía luz.

Adentro, la noche interminable.
Lo sacaron a golpes.
En la pared una hoz y un martillo
sobre un fondo de sangre.
Un proyectil de odio
le horadó las costillas...
En la pared
una hoz y un martillo
en el pasillo
un cuerpo
sobre un charco de sangre.
«Avisa que está muerto»
—dijo el guardia tranquilo—

«Vamos a esperar que se desangre»
—respondió el del fusil—
Y pasaron tres horas
viscosas... aleteantes...

En el camión de la basura
lo tiraron con rabia
—después que colocaron
con cuidado los tanques—
Afuera hacia cielo
y no había luz
adentro siguió la noche interminable.

> *«El autor dedica este poema a la memoria
> de Francisco Morales Menéndez (Paco-Pico),
> asesinado en las celdas de castigo de la Prisión
> de Isla de Pinos el 28 de febrero de 1967.*

"CARCEL DE BONIATO:
RELATO DE UNA MASACRE"

– I –

Es el año del Primer Congreso Comunista
el partido y los organismos de masas
se preparan para este magno evento.
Es Septiembre y el día sigue azul e indiferente.

Cuba es una Isla
rodeada de comunistas por todas partes.
En Oriente está
el Centro de Exterminio y Experimentación
            [Biológica de la Cárcel de Boniato:
no se experimenta con conejos
se tortura y experimenta con hombres
no con cualquier hombre
se experimenta con los presos políticos.

– II –

Un pasillo largo
gris
con cuarenta puertas de terror
con planchas soldadas de acero
con candados rusos enormes.
Adentro la noche comunista
                        [eterna
en dos metros de angustia de largo
por uno de tortura
no se ve jamás la luz del Sol
                        [ni artificial

porque otra plancha
cierra a las miradas
lo que fuera ventana.
El aire está racionado también
no hay baño
no hay agua corriente.
En un rincón como letrina
al nivel del suelo un agujero
no hay papel sanitario
                    [ni otra cosa
hay que limpiarse con los dedos
                        [o no hacerlo.
A veces la diarrea tibia
corre a lo largo de los muslos flacos
se acumulan los excrementos
y sobre ellos una capa palpitante
                        [de gusanos.
La celda está desnuda
ni un mueble
ni un objeto
se duerme en el suelo.
Un grupo de presos políticos hace siete años
es allí brutalmente torturado
no puede verlos nadie
sus familiares nunca.
Con un mañana sin mañana.
No salen jamás de aquellas gavetas
no hay ropas de abrigo
desnudos
cadavéricos y hambrientos.
Víctimas de las torturas
murieron:
        Esteban Ramos Kessel
        Ibrahím Torres Martínez

y José Ramón Castillo . . .
y el cielo siguió azul e indiferente.

— III —

Todo está con rigor científico organizado
sólo carbohidratos hervidos
y pesados con cuidado
novecientas calorías y hasta menos
el hambre que saca los huesos
más allá de la piel
la ausencia de proteínas y vitaminas
va hinchando como sapos
se inflaman las piernas
los testículos y abdomen
sin asistencia médica . . .
Un día nos visitó un capitán de la Policía
                                    [Política
limpio
elegante
marcial y frío
nos explicó con sencillez y cortesía
que el objetivo
del Ministerio del Interior
era convertirnos en guiñapos físicos . . .
                              [aniquilarnos . . .
se inclinó gentil y se marchó.
Pronto se celebrará el Primer Congreso
del Partido Comunista de Cuba
la guarnición de la Cárcel de Boniato
se prepara también para este magno evento.

– IV –

Los cuerpos están cubiertos de costras
                          [resecas y rojizas
como si no alcanzara la piel para cubrirlos
las bocas sangrantes se agrietan
se cae el pelo
y hay gritos de angustia
y pesadillas
y terror que aniquila y enajena
y depresiones y delirios.
A veces llenaban el pasillo
de aquellas tumbas nuestras
listos para golpearnos
y éramos amenazados
y no entraban
y se reían de nuestro terror
y volvían y metían la llave
                          [en el candado ruso
y no entraban
y volvían otra vez
y entraban entonces
y nos pateaban
y así, lentamente
con esmero comunista
los cuerpos y los nervios eran destrozados
y así lo están haciendo todavía . . .

– V –

Es Septiembre y pronto se celebrará
el Primer Congreso del Partido Comunista
y habrá una Constitución flamante
llena de "respeto" por la vida humana . . .

Cuba es una Isla
rodeada de comunistas
no lo olviden.
En la cárcel política de Boniato
hay un Centro de Exterminio y
                    [Experimentación Biológica.
Llegan los sicólogos del Departamento de
                            [Evaluación Penal
y médicos rusos
 con sus interrogatorios agobiantes.
Les interesa saber
a qué hora nos sentimos mejor
o peor
si pensamos en nuestra familia
y qué soñamos
si hemos perdido la memoria,
nos palpan los cuerpos
o extraen sangre para sus experimentos.

— VI —

Laureano tiene la dentadura destrozada
como todos
las encías inflamadas
rojas sangrantes
la boca quemante de llagas
y la tortura dentro de la tortura
una muela
un cascarón casi
le enloquece con su dolor podrido
negro y fétido.
Son inútiles las peticiones
de asistencia dental o médica
una aspirina es tan imposible

como ver la luz del Sol
está prohibido a bayonetas.
Laureano está enloquecido
con una cuchara y un clavo enmohecido
se arrancó él mismo la muela torturante.
Pasaron horas lentas
y el humor invadió su rostro
se gritó pidiendo auxilio médico
gritaron de otros pabellones
retumbaron las voces
en el pasillo gris y largo
llegaron oficiales de la Policía Política
se les habló,
pero también inútil . . .
se marcharon dejando una estela de amenazas.

— VII —

Amaneció en Septiembre con un cielo azul
                              [e indiferente
Laureano estaba grave
se golpearon con los puños y cucharas
las puertas del silencio.
Los comunistas llegaron como enjambre
el teniente Raúl Pérez de la Rosa los mandaba.
Primero ametrallaron a los presos del
                              [Pabellón D
que no estaban tapiados
le estallaron el pecho a tiros a unos cuantos
y les lanzaron tres granadas.
Después pasaron al pasillo gris y largo
con las puertas metálicas.
Fueron sacados los presos uno a uno
empujados hasta el fondo

a culatazos y patadas
como bestias golpeados
la sangre salpicaba las paredes
abrían las cabezas en tajadas . . .
Retrocedieron un poco los soldados
y alzaron los fusiles
y dispararon a mansalva
y repiqueteó y chirrió la muerte
en el pasillo gris y rojo
y el cielo siguió azul e indiferente.

– VIII –

Gerardo era un preso político cubano
predicador de Biblia y esperanzas
siempre tenía un pedazo de cielo
                              [entre las manos
y en los ojos un poco de Sol
le decíamos **Hermano de la Fe**
porque la daba.
Levantó los brazos al invisible cielo indiferente
¡Perdónalos, Señor, no saben lo que hacen!
y el teniente Pérez de la Rosa
vació el cargador de su fusil soviético
en el cuerpo famélico
saltaban del cañón llamaradas naranja
y del pecho desnudo y arrasado
saltaban alegres surtidores de sangre.
Enrique se inclinó para ayudarlo
y cayó sobre él acribillado
nueve chorros de fuego le atravesaron
                              [de parte a parte
siguieron disparando con placer
y cayeron muchos

el humo y la pólvora
giraban en nubes blancas
entre gritos y muerte.
Sólo faltan tres meses
para el Primer Congreso
del Partido Comunista de Cuba.
La guarnición de Boniato
saluda este magno evento
con banderas rojas de sangre torturada.

— IX —

En el suelo más de veinte tumbados
                              [a tiros
se revuelcan entre charcos rojos
de vida que escapa.
Los comunistas enloquecen de gozo
y en los espasmos de aquella orgía
convulsos de odio
machacan los cráneos
rematan a patadas
patean las cabezas
agarrando por el cañón las armas:
a Evelio Hernández se lo hicieron.
A cabillazos y palos
rompieron clavículas
los brazos
las costillas
atravesaron las nalgas y los muslos
las vejigas
a bayonetazos.
Desgarraron testículos:
A Roberto Martín Pérez se lo hicieron
los inválidos fueron arrancados
de sus sillas de ruedas

y arrastrados por las piernas
las cabezas iban golpeando ensangrentadas
los escalones:
a Liuva del Toro y a Pascasio se lo hicieron.

— X —

Desnudos como siempre
a golpes y patadas los bajaron
otros rodaron por las escaleras
la sangre descendía gota a gota
escalón a escalón
sangre cansada y sudorosa . . .
Después sacaron a los presos del Pabellón D
abajo volvieron a golpearlos
enfermos y famélicos
inválidos y ancianos
a cielo abierto por primera vez
en muchos años
que ahora estaba oscuro y agresivo
y comenzó a rugir con lluvia
y soplaba un viento frío y lacerante.
Los muertos y los heridos
los bajaron como les dio la gana
para eso tienen el poder y bayonetas
y el apoyo de la ONU y las   palabras
y van a celebrar el Primer Congreso del Partido

. . . .

Lor tiraron bajo la lluvia
bajo la lluvia se lavaron las heridas
y se formaron charcas purpurinas
y corrieron arroyuelos de agua-sangre.

Así pasaron horas mientras vaciaban
otro pabellón.
Todo se realizó con organización perfecta
los muertos fueron perfectamente asesinados
los heridos fueron perfectamente heridos
las cabezas fueron perfectamente rotas
lo mismo las clavículas
las costillas y los brazos.

– XI –

Dos días después
escenificaron una farsa
los comunistas representaron a los presos
atacando a los guardias
sacaron fotos y películas

. . . .

Estamos en Cuba en el año del Primer Congreso
y el Partido Comunista y los Organismos
[de masas
se preparan para este magno evento.
La guarnición de la cárcel de Boniato.
Centro de Exterminio y Experimentación
[Biológica
presentará un magnífico informe en saludo
[al Congreso
¡claro! todavía no han cumplido las metas
aún quedan presos políticos allá
y están casi vivos . . .
y el cielo sigue azul e indiferente.

De "La Muerte se Viste de Verde", incluímos en esta relación de testimonios los siguientes párrafos del "Prólogo", de Pablo Castellanos.

Sí, yo estaba sepultado allí, en el Presidio Político Cubano —glorioso e invencible—, cuando fueron escritas las páginas sangrantes de este libro sacudidor. Tuve el privilegio de leer los manuscritos creados bajo las más bestiales represiones físicas, morales y síquicas estrenadas por el nazi-fascismo rojo. Durante 16 años compartí con los autores las ergástulas y campos de concentración, los heroísmos y sufrimientos, el hambre y las enfermedades que la tiranía suministra sin racionamiento a los hombres verticales que no renuncian a su patriotismo y dignidad. Estos gigantes, los presos políticos plantados, son hombres muy excepcionales en este mundo decadente, cobarde, ruin, amoral...

Muchos estamos acá, en esta tierra ajena, generosa y todavía libre; otros los mejores por cierto, aún permanecen incrustados en las cárceles de allá, inmaculados y enteros, en combate permanente y total con la barbarie que no ha podido quebrantar sus principios. Ellos, los de allá, integran la vanguardia olvidada en la lucha sangrienta y desigual por la redención de la Patria gimiente y cargada de cadenas. Sí son los mejores. Aquellos hermanos míos resisten y esperan, sin hincar la rodilla, en los antros dantescos de Boniato, Fin del Mundo, Habana del Este y Kilo Siete, laboratorios de experimentación biológica y exterminio.

....

Por estas páginas enajenantes y verídicas desfilan los asesinatos por fusilamiento, las huelgas de hambre aniquiladoras, las golpizas y torturas, la incomunicación indefinida, las requisas despojadoras y todas las facetas del terror científico, despiadado y frío. Tal es la versión comunista de los derechos humanos. ¿Cómo trabajaron sus ideas y datos? Pues bajo las peores circunstancias. Por mesa y asiento, el suelo de la celda o galera. ¿Papel? Ni pensarlo.

Sólo envolturas de cigarros y los márgenes de los libelos comunistas. ¿Lápices? Pedacitos escapados a la voracidad de los rateros uniformados. ¿Qué tinta? Mercurocromo, a veces, y sangre anémica con mucha frecuencia. Sí, dije sangre y no miento. Quien está dispuesto a entregar la vida no teme rajarse una vena para materializar en palabras su ideal de hombre libre aunque esté asfixiado por muros, barrotes, alambradas, bayonetas y perros de cuatro y dos patas. De madrugada, a la luz vacilante y humosa de "chismosas" improvisadas, las celdas se convertían en fértiles trincheras de ideas martianas. ¡Así se escribió "La Muerte se Viste de Verde"!

Los flacos recursos económicos de los autores me impiden ser más explícito. La síntesis ha sido ineludible. Mi propio libro sobre Presidio permanece inédito porque no tengo con qué pagar la impresión. Individuos nacidos en Cuba pero ya ex cubanos, derrochan fortunas en campañas politiqueras, festines y crónicas sociales mientras niegan unos centavos para esparcir las simientes de idealismo acopiadas en este libro. Por otra parte, los malvados periódicos "liberales" de esta nación conceden espacios dilatados para que los "disidentes" se justifiquen e introduzcan, y cierran sus páginas a quienes se enfrentan al despotismo marxista. (Parece oportuno aclarar entre paréntesis que el adjetivo liberal es el alias de los criptocomunistas. Los "liberales" no sólo tienen "red" los "necks" sino también los "brains").

Al comunismo se le sirve por acción... y por omisión. La complicidad encubierta y el afán insaciable de lucro económico en Occidente, afilan el hacha que le cercenará la libertad y lo que más ama, el dinero. Si no se produce la rectificación radical y urgente, muy urgente; si no se supera el homosexualismo político e ideológico, el futuro no tan lejano será rojo. ¡Ojalá que Occidente estalle primero la voluntad termonuclear correctora antes de que sea definitivamente tarde!

Como final de este Capítulo sobre el presidio político de Cuba Comunista publicamos la carta de "Mongo" Grau a su hermana Polita, y la "Alocución" de Alberto Sierra Grau —los dos, presos "plantados" de la cárcel de Boniato—. Se admira el valor y la decisión de vencer a los enemigos de la Humanidad. En sus celdas tapiadas, pasan años sin ver la luz del día, de la que sólo pueden percibir, a veces, un tenue resplandor. Con esos mortecinos rayos de luz, con velas, con diminutas linternas, o con un fósforo tras otro —pasados clandestinamente en raras ocasiones— escriben mensajes al mundo exterior.

En una tira de papel de tres pulgadas de ancho y unas nueve de largo se recibieron la carta y la Alocución que transcribimos en estas páginas.

Polita Grau tiene los originales, los que a través de una copia fotostática de gran aumento, alcanzaron el tamaño apropiado para hacer legible la microscópica letra. Estas tiras se recibieron durante el año 1984.

Carta de Ramón Grau Alsina:

"Situación, Status: Máximo rigor".

"Incomunicación total desde noviembre 6 de 1982 — Tapiados, Celdas de 2".

"Mongo y Alberto no pueden ver al resto del personal.
Se comunican con los de su mismo pasillo gritando.
No derechos: a escribir, ni patio, ni pasillo.
Asistencia médica: sólo urgencias".

"Recibir correspondencia — Sólo la que ellos estimen.
Prohibido entrada de paquetes de familiares.
Devueltos espejuelos enviados por familiares, después de haberlos autorizado".

"Agua muy regulada, y para lograrlo estuvieron dando a las planchas de acero que cubren las rejas durante diez horas —9 AM hasta 7 AM".

"Terminaron casi sordos".

"Comida: poca y mala —Se sostienen, pues no pierden mucha energía".

"En el traslado
Perdieron casi todas las pocas pertenencias que tenían".

"Sin visita de familia
Hace tres años".

"Alberto: con problema renal desde el 69, dicho por los mismos médicos del Ministerio, tenía que ser operado, no lo han hecho y no le dan asistencia médica".

"Mongo"

"Al igual la mayoría del personal está en las mismas condiciones".

De Alberto Sierra Grau es la siguiente alocución:

"Alocución hecha el 7 de diciembre en conmemoración de la caída en combate del General Antonio, desde las tapiadas de Boniato, desde el "rincón de los muertos".

"Soldados de la Libertad
Ciudadanos del Mundo
Hombres de América
Cubanos todos".

"No es noche de panegíricos ni de remilgos oratorios, ni de veladas solemnes. No somos historiadores, ni cultores de la lengua, ni contertulios ni académicos de salón de casaquín o charreteras. Somos combatientes de la dignidad, hombres de pueblo con las mangas al codo apañados en el difícil y honroso quehacer de los constructores de naciones, de los defensores del Derecho y la justicia y la paz; erguidos sobre la arena, en mitad de la brecha, rindiendo homenaje en esta noche de recordación y de toma de conciencia a los que precediéndonos en el campo de batalla, en las gestas independentistas, en la edificación de un mundo mejor, se inmortalizarán al entregar sobre el altar de la Patria hasta la última gota de sangre heroica, gloriosa, redentora".

"Es noche de recordación y meditación, de análisis, de tesis, antítesis y síntesis; noche de toma de conciencia, de reafirmación. No hablaremos del general Antonio, del Titán de Bronce, del hombre de Baraguá, del Lugarteniente General del Ejército Libertador. Del Sol se toma la luz ¡y basta! Hablaremos de lo que hay que hacer; de la marcha a seguir por la ruta abierta de su trayectoria, por su espada invicta, libertadora".

"Insertados estamos plenamente en el convulsionado, dramático acontecer de la humanidad, y muy profundamente, como el que más, en la compleja y apremiante problemática de Nuestra América y ¡ como nadie! en la hora difícil, dolorosa, caótica por la que atraviesa la nación cubana, desmembrada y enferma, herida, sacrificada a los más sórdidos, absurdos y ambiciosos intereses internacionales".

"No estamos apartados, a pesar de muros y rejas de más de dos décadas de total ostracismo, de infrahumana y progresiva incomunicación dictadas por oscuras razones de estado del impetuoso e incontenible acontecer de la humanidad. Marchamos con los tiempos de vanguardia, con la manga al codo a paso de vencedores. ¡Y nadie nos detendrá en nuestra marcha hacia el futuro, hacia el progreso y la paz, hacia la consecución de los más caros anhelos del hombre!".

"Para marchar, para avanzar no se necesitan pies, el Titán de Bronce no los tiene, ni nosotros. Hay quienes en constante movimiento, sólo saben dar vueltas de noria en torno al pasado, y quienes, como la hiena en su jaula, en derredor de su odio".

"Para marchar, sólo se necesita decisión y coraje, y grandes y hermosos ideales. Otras cosas no poseían nuestros libertadores y marcharon de Oriente a Occidente, de la esclavitud a la libertad. A pesar del odio de la hiena y de la estéril impotencia de la noria, a pesar de nuestra no estéril inmovilidad física, avanzamos y con zancadas de siete leguas; y a pesar de nuestra pequeñez somos poderosos ¡muy poderosos! porque nuestras armas, nuestras trincheras no son de piedra ¡son de ideas, de ideales! y los ideales y las ideas son indestructibles cuando los sustenta la razón. Nosotros poseemos la fuerza de la razón que es inmensamente más poderosa que la razón de la fuerza. Nuestro poder, nuestra fuerza son indestructibles, inmensas, porque nuestras armas son morales".

"Nuestra maquinaria de guerra no está sustentada sobre cohetes y bayonetas, formada está sobre nuestra dignidad y decoro, sobre nuestras ideas. Dignidad que hemos elevado tan alto como nuestras palmas. Ideas de paz, de justicia, libertad, de fraternidad y solidaridad universal. Sí, somos poderosos, inmensamente;

poderosos, porque con nuestras ideas, con nuestra dignidad marchan codo con codo la dignidad, las ideas de los pueblos hermanos de Nuestra América. De la América que se extiende desde Santiago y Buenos Aires, a Ottawa, del Artico a la Antártida. Hombro con hombro con los ideales de libertad, justicia y paz del hombre Americano, del hombre universal, marchan nuestros ideales a paso de vencedores''.

"Soldados: no es hora de duelo, es hora de compromiso, de reafirmación, de trazar rumbos hacia la única meta. ¡Es hora de fiesta! ¡De la fiesta hermosa de los triunfadores, de los hacedores de pueblos! ¡Del tiempo de la luz sobre las tinieblas! ¡Mirad, escuchad a las palmas como sonríen, como cantan nuestros himnos de guerra! Son novias que esperan, que nos acompañan. No estamos solos en este "rincón de los muertos "; sobre el Orinoco de la solidaridad continental se levanta la nueva Angostura de la que surgirá sobre corcel de guerra, la nueva independencia. Independencia integral que unirá en un solo haz a todos los pueblos y entonces, sólo entonces, de la sangre de los héroes, de todos los héroes y mártires, de nuestra sangre, de este "rincón de los muertos" surgirá impetuoso y radiante como un Sol de Universo nuevo Ayacucho que dará muerte al odio y la barbarie''.

"No es hora de duelo, no lloremos a nuestros mártires, no han muerto. No han muerto los que han ofrendado sus vidas por la libertad. Los que aman, los que construyen jamás mueren. No mueren nunca. Sólo mueren los apáticos, los ambiciosos, los bárbaros, los que no aman, los que odian''.

"Agüero, el Padre de la Patria, el Mayor, el Apóstol, el Chino Viejo, el Hermano de la Fe no han muerto, no los lloremos. ¡No ha muerto el Titán de Bronce! Es noche de fiesta, de reafirmación, de toma de conciencia. ¡Nuestros mártires viven y vivirán eternamente, porque cuando se muere en brazos de la Patria agradecida, la muerte acaba, la prisión se rompe y empieza al fin, con el morir la vida''.

"¡Viva la solidaridad universal!
¡Viva nuestro glorioso Presidio Político!
¡Gloria Eterna a nuestros Mártires!
¡Dios, Patria y Libertad!''

"Alberto Sierra Grau''

Además de estos ejemplos de valor y de sacrificio por la libertad de la patria, otras manifestaciones del espíritu humano han aparecido en Cuba bajo el terror y frente a la prisión y a la muerte.

En medio de las condiciones más adversas y en cualquier parte del mundo el genio ha florecido. Detrás de las rejas, obras literarias, (de las que aquí ofrecemos ejemplo en los versos de Valladares y en otras contribuciones) se han escrito. En la inmensa cárcel que es Cuba, pintores y escritores han mostrado su capacidad artística. En el teatro mencionaremos solo a Virgilio Piñera y a José Triana, autor éste, de "La Noche de Los Asesinos", obra dramático-trágica que presenta sentimientos recónditos de ambivalencias filiales, no expresados antes con tanta claridad, y que raramente salen a la luz fuera de la consulta del psicólogo, lo que hace de ésta, una de las grandes obras teatrales del escenario universal.

La revista "Mariel" es otra prueba en nuestro exilio de la pujanza del arte de los que han sufrido condiciones infrahumanas de vida y que hoy encuentran posibilidad de expresión en esta tierra libre y abierta a la cimiente del esfuerzo.

CAPITULO XXXVI

La Victoria de Ronald Reagan en 1980. Cambio de frente. Posición en el problema político de Centroamérica. El ataque al avión de pasajeros de Korea del Sur. La ayuda militar a Granada. Otro aniversario del 20 de mayo. El compromiso de la Generación del 30 con su patria.

Al cumplirse más de 25 años de permanencia en esta nación grande, acogedora y generosa, donde casi un millón de cubanos hemos recibido asilo, las condiciones internacionales han variado significativamente. La toma de posesión de Ronald Reagan de la Presidencia de los Estados Unidos en 1980, después de su estruendosa victoria electoral, hizo que muchos se preguntaran si se podría decir —como se dijo de la batalla de Waterloo con la caída del imperio napoleónico— que significaría "un cambio de frente del Universo".

En la lucha por la libertad, el mundo ha admirado el sentimiento norteamericano de Reagan, tanto como la valentía y el interés humano del Papa Juan Pablo II, que opone la fe a la falla moral de los métodos de opresión comunista.

También en esta lucha, se ha distinguido Lech Walessa, el trabajador eléctrico que tuvo el coraje de formar en Polonia un sindicato independiente, "Solidaridad", dentro de la rigidez centralista de un régimen totalitario, y el que recibió el Premio Nobel de la Paz, de 1983.

Otro valiente de la dignidad que ha enfrentado a grandes fuerzas materiales, sólo con la humildad poderosa de la razón, es el batallador africano, Dr. Jonás Sabimbi.

En medio de estas posiciones de rebeldía ante los avances de los que intentan someter al mundo, el gobierno del Presidente Reagan, inaugurado el 20 de enero de 1981, se presentó como el de un país que se disponía a ser respetado y que por lo tanto no iba a admitir que el enemigo de la libertad, la Unión de Repúblicas Socialistas Soviéticas, siguiera presentando lo negro, blanco, lo bajo, alto, lo estrecho, ancho, como tan bien satiriza George Orwell.

Las mentiras aceptadas por Presidentes anteriores como verdades, los pactos que se firmaban como si fueran a cumplirse, la aceptación de un trato con un sistema que abiertamente se burlaba de la credulidad o de la tontería de los que dirigían al mundo democrático occidental, por primera vez en la historia iban a recibir un grito de "Stop": "paren, ese juego se acabó", lo que en todos sus discursos fue expresado por el Presidente Reagan. Reagan, simplemente un americano de verdad, no venía dispuesto a continuar la comedia internacional. Había llegado la hora de abandonar las caretas porque un hombre estaba en la Casa Blanca, un hombre que tenía y tiene detrás de él al pueblo norteamericano, al noble, al generoso, al legítimo pueblo norteamericano. Para seguir a Reagan, no había que ser, ni Republicano, ni Demócrata, ni de otro posible partido político; había que ser, unicamente, amante de los derechos de la humanidad.

El Presidente Reagan desde el principio tuvo la oposición del Congreso, un Congreso que se llama Demócrata, como si Demócrata quisiera decir antinorteamericano o enemigo de la verdad.

Ante los acontecimientos y a pesar de la palabra clara del Presidente, que llama a cada cosa por su nombre, el Congreso sigue en su intento de mantener su ignorancia, o su indiferencia.

Los sucesos de la América Central provocaron una toma de posición de Norteamérica, y su Presidente se colocó en el lugar donde debía, en el lugar inevitable, de acuerdo con la realidad, pero los acontecimientos no han logrado despertar a un Congreso que hasta ahora parece dormido.

Ni a los hombres, ni a los organismos que ellos crean, les gusta ser despertados, a menos que se esté quemando la casa. Esa es la situación: *se está quemando la casa*. Ningún Presidente anterior, excepto el Demócrata Lyndon B. Johnson, había dado el aviso del peligro, y Johnson no tuvo suficiente salud para soportar la tensión que produce la Presidencia y se vió obligado a renunciar a la reelección. Poco tiempo después se rindió a un corazón demasiado fatigado.

Como el actual Presidente, tuvo la dignidad de rechazar la comedia, en la que con tanto gusto había participado su antecesor el Presidente Kennedy; al que superó en la entrega del mundo libre a la geofagia soviética, el Presidente James Carter.

Con mucho esfuerzo ha tratado Reagan de conseguir del Congreso y del resto de los gobernantes de América, ayuda para combatir a las fuerzas opresoras que amenazaban a El Salvador, y para reforzar a los patriotas nicaragüenses que no admiten sobre su tierra un dominio totalitario.

Todos los países de la América Central están amenazados por el marxismo destructor y para salvar lo que se ha llamado el "traspatio" de los Estados Unidos, ha trabajado sin colaboradores el Presidente Reagan.

En septiembre 1 de 1983 sucedió el ataque ruso al avión surcoreano en el que viajaba el Representante a la Cámara Lawrence (Larry) McDonald, Presidente de la "John Birch Society" quien murió con el resto de los pasajeros.

La Unión Soviética impidió una minuciosa investigación del hecho, porque el avión cayó sobre aguas aparentemente bajo su jurisdicción y el misterio no ha sido resuelto; sólo se sabe que fueron armas soviéticas, las que derribaron el avión en un hecho que en otro momento de la historia hubiera provocado una guerra mundial.

Desde entonces no se volvió a ver a Andropov, en ese tiempo jefe máximo de la Unión Soviética. ¿Qué sucedió dentro de Rusia? Algo que se trató de ocultar había envuelto, porque con tantos rumores acerca de las dudas de la existencia de Andropov, por lo menos alguna fotografía de él en su pretendida cama de enfermo se hubiera publicado.

Otro hecho vino a situar con toda claridad la posición internacional del Presidente Reagan, el que frente a la permanente y abierta declaración del comunismo de su intención de dominio universal, ofreció ayuda militar a Granada, a petición de los demás gobiernos de las pequeñas islas del Caribe. Las fotografías muestran el arsenal, con armamentos de toda clase, que a través de Cuba, la Unión Soviética había acumulado en la pequeña isla.

El mundo entero pudo contemplar esas fotografías.

Sorprendió más tarde la posición de las Repúblicas latinoamericanas en contra de la ayuda militar de los Estados Unidos a Granada para que pudiera liberarse del régimen comunista que había logrado imponerse en el país. Es inexplicable esta actitud en pueblos que están azotados por guerrillas protegidas por Rusia.

Esa reacción, que parece una suicida locura colectiva, ¿se debe al antiguo resentimiento contra Norteamérica?

Esta actitud de gobernantes de Centro y Suramérica detiene a un

Presidente, le hacen más difícil desentenderse de los intereses financieros de su propio país, para ayudar a Cuba o Nicaragua.

Hemos oído a un luchador aparentemente anticomunista nicaragüense decir: "Si los norteamericanos vienen a luchar en esta tierra contra nuestros enemigos, nosotros lucharemos contra ellos". Esto se ha dicho a pesar de los ejemplos ofrecidos por EE.UU. al retirarse inmediatamente de los territorios que ha liberado.

Los cubanos en cualquier país han seguido de cerca estos acontecimientos que nos atañen tan directamente. Y en el exilio en Miami la lucha propagandística —la única posible en las actuales circunstancias— por la libertad de Cuba, sigue en efervescencia.

Sólo una fuerza superior a la del imperialismo ruso puede salvar a cualquier país de América. Jóvenes cubanos, en contra de su voluntad, son enviados, como carne de cañón, a regar con su sangre tres continentes.

La paga a estos soldados que envía Castro, o a cualquier habitante de la Isla que rinda servicios en otro país, no se les entrega a ellos, ni a sus familiares, sino al tirano de Cuba, que lo recibe como amo de esa juventud esclava. Cuando mueren, son enterrados en tierras extrañas y la información se retarda o no llega, para evitar que se haga ostensible la protesta sorda.

Es antihumanitario y antipatriótico el pretender que podemos liberar a Cuba o a cualquier país subyugado sin ayuda internacional. No se lucha contra otra nación de fuerza regular. Luchamos contra una superpotencia. ¿Hemos olvidado a Hungría y a Checoslovaquia? Sólo una superpotencia puede oponerse a otra. Esta es la escueta realidad, que no acepta acusación "plattista".[1]

Tal vez, sólo el poder desintegrador del tiempo pudiera liberarnos sin otra ayuda.

El Presidente norteamericano se prepara para hacer imposible una confrontación nuclear con el programa de la "Defensa Estratégica", mal llamado "Guerra de las Galaxias". Por eso ha dicho que lo puede compartir, puesto que Occidente no proyecta atacar.

Contra lo que no hay estrategia posible es contra la ineficiencia soviética en materia nuclear, la que produjo el super-extensivo accidente de Chernobyl.

[1] Referencia a la Enmienda Platt (Nota del Editor).

El día de los Reyes Magos, 6 de enero, que siempre se celebró en nuestra patria, el Presidente Reagan, en 1984 envió a través de la "Voz de las Américas", un emocionado mensaje al pueblo cubano, con el que trataba de fortalecer las esperanzas en una no muy lejana libertad para nuestra isla esclava.

En enero 28 de 1984 la Junta Patriótica Cubana conmemoró con una Cena Martiana a las 7 de la noche en un restaurant de gran extensión de esta ciudad de Miami, el 131 Aniversario del natalicio del Apóstol de nuestra Independencia en el siglo XIX, José Martí. Ha sido costumbre de los cubanos recordar esa fecha durante los años de la República, lo que se repite ahora en este largo exilio de tantos años.

Entre las personas e instituciones que se sumaron a este acto patriótico se encontraban las siguientes:

Agrupación de Familiares de Mártires, Agrupación de ex-presos y ex-presas cubanos en el exilio, Brigada 2506, Municipios de Cuba en el exilio, Alfa 66, Colegio Médico Libre, la Fundación Cubano Americana, Club de Leones Cubanos en el exilio, Asociación de Masones del Rito Escocés, Caballeros Católicos, Confederación de Trabajadores de Cuba (CTC), la Cámara de Comercio de Hialeah, la Asociación Pro-Cuba de West Palm Beach, Colegio de Periodistas en el exilio, Colegio de Abogados de La Habana, Clínica Asociación Cubana, Colegio de Optometristas, Agencia Virgilio Pérez, Dr. Claudio Benedí, delegado de la Junta Patriótica Cubana en Washington, Dr. Xavier Súarez, Dr. Raúl Martínez, Alcalde de Hialeah, Sr. Luis Morse,   Dr. Vicente Lago Pereda y muchas más que siguieron a estas primeras adhesiones y que muestran como el exilio cubano se une ante la memoria del Apóstol al llamado de una de las organizaciones más amplias del exilio: la Junta Patriótica Cubana.

Unos meses después, al cumplirse 25 años de exilio y un aniversario más de la fundación de la República de Cuba, el 20 de mayo de 1984, el Diario "Las Américas", de Miami, solicitó del Dr. Varona que escribiera algo sobre la fecha.

Transcribimos el artículo del Dr. Manuel Antonio de Varona en el que convoca a todos los cubanos a continuar la lucha por la liberación de Cuba.

"20 DE MAYO, 1984"

"20 DE MAYO. Fácil se escribe; y cuánto heroísmo, cuánto sacrificio, sangre y lágrimas y cuánto recuerdo encierra y trae a nuestra memoria cada aniversario".

"OCHENTA Y DOS AÑOS hace que redoblaron las campanas y que se enarbolara en lo alto del Castillo del Morro, en La Habana, la bandera de la estrella solitaria y se anunciara al mundo el nacimiento de una nación en las Antillas, la Isla de Cuba, a la que llamara el descubridor: "la tierra más fermosa que ojos humanos vieran", lograda su independencia en la más larga y cruenta guerra de América".

"Hoy celebramos este nuevo aniversario, como otros muchos ya, añorando la patria lejana desde el destierro; la que por el error de todos y la traición de otros yace hoy esclava del imperio soviético. Este día, que en Cuba era de regocijo y júbilo, es para nosotros, desterrados, de pena y de gran responsabilidad. De pena porque la patria, que tras cien años de sacrificios cruentos nos entregaron libre los forjadores, hoy sufre de nuevo martirizada por otros tiranos. Y de responsabilidad —para los que estamos dispersos por extrañas tierras, exiliados— porque tenemos que lograr de nuevo la libertad de nuestra isla y así devolverla, como ofrenda a los que por ella se ofrecieron en sacrificio, y porque es la única manera en que con dignidad podemos recordar nuestras fechas históricas y honrar a los fundadores de nuestra nacionalidad".

"Aunque en el destierro podamos rehacer nuestras vidas y conseguir bienestar, tenemos un deber primario; nuestras conciencias no podrán estar en paz mientras no expulsemos a los que mancillan nuestra patria y a los traidores que los sirven, y reintegremos la tierra de Martí, de Maceo, de Gómez, de Céspedes y de Agramonte al concierto de los pueblos libres del orbe".

"No nos llamemos a engaño, hemos encontrado refugio en un país amigo y generoso, pero extraño, donde siempre seremos extranjeros, no importa que nos acojamos a otra ciudadanía. Esta será siempre limitada, perteneceremos a una "minoría étnica, en la comunidad". Nosotros somos hijos de Cuba y siempre ciudadanos de Cuba. A ella nos debemos y por ella tenemos que sacrificarlo todo, hasta la vida, como lo hicieron los que nos legaron la patria libre, a la que simboliza un 20 DE MAYO".

"Si perdimos a Cuba por errores, aquí no hemos recapacitado para evitarlos, los rencores infecundos, las aspiraciones inoportunas y desusadas, las incomprensiones, los pequeños intereses y hasta la envidia empequeñecen la lucha por la libertad que lograremos cuando nos despojemos de toda mezquindad y nos dispongamos a hacer un solo bloque de cubanos y juntemos esfuerzos, como sentenció el Apóstol. Sólo así podremos triunfar y restablecer en la Isla la democracia, la prosperidad, el bienestar económico y disfrutar de tranquilidad de conciencia".

"En esta fecha es preciso reiterar nuestra denuncia del imperio del crimen, los tormentos que padecen los prisioneros políticos y la contumaz violación de los derechos humanos, de la arbitrariedad y del despojo institucionalizados en la Isla mártir, por el imperialismo rojo y la conjura de algunas cancillerías que con tortuosas maniobras lesionan el decoro del hombre y su inalienable derecho a la libertad y pretenden, con su conducta, perpetuar en la tierra en que nacimos la servidumbre y la indignidad. Contra esa conjura, los que abandonamos el suelo profanado por los lacayos de Moscú, prometamos, sin cansancio ni desalientos, luchar con denuedo hasta entregar el sagrado legado de libertad que recibimos, a las generaciones sucesivas".

"En este 20 de Mayo la JUNTA PATRIOTICA CUBANA, que me honro en presidir, reitera su llamado a todas las organizaciones, grupos o personas a cooperar en el empeño libertador y a coordinar los esfuerzos disponiéndonos a dar la batalla decisiva al nazistalinismo y restaurar la democracia y la libertad en nuestra Patria. Así seremos dignos de los fundadores".

"No nos resignamos a vivir como pueblo errante, la campana de la Demajagua nos llama al combate por Cuba, por la libertad, por nuestra filosofía, por nuestra familia, por el derecho y por la justicia social".

"Sólo festejaremos propiamente el 20 de Mayo y honraremos a los mártires siguiendo su ejemplo".

"Dr. Manuel A. de Varona
Presidente
JUNTA PATRIOTICA CUBANA"

En el artículo se expone, con mayor claridad, que en páginas anteriores, la obligación que la Generación del 30 siente en relación con el pasado heroico y con las futuras generaciones de Cuba.

Esta llamada de uno de nosotros, encierra resonancias no calculables.

Los que ya han caído, confiaron en sus hermanos para que completaran la misión convertida en el objeto de sus vidas. Ellos sabían que los que quedaban continuarían respondiendo al perenne clamor de nuestra tierra.

Rogamos a Quien todo lo dispone que permita que nuestra generación pueda cumplir su sagrado compromiso.

Esta ha sido, en líneas muy generales, la historia de la lucha de la Generación Cubana de 1930, a lo largo de más de medio siglo, para alcanzar para Cuba un status, verdadero y real, de nación libre, independiente y soberana, no sólo en los papeles que confieren un derecho, sino en la realización de la libertad económica y del dominio y disfrute de la tierra para los que crecimos en ella.

Además es una muestra de la posición de los cubanos frente a las actuales fuerzas opresoras que aspiran a esclavizar al mundo.

En lo particular sentimos que puede ser extraordinario en generosidad y bondades un pueblo, como éste que nos ha acogido, pero la tierra cubana tiene un atractivo que no pueden comprender nuestros cercanos vecinos.

En cualquier nación en que estemos, nuestra Isla nos llama con el rumor de sus palmas, que los oídos cubanos son capaces de escuchar desde los confines del mundo.

Cuba es madre amorosa, de suelo fértil y cálido, recordada en todo momento por nosotros y por los que crecen bajo el influjo del sueño ideal de sus mayores.

CAMPOS DE CUBA

Un conjunto de palmeras a la orilla del rio.

MENSAJE
A LOS HOMBRES DE AMERICA
DE LA GENERACION CUBANA DE 1930

De acuerdo con la ideología de nuestra generación de 1930 y con sus miembros más representativos, en lucha todavía por la libertad: Manuel Antonio de Varona, Fernando González, Antonio Viego, Agustín Guitart, Fidel Fernández Zayas, Vicente Lago Pereda y otros, enviamos este mensaje a los hombres de América.

Sentimientos contradictorios se extienden a lo largo y ancho de nuestro continente, en los hijos de América, amantes de la libertad.

La Unión Soviética, como cada uno reconoce dentro de sí mismo, continúa avanzando en sus intentos de dominación mundial.

Los que la siguen y apoyan tenían y tienen limitada fuerza material para una lucha frontal, pero antes y ahora han manejado una fuerza psicológica, envuelta en consideraciones morales que, aunque falsas, por una coacción hábilmente desplegada, se hacen escuchar y hasta respetar.

Los hombres de la América Poderosa, por su propia fuerza, se detienen ante la aparente debilidad de los que invocan principios para invadir hoy El Salvador, ayer a Nicaragua, Cuba, Afganistán, Cambodia, Laos.

Y en la América de menor poder económico (también paralizada por el sentimiento que logra crear la propaganda soviética, iniciada en Europa desde principios de siglo) sus gobernantes para no ser considerados "reaccionarios" se abstienen de pedir la ayuda necesaria a los que pueden dársela. (Naciones pequeñas no pueden costear un ejército capaz de contrarrestar a los traidores que se venden a la Unión Soviética, la que los ayuda no para retirarse después —como hace EEUU— sino para someterlos como su infracolonia).

Hay que ser "liberal", para adoptar una posición elegante. "Conservador" se ha convertido por la magia publicitaria en una mala palabra.

Y ser liberal hoy según esa propaganda, es estar de acuerdo con el extremo comunista, llamado izquierdista, de la política internacional; ser conservador es estar a lado de los que defienden las democracias.

La democracia vive asustada; el totalitarismo que se presenta adornado de todas las virtudes, en medio de la mentira, sin miedo, sigue agrediendo.

¿Está dispuesto el hombre de América a entregarse atado de pies y manos por no atreverse a denunciar la farsa?

En el desarrollo de las jóvenes naciones americanas aparecieron distintas tendencias culturales, agrupadas en dos grandes estilos de vida, los de las naciones previamente colonizadas por Inglaterra, y los de las que habían sido posesiones de Portugal o España.

Las dos naciones, de cada uno de estos dos grupos, con frontera común, México y Estados Unidos, durante la primera mitad del siglo XIX entraron en conflicto armado al determinar sus límites.

Como resultado de la guerra que finalizó en 1848, Texas pasó a ser un estado más de la Unión Americana. Nuevo México y California fueron vendidos por 15 millones de dólares a los Estados Unidos; con lo que se convirtieron en otros dos estados de la Unión.

Ya en 1986, han pasado ciento treinta años desde el establecimiento del Rio Grande como la frontera de estos dos países.

Durante el siglo y tercio de tiempo, Estados Unidos ha respetado la soberanía de todo territorio en América o en cualquier parte del mundo.

La Unión Soviética desde 1917 no ha detenido su invasión territorial a través de distintos métodos. Pasan de 50 las naciones esclavizadas, de las que la última ha sido Nicaragua en el Continente Americano, veinte años después de apoderarse de la Isla de Cuba.

En este siglo los Estados Unidos ayudaron a las naciones de Europa a liberarse de la agresión en dos Guerra Mundiales. Una vez liberadas se retiraron de su suelo y las ayudaron económicamente para su reconstrucción.

Dentro del Continente, ante la amenaza comunista en Santo Domingo, Estados Unidos envió sus "marines" a defenderlo. Lograda la estabilización necesaria, las tropas americanas se alejaron de la República Dominicana.

Granada, otra isla que cayó bajo la influencia del marxismo de Cuba es también liberada de sus invasores por los Estados Unidos. La actuación final fue la misma: retirarse del territorio.

El sacrificio de la juventud norteamericana en la liberación de otros pueblos no se le ha cobrado a esas naciones por grande que hayan sido las pérdidas de vida de sus mejores hombres, como ocurrió durante las dos Guerras Mundiales de 1914 y de 1939.

Norteamérica es hoy, con todos su errores porque no hay obra humana perfecta, la gran defensora de la libertad, no sólo para su pueblo sino para los pueblos del mundo.

El marxismo de la Unión Soviética ha sido el gran esclavizador del siglo, para su pueblo y para los que se ponen a su alcance.

¿Hasta cuándo se va a llamar "liberales" a los que favorecen los intentos de dominación del totalitarismo soviético? ¿Hasta cuándo se va a llamar imperialistas a los Estados Unidos?

Con la mirada abierta al presente es hora de olvidar viejos resentimientos. ¿Vamos a continuar mirando hacia atrás frente al peligro presente? Son estatuas de sal [1] las que siguen atacando al campeón de la libertad. Debilitan a la Democracia y la hacen más vulnerable al totalitarismo que, o no conocen, o no perciben su proximidad y su amenaza.

Nuestra generación, la de la Cuba de 1930, hoy en 1986 le pregunta a los hombres de América:

¿Dónde existe del Derecho de reclamación a los gobiernos?

¿Dónde existe el Derecho de Habeas Corpus? (que nos sitúa tan lejos de los horrores y barbarie —inconcebibles para la mente occidental— de Afganistán, Laos, Cambodia, Cuba, etc.)

¿Dónde se respeta el Derecho de Huelga?

¿Dónde se respeta el Derecho a salir y entrar libremente del país?

¿Dónde se respeta el Derecho de cambiar de domicilio y de trabajo?

¿Dónde se puede discutir el salario y las condiciones de trabajo?

¿Dónde existe el Derecho de libre locomoción?

¿Dónde existe el Derecho de pensar libremente y de criticar las acciones del gobierno?

¿Dónde se respeta el Derecho de libre reunión y de profesar una religión?

¿Son liberales los que impiden todas estas actividades del ser humano?

¿Dónde están los liberales, dónde está la Libertad?

La izquierda era la parte de la asamblea de la Revolución Francesa donde se situaban los que pedían las libertades populares. ¿Es izquierda lo del sistema esclavizante que impide todos los derechos? La llamada extrema izquierda se ha convertido en la extrema derecha, en el sistema reaccionario que coloca al hombre en el estado en que vivía en la Edad Media.

(1) Referencia a la mujer de Lot, en el Génesis, que se convirtió en estatua de sal por mirar hacia atrás. (Nota del editor).

¿Estar al lado de los Estados Unidos y frente a las teorías marxistas es ser conservador? Sí, es ser conservador de las libertades reconocidas en el triunfo de la Revolución Francesa, y de las logradas en los dos siglos transcurridos hasta ahora. Querer conservar esas libertades es ser liberal verdadero, no falso liberal, como los que esclavizan a los pueblos en nombre de un espurio liberalismo y de una falsa izquierda.

La falsedad se ha extendido y ha penetrado las mentes de los hombres que aceptan la mentira como verdad.

Dentro de los mismos Estados Unidos, americanos de origen, experimentan un sentimiento de culpa cuando los llaman conservadores y adoptan posiciones dudosas con tal de que los llamen liberales.

Hoy, en estos años 80, todo hombre debe sentirse orgulloso de ser y de que lo llamen conservador, conservador de los derechos adquiridos, y de los que en el futuro se adquieran, con el avance de la civilización y de la cultura, los que los hace verdaderos liberales.

No se llame más liberal al que trata de destruir las libertades alcanzadas lentamente desde épocas remotas, llámesele por su nombre: ingenuo o impostor.

Pueblos de América, es hora de olvidar el resentimiento hacia los que hoy defienden la libertad; es hora de unirse a esta gran nación dispuesta a ayudar sin recompensa al pueblo que se lo pida; es hora de oponer la fuerza que ofrece, en contra de las fuerzas del totalitarismo soviético; es hora de dejar de ser estatuas de sal.

Nota: Rechazamos la idea de la conspiración hebrea internacional que supuestamente favorece la expansión del comunismo.

Consideramos una fantasía el pensar que en cada hombre con grandes intereses financieros se manifiesta del mismo modo el concepto del mundo y de lo que esos intereses financieros significan.

El estudio de las diferencias individuales muestra que donde una persona ve una ventaja, otra puede ver un peligro para sí misma y para el futuro de su familia.

El hábil manejo de los motivos psicológicos usados por el marxismo para ejercer su influencia sobre la frágil mente humana, basta para explicar el avance del comunismo.

Pero hay en el hombre reservas morales, dentro y fuera de la Unión Soviética, que luchan contra la mentira comunista y que han producido la rebeldía de escritores, de científicos, de hombres atrapados en la sangrienta red, como los preso plantados'' de Cuba; de naciones como Chile que logró derrocar a Allende y como China que denuncia el marxismo por obsoleto en la teoría y por inoperante en la práctica.

De esas reservas morales, inmunes a la invasión de la estudiada propaganda comunista, esperamos la recuperación del mundo.

BIBLIOGRAFIA

"Acción Masónica", Periódico Mensual, Miami, Florida. Número de noviembre de 1983.

"Acción Masónica, Periódico Mensual, Miami, Florida. Número de diciembre de 1983.

Adán Silva, Ricardo, Archivos personales.

Alvarez Díaz, José, "Estudio sobre Cuba". University of Miami Press, Florida, 1963.

Andreu, José R.. Archivos personales.

Cabrera, Olga, "Guiteras, Su Pensamiento Revolucionario". Editorial de Ciencias Sociales. La Habana, 1973.

Castellanos, Pablo, "La Muerte se viste de Verde". Revista Ideal, Miami, Florida, 1982.

"Construcción de la República de Cuba". Judicatura Cubana Democrática, Miami, Florida, 1963.

Díaz Tamayo, General Martin, Archivos personales.

Duarte Oropesa, José, "Historiología de Cuba", Tomo III. Ediciones Universal, Miami, Florida, 1974.

466

"Encyclopedia Britannica Inc.". Published with the editorial advise of the Universities of Chicago, Oxford, Cambridge, London, Edimburgh, Tokio and Australia. Printed in U.S.A., 1964.

Ibidem, 1984.

Ferrer, Eduardo B., "Operation Puma - The Air Battle of the Bay of Pigs". Miami-Dade Community College, Miami, Florida, 1982.

Fibla, Alberto, "Cuentos". (Preso "plantado" desde 1960). Editorial Playor, Madrid, 1982.

Galán Pino, Sergio, "La Embajada de Perú, un salto hacia la libertad". Editorial Pruneda, Miami, Florida 1984.

González, Fernando y González Reigosa, Fernado, Archivos personales.

Grau de Agüero, Leopoldina, Archivos personales.

Jorge, Antonio, Archivos personales.

"La Enciclopedia de Cuba", Tomos 13 y 14. Playor S.A., Madrid, España, 1975.

Lago Pereda, Vicente, Archivos personales.

Lancis, Antonio, "Grau, Estadista y Político". Ediciones Universal, Miami, 1985.

Lancis, César, Archivos personales.

Linares, Ricardo, Archivos personales.

López Fernández, Fernando, Archivos personales.

López Fernández, Pilar Garzón, vda. de, Archivos personales.

Lumen, Enrique, "La Revolución Cubana". Ediciones Bota, México, 1934.

Marquez Sterling, Carlos, "Historia de Cuba". Las Americas Publishing Co., New York, 1962.

Marx, Karl, "El Manifesto Comunista" (de 1848). Ediciones Mexicanos Unidos, S.A., México 1981.

Masó Vázquez, Calixto, "Historia de Cuba". Ediciones Universal, Miami, Florida, 1976.

Mora Morales, Esther Pilar, "La verdad sobre el presidio político en Cuba castrista". Revista Ideal, Miami, Florida 1986.

Nodal Tarafa, Rodolfo, Archivos personales.

Oms, Ramiro, Archivos personales.

Orozco, Blas Andrés, Archivos personales.

468

Otero Dalmau, Antonio, "Los Años de Mentiras bajo el Imperialismo Soviético". Editorial A.I.P., Miami, Florida 1976.

Padrón Larrazabal, Roberto, "Manifiestos de Cuba". Universidad de Sevilla, Sevilla, España, 1975.

Payne, Pierre, "Life and Death of Lenin". Simon and Schuster, New York, 1964.

Pichardo, Hortensia, "Documentos para la Historia de Cuba", Tomo IV. Editorial de Ciencias Sociales, La Habana, 1980.

República de Cuba, "Gacetas Oficiales". Imprenta de gobierno, La Habana, septiembre, octubre, noviembre, diciembre de 1933, enero 1934.

Revel, Jean Francois, "Como Terminan las Democracias". Planeta, Madrid, 1983.

Riera Hernández, Mario. "Cuba Libre". Colonial Press, Miami, Florida, 1968.

Riera Hernández Mario. "Cuba Republicana". Editorial A.I.P., Miami, Florida, 1974.

Rubio Padilla, Rafael y Juan Antonio, Archivos personales.

Ruiz, Leovigildo, "Diario de una Traición", Tomo del año 1959. Florida Typesetting of Miami, Inc., Miami, Florida 1965.

Ruiz Leovigildo, "Diario de una Traición", Tomo del año 1960. The Indian Printing, Miami, Florida 1970.

Ruiz Leovigildo, "Diario de una Traición", Tomo del año 1961. Lorié Book Store, Miami, Florida 1972.

Saumel, Alberto, Archivos personales.

Segrera, Alberto, Archivos personales.

Soto, Leonel, "La Revolución del 33", Tomo 1. Editorial de Ciencias Sociales, La Habana, 1977.

Soto, Leonel, "La Revolución del 33", Tomo 2. Editorial de Ciencias Sociales, La Habana, 1979.

Soto Leonel, "La Revolución del 33", Tomo 3. Editorial de Ciencias Sociales, La Habana, 1979.

Suárez Nuñez, José, "El Gran Culpable". Editado por el autor, Caracas, 1963.

Suárez Rivas, Eduardo, "Un Pueblo Crucificado". Service Offset Printers, Coral Gables, Florida, 1964.

Tabares de Real, José A., "Guiteras". Editorial Ciencias Sociales, La Habana, 1933.

Tremols, José J., "Robo del Cual resultó homicidio". Editorial Excelsior, La Habana, 1933.

Trespalacios, Fernando, Archivos personales.

Valladares, Armando, "Contra toda esperanza". Plaza Jané, Barcelona, 1985.

Valladares, Armando, "Desde mi silla de ruedas". Interbook Co., Coral Gables, Florida, 1976.

Valladares, Armando, "El corazón con que vivo". Ediciones Universal, Miami, Florida, 1980.

Varona, Manuel Antonio de, "El Drama de Cuba", Organización Pro-Rescate Democrático Revolucionario, México, 1960.

Viera, René, Archivos personales.

Viego, Delgado, Antonio, Archivos personales.

Vizcaino, Juan F., Archivos personales.

Welles, Sumner&Caffery, Jefferson, Informes al State Department desde La Habana, Cuba, en fechas entre septiembre 4 de 1933 y enero 15 de 1934. Book of the Foreign Relations of the United States: The American Republics. United States Government Printing Office, Washington, D.C., 1952.

INDICE ONOMASTICO

480